IFO-INSTITUT FÜR WIRTSCHAFTSFORSCHUNG

STRUKTUR UND WACHSTUM

REIHE INDUSTRIE

Heft 46

IFO-INSTITUT FÜR WIRTSCHAFTSFORSCHUNG

Ernährungsindustrie

Strukturwandlungen in Produktion und Absatz

Von

Michael Breitenacher
Uwe Christian Täger

DUNCKER & HUMBLOT / BERLIN - MÜNCHEN

CIP-Titelaufnahme der Deutschen Bibliothek

Breitenacher, Michael:
Ernährungsindustrie: Strukturwandlungen in Produktion und Absatz / Michael Breitenacher; Uwe Christian Täger. – Berlin; München: Duncker und Humblot, 1990
(Struktur und Wachstum: Reihe Industrie; H. 46)
ISBN 3-428-06985-4
NE: Täger, Uwe:; Struktur und Wachstum / Reihe Industrie

Satz: Volker Spiess, Berlin 30
Druck: Werner Hildebrand, Berlin 65
Printed in Germany

ISSN 0536-1621
ISBN 3-428-06985-4

Vorwort

Das Ifo-Institut für Wirtschaftsforschung sieht eine seiner Hauptaufgaben darin, den strukturellen Umschichtungen innerhalb einer wachsenden Wirtschaft nachzugehen. Es hat deshalb die Schriftenreihe „Struktur und Wachstum" ins Leben gerufen.

In zwangloser Folge erscheinen Studien über den strukturellen Wandel und die sich daraus ergebenden Wachstumschancen. Die „Reihe Industrie" vermittelt einen Einblick in Strukturwandlungen und deren Ursachen in wichtigen Industriegruppen der Bundesrepublik Deutschland. Die Untersuchungen werden in den Branchenreferaten der Abteilung Industrie und Struktur durchgeführt.

Die vorliegende Untersuchung befaßt sich mit der strukturellen Entwicklung der Ernährungsindustrie. Diese ist vor allem geprägt durch eine stagnierende Nachfrage in vielen Segmenten, durch umweltbewußte Verbraucher, Auflagen der Umweltpolitik, Veränderungen im Zuge der Vollendung des EG-Binnenmarktes sowie durch Konzentrationstendenzen im Handel. Es wird dargelegt, wie sich die Ernährungsindustrie an geänderte Rahmenbedingungen angepaßt hat. Besondere Beachtung gilt der Analyse von Wettbewerbsbeziehungen zwischen Ernährungsindustrie und Nahrungsmittelhandel.

Der Bundesminister für Wirtschaft hat die Studie finanziell unterstützt.

München, im Januar 1990

Prof. Dr. Karl Heinrich Oppenländer

Präsident
des Ifo-Instituts für Wirtschaftsforschung
München

Inhaltsverzeichnis

Verzeichnis der Tabellen

Tabellen im Text

Tabellen im Anhang

Verzeichnis der Abbildungen

I. Bedeutung der Branche

1. Abgrenzung der Branche

Die Ursprünge des Ernährungsgewerbes reichen bis ins frühe Mittelalter zurück. Die Verarbeitung landwirtschaftlicher Produkte zu Nahrungsmitteln[1] ging von der Land- und Hauswirtschaft zunehmend auf selbständige Produktionseinheiten, nämlich das Ernährungshandwerk über. So entstanden die traditionellen Handwerkszweige wie Müller, Bäcker, Fleischer usw. Im Zuge der Industrialisierung und fortschreitenden Differenzierung der Gesellschaft wurden weitere Funktionen aus der Land- und Hauswirtschaft ausgegliedert und von spezialisierten Betrieben übernommen.[2] Neue Bedürfnisse und neue Produkte (insbesondere auch auf Basis importierter landwirtschaftlicher Erzeugnisse) traten hinzu, und so wurde das Ernährungshandwerk immer mehr von der Ernährungsindustrie überflügelt. Dazu beigetragen hat nicht zuletzt der technische Fortschritt bei der Aufbereitung, Verarbeitung und Veredelung landwirtschaftlicher Erzeugnisse.

Das Nahrungsmittelhandwerk ist allerdings nach wie vor ein wesentlicher Pfeiler für die Versorgung der Bevölkerung mit Ernährungsgütern. Mit einem Umsatz von 53 Mrd. DM (1988) hat es im Vergleich zum gesamten Ernährungsgewerbe (Umsatz[3] 1988: 141 Mrd. DM) eine starke Position. Dabei kommt insbesondere den Fleischern, Bäckern und Konditoren eine wesentliche Bedeutung zu, während traditionelle Ernährungshandwerker wie beispielsweise Mälzer und Müller kaum noch nennenswerte Umsätze erzielen. Während die Bäckereien bereits seit einigen Jahren ihre Marktstellung konsolidieren konnten, ist es den Fleischereien erst in jüngster Zeit gelungen, die bisherige rückläufige Umsatzentwicklung zu bremsen.

In den in dieser Studie vorgelegten Zahlen für das Ernährungsgewerbe ist das Nahrungsmittelhandwerk[4] prinzipiell integriert, allerdings in unterschiedlicher Abgrenzung:

---

[1] Soweit im folgenden von Nahrungsmitteln die Rede ist, sind Getränke eingeschlossen.

[2] Vgl. Thimm/Besch (1971), S. 100.

[3] Einschließlich industrielle Kleinbetriebe, aber ohne handwerkliche Betriebe mit weniger als 20 Beschäftigten.

[4] Formales Kriterium für die Abgrenzung der Handwerksbetriebe ist die Eintragung in die Handwerksrolle.

- In der Volkswirtschaftlichen Gesamtrechnung sind sämtliche Unternehmen des Ernährungsgewerbes (und damit des Nahrungsmittelhandwerks) erfaßt.
- Die Statistik für das Produzierende Gewerbe schließt seit 1977 das Nahrungsmittelhandwerk mit ein. Diese Statistik bezieht sich allerdings nur auf die Unternehmen mit 20 und mehr Beschäftigten. Für folgende Zweige des Ernährungsgewerbes liegt die statistische Abschneidegrenze schon bei Unternehmen mit 10 und mehr Beschäftigten:
  - Herstellung von Kartoffelerzeugnissen, a. n. g.
  - Obst- und Gemüseverarbeitung
  - Talgschmelzen, Schmalzsiedereien
  - Fischverarbeitung
  - Mälzerei
  - Alkoholbrennerei
  - Herstellung von Spirituosen
  - Mineralbrunnen, Herstellung von Mineralwasser, Limonaden
  - Herstellung von Futtermitteln.

Die Abgrenzung des Ernährungsgewerbes gegenüber der vorgelagerten Landwirtschaft und Fischerei sowie gegenüber dem nachgelagerten Handel bereitet gewisse Schwierigkeiten. Hält man sich an die Grenzziehung des Statistischen Bundesamtes, so gilt als Unterscheidungsmerkmal gegenüber der Landwirtschaft und Fischerei der Standort der Erzeugung. So zählt die Fischverarbeitung an Land zum Ernährungsgewerbe, während Fabrikschiffe, die sowohl fischen als auch be- und verarbeiten, der Fischerei zugeordnet werden. Ebenso wird die Herstellung von Traubenwein aus zugelieferten und/oder zugekauften Trauben zum Ernährungsgewerbe gerechnet, wogegen der Weinbau (mit angeschlossener Kellerei) zur Landwirtschaft zählt. Ein besonderes Problem ergibt sich bei den Schlachthäusern, von denen nur gewerbliche Betriebe dem Ernährungsgewerbe zugeordnet werden; kommunale Schlachthöfe sind ausgeschlossen. Bei der Abgrenzung gegenüber dem Handel ergeben sich lediglich im Hinblick auf die Herstellung von Röstkaffee Schwierigkeiten. Man hat sich dahingehend entschieden, die Kaffee*groß*röstereien dem Ernährungsgewerbe zuzuschlagen.

Das Ernährungsgewerbe gibt also in der aufgezeigten Abgrenzung einen Ausschnitt aus der gesamten, d. h. auch der landwirtschaftlichen und handwerklichen[5] Nahrungsmittelerzeugung wieder. Zu dem so abgegrenzten Ernährungsgewerbe zählen weiterhin die Herstellung von Futtermitteln sowie die Eisgewinnung für technische Zwecke, also Bereiche, deren Produkte nicht der menschlichen Ernährung dienen.

---

[5] Zur handwerklichen Nahrungsmittelerzeugung werden in diesem Zusammenhang nur handwerkliche Unternehmen mit weniger als 20 Beschäftigten gerechnet.

2. Stellung in der Gesamtwirtschaft

Die reale Bruttowertschöpfung des Ernährungsgewerbes ist bis Anfang der achtziger Jahre gestiegen; seitdem ist sie der Tendenz nach leicht rückläufig (Tab. I.2–1). Die Ursache dieser Entwicklung ist primär in dem schwachen Wachstum des Privaten Verbrauchs in der ersten Hälfte der achtziger Jahre zu sehen. Hinzu kamen die verhältnismäßig niedrige Elastizität der Nachfrage nach Nahrungsmitteln, Sättigungserscheinungen sowie die Abnahme der Bevölkerungszahl. Diese –negativ wirkenden – Faktoren haben jene Impulse überkompensiert, die das Ernährungsgewerbe von Fortschritten in der Lebensmitteltechnik, neuen Produkten und geänderten Verbrauchergewohnheiten empfing.

Das volkswirtschaftliche Gewicht des Ernährungsgewerbes, gemessen an seinem Beitrag zum Bruttoinlandsprodukt, hat in den vergangenen Jahren abgenommen. Dabei ist in den siebziger Jahren der in jeweiligen Preisen gemessene Beitrag wesentlich stärker zurückgegangen als der in konstanten Preisen (Tab. I.2–1). Dies ist ein Indiz dafür, daß das Ernährungsgewerbe in diesem Zeitraum seine Preise nur unterdurchschnittlich erhöhen konnte. Im bisherigen Verlauf der achtziger Jahre haben sich die nominalen und realen Beiträge zum Bruttoinlandsprodukt weitgehend parallel entwickelt.

Tabelle I.2-1

Bruttowertschöpfung und Beitrag des Ernährungsgewerbes zum Bruttoinlandsprodukt

Jahr	Bruttowertschöpfung in Mill. DM		Beitrag zum Bruttoinlandsprodukt in %	
	in jeweiligen Preisen	in Preisen von 1980	in jeweiligen Preisen	in Preisen von 1980
1970	25 620	36 030	3,79	3,18
1980	45 490	45 490	3,08	3,08
1982	48 410	45 590	3,03	3,10
1984	49 550	44 690	2,82	2,91
1985	50 730	43 750	2,77	2,79
1986	52 250	41 310	2,71	2,58

Quelle: Statistisches Bundesamt, Fachserie 18: Volkswirtschaftliche Gesamtrechnungen, Reihe 1: Kosten und Standardtabellen 1987.

Tabelle I.2-2

Erwerbstätige und beschäftigte Arbeitnehmer im Ernährungsgewerbe

Jahr	Erwerbstätige[a]			Beschäftigte Arbeitnehmer		
	Anzahl in 1000	Anteil in %		Anzahl in 1000	Anteil in %	
		an sämtl. Erwerbstätigen	a.d. Erwerbstätig. d.Verarbeitend. Gew.		an sämtl. Arbeitnehmern	a.d. Arbeitnehm. d. Verarb. Gewerbes
1970	945	3,56	9,34	787	3,55	8,22
1980	887	3,38	9,86	765	3,33	8,92
1982	844	3,29	9;97	725	3,24	9,00
1984	806	3,19	10,00	687	3,12	8,98
1985	796	3,13	9,78	678	3,06	8,76
1986	785	3,05	9,50	668	2,98	8,50

a) Selbständige, mithelfende Familienangehörige und beschäftigte Arbeitnehmer.

Quelle: Statistisches Bundesamt, Fachserie 18: Volkswirtschaftliche Gesamtrechnungen, Reihe 1: Kosten und Standardtabellen 1987.

Gegenwärtig liegt der Beitrag des Ernährungsgewerbes zum Bruttoinlandsprodukt bei gut 2 1/2 %. Damit zählt das Ernährungsgewerbe zu den bedeutendsten Bereichen der deutschen Volkswirtschaft. Sein gesamtwirtschaftliches Gewicht ist noch größer, wenn man es an der Zahl der Arbeitsplätze mißt. Im Ernährungsgewerbe finden mit knapp 800 000 über 3 % aller Erwerbstätigen[6] Arbeit (Tab. I.2–2). Der Anteil an den beschäftigten Arbeitnehmern liegt nur unwesentlich niedriger. Allerdings hat die Zahl der Arbeitsplätze im Ernährungsgewerbe in den vergangenen Jahren stark abgenommen. Zwischen 1970 und 1986 wurden 160 000 Erwerbstätige freigesetzt, davon etwa 120 000 Arbeitnehmer.

In bezug auf den Kapitalstock ist jedoch die Bedeutung des Ernährungsgewerbes – im Vergleich zum Durchschnitt der *gesamten* deutschen Volkswirtschaft – relativ gering. Es war am Jahresanfang 1987 nur mit 1,5 % am Brutto-

[6] Selbständige, mithelfende Familienangehörige und beschäftigte Arbeitnehmer.

Tabelle I.2-3

Bruttoanlagevermögen im Ernährungsgewerbe

Jahres-anfang	Mill.DM in Preisen von 1980	Anteil in % an ... allen Wirtschaftsbereichen	Unternehmen zusammen	Verarbeitendem Gewerbe
1970	87 100	2,15	2,38	13,15
1980	108 930	1,81	2,01	11,86
1982	110 610	1,72	1,91	11,61
1984	111 280	1,64	1,82	11,50
1985	111 380	1,60	1,77	11,48
1986	111 050	1,55	1,72	11,32
1987	110 920	1,51	1,68	11,11

Quelle: Statistisches Bundesamt, Fachserie 18; Volkswirtschaftliche Gesamtrechnungen, Reihe 1: Kosten und Standardtabellen 1987.

Anlagevermögen sämtlicher Wirtschaftsbereiche beteiligt. (Tab. I.2–3). Dies ist in erster Linie darauf zurückzuführen, daß es zahlreiche Wirtschaftsbereiche gibt, insbesondere die Sektoren Verkehr und Nachrichtenübermittlung, die wesentlich kapitalintensiver „produzieren" als das Ernährungsgewerbe.

3. Stellung im Verarbeitenden Gewerbe[7]

Das Ernährungsgewerbe ist mit einem Umsatz von rund 141 Mrd. DM (1988)[8] mit etwa 10% am Gesamtumsatz des Verarbeitenden Gewerbes beteiligt. Obwohl sich sein Umsatzanteil gegenüber 1977 um zwei Prozentpunkte vermin-

[7] Im Gegensatz zur – im vorhergehenden Abschnitt erfolgten – Darstellung des Ernährungsgewerbes in der Gesamtwirtschaft, die auf Unternehmensdaten beruht, wird die Stellung des Ernährungsgewerbes im Verarbeitenden Gewerbe anhand von Betriebsdaten analysiert. Beim *Unternehmens*konzept werden die Unternehmen nach dem Schwerpunkt ihrer wirtschaftlichen Tätigkeit den einzelnen Wirtschaftszweigen zugeordnet. Beim Betriebskonzept gibt es zwei Darstellungsformen:

- Bei der Aufbereitung für ***Betriebe*** werden die Ergebnisse nach örtlichen Betriebseinheiten aufgerechnet, d. h. es werden kombinierte Betriebe (Betriebe mit fachlichen Betriebsteilen in mehreren Wirtschaftszweigen) dem Wirtschaftszweig zugeordnet, in dem das Schwergewicht des Betriebs liegt.
- In der Aufbereitung für ***fachliche Betriebsteile*** werden die Ergebnisse der fachlichen Betriebsteile kombinierter Betriebe auf die verschiedenen Wirtschaftszweige aufgeteilt, denen die einzelnen Betriebsteile ihrer Produktion entsprechend zuzurechnen sind.

[8] Einschließlich Kleinbetriebe.

Tabelle I.3-1

Stellung und Entwicklung des Ernährungsgewerbes im Rahmen des Verarbeitenden Gewerbes[a)], 1977 und 1988

Merkmal	Einheit	Ernährungsgewerbe		Verarbeitendes Gewerbe		Ernährungsgewerbe im Rahmen des Verarb. Gewerbes	
		1977	1988	1977	1988	1977	1988
						Anteile am Verarb. Gewerbe in %	
Beschäftigte[b)]	1 000	458	405	7 297	6 722	6,3	6,0
Umsatz[b)]	Mrd. DM	104	135	853	1 344	12,2	10,0
dav.: Inlandsumsatz	Mrd. DM	97	121	643	915	15,1	13,2
Auslandsumsatz	Mrd. DM	7	14	210	429	3,3	3,2
Geleistete Abeiterstunden	Mill. Std.	608	507	9 193	7 516	6,6	6,7
Brutto-Lohn- und Gehaltssumme	Mrd. DM	12	17	205	318	5,8	5,2
Brutto-Anlageinvestitionen	Mill. DM	4 035	5 719[g)]	37 850	73 857[g)]	10,7	7,7[g)]
Kennzahlen						Verarbeitendes Gewerbe = 100	
Umsatz je Beschäftigten[b)]	DM	227 625	332 186	116 914	199 902	194,7	166,2
Bruttowertschöpfung je Beschäftigten	DM	51	74[g)]	49	78[g)]	103,1	95,3[g)]
Brutto-Lohn- und Gehaltssumme je 1 000 DM Umsatz	DM	104	107	218	208	47,8	51,4

Brutto-Lohnsumme je geleistete Arbeiterstunde	DM	11,45	18,77	13,79	23,78	83,0	78,9
Investitionsquote[c)]	%	3,5	3,8 [g)]	4,0	5,1 [g)]	87,5	74,5[g)]
Investitionsintensität[d)]	DM	8 510	13 262[g)]	5 120	10 733[g)]	166,2	123,6[g)]
Ausfuhrquote[e)]	%	10,1	16,9	29,3	39,3	34,5	43,0
Einfuhrquote[f)]	%	14,7	18,9	21,4	30,5	68,7	62,0

a) Betriebe von Unternehmen mit 20 Beschäftigten und mehr, einschließlich Handwerk. - b) Fachliche Betriebsteile. - c) Investitionen in % des Umsatzes. - d) Investitionen je Beschäftigten. - e) Ausfuhren in % des Gesamtumsatzes (einschließlich Kleinbetriebe). - f) Einfuhren in % der Inlandsverfügbarkeit (= Gesamtumsatz abzüglich Ausfuhren zuzüglich Einfuhren; ohne Warenverkehr mit der DDR. - g) 1987.

Quelle: Statistisches Bundesamt: Berechnungen des Ifo-Instituts.

dert hat (er lag damals bei 12%, s. Tab. I.3–1), ist es damit immer noch eine der bedeutendsten Wirtschaftsgruppen; in einer Rangliste des Verarbeitenden Gewerbes liegt das Ernährungsgewerbe hinter dem Straßenfahrzeugbau, dem Maschinenbau, der chemischen Industrie und der Elektrotechnik an fünfter Stelle.[9] An dieser Rangstelle ändert sich auch nichts, wenn man berücksichtigt, daß in den Umsatzwerten einiger Sparten des Ernährungsgewerbes verhältnismäßig hohe Verbrauchsteuern enthalten sind (Zucker-, Kaffee-, Tee-, Bier-, Spirituosen- und Schaumweinsteuer). Nach Abzug dieser Verbrauchsteuern würde sich für das Ernährungsgewerbe ein Umsatzanteil von etwa 9 % ergeben.

In anderen Ländern mit bedeutender Produktion von Nahrungsmitteln ist die Stellung des Ernährungsgewerbes innerhalb des Verarbeitenden Gewerbes noch stärker als in der Bundesrepublik. In den USA, in Frankreich, im Vereinigten Königreich und in Kanada liegt der Produktionsanteil z. T. deutlich über 10% (Tab. I.3–2). Lediglich in Japan ist die relative Stellung des Ernährungsgewerbes etwas geringer als in der Bundesrepublik.

Gemessen an den Beschäftigten beläuft sich der Anteil des Ernährungsgewerbes am gesamten Verarbeitenden Gewerbe der Bundesrepublik auf nur 6 % (gegenüber einem Umsatzanteil von 10 %). Dies ist einerseits dadurch bedingt, daß im Vergleich *zu anderen Industriezweigen* die Produktion von Lebensmitteln einen höheren Kapitaleinsatz und damit einen geringeren Arbeitseinsatz erfordert;[10] dementsprechend liegt der Umsatz je Beschäftigten im Ernährungsgewerbe um 66% (1988) über dem Durchschnitt des Verarbeitenden Gewerbes (Tab. I.3–1). Hinzu kommt, daß die Umsatzzahlen des Ernährungsgewerbes nicht nur durch spezielle Verbrauchsteuern, sondern auch durch einen hohen Rohstoff- und Vorprodukteinsatz „aufgebläht" sind. Im Jahr 1986 betrug der Anteil des Material- und Wareneingangs am Umsatz des Ernährungsgewerbes 68 %, im Durchschnitt des Verarbeitenden Gewerbes dagegen nur 51 %.

Im Ernährungsgewerbe liegt das Lohnniveau um etwa 20% niedriger als im Industriedurchschnitt. Dies ist bedingt durch die Besonderheiten des Produktionsprozesses (häufige Saisonarbeit und wenig qualifizierte Tätigkeiten), wodurch auch der Anteil von – meist weiblichen – Hilfs- und Anlernkräften relativ hoch ist. Dementsprechend ist auch die Lohnquote (Anteil der Löhne und Gehälter am Umsatz) vergleichsweise niedrig. Allerdings wird das Niveau der Lohnquote auch durch die im Umsatz enthaltenen Verbrauchsteuern und hohen Vorleistungen stark beeinflußt.

Gleiches gilt auch für die Investitionsquote (Anteil der Investitionen am Umsatz); diese ist nicht zuletzt aufgrund der genannten Faktoren relativ niedrig

---

[9] Gemessen am Inlandsumsatz liegt das Ernährungsgewerbe sogar an erster Stelle.

[10] Bei einem interindustriellen Vergleich ist also das Ernährungsgewerbe als kapitalintensiv einzustufen, während bei einem Vergleich mit dem Durchschnitt der gesamten Volkswirtschaft der Kapitalstock des Ernährungsgewerbes relativ niedrig ist (vgl. Kapitel I.2).

Tabelle I.3-2

Das Ernährungsgewerbe der OECD-Länder im Rahmen des Verarbeitenden Gewerbes
Anteile in %[a)]

Land	Produktion			Beschäftigte		
	1965	1975	1985	1965	1975	1985
Australien	16,1	18,3	18,3	10,2	13,3	13,9
Österreich	14,0	14,1	14,7	14,2	10,0	10,6
Belgien	17,7	15,5	16,1	7,1	7,6	9,2
Kanada	16,7	16,0	15,3	12,2	10,7	10,5
Dänemark	19,8	26,9	33,0	12,6	13,7	17,0
Finnland	26,1	17,4	17,0	11,8	10,4	10,2
Frankreich	18,1	16,6	16,8	8,3	7,8	10,2
BR Deutschland	9,6	9,1	9,5	4,3	4,3	4,9
Griechenland	23,5	20,0	18,5	16,2	16,2	15,4
Island	.	21,9	22,0	.	15,4	12,5
Irland	35,0	40,5	37,0	22,5	23,4	21,6
Italien	.	11,0	10,5	5,7	5,2	5,3
Japan	10,3	9,6	8,9	8,9	8,9	9,6
Luxemburg	.	5,7	6,0	2,9	3,0	4,1
Niederlande	25,5	24,8	24,8	12,2	13,2	14,7
Neuseeland	32,3	27,0	27,1	18,9	23,6	24,1
Norwegen	25,2	17,3	20,2	13,5	12,5	14,8
Portugal	17,1	23,1	16,8	10,1	11,9	11,2
Spanien	15,3	13,0	16,6	11,6	10,1	11,3
Schweden	16,9	12,2	12,9	7,0	7,0	8,4
Schweiz	.	.	.	5,0	5,5	7,6
Türkei	26,3	18,1	14,5	16,1	13,9	13,5
Vereinigtes Königreich	.	11,9	13,3	.	8,2	9,4
USA	13,6	14,9	12,3	8,4	7,8	7,1
OECD Total	10,8	10,4	10,3	8,4	8,2	9,1

a) Produktion und Beschäftigte in % des Verarbeitenden Gewerbes.

(Tab. I.3–1). Bezogen auf die Beschäftigten (Investitionsintensität) hat jedoch das Ernährungsgewerbe in den vergangenen Jahren ständig mehr investiert als das Verarbeitende Gewerbe insgesamt, allerdings mit relativ abnehmender Tendenz. Der Anteil der absoluten Brutto-Anlageinvestitionen der Branche am Verarbeitenden Gewerbe war im Jahrzehnt 1977/87 rückläufig.

Der Absatz des Ernährungsgewerbes ist hauptsächlich auf den Inlandsmarkt ausgerichtet. Ein reger internationaler Warenaustausch mit Nahrungsmitteln wird erschwert durch unterschiedliche Geschmacks- und Verzehrgewohnheiten, durch lebensmittelrechtliche Bestimmungen,[11] durch Marktordnungsmaßnahmen sowie generell durch hohe Importbarrieren zahlreicher Länder. Darüber hinaus liegen einige Sparten des deutschen Ernährungsgewerbes rohstoffkostenmäßig ungünstig gegenüber der Auslandskonkurrenz. So ist es nicht verwunderlich, daß der Anteil der Exporte am Gesamtumsatz (Exportquote) im Jahr 1988 mit 17 % im Vergleich zur Exportquote des gesamten Verarbeitenden Gewerbes (über 39 %) ziemlich niedrig war.[12] Im Gegensatz zu den Exporten liegen die mit den Produkten des Ernährungsgewerbes der Bundesrepublik konkurrierenden Importe wesentlich höher. Der Anteil der Einfuhren an der Inlandsverfügbarkeit (Importquote) betrug 1988 19 % und lag damit „nur" etwa 40 % unter dem gesamtindustriellen Durchschnitt (Tab. I.3–1).

4. Stellung in der Nahrungswirtschaft

Das Ernährungsgewerbe ist heutzutage, im Gegensatz zum Anfang der Industrialisierung, der wichtigste Lieferant von Nahrungsmitteln. Im Jahr 1982 entfielen in der Bundesrepublik Deutschland vom Inlandsverbrauch an Nahrungsmitteln in Höhe von 136 Mrd. DM auf verarbeitete Nahrungsmittel 116 Mrd. DM, das heißt auf solche Nahrungsmittel, die in Betrieben des Ernährungsgewerbes hergestellt wurden. Dies bedeutet, daß 85 % der in der Bundesrepublik verzehrten Nahrungsmittel aus dem Ernährungsgewerbe stammen.

Zum Endverbrauch an sämtlichen Nahrungsmitteln trug 1982 das deutsche Ernährungsgewerbe 102 Mrd. DM bzw. 75 % bei, der Rest entfiel auf die Einfuhr an verarbeiteten (10 %) und unverarbeiteten Nahrungsmitteln (7 %) sowie auf Produkte der deutschen Landwirtschaft (8 %; vgl. Abb. I.1–1). Betrachtet man nur die verarbeiteten Nahrungsmittel (1982: 116 Mrd. DM), so hat das deutsche Ernährungsgewerbe einen Anteil von 88 % an der Inlandsversorgung.

Das Spiegelbild der überragenden Bedeutung des Ernährungsgewerbes für die Versorgung der Bevölkerung mit Nahrungsmitteln ist die Tatsache, daß derzeit nur noch ein geringer Teil der in der Landwirtschaft erzeugten Produkte unmittelbar für den Endverbrauch bestimmt ist. Vom Bruttoproduktionswert der deutschen Landwirtschaft waren es 1982 ca. 14 %, vom Gesamtaufkommen an landwirtschaftlichen Gütern (also einschließlich der Einfuhren) 18 %. Der

[11] Mit der Vollendung des europäischen Binnenmarktes im Jahr 1992 dürfte dieses Handelshemmnis weitgehend entfallen.

[12] Der Analyse liegt eine „weite" Definition der Exportquoten zugrunde, d. h. es werden nicht nur die Exporte der jeweiligen Industriegruppe erfaßt (Auslandsumsätze), sondern sämtliche Ausfuhren (nach der Außenhandelsstatistik).

Abb. I.1-1

Warenströme in der Nahrungswirtschaft der Bundesrepublik Deutschland

(Werte in Mill. DM für das Jahr 1982)

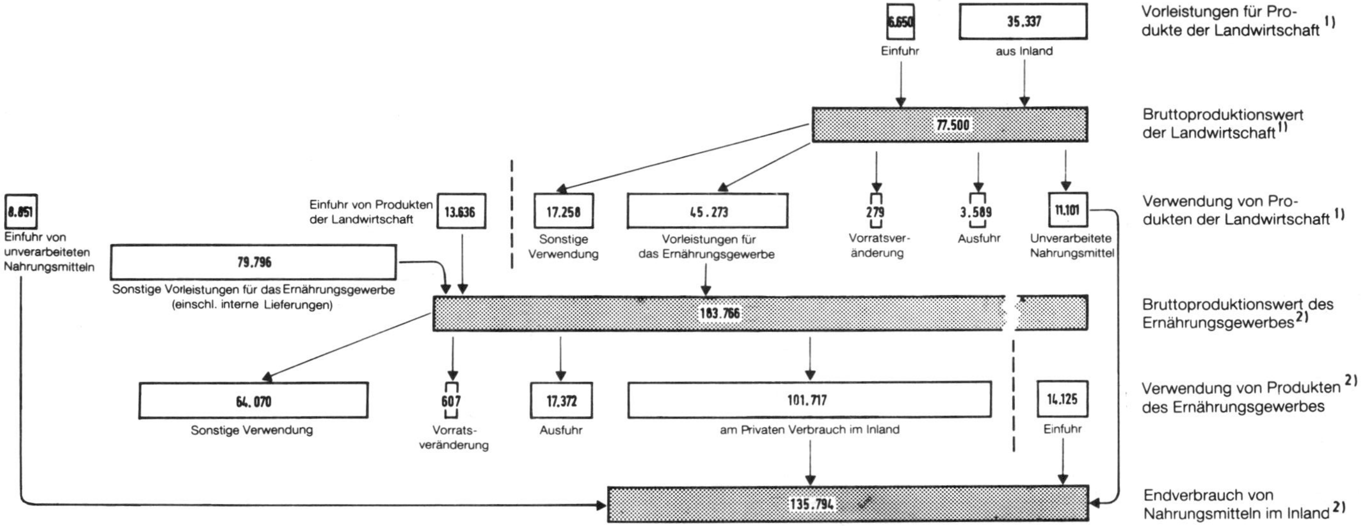

1) Einschl. Forstwirtschaft, Fischerei usw. 2) Nahrungsmittel einschl. Getränke.

Quelle: Darstellung übernommen von Thimm, Besch (1971), S. 21; eigene Berechnungen nach: Statistisches Bundesamt, Fachserie 18: Volkswirtschaftliche Gesamtrechnungen, Reihe 2: Input-Output-Tabellen 1982.

Ifo-Institut für Wirtschaftsforschung, München 355/88

Großteil der landwirtschaftlichen Produkte wird im Ernährungsgewerbe aufbereitet, weiterverarbeitet bzw. veredelt. Im Jahr 1970 setzte die Landwirtschaft noch rund 16% ihrer Produktion ohne den „Umweg" über das Ernährungsgewerbe an den Endverbraucher ab. In der Vergangenheit waren also zunehmend Nahrungsmittel gefragt, die eine große Verarbeitungstiefe aufweisen. Auch dem Wunsch der Verbraucher nach zunehmender Produktdifferenzierung und nach neuen Produkten konnte das Ernährungsgewerbe eher nachkommen als die Landwirtschaft. Somit kann die abnehmende Bedeutung der Landwirtschaft bzw. die zunehmende Bedeutung des Ernährungsgewerbes für die Nahrungsmittelversorgung als Folge des volkswirtschaftlichen Wachstums- und Differenzierungsprozesses gesehen werden.[13] Im Zuge dieses – bereits seit Jahrhunderten zu beobachtenden Prozesses – hat das Ernährungsgewerbe nicht nur Versorgungsfunktionen übernommen, die früher von der Landwirtschaft erfüllt wurden, sondern auch solche von der vormals weit verbreiteten Hauswirtschaft. Während in der traditionellen Hauswirtschaft die von der Landwirtschaft bezogenen Produkte zum weitaus größten Teil weiter verarbeitet wurden (daher auch der Ausdruck „Haus*wirtschaft*"), haben in den vergangenen Jahren die Haus*halte* in zunehmendem Maße bereits fertig zubereitete Nahrungsmittel und Getränke bezogen (z. B. Fertiggerichte, Konserven, Tiefkühlkost, Fruchtsäfte usw.). Der moderne Haushalt nimmt nur noch einen Teil der Versorgungsfunktion der traditionellen Hauswirtschaft wahr; große Teile dieser Funktion werden heutzutage vom Ernährungsgewerbe erfüllt.

5. Regionale Verteilung

Eine überdurchschnittlich große Bedeutung für Produktion und Beschäftigung kommt dem Ernährungsgewerbe in Schleswig-Holstein, Bremen und Hamburg sowie in Berlin (West) zu. In der norddeutschen Küstenregion liegt der Anteil des Ernährungsgewerbes am Umsatz des gesamten Verarbeitenden Gewerbes bei schätzungsweise 15 bis 20% und damit weit über dem Durchschnittswert für das gesamte Bundesgebiet (etwa 10%). Hamburg und Bremen bieten aufgrund ihrer Einfuhrhäfen Standortvorteile für Ernährungsbranchen, die überwiegend importierte Rohstoffe bzw. Meeresrohstoffe verarbeiten. In diesen Bundesländern finden sich daher die Produktionsschwerpunkte der Kaffee- und Teeverarbeitung, der Ölmühlen- und Margarineindustrie sowie der Fischverarbeitung. Ein wichtiger Standort für die Fischverarbeitung ist auch Schleswig-Holstein. In diesem Bundesland sind darüber hinaus zahlreiche Betriebe der Milchindustrie angesiedelt. Diese Branche, die weitere regionale Schwerpunkte in Bayern und Niedersachsen hat, ist ebenso rohstofforientiert wie die Zuckerindustrie (Schwerpunkt in Niedersachsen), die Obst- und Gemüseverarbeitung

[13] Vgl. Thimm/Besch (1971), S. 9 f.

Tabelle I.5-1

Umsatz und Beschäftigte des Ernährungsgewerbes nach Bundesländern

Bundesland	Umsatz[a)]						Beschäftigte[a)]						Anteile in % an der Bevölkerung	
	Mill. DM		Anteile in % am ...				Anzahl		Anteile in % am ...					
			Ernährungsgewerbe		Verarbeit.Gewerbe				Ernährungsgewerbe		Verarbeit.Gewerbe			
	1980	1987	1980	1987	1980	1987	1980	1987	1980	1987	1980	1987	1980	1987
Schleswig-Holstein	.	.	.	.	.	.	.	.	.	.	.	.	4,2	4,3
Hamburg	.	7 852	.	5,2	.	11,4[b)]	.	15 042	.	3,5	.	11,0[b)]	2,7	2,6
Niedersachsen	.	.	.	.	.	.	.	.	.	.	.	.	11,8	11,8
Bremen	.	.	.	.	.	.	.	.	.	.	.	.	1,1	1,1
Nordrhein-Westfalen	29 128	32 981	22,1	21,9	8,7	8,6	107 599	101 234	23,0	23,8	5,3	5,6	27,7	27,3
Hessen	7 704	9 845	5,9	6,5	8,4	8,6	32 089	30 299	6,9	7,1	4,8	4,9	9,1	9,1
Rheinland-Pfalz	6 570	.	4,8	.	9,1[b)]	.	19 961	.	4,3	.	5,0[b)]	.	5,9	5,9
Baden-Württemberg	15 523	.	11,2	.	7,5	.	57 163	53 968	12,2	12,7	3,8	3,8[b)]	15,0	15,3
Bayern	20 840	24 844	15,1	16,5	11,4	10,0	88 107	82 469	18,8	19,4	6,4	6,1	17,7	18,1
Saarland	.	1 668	.	1,1	.	7,3	.	7 242	.	1,7	.	6,5	1,7	1,7
Berlin (West)	5 559	8 901	4,0	5,9	24,7	19,8	18 133	15 671	3,9	3,7	9,9	9,6	3,1	3,1
Bundesgebiet insges.	131 583	150 889	100	100	11,3	10,4	467 752	425 264	100	100	6,3	6,2	100	100

a) Angaben für Betriebe. - b) Einschließlich Bergbau.

Quelle: Statistisches Bundesamt, Fachserie 4: Produzierendes Gewerbe, Reihe 4.1.4: Beschäftigung und Umsatz der Betriebe im Bergbau und im Verarbeitenden Gewerbe nach Bundesländern; Statistisches Jahrbuch 1988 für die Bundesrepublik Deutschland.

und die Herstellung und Verarbeitung von Wein (deren Schwergewicht liegt in Rheinland-Pfalz und Hessen). Die Rohstofforientierung dieser Zweige des Ernährungsgewerbes ist dadurch bedingt, daß die verarbeiteten Rohstoffe entweder rasch verderblich sind oder sich wegen relativ hoher Frachtkosten für einen weiten Transport nicht eignen. Eine gesetzlich verordnete Rohstofforientierung ist bei den Mineralbrunnen gegeben; das Mineralwasser darf nämlich nur an der Quelle in Flaschen abgefüllt werden. Das hohe Gewicht des Ernährungsgewerbes in Berlin (West) ist auf staatliche Subventionen, von denen in erster Linie die Kaffeeverarbeitung profitiert, zurückzuführen.

Grundsätzlich ist jedoch die Standortwahl des Ernährungsgewerbes verbrauchsorientiert. Ihr Standort ist häufig inmitten des Absatzgebietes zu finden, wie dies beispielsweise bei der Backwarenindustrie und den Brauereien der Fall ist. Ein Indiz für die starke Verbrauchsorientierung ist die Tatsache, daß sich der Anteil der einzelnen Bundesländer am Gesamtumsatz und an der gesamten Beschäftigtenzahl des Ernährungsgewerbes ungefähr in der gleichen Größenordnung bewegt wie ihr Anteil an der Bevölkerung (Tab. I.5–1) – lediglich mit den Ausnahmen Hamburg, Bremen und Berlin (West), was, wie gezeigt, auf spezielle Standorteinflüsse zurückzuführen ist. Allerdings haben in der Vergangenheit sämtliche herkömmlichen Bestimmungsfaktoren für die Standortwahl – worauf das Ifo-Institut schon in einer früheren Untersuchung hingewiesen hat – an Bedeutung verloren, und zwar aufgrund von Verbesserungen im Transportwesen und in der Konservierungstechnik sowie aufgrund des Trends zu höher veredelten Produkten.[14]

---

[14] Heinicke (1964), S. 28.

II. Stand und Entwicklung von Produktion und Produktionsfaktoren

1. Produktion

1.1 Zusammensetzung der Bruttoproduktion

Im Jahrzehnt 1977/87 haben sich Bruttoproduktion und Umsatz im Ernährungsgewerbe nahezu parallel entwickelt (Tab. II.1–1). Dies deutet darauf hin, daß Lagerbewegungen an unfertigen und fertigen Erzeugnissen (aus eigener Produktion) im Ernährungsgewerbe eine vergleichsweise geringe Rolle spielen. Tatsächlich sind die Anteile dieser Lagerveränderungen am Bruttoproduktionswert im Ernährungsgewerbe niedriger als im Verbrauchsgüter produzierenden Gewerbe oder im gesamten Verarbeitenden Gewerbe (Tab. II.1–2). Dies hängt einerseits damit zusammen, daß wesentliche Teile der Produktion von Nahrungsmitteln „zum alsbaldigen Verzehr" bestimmt sind. Andererseits nimmt der Handel mit Lebensmitteln einen wesentlichen Teil der Lagerfunktion wahr. Somit liegt die Lagerquote[1] in den Unternehmen des Ernährungsgewerbes mit knapp 5 % deutlich unter dem Wert für das Verbrauchsgüter produzierende Gewerbe und das gesamte Verarbeitende Gewerbe (Tab. II.1–3). Wesentlich höhere Lagerquoten als der Durchschnitt des Ernährungsgewerbes weisen lediglich vier Bereiche auf: die Zuckerindustrie sowie die Obst- und Gemüseverarbeitung wegen des sich auf wenige Wochen konzentrierenden Ernteanfalls; die Spirituosenindustrie sowie die Herstellung und Verarbeitung von Wein wegen der z. T. jahrelangen Lagerung der hergestellten Produkte.

Die wichtigste Komponente des Bruttoproduktionswerts des Ernährungsgewerbes, nämlich der Umsatz,[2] setzte sich 1986 zu gut 85 % aus Erlösen aus eigenen Erzeugnissen und industriellen/handwerklichen Dienstleistungen zusammen, zu fast 14 % aus Erlösen aus Handelsware und zu 1 % aus Erlösen aus nichtindustriellen/nichthandwerklichen Tätigkeiten. Der Anteil des Umsatzes aus eigenen Erzeugnissen und Leistungen am Gesamtumsatz war im Jahrzehnt

---

[1] Anteil der Lagerbestände an unfertigen und fertigen Erzeugnissen aus eigener Produktion.

[2] Im Jahr 1986 trug der Umsatz 99,9 % zum Bruttoproduktionswert des Ernährungsgewerbes bei. Korrigiert man den Umsatz um die Bestandsänderung an unfertigen und fertigen Erzeugnissen und zählt die selbsterstellten Anlagen hinzu, so erhält man den Bruttoproduktionswert.

Tabelle II.1-1

Umsatz, Brutto- und Nettoproduktion im Ernährungsgewerbe

Jahr	Umsatz	Bruttoproduktion	Nettoproduktion
1977	84,7	84,9	83,9
1978	89,1	89,2	91,0
1979	93,5	93,6	94,3
1980	100	100	100
1981	105,2	105,5	103,1
1982	110,0	109,9	107,0
1983	112,5	112,2	109,0
1984	116,6	116,4	108,4
1985	117,3	117,2	111,2
1986	117,2	117,1	115,5
1987	115,6	115,2	123,7

Quelle: Statistisches Bundesamt, Fachserie 4: Produzierendes Gewerbe, Reihe 4.3.3: Kostenstruktur der Unternehmen im Verbrauchsgüter produzierenden Gewerbe und im Nahrungs- und Genußmittelgewerbe; Berechnungen des Ifo-Instituts.

1977/86 der Tendenz nach rückläufig. Die Unternehmen des Ernährungsgewerbes haben also einen wachsenden Teil ihres Umsatzes mit Handelsware getätigt. Eine derartige Entwicklung war zwar auch in anderen Branchen feststellbar, sie war jedoch im Ernährungsgewerbe besonders ausgeprägt. Demzufolge ist der Anteil der Handelsware am Umsatz im Ernährungsgewerbe höher als in anderen Branchen (Tab. II.1–2). Zukäufe zur Ergänzung und Erweiterung der angebotenen Produktpalette werden vor allem von der Kaffee- und Teeverarbeitung, der Fischverarbeitung, den Mineralbrunnen und Herstellern von Limonaden sowie den Herstellern von Teigwaren und Backwaren (einschl. Dauerbackwaren) vorgenommen (Tab. A.II.1–1).[3] Es handelt sich hierbei überwiegend um Branchen, die nicht nur in der Produktion der entsprechenden Erzeugnisse tätig sind, sondern wenigstens z.T. auch Handelsfunktionen wahrnehmen, beispielsweise in Form von Verkaufsstellen für Backwaren, von Kaffeeshops, Fischhallen, Heimdiensten und Großhandel mit Getränken. Dabei zeigt sich, daß im Durchschnitt des Ernährungsgewerbes der Anteil der Handelsware mit zunehmender Betriebsgröße steigt (Tab. A.II.1–2). Allerdings gibt es von dieser „Re-

[3] Tabellen mit dem Zusatz A befinden sich im Anhang.

Tabelle II.1-2

Struktur von Umsatz und Bruttoproduktion im Ernährungsgewerbe, im Verbrauchsgüter produzierenden Gewerbe und im Verarbeitenden Gewerbe
% - Anteile

Wirtschaftsgruppe	Jahr	Anteil am Gesamtumsatz			Anteil am Bruttoproduktionswert			Beitrag zum Bruttoproduktionswert			
		aus eigen. Erzeugn.u. ind./handw. Dienstleistungen	aus Handelsware	aus nicht-ind./nicht handw. Tätigkeiten	Gesamtumsatz	Zu-(+)bzw. Abnahme (-) der Bestände an unfert.u.fert. Erzeugnissen	Selbsterstellte Anlagen	Materialverbrauch (einschl. Energieverbrauch)	Einsatz an Handelsware	Kosten f. Lohnarbeiten	Nettoproduktionswert
Ernährungsgewerbe	1977	88,8	10,4	0,8	99,6	+0,4	0,1	59,7	8,6	0,2	31,5
	1986	85,4	13,6	1,0	99,9	+0,1	0,1	56,8	11,4	0,4	31,4
Verbrauchsgüter produzierendes Gewerbe	1977	92,8	6,6	0,7	99,4	+0,5	0,2	40,9	5,0	3,2	51,0
	1986	91,1	7,5	1,4	99,5	+0,2	0,2	41,3	5,6	3,6	49,5
Verarbeitendes Gewerbe (einschl. Bergbau)	1977	88,3	10,6	1,2	98,9	+0,6	0,4	41,9	8,5	1,6	48,1
	1986	86,7	12,2	1,1	99,3	+0,3	0,4	40,5	9,9	2,2	47,5

Quelle: Statistisches Bundesamt, Fachserie 4: Produzierendes Gewerbe, Reihe 4.3.3: Kostenstruktur der Unternehmen im Verbrauchsgüter produzierenden Gewerbe und im Nahrungs- und Genußmittelgewerbe; Berechnungen des Ifo-Instituts.

Tabelle II.1-3

Lagerquote im Ernährungsgewerbe, im Verbrauchsgüter produzierenden Gewerbe und im Verarbeitenden Gewerbe im Jahr 1987

Bereich	Lagerbestände a)	Umsatz	Lagerbestände in % des Umsatzes
	Mill. DM		
Ernährungsgewerbe	7 009	148 355	4,7
Verbrauchsgüter produzierendes Gewerbe	15 840	197 204	8,0
Verarbeitendes Gewerbe	148 900	1 458 334	10,2

a) Lagerbestände an unfertigen und fertigen Erzeugnissen aus eigener Produktion.

Quelle: Statistisches Bundesamt, Fachserie 4: Produzierendes Gewerbe, Reihe 4.2.1: Beschäftigte, Umsatz und Investitionen der Unternehmen und Betriebe im Bergbau und im Verarbeitenden Gewerbe, 1987; Berechnungen des Ifo-Instituts.

gel" auch Ausnahmen; so tätigen insbesondere die kleineren Brauereien und Hersteller von Mineralwässern und Erfrischungsgetränken einen – an der jeweiligen Branche gemessen – weit überdurchschnittlichen Teil ihres Umsatzes mit Handelsware.

Die Tendenz, zunehmend Handelsware einzusetzen, spiegelt sich in der Entwicklung des entsprechenden Beitrags zum Bruttoproduktionswert des Ernährungsgewerbes wider (Tab. II.1–2). Der Beitrag des Materialverbrauchs ist demgegenüber stark, jener des Nettoproduktionswerts leicht gesunken.[4] Als Fazit dieser Betrachtung läßt sich feststellen, daß das Ernährungsgewerbe – einem allgemeinen Trend folgend[5] – bei seiner Leistungserstellung verstärkt auf Vorleistungen aus anderen Betrieben zurückgreift. Dies gilt insbesondere für die kleineren Betriebe, deren Nettoquote[6] 1986 wesentlich niedriger war als jene der größeren Betriebe.

---

[4] Zieht man vom Bruttoproduktionswert den Materialverbrauch, den Einsatz an Handelsware sowie die Kosten für Lohnarbeit ab, so erhält man den Nettoproduktionswert.

[5] Vgl. hierzu Gerstenberger (1988a), S. 212ff.

[6] Anteil des Nettoproduktionswerts am Bruttoproduktionswert.

Tabelle II.1-4

Entwicklung und Veränderung der Produktion im Ernährungsgewerbe und im Verarbeitenden Gewerbe

Jahr	Index der Nettoproduktion[a] 1980 = 100		Veränderung d. Nettoprod. gegenüber Vorjahr in %		Branchenkoeffizient des Ernährungsgewerbes[b]
	Ernährungsgewerbe	Verarbeitendes Gewerbe	Ernährungsgewerbe	Verarbeitendes Gewerbe	
1970	80,7	83,7	+ 3,2	+ 5,8	0,975
1971	84,3	84,2	+ 4,4	+ 0,6	1,038
1972	85,4	87,3	+ 1,3	+ 3,7	0,977
1973	88,2	92,8	+ 3,3	+ 6,3	0,972
1974	88,0	90,8	- 0,2	- 2,2	1,020
1975	88,4	84,7	+ 0,4	- 6,7	1,076
1976	90,7	90,6	+ 2,6	+ 7,0	0,959
1977	92,3	92,6	+ 1,8	+ 2,2	0,996
1978	94,4	95,2	+ 2,3	+ 2,8	0,995
1979	97,6	99,9	+ 3,4	+ 4,9	0,986
1980	100	100	+ 2,5	+ 0,1	1,024
1981	101,6	98,3	+ 1,6	- 1,7	1,034
1982	101,5	95,4	- 0,1	- 3,0	1,030
1983	100,3	96,3	- 1,2	+ 0,9	0,979
1984	101,8	99,5	+ 1,5	+ 3,3	0,983
1985	104,2	105,1	+ 2,4	+ 5,6	0,970
1986	106,1	107,7	+ 1,8	+ 2,5	0,993
1987	106,5	107,9	+ 0,4	+ 0,2	1,002
1988	109,4	112,3	+ 2,7	+ 4,1	0,987

a) Arbeitstäglich. - b) Veränderung der Produktion des Ernährungsgewerbes in Relation zur Produktion des Verarbeitenden Gewerbes.

Quelle: Statistisches Bundesamt, Fachserie 4: Produzierendes Gewerbe, Reihe 2: Indizes für das Produzierende Gewerbe; Berechnungen des Ifo-Instituts.

1.2 Entwicklung der Nettoproduktion

Die reale Nettoproduktion des Ernährungsgewerbes hat sich seit 1970 relativ kontinuierlich entwickelt. In dem betrachteten Zeitraum war die Produktion lediglich in drei Jahren rückläufig, wobei in zwei Jahren (1974 und 1982) dieser Rückgang äußerst gering war und in 1983 nur gut 1 % betrug (Tab. II.1–4). Im Vergleich zum gesamten Verarbeitenden Gewerbe ist daher das Ernährungsgewerbe verhältnismäßig konjunkturunempfindlich. Dies kommt darin zum Ausdruck, daß in Jahren einer allgemeinen konjunkturellen Abschwächung der Branchenkoeffizient[7] des Ernährungsgewerbes häufig über 1,[8] in Jahren eines konjunkturellen Aufschwungs häufig unter 1 liegt.[9] Der Grund für die relativ stetige Produktionsentwicklung des Ernährungsgewerbes ist darin zu sehen, daß der weitaus größte Teil der Lebensmittel zum sogenannten Grundbedarf der privaten Haushalte zählt, der sich nicht aufschieben läßt, vielmehr stetig gedeckt werden muß.

Wegen der vielen ernteabhängigen Sparten (Mühlenindustrie, Stärkeindustrie, Herstellung von Kartoffelerzeugnissen, Zuckerindustrie, Obst- und Gemüseverarbeitung, Mälzerei, Alkoholbrennerei, Herstellung und Verarbeitung von Wein) unterliegt die Produktion des Ernährungsgewerbes allerdings erheblichen saisonalen Schwankungen. Die Monate mit der lebhaftesten Produktionstätigkeit sind im allgemeinen der Oktober und der November. In diesen Monaten liegt die Produktionstätigkeit um durchschnittlich 20 bis 30% über jener der anderen Monate. Allerdings ist die Konzentration der Produktionstätigkeit auf das Jahresende bei einigen Sparten (Backwaren und Süßwaren) auch auf die Massierung der Nachfrage zur Weihnachtszeit zurückzuführen. Andere Branchen wiederum erleben ihren Nachfragehöhepunkt in den Sommermonaten, so die Getränkeindustrie und die Herstellung von Speiseeis. Einer relativ stabilen Nachfrage sehen sich demgegenüber die Milchverwertung und die Fleischverarbeitung gegenüber.

Betrachtet man die längerfristige Entwicklung, so ist der Index der Nettoproduktion des Ernährungsgewerbes – im Gegensatz zur (realen) Bruttowertschöpfung (Tab. I.2–1) – auch noch seit Anfang der achtziger Jahre der Tendenz nach gestiegen (Tab. II.1–4). Dies ist einerseits auf eine unterschiedliche Abgrenzung von Bruttowertschöpfung und Nettoproduktion zurückzuführen,[10] andererseits auf eine unterschiedliche Abschneidegrenze. Während in der Bruttowertschöpfung (nach der volkswirtschaftlichen Gesamtrechnung) sämtliche Unternehmen enthalten sind, bezieht sich die Nettoproduktion nur auf die Unternehmen mit 20 und mehr Beschäftigten, also auf jene Unternehmen, die sich überdurchschnittlich günstig entwickelt haben. In der Entwicklung des Index der Nettoproduktion kommen daher besonders deutlich jene Faktoren zum Ausdruck, von denen das Ernährungsgewerbe in den vergangenen Jahren positive Impulse empfangen hat. Dies sind im einzelnen:

---

[7] Der Branchenkoeffizient einer Branche ist definiert als das Verhältnis der Produktionsveränderung der Branche zur Produktionsveränderung des Verarbeitenden Gewerbes.

[8] So z. B. 1971, 1974, 1980 bis 1982.

[9] So z. B. 1972, 1976, 1983 bis 1986.

[10] Zieht man von der Nettoproduktion die Kosten für industrielle/handwerkliche Dienstleistungen, für Mieten und Pachten sowie für die sonstigen Kosten ab, so erhält man die Bruttowertschöpfung.

- Die ständige Verbesserung der Methoden zur Gewinnung, Be- und Verarbeitung der ernährungswirtschaftlichen Rohstoffe sowie der Konservierungstechniken.
- Vorverlagerung der Küchenarbeit in das Ernährungsgewerbe durch Herstellung von halbfertigen, fertigen und schnell zubereitbaren Lebensmitteln.
- Erweiterung des Sortiments des Ernährungsgewerbes in Anpassung an die Wünsche der Verbraucher (Stichworte: Gesundheit, Änderung der Verzehrgewohnheiten usw.)
- Änderungen in den Vertriebsformen des Einzelhandels sowie im Einsatz der Marketinginstrumente.

1.3 Branchenstruktur

Die Entwicklung der einzelnen Sparten des Ernährungsgewerbes hängt nicht nur von Fortschritten in der Lebensmitteltechnik, der Kreierung neuer Produkte sowie Änderungen in den Verzehr- und Einkaufsgewohnheiten ab, sondern auch von Sättigungserscheinungen, Veränderung der Preisrelationen (einerseits zwischen Lebensmitteln und anderen Gütern des privaten Verbrauchs und andererseits zwischen den verschiedenen Lebensmitteln selbst) sowie von Veränderungen der internationalen Wettbewerbsposition (was in einer entsprechenden Entwicklung der Ein- und Ausfuhren zum Ausdruck kommt).

Im Zeitraum von 1978 bis 1988 verzeichnete die Obst- und Gemüseverarbeitung unter allen Zweigen des Ernährungsgewerbes die günstigste Entwicklung der realen Nettoproduktion (Tab. A.II.1–3). Diese Branche profitierte von einer Erweiterung ihres Sortiments in Richtung Tiefkühlkost und Fertigprodukte, von der Gesundheitswelle (z. B. Fruchtsäfte) sowie von einer erheblich gestiegenen Nachfrage nach Marmeladen und Gelees. Hinzu kam, daß im Ausland bemerkenswerte Exporterfolge erzielt werden konnten, während die – zwar recht hohen – Importe lediglich im Rahmen der Entwicklung der Inlandsnachfrage anstiegen.

Auch andere Branchen sind den Weg der Vorverlegung der Küchenarbeit in die Fabrik erfolgreich gegangen und bringen in zunehmendem Maße fertige Lebensmittel und/oder fertige Gerichte auf den Makrt. Dazu zählen die Nährmittelindustrie (z. B. backfertige Teige, Suppen und Soßen), die Backwarenindustrie (z. B. tiefgefrorene Feinbackwaren), die Kartoffelverarbeitung und die Fleischverarbeitung. Mit Ausnahme der Fleischverarbeitung konnten die genannten Bereiche – gemessen am gesamten Ernährungsgewerbe – zum Teil ein weit überdurchschnittliches Produktionswachstum erzielen, was nicht zuletzt auch dadurch bedingt war, daß diese Branchen eine Fülle neuer Produkte und Produktvarianten auf den Markt brachten, die auch im Ausland einer recht lebhaften Nachfrage begegneten.

Tabelle II.1-5

Produktion[a)] nach Zweigen des Ernährungsgewerbes
- in Preisen von 1980 -

Wirtschaftszweig	Mill. DM			Durchschnittl. jährliche Wachstumsrate in %			Struktur in %		
	1977	1982	1988	1977/82	1982/88	1977/88	1977	1982	1988
Mahl- und Schälmühlen	2 696	2 791	2 757	0,7	- 0,2	0,2	3,0	2,6	2,4
Herstellung von Teigwaren	486	540	565	5,0	0,8	1,4	0,5	0,5	0,5
Herstellung von Nährmitteln	2 760	3 317	4 022	3,7	3,3	3,5	3,0	3,1	3,6
Herstellung von Stärke, Stärkeerzeugnissen	606	728	1 028	3,7	5,9	4,9	0,7	0,7	0,9
Herstellung von Kartoffelerzeugnissen	608	877	977	7,6	1,8	4,4	0,7	0,8	0,9
Herstellung von Backwaren	2 454	4 035	5 175	.	4,2	7,0	2,7	3,8	4,6
Herstellung von Dauerbackwaren	1 614	1 768	2 161	1,8	3,4	2,7	1,8	1,7	1,9
Zuckerindustrie	4 288	4 833	3 967	2,4	- 3,2	- 0,7	4,8	4,5	3,5
Obst- und Gemüseverarbeitung	3 238	4 126	4 763	5,0	2,4	3,6	3,6	3,9	4,2
Herstellung von Süßwaren	7 776	8 605	9 698	2,0	2,0	2,0	8,6	8,1	8,6
Molkerei, Käserei	11 939	14 565	16 162	4,1	1,7	2,8	13,3	13,7	14,3
Herstellung von Dauermilch	3 866	4 973	4 878	5,2	- 0,3	2,1	4,3	4,7	4,3
Ölmühlen, Herstellung von Speiseöl	3 706	4 225	3 805	2,7	- 1,7	0,2	4,1	4,0	3,4
Herstellung v. Margarine u. Speisefetten	1 831	1 724	1 443	- 1,2	- 2,9	- 2,1	2,0	1,6	1,3
Talgschmelzen, Schmalzsiedereien	183	177	161	- 0,7	- 1,6	- 1,2	0,2	0,2	0,1
Schlachthäuser (ohne kommunale)	4 418	5 821	5 440	5,7	- 1,1	1,9	4,9	5,5	4,8
Fleischwarenindustrie Fleischerei	6 035	8 867	10 485	.	2,8	5,1	6,7	8,4	9,3
Fischverarbeitung	1 680	1 484	1 661	- 2,5	1,9	- 0,1	1,9	1,4	1,5

Verarb. v. Kaffee, Tee, H. v. Kaffeem.	4 816	5 021	4 675	0,8	- 1,2	- 0,3	5,3	4,7	4,1
Brauerei	9 094	9 083	8 691	0,0	- 0,7	- 0,4	10,1	8,6	7,7
Mälzerei	878	924	871	1,0	- 1,0	- 0,1	1,0	0,9	0,8
Alkoholbrennerei	166	155	122	- 1,4	- 3,9	- 2,8	0,2	0,1	0,1
Herstellung von Spirituosen	1 726	1 541	1 343	- 2,3	- 2,3	- 2,3	1,9	1,5	1,2
Herstellung und Verarbeitung von Wein	782	772	989	- 0,3	4,2	2,2	0,9	0,7	0,9
Mineralbrunnen, H.v. Mineralw., Limonaden	3 776	4 765	5 045	4,8	1,0	2,7	4,2	4,5	4,5
Übriges Ernährungsgewerbe	2 310	2 974	4 046	5,2	5,3	5,2	2,6	2,8	3,4
Herstellung von Futtermitteln	6 333	7 418	8 138	3,2	1,6	2,3	7,0	7,0	7,2
Ernährungsgewerbe insgesamt	90 065	106 109	113 068	3,3	1,1	2,1	100	100	100

a) Zum Absatz bestimmte Produktion in Betrieben von Unternehmen mit im allgemeinen 20 Beschäftigten und mehr. 1977 ohne, 1982 und 1987 einschließlich Handwerk.

Quelle: Statistisches Bundesamt, Fachserie 4: Produzierendes Gewerbe, Reihe 3.1: Produktion im Produzierenden Gewerbe des In- und Auslandes, und Fachserie 17: Preise, Reihe 17.2: Preise und Preisindizes für gewerbliche Produkte (Erzeugerpreise); Berechnungen des Ifo-Institut für Wirtschaftsforschung.

Ähnlich wie Teile der Obst- und Gemüseverarbeitung „schwammen" auch die Hersteller von alkoholfreien Getränken, insbesondere die Mineralbrunnen, auf der Gesundheitswelle. Diesen kam außerdem zugute, daß die internationale Konkurrenz auf diesem Markt noch relativ schwach ist. Darüber hinaus wirkten sich die Kampagnen gegen den Alkoholkonsum zugunsten der alkoholfreien Getränke aus. Davon profitierten auch die Verarbeiter von Kaffee und Tee. Nachfrageimpulse für diese Branche gingen zeitweise auch von rückläufigen Preisen aus, vor allem bedingt durch Preiskämpfe der wichtigsten Anbieter.

Das Vordringen der alkoholfreien Getränke (einschließlich Kaffee und Tee) ging zulasten der Brauereien und Spirituosenindustrie. Während der Bierabsatz zusätzlich durch Sättigungserscheinungen beeinträchtigt wurde (das Konsumniveau hat in der Bundesrepublik weltweit eine Spitzenstellung), wirkten sich in der Spirituosenindustrie die Branntweinsteuererhöhungen von 1981 und 1982 sowie die rasch steigenden Einfuhren negativ auf die Produktion aus. Von den Herstellern alkoholhaltiger Getränke konnte daher allein die Schaumweinindustrie ein deutliches Produktionswachstum erzielen, insbesondere dadurch bedingt, daß die Verbraucher mit steigendem Einkommen Produkte präferieren, die in bezug auf Qualität, Genuß, Kultur und Lebensstil hohen Nutzen versprechen; diesem Bedürfnis konnten zahlreiche Unternehmen der Sektindustrie nachkommen.

Jene Bereiche des Ernährungsgewerbes, die überwiegend auf den Grundnahrungsmitteln Fleisch, Fisch, Milch, Fett, Zucker und Getreide basieren, konnten im Untersuchungszeitraum im allgemeinen nur ein geringes Produktionswachstum erzielen bzw. mußten sogar Produktionsrückgänge in Kauf nehmen. Wesentlicher Grund dafür war die Sättigung bei diesen Grundnahrungsmitteln, z.T. spielten auch eine Kaufzurückhaltung aus gesundheitlichen Gründen (Zucker, Fette) sowie Rohstoffmangel (Fisch) eine Rolle. Soweit einige Zweige aus diesem Komplex des Ernährungsgewerbes in den vergangenen Jahren dennoch eine günstige Entwicklung nahmen (z. B. Süßwaren), waren dafür Änderungen im Verbraucherverhalten (Speiseeis hat sich beispielsweise in Richtung eines Ganzjahresartikels entwickelt) und Nachfrageimpulse durch neue Produktvariationen (insbesondere bei Schokoladenerzeugnissen) verantwortlich.

Die leicht über dem Durchschnitt des Ernährungsgewerbes liegende Produktionsentwicklung der Futtermittelindustrie hat ihre Ursache zum einen in der zunehmenden Spezialisierung in der Landwirtschaft (das Futtermittel fällt häufig nicht mehr dort an, wo es benötigt wird), zum anderen in einer „Verwissenschaftlichung" der Tierernährung. Hinzu kam eine steigende Nachfrage nach Fertigfutter für Heimtiere.

Infolge der recht differenzierten Produktionsentwicklung hat sich die Branchenstruktur des Ernährungsgewerbes, gemessen an den realen Bruttoproduktionswerten,[11] im Untersuchungszeitraum verändert. Ihren Anteil an der gesamten realen Produktion des Ernährungsgewerbes konnten vor allem die Herstel-

Tabelle II.1-6

Struktur der Herstellung von Lebensmitteln[a] in ausgewählten OECD-Ländern

% - Anteile

Bereich	Frank-reich	BR Deutsch-land	Japan	Ver-einig. König-reich	USA
Milchprodukte	34	27	10	18	16
Getreideprodukte[b]	18	12	20	17	13
Fleischprodukte	9	14	8	15	25
Zucker u. Süßwaren	19	17	10	13	7
Tiefkühlkost	8	6	13	14	7
Backwaren	5	8	14	12	8
Obst- u. Gemüse-verarbeitung	4	5	3	4	14
Fette und Öle	1	9	5	4	8
Fischprodukte	2	2	17	3	2
Insgesamt	100	100	100	100	100

a) Ohne Getränkeindustrie. - b) Ohne Backwaren, einschl. Futtermittel.

Quelle: OECD (1988), S. 153.

lung von Nährmitteln und Backwaren, die Obst- und Gemüseverarbeitung, die Herstellung von Süßwaren (nur in den achtziger Jahren), die Molkereien sowie die Fleischverarbeitung erhöhen, und zwar in erster Linie zu Lasten von Mahl- und Schälmühlen, der Zuckerindustrie, der Margarineindustrie, der Fischverarbeitung, der Kaffee- und Teeverarbeitung, der Brauereien sowie der Spirituosenindustrie (Tab. II.1–5). Bei nominaler Betrachtungsweise stellen sich die Strukturverschiebungen in den Grundzügen ähnlich dar. Wegen eines erheblichen Rückgangs der Erzeugerpreise mußten jedoch sowohl die Ölmühlen als auch die Herstellung von Futtermitteln deutliche Anteilsverluste hinnehmen (Tab. A.II.1–4).

---

[11] Die realen Bruttoproduktionswerte, die aus den nominalen Bruttoproduktionswerten durch Deflationierung mit dem jeweiligen Index der Erzeugerpreise berechnet werden, sind mit dem Index der Nettoproduktion nur bedingt vergleichbar. Zur Definition von Brutto- und Nettoproduktionswerten und deren unterschiedlicher Entwicklung s. Kapitel II. 1.1.

Gemessen an den nominalen Bruttoproduktionswerten ist die Getränkeindustrie im weitesten Sinne[12] mit einem Anteil von fast 20 1/2 % (1988) der wichtigste Bereich des gesamten Ernährungsgewerbes (Tab. A.II.1–4). Innerhalb des Getränkekomplexes haben die Brauereien mit einem Anteil von nahezu 9 % das größte Gewicht. Die Milchverwertung[13] kommt als zweitwichtigster Sektor des Ernährungsgewerbes auf 19 %. In der Reihenfolge ihrer Bedeutung folgen die Fleischverwertung[14] (13 1/2 %), die Herstellung von Süßwaren und Zucker (12 %), der Getreidesektor[15] (9 1/2 %), die Futtermittelindustrie (6 %), die Obst- und Gemüseverarbeitung (4 1/2 %) sowie die Ölmühlen- und Margarineindustrie und die Nährmittelindustrie (mit jeweils etwa 4 %).

Läßt man den Getränkesektor außerhalb der Betrachtung, so zeigt ein internationaler Vergleich, daß die Milchindustrie der Bundesrepublik eine herausragende Stellung einnimmt. Zieht man zum Vergleich vier Länder mit einer bedeutenden Produktion von Lebensmitteln heran, so hat die Milchindustrie lediglich in Frankreich einen noch höheren Anteilswert als in der Bundesrepublik (Tab. II.1–6). Die zum Teil ganz erheblichen Unterschiede in der Struktur des Lebensmittelsektors einzelner Länder hängen wesentlich von der jeweiligen Rohstoffbasis sowie von den Verbraucherpräferenzen ab. So sind beispielsweise die USA der bei weitem größte Produzent und Konsument von Fleischprodukten, während bei Fischprodukten Japan eine Spitzenstellung einnimmt. Dem Getreidesektor (einschl. Futtermittelindustrie) kommt in den meisten Ländern eine relativ große Bedeutung zu.

2. Produktionsfaktoren und Produktionstechnik

2.1 Beschäftigte

2.1.1 Entwicklung von Beschäftigten und Arbeitseinsatz

Seit Beginn der siebziger Jahre war die Zahl der Beschäftigten im Ernährungsgewerbe rückläufig (Tab. II.2–1).[16] Gleichzeitig hat sich auch der Anteil am Verarbeitenden Gewerbe insgesamt leicht vermindert, und zwar von 6,5 % (1970) auf 6,2 % (1988). Infolge von Arbeitszeitverkürzungen ist die Zahl der

---

[12] Kaffee- und Teeverarbeitung, Brauerei und Mälzerei, Alkoholbrennerei und Spirituosenindustrie, Herstellung und Verarbeitung von Wein, Mineralbrunnen und Herstellung von Erfrischungsgetränken.

[13] Molkerei, Käserei, Herstellung von Dauermilch.

[14] Fleischwarenindustrie, Fleischereien, Schlachthäuser (ohne kommunale).

[15] Mahl- und Schälmühlen, Herstellung von Teigwaren, Backwaren und Dauerbackwaren.

[16] Die Zahlen von Tabelle II.2–1 beziehen sich auf Betriebe von Unternehmen mit im allgemeinen 20 Beschäftigten und mehr. Sie weichen damit von den Daten von Tabelle I.2–2 ab, die sämtliche Unternehmen umfassen.

Tabelle II.2-1

Arbeitseinsatz im Ernährungsgewerbe und Verarbeitenden Gewerbe

Merkmal	Einheit	1970	1977	1980	1982	1984	1985	1986	1987	1988
Beschäftigte										
Anzahl	1000	556	474	468	450	430	427	424	425	425
Anteil am VG[a)]	%	6,5	6,4	6,3	6,4	6,5	6,3	6,2	6,2	6,2
Geleistete Beschäftigtenstunden										
Anzahl	Mill.Std.	1148	912	876	839	796	782	773	775	772
Anteil am VG[a)]	%	7,0	7,0	6,9	7,2	7,2	7,0	6,8	7,0	6,9
Geleistete Stunden je Beschäftigten										
Ernährungsgewerbe	Std./Jahr	2065	1924	1871	1865	1851	1832	1824	1821	1816
Verarb. Gewerbe	Std./Jahr	1905	1754	1697	1659	1675	1666	1651	1627	1629

a) VG = Verarbeitendes Gewerbe.

Quelle: Statistisches Bundesamt, Fachserie 4: Produzierendes Gewerbe, Reihe 4.1.1: Beschäftigung, Umsatz und Energieversorgung der Unternehmen und Betriebe im Bergbau und im Verarbeitenden Gewerbe; Berechnungen des Ifo-Instituts für Wirtschaftsforschung.

im Ernährungsgewerbe geleisteten Beschäftigtenstunden stärker zurückgegangen als die Zahl der Arbeitskräfte. Der entsprechende Anteil des Ernährungsgewerbes am gesamten Verarbeitenden Gewerbe ist jedoch im betrachteten Zeitraum ungefähr konstant geblieben. Dies deutet auf zweierlei hin: Zum einen fielen die Arbeitszeitverkürzungen im Ernährungsgewerbe weniger umfangreich aus als in anderen Branchen, und zum anderen arbeiten die Beschäftigten im Ernährungsgewerbe länger. Im Jahr 1988 kam ein Arbeiter des Ernährungsgewerbes auf 1816 Jahresstunden, im Durchschnitt des Verarbeitenden Gewerbes wurden nur 1629 Stunden pro Jahr gearbeitet. Der Grund für die relativ lange Jahresarbeitszeit im Ernährungsgewerbe liegt in erster Linie in den erheblichen saisonalen Schwankungen der Produktionstätigkeit. Die Unternehmen versuchen nämlich, die Belegschaft möglichst klein zu halten, damit diese in den produktionsschwachen Monaten nicht unterausgelastet ist. Für die Bewältigung von Produktionsspitzen müssen dann vielfach Überstunden geleistet werden, da Saisonarbeitskräfte nur noch schwer zu finden sind. Die Ergebnisse des Ifo-Konjunkturrests bestätigen diese Ausführungen: Im Jahr 1987 berichteten 41 % der Unternehmen des Ernährungsgewerbes von Überstundenarbeit, während es im übrigen Verarbeitenden Gewerbe nur 33 % waren.

Demgegenüber ist das Ernährungsgewerbe von Kurzarbeit relativ wenig betroffen. Im Jahr 1987 wurden im Nahrungs- und Genußmittelgewerbe[17] rund 2 500 Kurzarbeiter gezählt, was – gemessen an den beschäftigten Arbeitnehmern – einer Relation von 0,4 % entspricht. Für sämtliche Wirtschaftszweige in der Bundesrepublik ergibt sich eine Kurzarbeiterquote von über 1 %.

Die vom Ernährungsgewerbe Freigesetzten können häufig nur schwer wieder einen Arbeitsplatz finden. Im Jahr 1987 wurden von den Arbeitsämtern fast 77 000 Arbeitslose in den Ernährungsberufen registriert, was einem Anteil von über 11 % an den abhängig Beschäftigten der Branche entspricht. Damit liegt die Arbeitslosenquote für Ernährungsberufe über der gesamtwirtschaftlichen Arbeitslosenquote (etwa 9 %).

2.1.2 Struktur der Beschäftigten nach Branchen

Die sektorale Entwicklung der Beschäftigten spiegelt die Veränderungen in den Produktions- und Absatzbedingungen der einzelnen Branchen wider. Die Struktur der Beschäftigten nach Branchen weicht jedoch deutlich von der Produktionsstruktur (Tab. A.II.1–4) ab. Gemessen an den Beschäftigten ist die Herstellung von Backwaren der bedeutendste Bereich des Ernährungsgewerbes; etwa ein Siebentel der Beschäftigten des Ernährungsgewerbes findet in dieser

[17] Ernährungsgewerbe und Tabakverarbeitung zusammen werden als Nahrungs- und Genußmittelgewerbe bezeichnet. Die Tabakverarbeitung ist am Nahrungs- und Genußmittelgewerbe – gemessen an den Beschäftigten – mit ca. 3 % beteiligt. Insofern können Ergebnisse für das Nahrungs- und Genußmittelgewerbe ohne weiteres auf das Ernährungsgewerbe übertragen werden.

Branche einen Arbeitsplatz. Eine herausragende Bedeutung als Arbeitgeber haben darüber hinaus die Fleischwarenindustrie (einschl. Fleischerei), die Brauerei, die Herstellung von Süßwaren und die Molkerei/Käserei (Tab. A.II.2–1). Die Reihenfolge der wichtigsten Branchen des Ernährungsgewerbes, geordnet nach der Zahl der Beschäftigten, unterscheidet sich also erheblich von der Rangfolge im Hinblick auf die Produktionswerte (Tab. A.II.1–4). Gemäß dieser Rangfolge nimmt nämlich die Molkerei/Käserei die Spitzenstellung ein, während die Herstellung von Backwaren erst an siebenter Stelle liegt. Diese Differenzen in den Rangfolgen sind einerseits bedingt durch eine unterschiedliche Kapital- bzw. Arbeitsintensität in der Fertigung und andererseits durch unterschiedlich hohe Erlöse je Produkteinheit. So erklärt beispielsweise der hohe Anteil von Handarbeit in der Herstellung von Backwaren die Spitzenstellung dieser Branche bei den Beschäftigten, wogegen die relativ niedrigen Erlöse je Produkteinheit dafür verantwortlich sind, daß sie hinsichtlich der Produktionswerte nur den siebten Rang einnimmt.

2.1.3 Beschäftigte nach Stellung im Beruf und Qualifikation

Einer allgemeinen Tendenz folgend, hat in den vergangenen Jahren der Anteil der Angestellten an den Gesamtbeschäftigten im Nahrungs- und Genußmittelgewerbe zugenommen. Im Jahr 1987 lag der Anteil der Angestellten mit fast 39 % weit über dem Durchschnitt für das Verarbeitende Gewerbe (32 %, vgl. Tab. II.2–2). Dies ist vor allem dadurch bedingt, daß im Nahrungs- und Genußmittelgewerbe dem Einkauf von Rohstoffen sowie der Vermarktung der erzeugten Produkte eine erhebliche Bedeutung zukommt; diese Funktionen werden in erster Linie von kaufmännischen Angestellten ausgeübt. Schwerpunktmäßig handelt es sich dabei um Angestellte mit mehrjähriger Berufserfahrung oder besonderen Fachkenntnissen und Fähigkeiten, die nach allgemeiner Anweisung selbständig arbeiten, jedoch keine Verantwortung für die Tätigkeit anderer tragen (Leistungsgruppe III, Tab. II.2–3). Der Anteil höchstqualifizierter Angestellter ist jedoch mit knapp einem Viertel im Nahrungs- und Genußmittelgewerbe wesentlich niedriger als im Durchschnitt des Verarbeitenden Gewerbes (ein Drittel). Auch die im Nahrungs- und Genußmittelgewerbe beschäftigten Arbeiter sind etwas schlechter qualifiziert als jene in anderen Branchen. Darin kommt zum Ausdruck, daß viele Zweige des Nahrungs- und Genußmittelgewerbes nach wie vor zahlreiche Arbeitsplätze für Hilfsarbeiter anbieten. Dies sind in erster Linie die Obst- und Gemüseverarbeitung, die Fischverarbeitung, die Herstellung von Süßwaren und von Dauerbackwaren (Tab. A.II.2–2). Diese Arbeitsplätze sind überdurchschnittlich häufig von weiblichen Arbeitern bzw. Ausländern besetzt. Wegen des unterschiedlichen Anteils der Arbeiter an den Gesamtbeschäftigten ist jedoch die Ausländerquote[18] im Nahrungs- und Ge-

[18] Anteil der Ausländer an den Gesamtbeschäftigten.

Tabelle II.2-2

Struktur der beschäftigten Arbeitnehmer nach der Stellung im Beruf im Nahrungs- und Genußmittelgewerbe und im Verarbeitenden Gewerbe im Jahr 1987

- Anteile in % -

Bereich	Insgesamt	Vollzeitbeschäftigte							Teilzeitbeschäftigte		
		zusammen	Arbeiter			Angestellte			zusammen	Arbeiter	Angestellte
			zusammen	und zwar		zusammen	und zwar				
				in berufl. Ausbildung	Ausländer		in berufl. Ausbildung	Ausländer			
Nahrungs- u.Genußmittelgewerbe	100	94,5	58,7	7,9	6,1	35,8	6,4	0,5	5,5	2,4	3,0
Verarbeitendes Gewerbe	100	96,1	66,1	5,8	9,6	30,0	2,0	0,7	3,9	2,1	1,8

Quelle: Statistisches Bundesamt, Statistisches Jahrbuch 1988, S. 107.

Tabelle II.2-3

Qualifikationsstruktur der Beschäftigten

- Anteile in % -

Beschäftigungsart	Geschlecht	Leistungsgruppe[a]	Nahrungs- und Genußmittelgewerbe 1977	Nahrungs- und Genußmittelgewerbe 1987	Verarbeitendes Gewerbe 1977	Verarbeitendes Gewerbe 1987
Arbeiter	männlich	1	36,5	40,0	39,9	43,7
		2	20,1	21,1	27,2	27,3
		3	12,6	10,8	8,5	7,3
	weiblich	1	0,8	1,0	1,3	1,4
		2	6,1	5,8	11,3	9,5
		3	23,9	21,3	11,8	10,8
		Gesamt	100	100	100	100
Angestellte	männlich	II	19,3	22,5	28,5	33,3
		III	40,0	37,1	35,2	33,1
		IV	10,3	9,8	7,4	6,2
		V	1,2	0,9	0,4	0,4
	weiblich	II	1,5	2,1	1,9	2,5
		III	12,6	13,2	11,5	11,8
		IV	12,3	11,4	13,3	11,4
		V	2,8	3,0	1,8	1,3
		Gesamt	100	100	100	100

a) Leistungsgruppe 1 bzw. II höchste Qualifikation, Leistungsgruppe 3 bzw. V niedrigste Qualifikation.

Quelle: Statistisches Bundesamt, Fachserie 16: Löhne und Gehälter, Reihe 2.1: Arbeitnehmerverdienste in der Industrie, und Reihe 2.2: Angestelltenverdienste in Industrie und Handel.

nußmittelgewerbe mit 6,8 % (1987) relativ niedrig (Verarbeitendes Gewerbe insgesamt: 10,4 %).

2.2 Bruttoanlagevermögen

2.2.1 Entwicklung und Struktur

Von Anfang der siebziger bis Mitte der achtziger Jahre ist das Bruttoanlagevermögen im Ernährungsgewerbe kontinuierlich gewachsen, wenngleich mit abnehmender Rate.[19] In den Jahren 1985, 1986 und 1987 war der Kapitalstock leicht rückläufig (Tab. I.2–3). Damit hat sich der Kapitaleinsatz im Ernährungsgewerbe ungünstiger entwickelt als im Durchschnitt des Verarbeitenden Gewerbes: nicht nur, daß dort auch in den Jahren 1985, 1986 und 1987 das Bruttoanlagevermögen gewachsen ist, sondern daß das Wachstum auch ständig höher lag als im Ernährungsgewerbe. Dies hatte zur Folge, daß der Anteil des Ernährungsgewerbes am Kapitalstock des Verarbeitenden Gewerbes seit 1970 rückläufig war. Dabei waren die Anteilsverluste in den siebziger Jahren besonders hoch, während sie sich im bisherigen Verlauf der achtziger Jahre deutlich verringert haben (Tab. I.2–3).

Die dargestellte Entwicklung des Kapitaleinsatzes im Ernährungsgewerbe spiegelt einerseits die Entwicklung der Produktion[20] wider, deren Wachstum sich seit Anfang der achtziger Jahre der Tendenz nach verlangsamt hat. Andererseits hat sich die Technik der Produktion von Lebensmitteln in den vergangenen Jahren nur relativ langsam verändert, was zur Folge hatte, daß Umstrukturierungsmaßnahmen im Ernährungsgewerbe seltener waren als in anderen Bereichen des Verarbeitenden Gewerbes. Diese Entwicklungen zeigen sich nicht zuletzt in der Struktur des Anlagevermögens. Im Ernährungsgewerbe haben die Ausrüstungen, die im allgemeinen die Träger des technischen Fortschritts sind, ein geringeres Gewicht als im Durchschnitt des Verarbeitenden Gewerbes (Tab. II.2–4). Besonders deutlich tritt der Unterschied beim Anteil der Maschinenbauerzeugnisse und bei elektrotechnischen und feinmechanisch-optischen Investitionsgütern zutage. Aber auch der Einsatz von Büromaschinen und Datenverarbeitungsanlagen ist im Ernährungsgewerbe unterdurchschnittlich. Demgegenüber kommt dem Fahrzeugpark im Ernährungsgewerbe ein verhältnismäßig hohes Gewicht zu. Dies erklärt sich daraus, daß die Unternehmen ihre Erzeugnisse vielfach mit eigenen Fahrzeugen ausliefern – teils bedingt durch die rasche Verderblichkeit der Produkte, teils durch spezielle Vertriebssysteme (Heimdienst, eigene Filialen usw.). In jüngster Zeit wird der

---

[19] Durchschnittliche jährliche Wachstumsraten im Zeitraum 1970/80: 2,3 %, 1980/85: 0,5 %.

[20] Gemessen am Index der Nettoproduktion.

Tabelle II.2-4

Bruttoanlagevermögen[a)] nach Gütergruppen
%-Anteile auf der Basis von Werten in Preisen von 1980

Bereich	Jahr	Anlagen insgesamt	Bauten	Ausrüstungen					
				insgesamt	Maschinenbauerzeugnisse	Elektrot./feinmech./opt. Erz.	Fahrzeuge	Büromaschinen, ADV-Geräte	Sonstige Ausrüstungen
Nahrungs- und Genußmittelgewerbe	1970	100	44,6	55,4	34,8	6,5	5,6	0,7	7,8
	1980	100	45,1	54,9	32,4	5,8	6,0	1,1	9,6
	1988	100	48,9	51,1	30,6	4,7	5,1	2,2	8,5
Verarbeitendes Gewerbe	1988	100	42,2	57,8	35,5	8,0	3,5	4,1	6,7

a) Nach Benutzerkonzept.

Quelle: Ifo-Anlagevermögensrechnung.

Fahrzeugpark allerdings zunehmend in selbständige Transportgesellschaften ausgegliedert.

2.2.2 Kapitalintensität und -koeffizient

Das Ernährungsgewerbe arbeitet schon seit vielen Jahrzehnten mit einem hohen Einsatz an Apparaten und Maschinen. Die Branche zählt innerhalb des Verarbeitenden Gewerbes zu den kapitalintensiven Bereichen. Im Jahr 1986 lag das Bruttoanlagevermögen je Erwerbstätigen im Ernährungsgewerbe um ca. ein Fünftel über dem Durchschnitt für das Verarbeitende Gewerbe. Allerdings hat der Kapitaleinsatz je Beschäftigten im Ernährungsgewerbe seit Anfang der siebziger Jahre nur unterdurchschnittlich zugenommen (Tab. II.2–5) – ein Reflex dafür, daß die weitere Mechanisierung in dieser Branche nur relativ langsam vorangeht. Es hat jedoch den Anschein, daß in jüngster Zeit neue Technologien zunehmend Eingang in die Herstellung von Lebensmitteln finden. Da-

Tabelle II.2-5

Kapitalintensität und -koeffizient im Ernährungsgewerbe und im Verarbeitenden Gewerbe

Jahr bzw. Zeitraum	Kapitalintensität[a] 1000 DM in Preisen v.1980		Kapitalkoeffizient[b]	
	Ernährungsgewerbe	Verarb. Gewerbe	Ernährungsgewerbe	Verarb. Gewerbe
1970	92,2	65,4	2,42	1,69
1980	122,8	102,1	2,39	1,90
1982	131,1	112,5	2,43	2,05
1984	138,1	120,1	2,49	2,01
1985	139,9	119,2	2,56	1,94
1986	141,5	118,7	2,69	1,95
	Durchschnittliche jährliche Wachstumsraten in %			
1970/80	2,9	4,6	-0,1	1,2
1980/86	2,4	2,5	2,1	0,5

a) Bruttoanlagevermögen je Erwerbstätigen. - b) Bruttoanlagevermögen je Einheit Bruttowertschöpfung in Preisen von 1980.

Quelle: Statistisches Bundesamt, Fachserie 18: Volkswirtschaftliche Gesamtrechnungen, Reihe 1: Konten und Standardtabellen 1987; Berechnungen des Ifo-Instituts für Wirtschaftsforschung.

Tabelle II.2-6

Kapitaleinsatz pro Arbeitsplatz

Wirtschaftszweig, -bereich	Kapitaleinsatz in 1000 DM pro vorhand. Arbeitsplatz[a)] 1981	1985	neuem Arbeitsplatz[b)] 1981	1985
Verarbeitendes Gewerbe insgesamt	120	150	180	230
Chemische Industrie	240	280	.	.
Mineralölverarbeitung	870	1 190	.	.
Kunststoffwarenherstellung, Gummiverarbeitung	100	130	150	190
Steine und Erden	180	220	420	540
Feinkeramik, Glasgewerbe	110	150	130	100
Metallerzeugung u. -verarbeitung[c)]	150	190	210	280
Stahl- und Leichtmetallbau	70	100	90	110
Maschinenbau	80	110	140	160
Elektrotechnik, Büromaschinen, ADV-Geräte	80	110	140	160
Straßenfahrzeugbau	120	160	150	130
Schiffbau	110	160	.	.
Luft- und Raumfahrzeugbau	70	110	.	.
Feinmechanik, Optik	50	80	80	130
EBM-Warenherstellung	90	110	100	140
Holzbearbeitung	170	220	290	240
Holzverarbeitung, Musikinstrumente, Spielwaren	70	90	90	130
Zellstoffe, Papier, Pappe	320	380	410	720
Papier- u. Pappeverarbeitung	110	150	170	230
Druckerei, Vervielfältigung	120	160	120	170
Bekleidungs-, Ledergewerbe	50	60	50	120
Textilgewerbe	140	180	330	430
Nahrungs- u. Genußmittelgewerbe	140	180	220	340

a) Bruttoanlagevermögen (Benutzerkonzept) zu Wiederbeschaffungspreisen je Vollzeit-Erwerbstätigen. - b) Kosten pro Arbeitsplatz bei der Errichtung eines neuen Werkes. c) Eisenschaffende Industrie; Ziehereien, Kaltwalzwerke, Stahlverformung; NE-Metallerzeugung; Gießereien.

Quelle: Ifo-Anlagevermögensrechnung; Ifo-Investitionstest.

für spricht, daß sich im Ernährungsgewerbe die Kosten für die Errichtung eines *neuen* Arbeitsplatzes zwischen 1981 und 1985 beträchtlich erhöht haben, und zwar von 220 000 auf 340 000 DM (Tab. II.2–6).[21] Sie sind damit wesentlich stärker gestiegen als im Durchschnitt des Verarbeitenden Gewerbes (von 180 000 auf 230 000 DM).

[21] Die Zahlen von Tab. II.2–6 beziehen sich auf das Nahrungs- *und* Genußmittelgewerbe.

In der Spitze muß heutzutage für einen Arbeitsplatz im Ernährungsgewerbe eine Million DM und mehr aufgewendet werden, beispielsweise in so hoch kapitalintensiven Bereichen wie der Stärkeindustrie, der Zuckerindustrie, der Ölmühlenindustrie, den Brauereien und der Herstellung von alkoholfreien Getränken. Allerdings gibt es im Ernährungsgewerbe auch Branchen, in denen der Kapitaleinsatz je Beschäftigten wesentlich niedriger ist; dies gilt beispielsweise für die Herstellung von Backwaren, für die Fleischwarenindustrie (einschl. Fleischerei) und für die Fischverarbeitung. In diesen Bereichen lassen sich bestimmte Arbeitsgänge nur schwer durch Maschinen ersetzen.

Der Kapitalkoeffizient[22] des gesamten Ernährungsgewerbes in der Abgrenzung der Volkswirtschaftlichen Gesamtrechnung (also einschließlich sämtlicher Handwerksbetriebe) hat sich in der ersten Hälfte der achtziger Jahre erhöht (Tab. II.2–5). Eine mögliche Erklärung dafür ist, daß in vielen Bereichen der Herstellung von Nahrungsmitteln technischer Fortschritt nach wie vor nur durch einen vermehrten Einsatz von Kapital realisiert werden kann, was jedoch die Kapitalproduktivität sinken läßt. Hinzu kam ein Struktureffekt: Das Ausscheiden zahlreicher kleiner Handwerksbetriebe aus dem Markt, die im allgemeinen relativ arbeitsintensiv produzieren, hat das Niveau des Kapitalkoeffizienten erhöht. Betrachtet man dagegen nur die Unternehmen mit 20 und mehr Beschäftigten, so zeigt sich in den achtziger Jahren sogar ein geringfügiger Rückgang des Kapitalkoeffizienten. In dieser Entwicklung kommt nicht zuletzt die Tatsache zum Ausdruck, daß diese Unternehmen des Ernährungsgewerbes (mit 20 und mehr Beschäftigten) in den vergangenen Jahren in zunehmendem Maße in die Büro- und Datentechnik investiert haben (Tab. II.2–4),[23] also in Investitionsgüter, denen kapitalsparende Wirkungen nachgesagt werden.

2.2.3 Altersstruktur des Anlagevermögens

Nicht nur der Einsatz neuer hochproduktiver Investitionsgüter ließ in den vergangenen Jahren im Ernährungsgewerbe zu wünschen übrig, sondern auch der Ersatz technisch veralteter Anlagen. Dies hatte zur Folge, daß sich seit Anfang der siebziger Jahre die Altersstruktur des Anlagevermögens des Ernährungsgewerbes (einschl. Tabakverarbeitung) verschlechtert hat. Waren 1973 noch 52 % der Anlagen jünger als sieben Jahre, so waren es 1988 nur noch 44 % (Tab. II.2–7).

Zwar ist die Verschlechterung der Altersstruktur des Kapitalstocks eine generelle Erscheinung in der deutschen Industrie; sie war jedoch im Ernährungsgewerbe besonders ausgeprägt. Darüber hinaus ist der Modernitätsgrad der Maschinen und sonstigen Ausrüstungen des Ernährungsgewerbes schon seit Jahren

---

[22] Der Kapitalkoeffizient ist der reziproke Wert der Kapitalproduktivität.

[23] Der Anteil der Büromaschinen und ADV-Geräte am gesamten Bruttoanlagevermögen hat sich seit 1970 kontinuierlich erhöht (Tab. II.2–4).

Tabelle II.2-7

Altersstruktur des Ausrüstungsvermögens[a)]
im Nahrungs- und Genußmittelgewerbe
(Anteil der Jahrgangsgruppen in %)

Altersgruppen (Jahre)	1973	1988
0 - 2	19,3	16,0
3 - 6	33,1	28,4
7 - 10	23,0	24,4
11 - 16	17,5	20,3
17 und mehr	7,1	10,9

a) Nach dem Benutzerkonzept auf der Basis der Werte in Preisen von 1980.

Quelle: Ifo-Anlagevermögensrechnung.

zum Teil wesentlich niedriger als in anderen Branchen. Dies gilt insbesondere im Vergleich zu Branchen, die den technischen Fortschritt in hohem Maße genutzt haben, wie z. B. der Maschinenbau, der Fahrzeugbau, die Elektrotechnik und insbesondere die Herstellung von Büromaschinen und Datenverarbeitungsgeräten. Als relativ „alter“ Industriezweig, dessen Expansion nur noch in gemäßigten Bahnen verläuft, produziert das Ernährungsgewerbe häufig auf verhältnismäßig alten Anlagen. Noch ältere Anlagen sind im wesentlichen lediglich in den traditionellen Konsumgüterbranchen (Textil, Leder und Schuhe) sowie in der Metallindustrie, im Schiffbau und in der Holzbearbeitung anzutreffen.

2.3 Investitionen

2.3.1 Entwicklung und Umfang der Investitionen

Die Verschlechterung der Altersstruktur des Kapitalstocks des Ernährungsgewerbes hat seine Ursache in einer verhaltenen Investitionstätigkeit. Zwar sind die nominalen Bruttoanlageinvestitionen seit Anfang der siebziger Jahre der Tendenz nach gestiegen (Tab. II.2–8). Bei realer Betrachtungsweise, also unter Ausschaltung des Preisanstiegs bei den Investitionsgütern, stagnierten jedoch die Investitionsausgaben; von 1977 bis 1986 bewegten sich die realen Investitionsausgaben zwischen vier und 4,7 Milliarden DM. Der absolute Tiefpunkt der Investitionstätigkeit war im Jahr 1985 zu verzeichnen, in einem Jahr, in dem die Produktion immerhin um 2,4 % erhöht werden konnte. Mit der in den Jahren 1986 und 1987 gestiegenen Nachfrage hat sich auch die Investitionstätigkeit im

Tabelle II.2-8

Bruttoanlageinvestitionen des Ernährungsgewerbes

Jahr	in jeweiligen Preisen Mill. DM	in Preisen von 1980	
		Mill. DM	1980=100
1970	2 800	.	.
1971	3 306	.	.
1972	3 928	.	.
1973	3 176	.	.
1974	3 093	.	.
1975	3 254	.	.
1976	3 629	.	.
1977	4 035	4 587	95,9
1978	3 802	4 164	87,1
1979	4 330	4 576	95,7
1980	4 782	4 782	100
1981	4 910	4 673	97,7
1982	4 810	4 370	91,4
1983	5 263	4 656	97,4
1984	5 018	4 349	91,0
1985	4 657	3 958	82,8
1986	5 211	4 386	91,7
1987	5 719	4 888	102,2

Quelle: Statistisches Bundesamt, Fachserie 4: Produzierendes Gewerbe, Reihe 4.2.1: Beschäftigte, Umsatz und Investitionen der Unternehmen und Betriebe im Bergbau und im verarbeitenden Gewerbe.

Ernährungsgewerbe deutlich belebt. Die realen Investitionsausgaben dürften sich 1987 schätzungsweise auf 4,9 Mrd. DM belaufen haben. Der Anteil des Ernährungsgewerbes an den Investitionen des gesamten Verarbeitenden Gewerbes ist damit wieder gestiegen, er lag jedoch mit 8 % (1987) nach wie vor erheblich unter dem Anteilswert von 1970 bis 1984, der sich um 10 % bewegte (Tab. II.2–9).

Bezieht man die Investitionen auf den Umsatz, so deutet auch diese sogenannte Investitionsquote darauf hin, daß die Investitionsanstrengungen des Ernährungsgewerbes seit Mitte der siebziger Jahre nachgelassen haben: Lag die Quote im Schnitt der Jahre 1970/74 noch über 5 %, so erreichte sie seitdem

Tabelle II.2-9

Investitionskennziffern des Ernährungsgewerbes

Zeitraum/ Jahr	Anteil an den Bruttoanlage-investitionen des Verarbeitendes Gewerbes in % (nominal)	Investitionsquote[a)] in %				Investitionsintensität[b)] in DM		
		Ernährungs-gewerbe		Verarbeit. Gewerbe		Ernährungsgewerbe		Verarb. Gewerbe
		nominal	real	nominal	real	in jeweiligen Preisen	in Preisen von 1980	
1970/74	9,2	5,3	.	5,5	.	7 421	11 191	6 285
1975/79	10,1	3,6	.	4,0	.	8 292	9 865	5 660
1980	9,3	3,6	3,6	4,4	4,4	10 060	10 060	6 880
1981	9,8	3,5	3,5	4,1	4,1	10 476	9 987	6 540
1982	9,8	3,3	3,3	3,9	3,9	10 634	9 856	6 345
1983	10,1	3,6	3,5	4,0	4,0	12 025	10 933	6 710
1984	9,7	3,3	3,2	3,7	3,7	11 497	10 209	6 625
1985	7,7	3,0	2,9	4,1	4,1	10 772	9 407	7 585
1986	7,4	3,4	3,1	4,8	4,6	11 980	10 328	8 440
1987	7,7	3,8	3,5	5,1	5,0	13 262	11 335	9 174

a) Bruttoanlageinvestitionen in % des Umsatzes. – b) Bruttoanlageinvestitionen je Beschäftigten.

Quelle: Statistisches Bundesamt, Fachserie 4: Produzierendes Gewerbe, Reihe 4.2.1: Beschäftigte, Umsatz und Investitionen der Unternehmen und Betriebe im Bergbau und im Verarbeitenden Gewerbe; Ifo-Investitionstest.

nur ein Niveau von 3 bis 3 1/2 %; im Jahr 1987 kam sie nahe an 4 % heran. Damit war die Investitionsquote des Ernährungsgewerbes weiterhin deutlich niedriger als jene des Verarbeitenden Gewerbes, während sie in der ersten Hälfte der siebziger Jahre noch fast gleichauf lag. Um abzuklären, inwieweit die relativ rückläufige Investitionsquote des Ernährungsgewerbes auf Strukturverschiebungen innerhalb dieses Sektors zurückzuführen ist, wurde für die Jahre 1980, 1983 und 1986 der Struktureffekt isoliert. Dabei wurde die Investitionsquote des Jahres 1977 konstant gehalten und mit den tatsächlichen Umsatzanteilen der einzelnen Bereiche des Ernährungsgewerbes fortgeschrieben. Das Ergebnis dieser Berechnungen zeigt, daß – bei nominaler Betrachtungsweise – nur marginale Abweichungen zwischen der tatsächlichen und der hypothetischen Investitionsquote bestehen. Betrachtet man hingegen die reale Investitionsquote, so ergibt sich ein gänzlich anderes Bild: Während die tatsächliche Quote zwischen 1977 und 1986 von 3,9 % mehr oder weniger kontinuierlich auf 3,1 % fiel, blieb die hypothetische Quote konstant (bei 3,8 bis 3,9 %). Dies bedeutet, daß die nachlassende reale Investitionstätigkeit des Ernährungsgewerbes nur zu einem kleinen Teil auf Strukturverschiebungen zurückzuführen ist, im wesentlichen hat die Investitionsneigung in der überwiegenden Zahl der Branchen deutlich abgenommen. Ein besonders starker Rückgang der realen Investitionsquote war in der Mineralbrunnen- und Limonadenindustrie, in der Herstellung von Kartoffelerzeugnissen, in der Herstellung und Verarbeitung von Wein sowie in der Futtermittelindustrie zu verzeichnen. Zu den Branchen mit einem überdurchschnittlichen Rückgang der realen Investitionsquote zählen darüber hinaus die Süßwarenindustrie, die Molkereien und Käsereien, die Fleischwarenindustrie, die Verarbeitung von Kaffee und Tee sowie die Spirituosenindustrie. Dies sind Branchen, deren Produkte zum großen Teil über preisaggressive Formen des Lebensmittelhandels abgesetzt werden (vgl. Kapitel IV.3.2.2).

Innerhalb des gesamten Ernährungsgewerbes entfällt ca. ein Viertel der nominalen Investitionsausgaben auf die Brauwirtschaft (Tab. A.II.2–3). Diese Branche hat im Zeitraum 1982/86, verglichen mit 1977/81, ihre Investitionsanstrengungen überdurchschnittlich erhöht. Gleiches gilt auch für die Molkereien und Käsereien sowie für die Zuckerindustrie, also für Branchen, die innerhalb des Ernährungsgewerbes ebenfalls Investitionsschwerpunkte darstellen. Von jenen Bereichen, auf die gleichfalls ein erheblicher Teil der nominalen Investitionen des gesamten Ernährungsgewerbes entfällt, konnten die Hersteller von Mineralwässern und Limonaden ihren Anteil halten, während jener der Süßwarenindustrie rückläufig war.

Gemessen am Umsatz sind die Brauereien ebenfalls der weitaus investitionsfreudigste Bereich des Ernährungsgewerbes (Tab. A.II.2–3). Eine überdurchschnittlich hohe Investitionsquote weisen auch die Hersteller von alkoholfreien Getränken, die Hersteller von Kartoffelerzeugnissen, die Zuckerindustrie sowie die Alkoholbrennereien auf.

2.3.2 Investitionsintensität

Die Investitionen je Beschäftigten sind im Ernährungsgewerbe im Untersuchungszeitraum der Tendenz nach gestiegen (Tab. II.2–9). Betrachtet man jedoch die preisbereinigte Investitionsintensität, so zeigt sich allenfalls Stagnation, in den siebziger Jahren sogar ein leichter Rückgang. Gleichwohl liegt die preisbereinigte Investitionsintensität des Ernährungsgewerbes nach wie vor über jener des Verarbeitenden Gewerbes, obwohl diese tendenziell zugenommen hat. Besonders hoch sind die Investitionen je Beschäftigten in der Ölmühlenindustrie, in der Zuckerindustrie, in der Brauwirtschaft, in der Herstellung von Mineralwasser und Erfrischungsgetränken und in der Stärkeindustrie (Tab. A.II.2–3), also in Bereichen, in denen der Produktionsprozeß einen relativ hohen Grad der Mechanisierung und Automatisierung erreicht hat. Demgegenüber stehen jene Branchen, in denen die Mechanisierungsmöglichkeiten bislang noch relativ gering sind, wie die Herstellung von Backwaren und Dauerbackwaren, die Fleischwarenindustrie und Fleischerei, die Fischverarbeitung sowie die Herstellung von Spirituosen und die Verarbeitung von Wein.

Tabelle II.2-10

Betriebsgrößenstruktur des Ernährungsgewerbes[a)]

Betriebe mit ... bis ... Beschäftigten	Anzahl der Betriebe		Anzahl der Beschäftigten (1000)		Umsatz (Mill. DM)		Anteil der Beschäftigtengrößenklassen in % ...					
							an der Zahl der Betriebe		an der Zahl der Beschäftigten		am Umsatz	
	1981	1987	1981	1987	1981	1987	1981	1987	1981	1987	1981	1987
1 - 19	3106	2559	21	18	590	569	43,0	40,2	4,3	4,0	4,8	4,3
20 - 49	1963	1727	64	57	1541	1419	27,1	27,2	13,1	12,7	12,5	10,9
50 - 99	979	950	69	67	1618	1825	13,5	14,9	14,1	15,0	13,1	14,0
100 - 199	678	636	94	88	2469	2455	9,4	10,0	19,3	19,7	20,0	18,8
200 - 499	364	361	111	108	3027	3597	5,0	5,7	22,8	24,2	24,6	27,5
500 - 999	105	97	70	62	1792	1967	1,5	1,5	14,3	13,9	14,5	15,1
1000 und mehr	38	33	59	47	1299	1229	0,5	0,5	12,1	10,5	10,5	9,4
Insgesamt	7233	6363	488	447	12336	13061	100	100	100	100	100	100

a) Jeweils im September; einschließlich industrielle Kleinbetriebe.

Quelle: Statistisches Bundesamt, Fachserie 4: Produzierendes Gewerbe, Reihe 4.1.2: Betriebe, Beschäftigte und Umsatz im Bergbau und im Verarbeitenden Gewerbe nach Beschäftigtengrößenklassen, 1981 und 1987; Berechnungen des Ifo-Instituts für Wirtschaftsforschung.

Tabelle II.2-11

Betriebe und Beschäftigte je Betrieb im Ernährungsgewerbe, Verbrauchsgüter produzierenden Gewerbe und Verarbeitenden Gewerbe[a)]

Wirtschaftszweig	1981	1985	1986	1987	1988	Veränderung 1981/88 in %
			Betriebe			
Ernährungsgewerbe	7 233	6 578	6 451	6 363	6 260	-13,5
Verbrauchsgüter prod. Gewerbe	33 871	32 975	32 290	32 233	32 168	- 5,0
Verarbeitendes Gewerbe	91 744	90 038	88 918	89 181	88 957	- 3,0
			Beschäftigte je Betrieb			
Ernährungsgewerbe	67	68	69	70	71	+ 6,0
Verbrauchsgüter prod. Gewerbe	48	44	45	44	45	- 6,2
Verarbeitendes Gewerbe	79	79	81	81	81	+ 2,5

a) Jeweils im September; einschließlich industrielle Kleinbetriebe.

Quelle: Statistisches Bundesamt, Fachserie 4: Produzierendes Gewerbe, Reihe 4.1.2: Betriebe, Beschäftigte und Umsatz im Bergbau und im Verarbeitenden Gewerbe nach Beschäftigtengrößenklassen; Berechnungen des Ifo-Instituts für Wirtschaftsforschung.

2.4 Betriebsgrößenstruktur

Nahrungsmittel werden zum überwiegenden Teil in kleinen und mittleren Betrieben hergestellt. Etwa 76% der Beschäftigten des Ernährungsgewerbes[24] arbeiteten 1987 in Betrieben mit weniger als 500 Beschäftigten (Tab. II.2–10). Die durchschnittliche Betriebsgröße ist im Ernährungsgewerbe mit 71 Beschäftigten je Betrieb (1988) geringer als im Durchschnitt des Verarbeitenden Gewerbes, allerdings höher als im gesamten Verbrauchsgütergewerbe (Tab. II.2–11).[25]

---

[24] Betriebe von Unternehmen mit 20 (in Ausnahmefällen: 10) Beschäftigten und mehr einschließlich industrielle Kleinbetriebe.

[25] Berücksichtigt man noch die handwerklichen Kleinbetriebe, so errechnet sich für

Besonders viele Kleinbetriebe sind neben der Fleischerei und der Herstellung von Backwaren in der Mühlenindustrie, in der Talgschmelzerei und Schmalzsiederei, in der Mälzerei, in der Alkoholbrennerei, in der Spirituosenindustrie und in der Futtermittelindustrie anzutreffen (Tab. A.II.2–4 und A.II.2–5).[26] Die Ursache für die kleinbetriebliche Struktur dieser Branchen ist in erster Linie darin zu sehen, daß die von ihnen erzeugten Produkte im allgemeinen schnell verderblich sind; kleine Betriebe, die ein relativ eng begrenztes Absatzgebiet bedienen, sind daher häufig gegenüber größeren Betrieben im Vorteil. Kleinere Betriebe können auch auf die speziellen Wünsche der Verbraucher, z.B. hinsichtlich des Geschmacks, der oftmals regional sehr unterschiedlich ist, besser eingehen als große Betriebe. Die klein- und mittelbetriebliche Struktur des Ernährungsgewerbes hat aber auch noch einen produktionstechnischen Grund: Die Besonderheit der Lebensmitteltechnik besteht nämlich darin, daß der Maschinenpark häufig beliebig teilbar ist. Es gibt im Ernährungsgewerbe nur wenige Branchen, in denen aus technischen Gründen die optimale Betriebsgröße relativ hoch liegt. Dazu zählen beispielsweise die Margarineindustrie, die Herstellung von Nährmitteln, von Süßwaren und von Dauermilch.

In den vergangenen Jahren hat sich in den meisten Zweigen des Ernährungsgewerbes die durchschnittliche Betriebsgröße kaum erhöht (Tab. II.2–11 und A.II.2–4). Soweit eine Zunahme der Betriebsgröße feststellbar war, war dies nur zu einem geringen Teil durch Veränderungen in der Produktionstechnik bedingt. Entscheidend waren vielmehr ökonomische Vorteile, die sich aus einer zentralen Beschaffung und Anlieferung der Rohstoffe sowie aus einem zentralen Vertrieb ergaben. Dabei spielten Verbesserungen in der Transporttechnik eine wichtige Rolle.

3. Produktivität und technischer Fortschritt

3.1 Arbeitsproduktivität

Das Ernährungsgewerbe zählte seit Ende der siebziger Jahre zu den Branchen mit einem überdurchschnittlichen Anstieg der Arbeitsproduktivität (Tab. II.3–1). Dies gilt im besonderen auch für die Jahre seit 1985, in denen der Investitionsaufschwung im Ernährungsgewerbe nicht so ausgeprägt war wie im Durchschnitt des Verarbeitenden Gewerbes. Mehrere Gründe waren dafür

---

das Ernährungsgewerbe eine durchschnittliche Betriebsgröße von gut 10 Beschäftigten je Betrieb. Diese niedrige Durchschnittsgröße ist in erster Linie bedingt durch die zahlreichen Kleinbetriebe im Bäcker-, Konditoren- und Fleischerhandwerk. Im Jahr 1987 beschäftigten 63 555 Betriebe des Nahrungsmittelhandwerks 477 000 Arbeitskräfte.

[26] Die Zahlen von Tab. A.II.2–4 beziehen sich nur auf Betriebe von Unternehmen mit im allgemeinen 20 (bzw. 10) Beschäftigten und mehr; sie sind daher nicht mit den Zahlen von Tab. II.2–11 vergleichbar.

Tabelle II.3-1

Index der Arbeitsproduktivität für das Ernährungsgewerbe, das Verbrauchsgüter produzierende Gewerbe und das Verarbeitende Gewerbe

1985 = 100

Bereich	1978	1980	1982	1984	1985	1986	1987	1988	1978/88[a)]
	Produktionsergebnis je Beschäftigten								
Ernährungsgewerbe	80,0	85,7	90,3	96,2	100	102,3	103,5	107,1	3,0
Verbrauchgüter prod. Gewerbe	88,3	90,0	89,4	99,2	100	102,0	103,1	105,4	1,8
Verarbeitendes Gewerbe	86,0	88,5	88,4	96,6	100	100,8	101,1	105,5	2,1
	Produktionsergebnis je Beschäftigtenstunde								
Ernährungsgewerbe	75,9	83,0	88,9	94,9	100	102,0	104,1	107,9	3,6
Verbrauchsgüter prod. Gewerbe	84,8	88,8	90,1	98,1	100	102,4	104,6	107,2	2,4
Verarbeitendes Gewerbe	82,7	86,9	88,7	95,9	100	101,3	103,3	107,9	2,7
	Produktionsergebnis je Arbeiter								
Ernährungsgewerbe	78,8	84,6	90,3	96,2	100	102,2	103,5	107,0	3,1
Verbrauchsgüter prod. Gewerbe	86,5	88,3	89,3	99,3	100	102,0	103,3	105,8	2,0
Verarbeitendes Gewerbe	83,8	86,5	88,0	97,0	100	100,9	102,1	107,0	2,5
	Produktion je Arbeiterstunde								
Ernährungsgewerbe	74,8	81,9	88,1	94,8	100	101,6	103,3	107,0	3,6
Verbrauchsgüter prod. Gewerbe	83,0	87,2	90,1	98,0	100	102,3	104,7	107,4	2,6
Verarbeitendes Gewerbe	80,5	85,0	88,3	96,3	100	101,6	104,1	109,4	3,1

a) Durchschnittliches jährliches Wachstum in %.

Quelle: Statistisches Bundesamt, Fachserie 4: Produzierendes Gewerbe, Reihe 2.1, Indizes der Produktion und der Arbeitsproduktivität, Produktion ausgewählter Erzeugnisse im Produzierenden Gewerbe.

maßgebend. Die seit Mitte der achtziger Jahre wieder deutlich zunehmende Produktion von Nahrungsmitteln hat die Auslastung des Kapitalstocks verbessert, was zu einer steigenden Kapitalproduktivität führte; dies wirkte sich wiederum positiv auf die Arbeitsproduktivität aus. Außerdem hat der zunehmende Einsatz neuer Informationstechniken (vgl. Kapitel II.2.2.2) die Kapitalproduktivität und damit ebenso die Arbeitsproduktivität günstig beeinflußt. Entscheidend für die Realisierung des relativ hohen Produktivitätsfortschritts im Ernährungsgewerbe dürfte auch gewesen sein, daß das Niveau der Investitionen je Beschäftigten vergleichsweise hoch war und daß diese Investitionen bei rund zwei Fünftel der Unternehmen der Rationalisierung dienten (im Zeitraum 1982 bis 1987, Tab. II.3–2). Die Rationalisierung hatte damit im Ernährungsgewerbe als Hauptmotor der Investitionstätigkeit nahezu das gleiche Gewicht wie im Verarbeitenden Gewerbe insgesamt. Welch enger Zusammenhang

Tabelle II.3-2

Zielsetzung der Investitionstätigkeit im Nahrungs- und Genußmittelgewerbe und im Verarbeitenden Gewerbe

(Als Hauptziel ihrer Investitionstätigkeit nannten ...% der Unternehmen[a])

Bereich/Zeitraum	Kapazitätserweiterung			Rationalisierung			Ersatzbeschaffung
	insgesamt	dabei[b] unter Beibehaltung des Produktionsprogramms	dabei[b] unter Änderung/Ausweitung des Produktionsprogramms	insgesamt	dabei[b] gerichtet auf Lohn- u. Gehaltskosten	dabei[b] gerichtet auf sonstige Kosten	
Nahrungs- und Genußmittelgewerbe							
1977-1981	26	16	9	31	20	10	42
1982-1987	19	9	11	39	23	15	42
Verarbeitendes Gewerbe							
1977-1981	31	14	15	40	26	10	28
1982-1987	33	14	17	43	29	9	25

a) Gewichtet mit dem Umsatz. - b) Die hier aufgeführten Prozentsätze ergänzen sich nicht unbedingt zu den entsprechenden Sätzen für die Hauptziele, da nicht alle Firmen Unterziele angegeben haben.

Quelle: Ifo-Investitionstest.

zwischen dem Produktivitätsfortschritt und den Rationalisierungsinvestitionen besteht, zeigt sich am Beispiel der Obst- und Gemüseverarbeitung. In dieser Branche, die im Zeitraum 1978 bis 1988 das höchste Wachstum der Arbeitsproduktivität aller Zweige des Ernährungsgewerbe aufweist, dienten die Investitionen bei fast drei Viertel der Unternehmen der Rationalisierung (Tab. A.II.3–1 bis A.II.3–4 und Tab. A.II.3–5). Der Einfluß des Niveaus der Investitionsintensität auf die Rate der Arbeitsproduktivität kommt darin zum Ausdruck, daß am Ende einer Rangfolge des Produktivitätsfortschritts die Herstellung von Backwaren sowie die Fleischverarbeitung liegen, also Branchen, die durch eine niedrige Investitionsintensität bzw. eine hohe Arbeitsintensität gekennzeichnet sind.

Im internationalen Vergleich liegt das deutsche Ernährungsgewerbe hinsichtlich des Produktivitätsfortschritts im Mittelfeld. Unter den weltweit wichtigsten Produzenten von Nahrungsmitteln wird das deutsche Ernährungsgewerbe allerdings nur von Großbritannien übertroffen (Tab. II.3–3), während in den

Tabelle II.3-3

Index der Produktion, der Beschäftigten und der Arbeitsproduktivität im Ernährungsgewerbe der OECD-Länder im Jahr 1985

1980 = 100

Land	Produktion	Beschäftigte	Arbeitsproduktivität[a]
Australien	100	90	111
Österreich	106	90	118
Belgien	121	92	132
Kanada	105	89	117
Dänemark	120	110	110
Finnland	111	101	110
Frankreich	107	105	102
BR Deutschland	109	92	118
Irland	119	81	146
Italien	103	95	108
Japan	104	102	102
Niederlande	110	88	125
Norwegen	64	100	65
Schweden	104	97	106
Ver. Königreich	104	80	130
USA	117	96	122

a) Produktion je Beschäftigten.

Quelle: OECD (1988), S. 173.

USA das Tempo des Produktivitätsfortschritts ungefähr gleich hoch, in Frankreich und Japan sogar geringer war.

3.2 Neuerungsaktivitäten des Ernährungsgewerbes

3.2.1 Indikatoren für Neuerungsaktivitäten

Wie erwähnt, dürfte der wichtigste Beitrag zum Produktivitätsfortschritt im deutschen Ernährungsgewerbe von Rationalisierungsmaßnahmen geleistet worden sein. Diese standen in erster Linie in Zusammenhang mit einer Automatisierung des Produktions- und Verpackungsprozesses, wodurch es vielfach möglich wurde, einen kontinuierlich ablaufenden Fertigungsprozeß zu realisieren. Häufig wurden diese Maßnahmen auch in Verbindung mit der Einführung neuer Be- und Verarbeitungsmethoden, neuer Rohstoffe bzw. neuer Produkte durchge-

Tabelle II.3-4

Ausgaben für Forschung und Entwicklung (FuE) des Ernährungsgewerbes[a] der OECD-Länder im Jahr 1981

Land	Insgesamt Mill.US-$	Anteil an OECD insgesamt %	Anteil an FuE-Ausgaben des Verarbeitenden Gewerbes %
Australien	13,9	0,8	6,3
Österreich	10,9	0,6	2,6
Belgien	25,0	1,4	2,8
Kanada	52,0	2,9	3,5
Dänemark	18,8	1,0	7,9
Finnland	13,7	0,8	4,8
Frankreich	80,8	4,5	1,3
BR Deutschland	132,7	7,4	1,2
Griechenland	0,5	0,03	3,1
Island	0,1	0,01	5,1
Irland	13,0	0,7	20,0
Italien	19,2	1,1	0,8
Japan	438,8	24,3	3,0
Niederlande	89,3	4,9	6,8
Norwegen	3,7	0,2	2,0
Spanien	17,9	1,0	4,3
Schweden	34,7	1,9	2,6
Schweiz	16,1	0,9	1,3
Ver. Königreich	183,2	10,2	2,6
USA	640,0	35,5	1,3
OECD insgesamt	1 804,3	100,0	1,9

a) Einschließlich Tabakwaren.

Quelle: OECD (1988), S. 157.

führt. Damit hängt der Produktivitätsfortschritt auch von den Neuerungsaktivitäten des Ernährungsgewerbes ab.

Die Neuerungsaktivitäten der Unternehmen werden vielfach an den Ausgaben für Forschung und Entwicklung (FuE) gemessen. In den meisten Ländern sind diese im Ernährungsgewerbe relativ niedrig. In der Bundesrepublik sind die FuE-Ausgaben des Ernährungsgewerbes an den gesamten FuE-Ausgaben des Verarbeitenden Gewerbes nur mit gut 1 % beteiligt (Tab. II.3–4). Mit Ausnahme Japans und des Vereinigten Königreichs sind auch in anderen Ländern mit bedeutender Nahrungsmittelproduktion (USA, Frankreich, Italien) die

Tabelle II.3-5

Erfindungsaktivitäten im Bereich "Ernährung"

Jahr/ Zeitraum	BR Deutschland	Frankreich	Großbritannien	USA	Japan	Schweiz
	Anteil an den Erfindungen in %[a]					
1980-83	17,5	7,4	10,0	30,1	10,6	3,6
1984-86	17,9	7,4	10,1	28,7	12,1	3,4
	Veränderung in %-Punkten					
1980-83/1984-86	0,4	-0,0	0,1	-1,4	1,5	-0,2
	Relative Position bei den Erfindungen[b]					
1980	91,6	99,9	137,4	102,2	60,2	107,2
1986	99,2	114,0	142,7	98,6	53,5	114,9
	Veränderung in %-Punkten					
1980/86	7,6	14,0	5,3	-3,6	-6,7	7,7

a) Erfindungen (weltweit = 100 %), die auf dem Gebiet der Ernährung zum Patent in mindestens zwei Ländern angemeldet worden sind. - b) Relation der Erfindungsaktivität auf dem Gebiet der Ernährung im jeweiligen Land zur Erfindungsaktivität weltweit (= 100) auf dem Gebiet der Ernährung für Erfindungen mit Patentanmeldung in mindestens zwei Ländern.

Quelle: INPADOC; Berechnungen des Ifo-Instituts.

FuE-Ausgaben des Ernährungsgewerbes verhältnismäßig gering. Gemessen am absoluten Ausgabenbetrag liegt jedoch das deutsche Ernährungsgewerbe innerhalb der OECD nach den USA, Japan und dem Vereinigten Königreich an vierter Stelle.

Die Ausgaben für Forschung und Entwicklung haben als Indikator für Neuerungsaktivitäten nur einen begrenzten Informationswert. Als Aufwandgröße besagen sie nichts über den Erfolg der FuE-Anstrengungen. Eine Statistik der internationalen Patentanmeldungen erscheint für die Analyse der FuE-Anstrengungen geeigneter. Mit der Patentanmeldung können nämlich die *Ergebnisse* von Forschung und Entwicklung dargestellt werden; zudem bietet die *internationale* Patentanmeldung die Gewähr dafür, daß es sich um wirtschaftlich relevante Erfindungen handelt.

Von den Erfindungsaktivitäten im Bereich „Ernährung“ entfällt auf die Bundesrepublik ein gutes Sechstel aller Erfindungen, die in mehr als einem Land zum Patent angemeldet wurden (Tab. II.3–5). Dieser Anteil ist seit Anfang der achtziger Jahre weitgehend konstant geblieben. Bemerkenswert ist die

Tabelle II.3-6

Struktur der Innovationsaufwendungen im Jahr 1987
Anteile in %

Innovationsaufwendungen für ...	Nahrungs- und Genußmittelgewerbe	Verarbeitendes Gewerbe
Forschung	10,9	8,6
Experimentelle Entwicklung	23,4	19,9
Konstruktion, Design	8,6	19,2
Patente, Gebrauchsmuster, Lizenzen	1,7	2,1
Produktionsvorbereitung für Produktinnovationen	26,7	19,7
Absatzvorbereitung	8,9	3,9
Prozeßinnovation		
- für die Produktion	16,4	18,2
- in Büro und Verwaltung	3,4	8,5
Insgesamt	100	100

Quelle: Ifo-Innovationstest 1987.

starke Zunahme der Erfindungen in Japan. Dies ist nicht zuletzt eine Folge der hohen Aufwendungen Japans für Forschung und Entwicklung auf dem Gebiet der Ernährung (Tab. II.3–4). Allerdings sind die japanischen Erfindungen im Bereich „Ernährung", gemessen an den gesamten Erfindungsaktivitäten dieses Landes, unterdurchschnittlich ausgeprägt (Tab. II.3–5, relative Position bei den Erfindungen). Demgegenüber stellt der Bereich „Ernährung" in Frankreich, in der Schweiz und vor allem in Großbritannien einen Forschungs- und Entwicklungsschwerpunkt dar, der in den vergangenen Jahren ausgebaut wurde. Auch in der Bundesrepublik haben in den achtziger Jahren die FuE-Anstrengungen auf dem Gebiet der Ernährung zugenommen.

Eine relativ starke Position hat die Bundesrepublik in den Bereichen „Getränke" und „Zucker" (Tabellen A.II.3–6 und A.II.3–7). Hier war die Ausweitung der deutschen FuE-Anstrengungen überdurchschnittlich hoch. Dagegen konnten in den Bereichen „Fleisch, Fisch" sowie „Lebensmittelbehandlung" die deutschen Erfindungsaktivitäten mit der weltweiten Dynamik nicht Schritt halten.

In engem Zusammenhang mit dem Forschungsfeld „Ernährung" steht die Biotechnik, wenngleich dieser Bereich auch eine ausgeprägte Überlappung mit der Pharmaforschung zeigt. Führend auf dem Gebiet der Biotechnik, die sich in den vergangenen Jahren äußerst dynamisch entwickelte, sind die Vereinigten Staaten. Die Bundesrepublik liegt hinter Japan an dritter Position.[27]

Die FuE-Anstrengungen stellen nur einen Teil der gesamten Innovationsaufwendungen einer Branche dar. Mißt man die Innovationsaktivitäten am Anteil sämtlicher Innovationsaufwendungen am Umsatz, so beläuft sich diese Relation im Ernährungsgewerbe (einschließlich Tabakwaren) auf 3,2 % (1987), im Verarbeitenden Gewerbe dagegen auf 5,5 %. Somit weist auch diese Relation auf unterdurchschnittliche Neuerungsaktivitäten des Ernährungsgewerbes hin. Allerdings zeigt eine Aufschlüsselung der Innovationsaufwendungen, daß das Ernährungsgewerbe (einschließlich Tabakwaren) andere Innovationsschwerpunkte setzt als der Durchschnitt des Verarbeitenden Gewerbes. Neben der Forschung und der experimentellen Entwicklung richtet das Ernährungsgewerbe seine Innovationsaktivitäten verhältnismäßig stark auf die Produktionsvorbereitung für Produktinnovationen und auf die Absatzvorbereitung aus (Tab. II.3–6).

3.2.2 Produktinnovationen

Die Forschungs- und Entwicklungsarbeiten, welche das Ernährungsgewerbe durchführt, betreffen in erster Linie Produktinnovationen. Dies ist aus zwei Gründen verständlich: Zum einen sind Produktinnovationen ein probates Mittel, in stagnierenden Märkten neue Nachfrage zu schaffen; zum anderen sind viele Erzeugnisse des Ernährungsgewerbes recht kurzlebig, so daß ständig „Ersatz" für die „auslaufenden" Produkte bereitgestellt werden muß. Bei den kurzlebigen Produkten handelt es sich vielfach nicht um echte „Innovationen", sondern um Modifikationen bestehender Produkte, häufig auch nur um neue Pakkungsgrößen. Beispiele dafür sind Spirituosen mit exotischer Geschmacksrichtung sowie Speiseeis in Kleinpackungen. Der hohe Prozentsatz von Unternehmen, die in der Süßwaren- und Spirituosenindustrie über Produktinnovationen berichten, dürfte in erster Linie auf diese Art von Innovationen zurückzuführen sein (Tab. A.II.3–8). Daneben gibt es im Ernährungssektor aber auch einige äußerst bedeutsame Produktinnovationen, die auf einer jahrelangen FuE-Tätigkeit beruhen und die häufig in Zusammenhang mit neuen Ver- und Bearbeitungs- und Verpackungsmethoden stehen. Beispielhaft hingewiesen sei an dieser Stelle auf die Gefriertrocknung von Kaffee, neue Konservierungsmethoden in der Obst- und Gemüseverarbeitung sowie auf die Entwicklung von diätetischen und kalorienarmen Produkten (z. B. Halbfettbutter). Eine entscheidende Rolle bei der Entwicklung neuer Produkte im Ernährungssektor haben in der Vergangenheit auch Forschungen auf dem Gebiet der Biotechnologie gespielt. Derartige Forschungen werden nicht nur vom Ernährungsgewerbe

[27] Gerstenberger (1988 a), S. 166 f.

selbst, sondern auch von Universitäts- und sonstigen unabhängigen Instituten durchgeführt. Gleiches gilt auch für die Forschungen auf den Gebieten der Lebensmittelchemie, -technologie, -hygiene, Ernährungswissenschaft usw., die für die Entwicklung neuer Produkte im Ernährungsbereich ebenfalls von großer Bedeutung sind. Diese Forschungen außerhalb des Ernährungsgewerbes erklären zum Teil die unterdurchschnittlichen Ausgaben der Branche für FuE.

3.2.3 Lebensmittelrechtliche Vorschriften

Die relativ seltene Entwicklung grundlegend neuer Ernährungsgüter hängt auch damit zusammen, daß der Ernährungsbereich durch eine Fülle von Gesetzen und Vorschriften stark reglementiert ist und darüber hinaus die Verbraucher äußerst sensibel auf (mutmaßliche) gesundheitsgefährdende oder gesundheitsschädliche Lebensmittel reagieren. Letzteres beweisen diverse „Lebensmittelskandale" in den letzten Jahren, die jeweils zu längeranhaltenden Nachfrageausfällen geführt haben.

Die lebensmittelrechtlichen Vorschriften regeln nicht nur die Bedingungen des Produktionsprozesses (beispielsweise hygienische Vorschriften) und die Zusammensetzung der Lebensmittel, sondern auch die Verpackung. Besonders strenge Vorschriften enthält das deutsche Lebensmittelrecht.[28] Das Lebensmittel- und Bedarfsgegenständegesetz (LMBG) bestimmt den Umgang mit Lebensmitteln und deren Zusatzstoffen und beinhaltet Definitionen sowie wichtige Vorschriften des Verbraucherschutzes. Es ermächtigt darüber hinaus die zuständigen Behörden zum Erlaß von Detailvorschriften. Die wichtigsten Rechtsverordnungen sind:

- Lebensmittel-Kennzeichnungsverordnung,
- Nährwert-Kennzeichnungsverordnung,
- Pflanzenschutzmittel-Höchstmengenverordnung,
- Diät-Verordnung,
- Fleisch-Verordnung,
- Milcherzeugnisse-Verordnung,
- Speiseeis-Verordnung,
- Konfitüren-Verordnung.

Unter diesen Rechtsverordnungen kommt der Zusatzstoff-Zulassungsverordnung besondere Bedeutung zu. Sie bestimmt, daß Zusatzstoffe[29] nur dann verwendet werden dürfen, wenn sie ausdrücklich zugelassen sind.[30] Daneben gibt es noch eine Reihe von Gesetzen, die Spezialgebiete regeln. Dazu zählen u. a.:

---

[28] Vgl. hierzu Langguth (1986), S. 23 ff.

[29] Dazu zählen insbesondere: Antioxidationsmittel, Konservierungsstoffe, Farbstoffe, Süßstoffe, Backtriebmittel, Emulgatoren, Kaliumnitrat und Nitritpökelsalz, Phosphate.

[30] Entsprechende Vorschriften finden sich auch in der Verordnung über diätetische Lebensmittel und in den Verordnungen für Fleischerzeugnisse, Milcherzeugnisse und Speiseeis.

- Eichgesetz,
- Fertigpackungsverordnung,
- Milchgesetz (es verbietet das Nachmachen von Milcherzeugnissen),
- Weingesetz,
- Biersteuergesetz (es enthält das sog. Reinheitsgebot, demzufolge Bier nur aus Wasser, Gersten- (bzw. Weizen-)malz, Hopfen und Hefe hergestellt werden darf),
- Fleischbeschaugesetz,
- Futtermittelgesetz.

Die aufgeführten Gesetze und Verordnungen gelten grundsätzlich auch für importierte Produkte. Allerdings ist im Zuge der Vollendung des Europäischen Binnenmarkts dieser Grundsatz nicht mehr haltbar. Wo es um die Produktzusammensetzung und -bezeichnung geht, soll das Prinzip der gegenseitigen Anerkennung gelten. Bei den Zusatzstoffen soll dagegen eine Harmonisierung auf EG-Ebene erfolgen.

Von den Lebensmittel-Zusatzstoffen zu unterscheiden sind die als „Umweltkontaminanten" bezeichneten Stoffe, die über die Luft, das Wasser und den Boden in die Lebensmittel gelangen.[31] Für diese Stoffe gibt es – mit Ausnahme von Quecksilber im Fisch – keine gesetzlichen Vorschriften über Höchstwerte. Allerdings wurden – unverbindliche – Richtwerte errechnet, die nicht überschritten werden sollen.

3.2.4 Prozeßinnovationen

Die schwerpunktmäßige Ausrichtung der Innovationsaktivitäten des Ernährungsgewerbes auf Produktentwicklung und Vertrieb hat ihre Ursache nicht zuletzt darin, daß Prozeßinnovationen für die Herstellung von Lebensmitteln überwiegend in anderen Branchen erfolgen. Dabei sind natürlich in erster Linie zu nennen die Hersteller von Nahrungsmittel- und Getränkemaschinen; darüber hinaus hat das Ernährungsgewerbe jedoch auch aus anderen Industriebranchen Innovationsimpulse empfangen, so beispielsweise aus der chemischen Industrie (kontinuierlich ablaufende Produktionsprozesse, Einsatz von Zusatzstoffen, biotechnische und mikrobielle Prozesse), aus der Kunststoffverarbeitung (Formen, Extrahieren) und aus der Herstellung von Verpackungsmaterialien. Entscheidende Impulse kamen auch aus der elektronischen Industrie, die vielfach erst die Voraussetzungen schaffte für den Einsatz automatischer und sich selbst kontrollierender und regulierender Produktionsanlagen.

Im Vergleich zu anderen Industriebranchen hat sich die technische Entwicklung im Ernährungsgewerbe in der Vergangenheit relativ kontinuierlich und häufig ohne spektakuläre Sprünge vollzogen. Dazu beigetragen haben nicht

---

[31] Dazu zählen beispielsweise Cadmium, Blei, Quecksilber, PCB-Polychlorierte Biphenyle.

zuletzt die relativ hohe gesetzliche Regelungsdichte der Lebensmittelherstellung sowie die zunehmend sensiblere Haltung der Verbraucher gegenüber industriell hergestellten Nahrungsmitteln. Die Innovationsaktivitäten des Ernährungsgewerbes waren daher 1987 niedriger als im Durchschnitt des Verarbeitenden Gewerbes (Tab. A.II.3–8). Auch hinsichtlich der Einführung neuer Produktionsmethoden liegt das Ernährungsgewerbe hinter der Mehrzahl der sonstigen Industriebranchen zurück (Tab. A.II.3–9). Gleichwohl hat es auch in der Lebensmitteltechnologie zahlreiche echte Innovationen auf den Gebieten der Fertigungsverfahren, der Rohstoffe, der Verpackung und der Automatisierung der Produktionsprozesse gegeben.[32]

4. Rohstoff- und Energieeinsatz

4.1 Rohstoffeinsatz

Das Ernährungsgewerbe ist eine rohstoffintensive Branche. Der Verbrauch an Roh-, Hilfs- und Betriebsstoffen (Materialverbrauch) belief sich 1986 auf fast 55 % des Bruttoproduktionswertes. Im Durchschnitt des Verarbeitenden Gewerbes lag der entsprechende Anteil nur bei 38 % (Tab. II.4–1). Der Anteil des Materialverbrauchs am Bruttoproduktionswert ist im Ernährungsgewerbe gegenüber Ende der siebziger Jahre zurückgegangen. Dies lag zum einen an seit Mitte der achtziger Jahre relativ sinkenden Preisen der Nahrungsmittel-Grundstoffe (im Verhältnis zu den Outputpreisen). Zum anderen spiegeln sich in der gesunkenen Materialquote die Bemühungen des Ernährungsgewerbes, die Rohstoffkosten zu reduzieren; dem kam eine verbesserte Qualität der verarbeiteten Rohstoffe entgegen.

Die Materialquote ist bei den größeren Unternehmen im allgemeinen niedriger als bei den kleineren (Tab. A.II.4–1). Dies dürfte im wesentlichen darauf zurückzuführen sein, daß die größeren Unternehmen häufig höher veredelte Produkte, wie z. B. Tiefkühlkost, herstellen. Daraus resultiert ein überdurchschnittlich hoher Wertschöpfungsanteil.

Im Durchschnitt des Ernährungsgewerbes entfallen vom gesamten Material- und Wareneingang etwa 40 % auf landwirtschaftliche Erzeugnisse (Tab. II.4–2). Besonders hoch liegt dieser Anteilswert in den Mahl- und Schälmühlen, in der Zuckerindustrie, in der Molkerei und Käserei, in der Ölmühlen- und Margarineindustrie, in den Schlachthäusern, in der Verarbeitung von Kaffee und Tee (einschließlich Herstellung von Kaffeemitteln) sowie in der Mälzerei (Tab. A.II.4–2).

Noch bedeutender als der Einsatz landwirtschaftlicher Erzeugnisse ist für das Ernährungsgewerbe die Verarbeitung von Vorprodukten, die aus der eige-

[32] Vgl. hierzu im einzelnen OECD (1988), S. 159 ff.

Tabelle II.4-1

Material- und Energieverbrauch im Ernährungsgewerbe, im Verbrauchsgüter produzierenden Gewerbe und im Verarbeitenden Gewerbe

Anteile am Bruttoproduktionswert in %

Wirtschaftsgruppe	Jahr	Materialverbrauch	Energieverbrauch
Ernährungsgewerbe	1977	59,7 [a)]	.
	1986	54,7	2,1
Verbrauchsgüter produzierendes Gewerbe	1977	40,9 [a)]	.
	1986	38,7	2,7
Verarbeitendes Gewerbe	1977	42,3 [a)]	.
	1986	38,0	2,8

a) Einschließlich Energieverbrauch.

Quelle: Statistisches Bundesamt, Fachserie 4: Produzierendes Gewerbe, Reihe 4.3.3: Kostenstruktur der Unternehmen im Verbrauchsgüter produzierenden Gewerbe und im Nahrungs- und Genußmittelgewerbe; Berechnungen des Ifo-Instituts.

nen Branche bezogen werden. Diese internen Lieferungen beliefen sich 1986 auf 41 % des gesamten Material- und Wareneingangs (Tab. II.4–2). Besonders hoch liegt der Anteil beispielsweise bei den Herstellern von Spirituosen und bei der Backwarenindustrie (Tab. A.II.4–2). Typische „interne“ Lieferanten für das Ernährungsgewerbe sind die Mahl- und Schälmühlen, die Zuckerindustrie, die Ölmühlen, die Schlachthäuser, die Mälzerei, die Alkoholbrennerei sowie die Herstellung von Gewürzen, Grundstoffen (für Getränke) u. ä. Auch die Milchindustrie und die Obst- und Gemüseverarbeitung liefern einen erheblichen Teil ihrer Produkte an weiterverarbeitende Betriebe. Der rege Lieferaustausch innerhalb des Ernährungsgewerbes ist insbesondere unter wettbewerbspolitischen Gesichtspunkten von Relevanz. Mit Ausnahme der Milchindustrie sowie der Obst- und Gemüseverarbeitung treten nämlich die genannten Bereiche auf der Absatzseite schwerpunktmäßig nicht dem Handel, sondern Unternehmen des Ernährungsgewerbes gegenüber.

Eine herausragende Bedeutung hat das Ernährungsgewerbe für den Einsatz von Verpackungsmaterialien. Zwar sind diese am gesamten Material- und Wareneingang der Branche nur mit 9 % (1986) beteiligt, vom gesamten Einsatz an Verpackungsmaterial im Verarbeitenden Gewerbe entfallen jedoch fast 50 % auf das Ernährungsgewerbe (Tab. II.4–2). Innerhalb des Ernährungsgewerbes sind die wichtigsten Verwender von Verpackungsmaterial die Molkereien und

Tabelle II.4-2

Material- und Wareneingang 1986 im Ernährungsgewerbe und im Verarbeitenden Gewerbe

Position	Ernährungsgewerbe		Verarbeitendes Gewerbe insgesamt (einschließlich Bergbau)	
	Mill.DM	%[c)]	Mill.DM	%[c)]
Roh-, Hilfsstoffe, fremdbezogene Vorprodukte[a)]	90 428	86,2	652 052	87,2
darunter: Landwirtschaftliche Erzeugnisse (einschl. Fischereierzeugnisse)	(43 024)	(41,0)	(49 480)	(6,6)
Nahrungs- und Genußmittel (ohne Tabakwaren)	(43 359)	(41,3)	(44 724)	(6,0)
Betriebsstoffe[b)]	2 103	2,0	35 385	4,7
Verpackungsmaterial	9 118	8,7	19 121	2,6
Brenn- u. Treibstoffe sowie Energie	3 237	3,1	41 166	5,5
Insgesamt	104 886	100	747 724	100
Anteil am Umsatz	-	68,0	-	50,5

a) Einschließlich Handelsware. - b) Einschließlich Küchen- und Kantinenwaren, ohne Brenn- und Treibstoffe sowie ohne Energie. - c) Anteil am Material- und Wareneingang insgesamt.

Quelle: Statistisches Bundesamt, Fachserie 4: Produzierendes Gewerbe, Reihe S. 5: Material- und Wareneingang im Bergbau und im Verarbeitenden Gewerbe, 1986; Berechnungen des Ifo-Instituts.

Käsereien, die Herstellung von Süßwaren, die Obst- und Gemüseverarbeitung, die Hersteller von Mineralwasser und Limonaden sowie die Hersteller von Dauermilch und Schmelzkäse (Tab. A.II.4–3).

Die hohe Rohstoffintensität des Ernährungsgewerbes ist primär bedingt durch eine relativ niedrige Veredelungsleistung des Ernährungsgewerbes. Dies kommt nicht zuletzt in einem niedrigen Anteil der Bruttowertschöpfung am Bruttoproduktionswert zum Audruck. Zur hohen Rohstoffintensität des Ernährungsgewerbes trägt aber auch die europäische Agrarpolitik bei. Deren Ziel ist es u.a., durch garantierte Preise für Marktordnungserzeugnisse[33] den Land-

[33] Dazu zählen insbesondere Getreide, Milch, Zucker, Fette, Schweinefleisch, Rindfleisch, Obst und Gemüse, Wein und Trockenfutter.

Tabelle II.4-3

Finanzhilfen und Steuervergünstigungen nach Wirtschaftszweigen

Wirtschaftszweig, -bereiche	Subventionskern und Transfers mit Subventionscharakter nach Destinataren					
	in Mill. DM 1980	in Mill. DM 1984	Veränd. in %	in DM/Erwerbstätigen 1980	in DM/Erwerbstätigen 1984	Veränd. in %
Land- u. Forstwirtschaft, Fischerei	17 667,5	19 780,4	12,0	12 295	14 375	16,9
Energie-, Wasserversorgung	1 667,9	2 416,1	68,7	5 363	8 850	65,0
Kohlebergbau	6 089,5	5 656,7	- 7,1	28 062	27 729	- 1,2
Übriger Bergbau	166,2	240,6	44,8	9 765	15 038	54,0
Chemische Industrie	1 016,5	1 174,0	15,5	1 640	1 973	20,3
Mineraslölverarbeitung	187,2	203,4	8,7	4 800	5 811	21,1
Kunststoffwarenherstellung	190,1	292,3	53,8	830	1 282	54,5
Gummiverarbeitung	57,1	88,8	55,5	472	822	74,2
Steine und Erden	278,1	483,3	73,8	1 168	2 346	100,9
Feinkeramik	41,5	67,0	61,4	692	1 288	86,1
Glasgewerbe	59,8	85,3	42,6	695	1 201	72,8
Eisenschaffende Industrie	669,0	2 371,7	254,5	2 165	9 800	352,7
NE-Metallerzeugung	154,3	229,1	48,5	2 004	3 273	63,3
Gießereien	76,9	120,5	56,7	615	1 159	88,5
Ziehereien, Kaltwalzw., Stahlverf.	166,7	312,0	87,2	579	1 195	106,4
Stahl- und Leichtmetallbau	190,6	280,8	47,3	1 008	1 789	77,5
Maschinenbau	1 457,4	2 573,5	76,6	1 318	2 561	94,3

Büromaschinen, ADV-Geräte	137,1	137,2	± 0,0	1 781	1 633	- 8,3
Straßenfahrzeugbau	584,6	978,9	67,4	603	1 044	73,1
Schiffbau	688,1	629,9	- 8,5	11 864	13 402	13,0
Luft- und Raumfahrzeugbau	588,9	529,1	-10,2	10 707	9 448	-11,8
Elektrotechnik	1 604,6	2 114,8	31,8	1 430	2 071	44,8
Feinmechanik, Optik	179,3	266,6	48,7	744	1 360	82,8
H. v. Eisen-, Blech- u. Metallwaren	249,9	401,1	60,5	720	1 257	74,6
Musikinstrumente, Spielwaren u.a.	44,0	105,8	140,5	458	1 260	175,1
Holzbearbeitung	65,6	107,4	63,7	1 075	2 026	88,5
Holzverarbeitung	308,1	543,4	76,4	824	1 709	107,4
Zellstoffe, Papier, Pappe	60,9	104,6	71,8	1 107	2 012	81,8
Papier- u. Pappeverarbeitung	154,2	206,2	33,7	1 168	1 793	53,5
Druckerei, Vervielfältigung	217,0	342,8	58,0	995	1 714	72,3
Ledergewerbe	51,0	102,3	100,6	411	1 066	159,4
Textilgewerbe	260,5	461,7	77,2	764	1 729	126,3
Bekleidungsgewerbe	235,2	379,4	61,3	724	1 471	103,2
Ernährungsgewerbe (ohne Getränkeherstellung)	971,7	1 489,9	53,3	1 270	2 131	67,8
Getränkeherstellung	236,4	397,0	67,9	1 938	3 710	91,4
Tabakverarbeitung	258,1	307,9	19,3	9 927	13 995	41,0
Bauhauptgewerbe	1 946,3	2 588,9	33,8	1 485	2 243	51,4
Ausbaugewerbe	603,5	1 103,6	82,9	775	1 491	92,4

a) Einschließlich Handel, Verkehr und sonstige Dienstleistungen.

Quelle: Statistisches Bundesamt; Subventionsberichte und Finanzberichte der Bundesregierung; Subventionserfassung der Institute. Zitiert nach: Wolfgang Gerstenberger et al.: Wettbewerbsfähige Strukturen gestatten Expansionspolitik: Strukturberichterstattung 1987, Schriftenreihe des Ifo-Instituts für Wirtschaftsforschung, Nr. 120, Berlin-München 1988, S. 72.

wirten ein ausreichendes Einkommen zu verschaffen. Dadurch sind jene Bereiche des Ernährungsgewerbes, die Marktordnungserzeugnisse verarbeiten, mit überhöhten Rohstoffkosten belastet; die Weltmarktpreise der genannten Erzeugnisse liegen nämlich z.T. weit unter jenen Preisen, welche das deutsche Ernährungsgewerbe bezahlen muß. Diese Nachteile werden bis zu einem gewissen Grad ausgeglichen durch eine hohe Außenprotektion des deutschen Ernährungsmarktes und durch – gemessen an den meisten anderen Industriebranchen – überdurchschnittlich hohe Finanzhilfen und Steuervergünstigungen je Erwerbstätigen für das Ernährungsgewerbe (Tab. II.4–3).

Eine für das deutsche Ernährungsgewerbe positive Auswirkung der EG-Agrarpolitik ist darin zu sehen, daß die Preise der Marktordnungsgüter relativ stabilisiert werden konnten. Das zeigt die Preisentwicklung beispielsweise für Brotgetreide, Zuckerrüben, Schlachtvieh und Milch (Tab. A.II.4–4). Demgegenüber unterlagen die Preise für die meisten sonstigen Nahrungs- und Genußmittelgrundstoffe, insbesondere für die importierten, erheblichen Schwankungen. Außerordentlich starke Preisausschläge waren z. B. bei Reis, Kartoffeln, importierten Ölsaaten, pflanzlichen Ölen, Gewürzen, Rohkakao, Rohkaffee und importiertem Brennwein zu registrieren. Bemerkenswert ist, daß auch die Preise für jene Güter, für die internationale Rohstoffabkommen bestehen (Kaffee, Kakao), erhebliche Schwankungen zeigten. Das internationale Kaffeeabkommen hat zudem dazu geführt, daß die hochwertigen Qualitäten, welche die deutsche Kaffeewirtschaft bevorzugt verarbeitet, nicht immer am Markt vorhanden waren. Ansonsten hatte das deutsche Ernährungsgewerbe in der Vergangenheit prinzipiell keine Schwierigkeiten bei der Rohstoffversorgung – Ausnahmen waren in jüngster Zeit lediglich die Molkereien, deren Bezüge an Milch durch die Milchquotenregelung eineschränkt wurden und die Fischverarbeitung, deren Rohstoffversorgung durch reduzierte Fangmöglichkeiten beeinträchtigt wurde.

Die hohe Belastung des Ernährungsgewerbes mit Rohstoffkosten hat dazu geführt, daß die Unternehmen versucht haben, eine höhere Ausbeute zu erzielen und einen geringeren Abfallanteil zu erreichen. Dem kommen Fortschritte in der Biotechnologie entgegen, die es ermöglichen, die Erträge an tierischen und pflanzlichen Rohstoffen zu erhöhen, die Eigenschaften und Qualitäten der vorhandenen Rohstoffe zu verbessern und neue alternative Nahrungsquellen zu erschließen. Beispiele für die Erhöhung der Erträge sind der Einsatz bestimmter Bakterien, die die Milchproduktion der Kühe anregen, sowie die Züchtung von Getreide, das gegen Schädlinge resistent ist. Als Beispiele für die Variation der Eigenschaften von Nahrungsmittelrohstoffen können genannt werden die Züchtung von Kaffeebohnen mit niedrigem Koffeingehalt sowie von Kakaobohnen mit erhöhtem Gehalt an Kakaobutter. Ein Beispiel für die Erschließung neuer Nahrungsquellen durch biotechnologische Prozesse ist die Herstellung von einzelligem Protein aus Algen.[34]

4.2 Energieeinsatz

Dem Einsatz von Energie kommt im Ernährungsgewerbe nur eine unterdurchschnittliche Bedeutung zu. Während im Durchschnitt des Verarbeitenden Gewerbes der Energieverbrauch mit knapp 3% am Bruttoproduktionswert beteiligt ist (Tab. II.4–1), beläuft er sich im Ernährungsgewerbe lediglich auf 2%. Die niedrige Energieintensität des Ernährungsgewerbes ist vor allem dadurch bedingt, daß zahlreiche Fertigungsverfahren chemischer Natur sind, also wenig Energie verbrauchen. Beispiele dafür sind die Spirituosenindustrie, die Herstellung und Verarbeitung von Wein sowie die Molkerei und Käserei. Andererseits gibt es im Ernährungsgewerbe aber auch einige energieintensive Bereiche, in denen die Arbeitsvorgänge „Erhitzen" bzw. „Kühlen" eine erhebliche Rolle spielen. Dazu zählen die Stärkeindustrie, die Herstellung von Kartoffelerzeugnissen, die Backwarenindustrie, die Zuckerindustrie, die Talgschmelzen und Schmalzsiedereien, die Brauerei und Mälzerei sowie die Alkoholbrennerei (Tab. A.II.1–1).

5. Umweltschutz

Im Ernährungsgewerbe (einschließlich Tabakverarbeitung) stiegen die Gesamtausgaben für Umweltzwecke von 349 Mill. DM im Jahr 1975 auf 612 Mill. DM im Jahr 1984.[35] In diesem Zeitraum wurden für Umweltzwecke insgesamt mehr als 4,6 Mrd. DM ausgegeben, wovon etwa zwei Drittel auf die Betriebskosten für Umweltschutzanlagen und rund ein Drittel auf Umweltschutzinvestitionen entfielen.

Im Jahr 1986 gaben die Unternehmen des Ernährungsgewerbes 152 Mill. DM für Umweltschutzinvestitionen aus. Dies entsprach 3% der gesamten Investitionssumme des Ernährungsgewerbes. Diese Relation liegt damit unter jener für den Durchschnitt des Verarbeitenden Gewerbes (3,9%), jedoch über jener für das Verbrauchsgüter produzierende Gewerbe (2%, vgl. Tab. II.5–1). Die Umweltschutzinvestitionen des Ernährungsgewerbes konzentrierten sich 1986 mit 45% und 36% auf den Gewässerschutz und die Luftreinhaltung. Diese Investitionsschwerpunkte stehen in direktem Zusammenhang mit entsprechenden Aktivitäten des Gesetzgebers, so beispielsweise mit dem Wasserhaushaltsgesetz, dem Abwasserabgabengesetz, dem Luftreinhalterecht und der Technischen Anleitung zur Reinhaltung der Luft.

Besonders hohe Kosten für den Umweltschutz müssen – gemessen am Anteil an den Gesamtinvestitionen – die Zuckerindustrie, die Futtermittelindu-

[34] Vgl. OECD (1988), S. 162f.

[35] Vgl. Bundesvereinigung der Deutschen Ernährungsindustrie (1987), S. 66.

Tabelle II.5-1

Investitionen für Umweltschutz im Ernährungsgewerbe, im Verbrauchsgüter produzierenden Gewerbe und im Verarbeitenden Gewerbe

Bereich Jahr	Investitionen für Umweltschutz		Struktur der Umweltschutzinvestitionen in %			
	Mill.DM	%a)	Abfallbeseitigung	Gewässerschutz	Lärmbekämpfung	Luftreinhaltung
Ernährungsgewerbe						
1979	118	2,7	7,4	45,8	14,5	32,5
1980	141	2,9	3,8	48,4	18,3	29,5
1981	131	2,7	13,6	46,5	8,1	31,9
1982	178	3,7	18,0	43,5	8,8	29,6
1983	184	3,5	13,2	52,3	9,7	24,8
1984	180	3,6	13,0	38,0	11,4	37,7
1985	154	3,3	13,0	39,9	7,9	39,2
1986	152	2,9	10,8	45,4	8,2	35,6
Verbrauchsgüter produzierendes Gewerbe						
1979	134	1,9	18,2	26,2	9,6	46,0
1986	210	2,0	12,5	21,3	8,5	57,7
Verarbeitendes Gewerbe						
1979	1 602	3,6	8,1	39,2	9,1	43,5
1986	2 715	3,9	8,2	31,3	5,6	54,9

a) Anteil an den Gesamtinvestitionen der Betriebe.

Quelle: Statistisches Bundesamt, Fachserie 19: Umweltschutz, Reihe 3: Investitionen für Umweltschutz im Produzierenden Gewerbe; Berechnungen des Ifo-Instituts für Wirtschaftsforschung.

strie, die Margarineindustrie und die Stärkeindustrie aufbringen (Tab. A.II.5–1). Auch diese Bereiche tätigen ihre Umweltschutzinvestitionen in erster Linie auf den Gebieten des Gewässerschutzes und der Luftreinhaltung – mit Ausnahme der Futtermittelindustrie, die sehr stark in die Abfallbeseitigung investiert. In dieser Branche fallen jedoch relativ geringe Abfallmengen an. Die größten Abfallmengen müssen in der Zuckerindustrie, in der Milchverwertung und in der Brauerei und Mälzerei beseitigt werden (Tab. A.II.5–2). Dabei handelt es sich in erster Linie um organische Abfälle und Schlämme (einschl. Abwasserreinigung). Insgesamt gesehen ist das Ernährungsgewerbe eine verhältnismäßig abfallintensive Branche. Ihre Abfallmenge erreicht mit 10,9 Mill. t (1984) fast

Tabelle II.5-2

Abfallmengen im Ernährungsgewerbe, im Verbrauchsgüter produzierenden Gewerbe und im Verarbeitenden Gewerbe im Jahr 1984

Bereich	Abfallmengen		Struktur der Abfallmengen in %	
	1000 t	Anteil am verarbeit. Gewerbe in %	selbstbeseitigt[a]	außerbetrieblich beseitigt
Ernährungsgewerbe	10 948	16,5	15,3	84,7
Verbrauchsgüter produzierendes Gewerbe	5 080	7,7	16,2	83,8
Verarbeitendes Gewerbe	66 059	100	34,0	66,0

a) Auf betriebseigenen Deponien und in betriebseigenen Verbrennungsanlagen.

Quelle: Statistisches Bundesamt, Fachserie 19: Umweltschutz, Reihe 1.2: Abfallbeseitigung im Produzierenden Gewerbe und in Krankenhäusern, 1984; Berechnungen des Ifo-Instituts für Wirtschaftsforschung.

den Wert der chemischen Industrie (11,3 Mill. t); am gesamten Abfallaufkommen des Verarbeitenden Gewerbes ist das Ernährungsgewerbe mit rund einem Sechstel beteiligt (Tab. II.5–2), während sich die Anteilswerte für den Umsatz auf nur 10% und für die Beschäftigten auf lediglich 6% belaufen. Die Beseitigung der Abfallmengen erfolgt im Ernährungsgewerbe – im Gegensatz zum Durchschnitt des Verarbeitenden Gewerbes – zum weit überwiegenden Teil auf außerbetriebliche Weise.

Eine besondere Abfallproblematik ergibt sich daraus, daß das Ernährungsgewerbe zu den verpackungsintensivsten Branchen zählt (vgl. Kapitel II.4.1, Tab. II.4–2). Ins Schußfeld der Kritik sind in jüngster Zeit insbesondere Einweg-Getränkeverpackungen geraten, und hier wiederum in erster Linie solche aus Kunststoff, obwohl die entsprechenden Abfallmengen relativ niedrig sind. Es wird jedoch befürchtet, daß diese Einwegverpackungen die bestehenden Mehrwegsysteme für Bier, Erfrischungsgetränke, Fruchtsäfte und Wein ablösen und damit auch die kleineren Getränkehersteller, den Getränkefachgroßhandel und die kleineren Lebensmittelläden aus dem Markt verdrängen könnten. Der Bundesminister für Umwelt, Naturschutz und Reaktorsicherheit hat deshalb – gestützt auf § 14 Abfallgesetz – im September 1988 eine Verordnung über die Rücknahme und Pfanderhebung von Getränkeverpackungen aus Kunststoff erlassen. Demzufolge muß auf Kunststoff-Einwegflaschen ein Pfand von 0,50 DM erhoben werden; Einzelhandel und Hersteller, die Getränke in Kunststoffverpackungen abgeben, sind verpflichtet, leere Verpackungen aus Kunststoff von Endverbrauchern zurückzunehmen und einer Wiederverwertung zuzuführen.

Der Bundesumweltminister hat darüber hinaus im Mai 1989 Zielvorgaben für Getränkeverpackungen verkündet. Danach sollen bis Mitte 1991 bestimmte Getränke zu einem festgelegten Prozentsatz nur noch in Mehrwegpackungen angeboten werden. Diese Quoten betragen

– für Bier und Mineralwasser . . . . 90 %
– für Erfrischungsgetränke mit Kohlensäure . . . . 80 %
– für Erfrischungsgetränke ohne Kohlensäure und Fruchtsäfte . . . . 35 %
– für Wein (ausgenommen Perl-, Schaum-, Wermut- und Dessertweine) . 50 %.

Falls die gesetzten Ziele nicht erreicht werden, soll mit einer Verordnung in den Markt eingegriffen werden. Außerdem fordert der Bundesumweltminister ein flächendeckendes Rücknahmesystem für Weinflaschen sowie eine steigende Wiederverwertung leerer Getränkeverpackungen aus Glas und Weißblech. Darüber hinaus erwartet die Bundesregierung von den beteiligten Kreisen der Wirtschaft ein Konzept dafür, wie und in welchem Umfang eine bessere Verwertung von Einweggetränkeverpackungen aus Aluminium und Verbundmaterialien sowie von Weichverpackungen für Getränke bewerkstelligt werden kann.

Des weiteren hat der Bundesumweltminister die Verpackungsindustrie und den Einzelhandel aufgefordert, die Abfallmengen aus Kunststoffverpackungen weiter einzudämmen und die verwendeten Kunststoffe auf solche Arten zu beschränken, die ohne schädliche Folgen für die Umwelt beseitigt oder mit zumutbarem technischen Aufwand wiederverwertet werden können. Unter Kunststoffverpackungen sollen nicht nur Flaschen, sondern auch Becher, Beutel u. a. Behältnisse aus Kunststoff fallen. Den genannten Zielvorgaben ist bis Mitte 1990 Rechnung zu tragen, andernfalls würden entsprechende Verordnungen erlassen.

III. Außenwirtschaftliche Verflechtung

1. Außenhandelsverflechtung (Gütermarkt)

1.1 Entwicklung des Außenhandels mit Erzeugnissen des Ernährungsgewerbes

Die Bundesrepublik Deutschland ist ein Nettoimportland für Erzeugnisse des Ernährungsgewerbes. Von Anfang der siebziger bis Mitte der achtziger Jahre schwankte der Einfuhrüberschuß zwischen 4 1/2 und gut 7 Mrd. DM (Tab. III.1–1). In diesem Zeitraum sind sowohl die Einfuhren als auch die Ausfuhren mehr oder weniger kontinuierlich gestiegen. In den Jahren 1986, 1987 und 1988 waren jedoch die nominalen Außenhandelsströme mit Erzeugnissen des Ernährungsgewerbes rückläufig. Dabei hat sich der Einfuhrüberschuß von 5,9 Mrd. DM (1985) auf 5,4 Mrd. DM (1986), 4,7 Mrd. DM (1987) bzw. 3,4 Mrd. DM (1988) vermindert. In realen Werten zeigt sich allerdings eine andere Entwicklung der Ein- und Ausfuhren: in den Jahren 1986 bis 1988 sind die Volumina sowohl der Einfuhren als auch der Ausfuhren weiter angestiegen (Tab. III.1–1). Das reale Außenhandelsdefizit der Bundesrepublik bei Ernährungsgütern lag 1986 und 1987 wesentlich höher als 1985, obwohl es 1987 rückläufig war.

Die Entwicklung der Ein- und Ausfuhrvolumina hängt u. a. von der relativen Kosten- bzw. Preisposition des deutschen Ernährungsgewerbes gegenüber dem Ausland ab.[1] Diese wird ihrerseits entscheidend bestimmt durch den realen Außenwert der D-Mark. Reale Aufwertungen bedeuten eine Verschlechterung, reale Abwertungen eine Verbesserung der internationalen Preiswettbewerbsposition. Bei funktionierendem internationalem Wettbewerb sollte sich also die DM-Stärke der Jahre 1986 und 1987 in einer Schwäche bei den Exporten niederschlagen. Tatsächlich ist jedoch das Volumen der Ausfuhr an Ernährungsgütern 1986 und 1987 – wie gezeigt – gestiegen. Die Ursache dafür ist in erster Linie darin zu sehen, daß die Preiselastizität der deutschen Ausfuhr generell kleiner als eins ist. Dies gilt insbesondere für hochwertige Erzeugnisse, welche das deutsche Ernährungsgewerbe zunehmend exportiert. Hinzu kommt, daß die Ausfuhren im allgemeinen erst mit Verzögerung auf Veränderungen in der relativen Preiswettbewerbsposition reagieren. Wenn trotz des gestiegenen Aus-

---

[1] Vgl. hierzu Gerstenberger (1988b).

Tabelle III.1-1

Außenhandel der Bundesrepublik Deutschland mit Erzeugnissen des Ernährungsgewerbes
Mill. DM

Jahr	Einfuhr	Ausfuhr	Saldo[a)]	Einfuhr	Ausfuhr	Saldo[a)]
	in jeweiligen Preisen			in Preisen von 1980		
1970	8 994	2 972	- 6 022	12 440	4 673	- 7 767
1975	13 890	8 253	- 5 637	15 281	9 802	- 5 479
1976	16 222	8 880	- 7 342	17 148	10 183	- 6 965
1977	17 070	11 102	- 5 968	17 260	11 874	- 5 386
1978	17 785	11 204	- 6 581	18 662	12 034	- 6 628
1979	18 752	12 897	- 5 855	19 332	13 576	- 5 756
1980	20 557	15 266	- 5 291	20 557	15 266	- 5 291
1981	23 208	18 630	- 4 578	21 272	17 575	- 3 697
1982	24 084	19 005	- 5 079	21 974	17 778	- 4 196
1983	25 647	18 499	- 7 148	23 105	16 956	- 6 149
1984	27 453	21 075	- 6 378	23 444	18 617	- 4 827
1985	28 112	22 256	- 5 856	24 812	19 854	- 4 958
1986	26 515	21 113	- 5 402	26 201	20 321	- 5 880
1987	25 415	20 684	- 4 731	26 337	20 893	- 5 444
1988	27 206	23 827	- 3 379	26 990	22 911	- 4 079

a) - : Einfuhrüberschuß.

Quelle: Statistisches Bundesamt, Fachserie 7: Außenhandel, Reihe 1: Zusammenfassende Übersichten für den Außenhandel; Fachserie 7: Preise, Reihe 8: Preise und Preisindizes für die Ein- und Ausfuhr; Berechnungen des Ifo-Instituts für Wirtschaftsforschung.

fuhrvolumens und des höheren DM-Kurses die nominalen Ausfuhren an Ernährungsgütern in den Jahren 1986 und 1987 rückläufig waren, so lag dies im wesentlichen an den gesunkenen Ausfuhrpreisen (Tab. III.1–2).

Die Preiselastizität der deutschen Ausfuhren an Ernährungsgütern ist nach Regionen unterschiedlich. Relativ hoch ist sie für die Ausfuhren nach Nordamerika. Dies kommt darin zum Ausdruck, daß der Wert dieser Ausfuhren, insbesondere im Jahr 1987, stärker gesunken ist als die Gesamtausfuhren an Ernährungsgütern. Infolgedessen war der Anteil der USA und Kanadas an den Gesamtausfuhren 1987 und 1988 rückläufig (Tab. III.1–3). Da die Währungen zahlreicher Entwicklungsländer an den US-Dollar gekoppelt sind, ist auch der

Tabelle III.1-2

Index der Ein- und Ausfuhrpreise

1980 = 100

Bereich	1981	1982	1983	1984	1985	1986	1987	1988
Index der Einfuhrpreise								
Erzeugnisse des Ernährungsgewerbes	109,1	109,6	111,0	117,1	113,3	101,2	96,5	100,8
Erzeugnisse des Verbrauchsgüter produzierenden Gewerbes	105,8	108,9	109,5	113,1	115,7	112,6	110,4	111,5
Erzeugnisse des Verarbeitenden Gewerbes	108,7	110,9	111,9	116,8	118,4	106,0	102,7	105,3
Index der Ausfuhrpreise								
Erzeugnisse des Ernährungsgewerbes	106,0	106,9	109,1	113,2	112,1	103,9	99,0	104,0
Erzeugnisse des Verbrauchsgüter produzierenden Gewerbes	105,0	109,4	111,7	115,2	118,6	119,3	119,8	121,3
Erzeugnisse des Verarbeitenden Gewerbes	105,1	109,6	111,7	115,5	118,6	116,6	116,1	119,1

Quelle: Statistisches Bundesamt, Fachserie 17: Preise, Reihe 8: Preise und Preisindizes für die Ein- und Ausfuhr.

Tabelle III.1-3

Regionale Struktur der Ausfuhr der Bundesrepublik Deutschland an Erzeugnissen des Ernährungsgewerbes (einschl. Tabakwaren)

- Anteile in % -

Region	1976	1980	1985	1986	1987	1988
Industrialisierte westliche Länder	87,0	78,7	85,9	87,6	87,9	88,2
EG-Länder	69,7	63,1	68,8	70,3	71,3	72,1
Andere europäische Länder	13,0	11,6	10,2	10,2	10,2	9,6
USA, Kanada	2,7	2,7	5,4	5,4	4,6	4,1
Übrige Länder	1,6	1,3	1,5	1,7	1,8	2,4
Entwicklungsländer	10,8	14,5	11,2	9,4	9,0	8,4
Staatshandelsländer	2,2	6,8	2,9	3,0	3,1	3,4
Insgesamt	100	100	100	100	100	100

Quelle: Statistisches Bundesamt, Fachserie 7: Außenhandel, Reihe 7: Außenhandel nach Ländern und Gütergruppen für Produktionsstatistiken (Spezialhandel).

Wert der deutschen Ausfuhren an Ernährungsgütern in diese Region überdurchschnittlich zurückgegangen. Demgegenüber reagieren die deutschen Ernährungsausfuhren in den EG-Raum auf Veränderungen der Preiswettbewerbsposition vergleichsweise wenig; demzufolge ist ihr Anteil am Wert der – stärker rückläufigen – Gesamtausfuhren in den letzten Jahren gestiegen (Tab. III.1–3). Beim Ernährungsexport in die anderen EG-Länder kommt hinzu, daß diese ohnehin – wegen des europäischen Währungsverbunds – durch Wechselkurseffekte in nur geringem Maße beeinflußt wird; zudem werden Wechselkursschwankungen bei bestimmten Erzeugnissen durch die Erhebung von Währungsausgleichsbeträgen kompensiert.

Das Einfuhrvolumen der Bundesrepublik an Ernährungsgütern ist auch 1986 und 1987 – im Gegensatz zu den Einfuhrwerten – angestiegen. Dies dürfte seine Ursache nicht allein im Anstieg des realen Wechselkurses der D-Mark gehabt haben, sondern auch in den erheblich gesunkenen Weltmarktpreisen für Nahrungsmittelgrundstoffe, wodurch sich insbesondere Erzeugnisse aus Entwicklungsländern zum Teil erheblich verbilligten und damit die Nachfrage stimulierten. Der starke Preisrückgang für Nahrungsmittel aus Entwicklungslän-

Tabelle III.1-4

Regionale Struktur der Einfuhr der Bundesrepublik Deutschland an Erzeugnissen des Ernährungsgewerbes (einschl. Tabakwaren)

- Anteile in % -

Region	1976	1980	1985	1986	1987	1988
Industrialisierte westliche Länder	79,7	79,6	74,9	79,0	79,8	79,9
EG-Länder	64,8	61,9	62,8	68,6	69,0	69,5
Andere europäische Länder	6,7	6,8	6,4	4,8	5,1	5,1
USA, Kanada	6,0	8,4	3,8	3,8	3,9	3,4
Übrige Länder	2,2	2,5	1,9	1,8	1,8	1,9
Entwicklungsländer	14,6	15,5	20,1	16,3	15,3	14,4
Staatshandelsländer	5,7	4,9	5,0	4,7	4,9	5,7
Insgesamt	100	100	100	100	100	100

Quelle: Statistisches Bundesamt, Fachserie 7: Außenhandel, Reihe 7: Außenhandel nach Ländern und Gütergruppen für Produktionsstatistiken (Spezialhandel).

dern ist andererseits der Grund dafür, daß die Einfuhren aus diesen Ländern – gemessen am Wert der Gesamteinfuhren – an Bedeutung verloren haben (Tab. III.1–4).

Der erhebliche Preisrückgang bei importierten Ernährungsgütern – der über den Preisrückgang bei den entsprechenden Ausfuhren hinausging (Tab. III.1–2) – ist im wesentlichen dafür ausschlaggebend, daß sich das nominale Handelsdefizit der Bundesrepublik bei Ernährungsgütern in den Jahren 1986 und 1987 vermindert hat. Dabei konnte insbesondere das Defizit mit den Entwicklungsländern abgebaut werden (Tab. III.1–5). Im Jahr 1988 ist es allerdings wieder gestiegen.

1.2 Das Niveau des Außenhandels mit Erzeugnissen des Ernährungsgewerbes

Die Intensität des Außenhandels mit Erzeugnissen des Ernährungsgewerbes – gemessen an den Import- und Exportquoten (Tab. III.1–6) – ist, wie bereits an anderer Stelle dargestellt,[2] im Vergleich zum Außenhandel mit anderen Erzeugnissen des Verarbeitenden Gewerbes niedrig. Mehrere Gründe sind dafür maßgebend. Die wichtigsten sind der vielfach geringe Wert pro Gewichtseinheit (was zu hohen Transportkosten führt), unterschiedliche Geschmacks- und Verzehrgewohnheiten, hohe Handelsbarrieren sowie das Fehlen einer kaufkräftigen Nachfrage für hochwertige Nahrungsmittel in Entwicklungs- und Staatshandelsländern. Die leichte Verderblichkeit vieler Nahrungsmittel hemmt dagegen heutzutage den internationalen Handelsaustausch nur noch wenig, da die moderne Transporttechnik das Versenden derartiger Güter ohne Beeinträchtigung der Qualität auch über weitere Strecken ermöglicht.

Aus den genannten Gründen wird der weitaus überwiegende Teil des Außenhandels der Bundesrepublik mit Ernährungsgütern mit den Nachbarländern abgewickelt. Im Jahr 1988 gingen über 80% der deutschen Ausfuhren an Ernährungsgütern in europäische Länder (Tab. III.1–3). Von den Einfuhren der Bundesrepublik an Ernährungsgütern stammen immerhin fast 75 % aus europäischen Nachbarländern (Tab. III.1–4).

Hohe Transportkosten beeinträchtigen insbesondere bei Bier, Mineralwasser und Limonaden einen intensiven internationalen Handelsverkehr. Unter Differenzen der Geschmacks- und Verzehrgewohnheiten leidet u. a. der Außenhandel mit Grundnahrungsmitteln. Der Außenhandel mit höherwertigen Erzeugnissen kann jedoch mitunter von diesen Differenzen sogar profitieren. Dies ist beispielsweise bei Spirituosen der Fall. Der in den vergangenen Jahren registrierte erhebliche Anstieg der Spirituosenimporte der Bundesrepublik ist nicht zuletzt darauf zurückzuführen, daß die deutschen Konsumenten – bedingt durch zahlreiche Urlaubsreisen – zunehmend Geschmack an ausländischen Spirituosenspezialitäten finden.

Der entscheidende Grund für den geringen Umfang des Außenhandels mit Ernährungsgütern ist in tarifären und vor allem nichttarifären Handelshemmnissen zu sehen. Generell genießt der Agrar- und Ernährungssektor in den meisten Ländern einen hohen Schutz gegenüber der Auslandskonkurrenz. Begründet wird dies im allgemeinen mit der Sicherung einer eigenen Nahrungsmittelbasis. Die Mittel dieser Schutzpolitik sind vielfältig. Neben Zöllen, die vor allem in Japan und den Schwellenländern extrem hoch sind, spielen insbesondere Subventionen (im speziellen auch Exportsubventionen), Ausfuhrverbote von Rohstoffen zugunsten weiterverarbeiteter Produkte, internationale Rohstoffabkommen sowie staatliche Außenhandelsmonopole eine Rolle.[3] In diesem Zusammenhang ist auch die Gemeinsame Agrarpolitik der EG zu nennen. In diese sind nicht nur landwirtschaftliche Produkte, sondern z. T. auch Erzeugnisse des Ernährungsgewerbes einbezogen, nämlich solche, bei denen der Veredelungsgrad niedrig ist (z. B. Mühlenerzeugnisse, Zucker, Milcherzeugnisse). Diese Pro-

---

[2] Vgl. Kapitel I.3.

[3] Vgl. hierzu Bundesvereinigung der Deutschen Ernährungsindustrie (1987), S. 100f.

Tabelle III.1-5

Außenhandelssalden[a)] bei Erzeugnissen des Ernährungsgewerbes (einschließlich Tabakwaren) nach Regionen

Mill. DM

Region	1976	1980	1985	1986	1987	1988
Industrialisierte westliche Länder	-5 006	-3 982	-1 119	-1 546	-1 321	164
EG-Länder	-4 162	-2 805	-1 653	-2 639	-2 148	-1 019
Andere europäische Länder	110	448	568	993	919	1 031
USA, Kanada	- 734	-1 312	174	202	- 2	110
Übrige Länder	- 220	- 313	- 208	- 102	- 90	42
Entwicklungsländer	-1 372	- 923	-2 919	-2 149	-1 762	-1 854
Staatshandelsländer	- 740	64	- 746	- 577	- 592	- 510
Insgesamt	-7 118	-4 841	-4 784	-4 272	-3 675	-2 200

a) - : Einfuhrüberschuß.

Quelle: Statistisches Bundesamt, Fachserie 7: Außenhandel, Reihe 7: Außenhandel nach Ländern und Gütergruppen für Produktionsstatistiken (Spezialhandel).

dukte stehen also unter dem Schutz der EG-Agrarmarktordnungen. Die Einfuhr dieser Produkte wird mit Abgaben belastet, während die Ausfuhr durch Erstattungen gefördert wird. Als Mitglied der EG ist die Bundesrepublik in dieses protektionistische System eingebunden.

Nicht nur die EG, sondern auch andere Industrieländer, insbesondere die USA, schotten sich gegen Einfuhren von Nahrungsmitteln stark ab. Aber nicht allein diese Handelshemmnisse sind der Grund dafür, daß der Außenhandel der Bundesrepublik auf dem Gebiet der Ernährungsgüter mit Drittländern relativ geringe Bedeutung hat. Hinzu kommt, daß es sich bei diesem Warenaustausch, soweit es die „klassischen" Agrarprodukte (Getreide, Milch und Fleisch) und deren Verarbeitungserzeugnisse anbelangt, um ein „Restgeschäft" handelt, d.h. eine Überschußverwertung mit Hilfe von Exportsubventionen. Obwohl auch der internationale Handel mit sonstigen Agrarprodukten (z.B. Obst und Gemüse) und deren Verarbeitungserzeugnisse reguliert ist, hat er eine wesentlich größere Bedeutung. Dies hängt damit zusammen, daß derartige Produkte in den

Industrieländern nicht oder in nicht ausreichendem Maße erzeugt werden, so daß die Einfuhrkontingente (z. B. jene der EG gegenüber den AKP-Ländern) relativ reichlich bemessen sind.

Verglichen mit dem Handelsaustausch zwischen den Industrieländern bzw. zwischen diesen und den Entwicklungsländern ist der Intra-EG-Handel mit Ernährungsgütern relativ intensiv. Dies gilt insbesondere für die „klassischen" Agrarprodukte Getreide (einschl. Mehl), Milch und Fleisch. Dies ist auch einer der Gründe dafür, daß die Außenhandelsquoten der Bundesrepublik bei den Grundnahrungsmitteln Brot, Milchprodukten und Fleischwaren relativ niedrig sind (Tab. A.III.1–1 und A.III.1–2). Hinzu kommt aber, daß auch innerhalb der EG nach wie vor erhebliche nichttarifäre Handelshemmnisse bestehen, welche den innergemeinschaftlichen Handel mit Nahrungsmitteln und damit die Angebotsvielfalt einschränken. Dabei handelt es sich überwiegend um lebensmittelrechtliche Vorschriften. Eine im Auftrag der EG-Kommission durchgeführte Untersuchung[4] in den fünf bevölkerungsreichsten Mitgliedsländern kam zu dem Ergebnis, daß für zehn der wichtigsten Produktgruppen[5] über 200 nichttarifäre Handelsschranken bestehen. Diese lassen sich in fünf Kategorien einteilen:[6]

– Spezifische Importbeschränkungen
  Beispiel: In Spanien muß Babynahrung von der Gesundheitsbehörde zugelassen sein.

– Vorschriften für Verpackung und Etikettierung
  Beispiel: In Dänemark ist die Vermarktung von alkoholfreien Getränken und Bier in Einwegflaschen und Dosen verboten. Spanien verlangt bei Lebensmitteln eine Etikettierung unter Nennung der gesundheitsbehördlichen Registriernummer.

– Verbot bestimmter Zutaten
  Beispiel: In Spanien (und in Frankreich bis Anfang 1988) ist der Zusatz des kalorienfreien Süßstoffs Aspartam in alkoholfreien Getränken verboten.

– Vorschriften für Inhalt und Warenbezeichnung
  Beispiel: Nach deutschem Recht darf nur ein Getränk, das entsprechend dem Reinheitsgebot von 1516 ausschließlich aus Malz, Hopfen, Hefe und Wasser gebraut wird, die Bezeichnung „Bier" tragen. Durch ein Urteil des Europäischen Gerichtshofes vom März 1987 wurde die Bundesrepublik Deutschland zur Öffnung ihrer Grenzen für Bier gezwungen.

– Steuernachteile
  Beispiel: In fünf EG-Staaten wird eine Verbrauchsabgabe auf Bierwürze er-

[4] Vgl. Cecchini (1988), S. 86 ff.

[5] Gebäck, Süßwaren, Speiseeis, Bier, Mineralwasser, nichtalkoholische Getränke, Spirituosen, Teigwaren, Suppen und Babynahrung.

[6] Vgl. dazu auch Groupe MAC (1987), S. 9 ff.

Tabelle III.1-6

Außenhandelsquoten der Bundesrepublik Deutschland bei Erzeugnissen des Ernährungsgewerbes

%

Jahr	Importquote[a)]	Exportquote[b)]
1970	13,8	5,0
1975	15,2	9,6
1976	15,9	9,4
1977	14,7	10,1
1978	14,9	9,9
1979	15,2	11,0
1980	17,6	13,7
1981	17,1	14,2
1982	17,0	13,9
1983	17,7	13,4
1984	18,8	15,1
1985	19,0	15,7
1986	18,1	15,0
1987	17,9	15,1
1988	18,9	16,9

a) Einfuhren in % der Inlandsverfügbarkeit (= Gesamtumsatz abzügl. Ausfuhren zuzügl. Einfuhren). - b) Ausfuhren in % des Gesamtumsatzes (einschl. Kleinbetriebe).

Quelle: Statistisches Bundesamt, Fachserie 7: Außenhandel, Reihe 1: Zusammenfassende Übersichten für den Außenhandel; Fachserie 4: Produzierendes Gewerbe, Reihe 4.1.1: Beschäftiggung, Umsatz und Energieversorgung der Unternehmen und Betriebe im Bergbau im Verarbeitenden Gewerbe; Berechnungen des Ifo-Instituts für Wirtschaftsforschung.

hoben. Da bei Importeuren das Endprodukt besteuert wird, können heimischen Brauereien erhebliche Wettbewerbsvorteile entstehen.

Wie stark derartige Barrieren wirken können, zeigt das Beispiel des deutschen Reinheitsgebots. Bis zur Bekanntgabe des oben erwähnten Urteils des europäischen Gerichtshofs hatten ausländische Brauereien auf dem stark abgeschirmten und zerstückelten deutschen Markt nur 1 1/2 % des Verbrauchs beliefert (Tab. A.III.1–1). Bei anderen Getränken lag die Importquote z.T. deutlich höher; bei Mineralwasser und Limonaden betrug sie 1988 4 %, bei Spirituosen gut 14 % und bei verarbeitetem Wein (in erster Linie Schaumwein) 27 %. Seit März 1987 darf auch Bier in die Bundesrepublik geliefert werden, bei dessen Herstellung andere Braustoffe, wie z. B. Reis oder Mais verwendet werden und das darüber hinaus auch bestimmte zugelassene Zusatzstoffe enthält.

1.3. Stellung des deutschen Ernährungsgewerbes auf dem Weltmarkt

Obwohl im intersektoriellen Vergleich die Außenhandelsintensität des deutschen Ernährungsgewerbes niedrig ist, ist es im Vergleich zum Ernährungsgewerbe anderer Länder relativ stark in den internationalen Güteraustausch eingebunden. Dies zeigt sich an relativ hohen Import- und Exportquoten. Abgesehen von kleineren Ländern, bei denen dem Außenhandel naturgemäß eine große Bedeutung beikommt, sind die Import- und Exportquoten für die Bundesrepublik z.T. deutlich höher als jene vergleichbarer Länder wie Frankreich, Vereinigtes Königreich, Italien (nur in bezug auf die Exportquote), Japan und USA (Tab. III.1–7). Wie alle diese Länder ist auch die Bundesrepublik ein Nettoimporteur von Ernährungsgütern (vgl. Relation Exporte: Importe, Tab. III.1–6). Dem deutschen Ernährungsgewerbe ist es jedoch seit Anfang der siebziger Jahre gelungen, die Schere zwischen Exporten und Importen zunehmend zu schließen. Dabei ist die Bundesrepublik oftmals sowohl Exporteur als auch Importeur von Ernährungsgütern ein und derselben Warengruppe. Dies ist Ausfluß einer weit vorangetriebenen Spezialisierung.

Die internationale Wettbewerbsposition eines Landes läßt sich anhand des relativen Lieferanteils (am Welthandel) darstellen. Dabei wird der Welthandelsanteil eines Landes in einer bestimmten Gütergruppe zum Welthandelsanteil dieses Landes beim Industriegüterexport insgesamt in Beziehung gesetzt. Im Zeitraum 1978/86 zeigt diese Kennzahl für zahlreiche Sektoren des deutschen Ernährungsgewerbes eine deutliche Verbesserung der Wettbewerbsposition an (Tab. A.III.1–3).[7] Der Indikator signalisiert insbesondere für die Verarbeitung von Kaffee und Tee, die Süßwarenindustrie, die Herstellung von Kartoffelerzeugnissen, die Mineralbrunnen und die Erfrischungsgetränkeindustrie eine starke Wettbewerbsposition. Das gesamte Ernährungsgewerbe der Bundesrepublik schneidet im internationalen Vergleich hervorragend ab. Andere bedeutende Exporteure von Nahrungsmitteln konnten entweder ihre internationale Wettbewerbsposition weniger stark verbessern oder sie mußten sogar, wie beispielsweise die USA und die lateinamerikanischen Länder, Rückschläge hin-

[7] Werte größer als 1 zeigen, daß sich die Wettbewerbsposition günstiger als im Durchschnitt entwickelt hat.

Tabelle III.1-7

Kennzahlen zur Außenhandelsentwicklung mit Ernährungsgütern in OECD-Ländern
%-Anteile

Land	Exporte : Importe			Importquote[a)]			Exportquote[b)]		
	1970	1975	1985	1970	1975	1985	1970	1975	1985
Australien	11,2	10,5	4,3	5,3	5,4	6,9	38,0	37,3	24,0
Österreich	0,7	0,5	0,6	21,0	19,0	12,2	7,0	11,5	7,6
Belgien/Lux.	0,8	1,0	1,2	34,2	40,2	65,3	30,4	39,3	68,7
Kanada	0,8	0,5	1,0	8,7	11,0	8,2	7,3	5,5	7,9
Dänemark	3,6	7,0	3,1	25,0	23,0	18,9	48,0	53,0	41,8
Finnland	0,4	0,4	0,6	10,6	10,5	8,2	4,7	4,4	5,2
Frankreich	0,8	1,0	0,9	10,2	11,5	15,0	7,9	11,1	13,4
BR Deutschland	0,3	0,6	0,7	21,2	21,9	27,3	7,2	13,4	21,5
Griechenland	0,4	0,8	0,6	28,0	16,0	25,5	18,0	15,0	16,4
Island	3,3	3,2	4,1	-	-	-	-	-	-
Irland	3,7	4,6	2,9	-	-	21,4	-	-	44,1
Italien	0,3	0,3	0,4	19,7	25,9	27,4	6,2	9,0	12,4
Japan	0,5	0,2	0,2	6,8	8,6	5,8	3,4	1,4	1,0
Niederlande	2,1	2,2	1,9	14,0	26,5	39,7	40,6	44,5	55,1
Neuseeland	22,5	10,5	14,0	11,0	13,0	12,2	62,0	57,0	66,1
Norwegen	1,5	1,5	1,4	12,0	11,5	10,6	17,2	15,6	14,0
Portugal	0,9	0,4	0,6	-	-	17,3	-	-	11,3
Spanien	1,2	0,5	1,1	16,0	16,0	7,1	16,0	12,0	7,9
Schweden	0,3	0,3	0,5	14,1	15,1	14,8	4,2	5,0	7,8
Schweiz	0,6	0,9	0,7	-	-	-	-	-	-
Türkei	3,2	2,0	1,5	-	-	8,4	-	-	11,9
Ver. Königreich	0,2	0,3	0,4	20,5	23,8	21,8	3,9	7,3	7,9
USA	0,6	0,7	0,6	4,8	4,6	4,8	2,9	3,4	3,1

a) Importe in % der Marktversorgung. - b) Exporte in % der Produktion.

Quelle: OECD (1988), S. 154.

nehmen (Tab. A.III.1–3), was jedoch teilseise auch auf den gesunkenen Dollarkurs zurückzuführen ist. Ähnliche Tendenzen schälen sich heraus, wenn man die Entwicklung des Anteils des jeweiligen Landes am Welthandel (Lieferanteil) bei bestimmten Gütergruppen betrachtet. Demnach ist der Lieferanteil des deutschen Ernährungsgewerbes zwischen 1978 und 1986 von 6,7 % auf 8,4 %

gestiegen (Tab. A.III.1–4). Absolut gesehen halten deutsche Unternehmen relativ hohe Lieferanteile in der Milchwirtschaft, in den Brauereien, in der Brotindustrie, in der Margarineindustrie und in der Nährmittelindustrie.

Wie oben festgestellt, wird der Außenhandel der Bundesrepublik mit Erzeugnissen des Ernährungsgewerbes in erster Linie mit anderen Industrieländern abgewickelt, wobei es sich durchwegs um relativ hochwertige Erzeugnisse handelt. Der Handelsaustausch mit Entwicklungsländern spielt bisher noch eine relativ geringe Rolle (Tabellen III.1–4 und III.1–5). Allerdings resultiert der größte Teil des Importüberschusses aus dem Handel mit Entwicklungsländern (Tab. III.1–3). Es stellt sich die Frage, ob das in Entwicklungs- und Schwellenländern verfügbare Know-how die Herstellung relativ hochwertiger Ernährungsgüter gestattet. Ein Indikator dafür ist der Grad der Gefährdung durch Niedriglohn-Konkurrenz.[8]

„Das von den verschiedenen Industriezweigen hergestellte Produktspektrum enthält stets ein Segment von Produkten, das auch mit dem in Entwicklungs- und Schwellenländern verfügbaren Know-how produziert werden kann. Unter dem Einkommens- und Beschäftigungsaspekt hat sich dann ein Industriezweig vorteilhaft in die internationale Arbeitsteilung eingeordnet, wenn möglichst viel Produkte aus dem unter Niedriglohn-Konkurrenz stehenden Segment importiert und möglichst wenig exportiert werden“.[9] Wie gut diesem Erfordernis nachgekommen werden konnte, kann aus der Differenz zwischen dem Grad der Humankapitalintensität bzw. der Niedriglohn-Konkurrenz der Importe und der Exporte abgelesen werden. Positive Werte für diese Differenz signalisieren eine günstige Einordnung in die internationale Arbeitsteilung. Der Wert für das Ernährungsgewerbe der Bundesrepublik ist in etwa so hoch wie jener Frankreichs und höher als jener der Niederlande. Das Ernährungsgewerbe der USA weist allerdings einen noch günstigeren Wert auf (Tab. A.III.1–6). Insgesamt kann man jedoch dem deutschen Ernährungsgewerbe eine erfolgreiche Anpassung an den weltwirtschaftlichen Strukturwandel attestieren. Besonders gut in die internationale Arbeitsteilung haben sich die Kaffee- und Teeverarbeitung, die Süßwarenindustrie, die Ölmühlen, die Obst- und Gemüseverarbeitung sowie die Futtermittelindustrie eingeordnet.

[8] Die Basis für die Berechnung des Grades der Gefährdung durch Niedirglohn-Konkurrenz stellen die Anteile der Entwicklungs- und Schwellenländer an den Importen der OECD-Länder insgesamt in den einzelnen Gütergruppen (SITC-5-steller) des Welthandels dar. Der Gefährdungsgrad durch Niedriglohnkonkurrenz bzw. die Humankapitalintensität von Sektoren oder Industriezweigen eines Industrielandes ergibt sich als gewogener Durchschnitt dieser Importanteile. Als Gewicht fungiert der Anteil der verschiedenen Gütergruppen am Export des Industrielandes. Je mehr Anteile am Export einer Branche oder eines Sektors auf Gütergruppen mit einem hohen Anteil der Entwicklungs- und Schwellenländer entfallen, um so höhere Meßwerte ergeben sich für den Gefährdungsgrad durch Niedriglohn-Konkurrenz und umso niedriger ist die Humankapitalintensität. Vgl. Gerstenberger (1988a), S. 148ff.

[9] Gerstenberger (1988a), S. 149.

2. Direktinvestitionen und Lizenzen (außenwirtschaftliche Verflechtung der Faktormärkte)

2.1 Direktinvestitionen

Um an den niedrigen Lohn- und Rohstoffkosten der Entwicklungs- und Schwellenländer zu partizipieren, haben in den vergangenen Jahren zahlreiche international ausgerichtete Nahrungsmittelunternehmen in diesen Ländern investiert. Dazu gehörten in erster Linie weltweit tätige Nahrungsmittelkonzerne aus den USA, dem Vereinigten Königreich, den Niederlanden und der Schweiz. Darüber hinaus haben diese Konzerne, jüngst auch solche aus Frankreich und Japan, erhebliche Direktinvestitionen in Industrieländern getätigt. Demgegenüber sind die deutschen Ernährungsunternehmen bei internationalen Engagements recht zurückhaltend. Zwar sind die Direktinvestitionen des Ernährungsgewerbes der Bundesrepublik der Tendenz nach steigend, ihr Anteil an den

Tabelle III.2-1

Unmittelbare und mittelbare deutsche Direktinvestitionen im Ausland

Stand am Jahresende

Position	Einheit	1976	1978	1980	1982	1984
Direktinvestitionen des deutschen Ernährungsgewerbes						
Unmittelbare dt. Direktinvestitionen	Mill.DM	452	524	657	698	732
Anteil am Verarbeitenden Gewerbe	%	1,7	1,6	1,5	1,3	1,0
Unmittelbare u. mittelb. dt. Direktinvest.	Mill.DM	544	591	711	819	823
Anteil am Verarbeitenden Gewerbe	%	1,8	1,5	1,4	1,3	1,0
Anzahl der Investoren	1	88	92	96	103	97
Direktinvestitionen im ausländ. Ernährungsgew.						
Unmittelbare dt. Direktinvestitionen	Mill.DM	353	398	523	542	847
Anteil am Verarbeitenden Gewerbe	%	2,0	1,7	1,8	1,5	1,8
Unmittelb. u. mittelb. dt. Direktinvestitionen	Mill.DM	420	462	682	830	1 038
Anteil am Verarbeitenden Gewerbe	%	1,8	1,5	1,7	1,7	1,7
Unternehmen im Ausland						
Anzahl	1	160	178	182	174	167
Jahresumsatz	Mrd.DM	2,0	2,3	3,3	4,8	5,2
Beschäftigte	1000	16	161	20	23	22

Quelle: Die Kapitalverflechtung der Unternehmen mit dem Ausland nach Ländern und Wirtschaftszweigen, Beilage zu "Statistische Beihefte zu den Monatsberichten der Deutschen Bundesbank", Reihe 3, Zahlungsbilanzstatistik, verschiedene Ausgaben.

Tabelle III.2-2

Unmittelbare und mittelbare ausländische Direktinvestitionen in der Bundesrepublik Deutschland im Ernährungsgewerbe

Stand am Jahresende

Position	Einheit	1976	1978	1980	1982	1984
Ausländische Direktinvestitionen in der Bundesrepublik Deutschland						
Unmittelbare ausländische Direktinvestitionen	Mill.DM	2 601	2 356	2 633	2 732	2 468
Anteil am Verarbeitenden Gewerbe	%	6,2	5,6	6,2	6,5	5 5
Mittelbare ausländische Direktinvestitionen	Mill.DM	964	1 207	957	1 085	1 047
Anteil am Verarbeitenden Gewerbe	%	9,7	10,4	7,5	7,0	6,6
Kenngrößen der inländischen Unternehmen mit unmittelbarer oder mittelbarer ausländischer Beteiligung						
Anzahl	1	179	192	184	1 984	181
Jahresumsatz	Mrd.DM	17,6	21,3	24,0	26,1	27,1
Beschäftigte	1000	74	81	81	74	71

Quelle: Die Kapitalverflechtung der Unternehmen mit dem Ausland nach Ländern und Wirtschaftszweigen, Beilage zu "Statistische Beihefte zu den Monatsberichten der Deutschen Bundesbank", Reihe 3, Zahlungsbilanzstatistik, verschiedene Ausgaben.

Direktinvestitionen des Verarbeitenden Gewerbes beläuft sich jedoch lediglich auf 1 %. Etwas höher ist der Anteil deutscher Direktinvestitionen im ausländischen Ernährungsgewerbe (Tab. III.2–1).[10] Diesen Angaben zufolge sind etwa 170 ausländische Unternehmen des Ernährungsgewerbes in deutschem Eigentum; diese Unternehmen beschäftigen gut 20 000 Arbeitnehmer, was nur etwa 3 % der Beschäftigten des deutschen Ernährungsgewerbes im Inland entspricht.

Das geringe Engagement des Ernährungsgewerbes der Bundesrepublik im Ausland ist – wenigstens teilweise – durch die mittelständische Struktur des größten Teils der Branche bedingt. Hinzu kommt, daß sich die beiden Branchenersten in ausländischer Hand befinden, demzufolge also keine Auslandsinvestitionen tätigen. Nur wenige deutsche Ernährungsunternehmen sind in größerem Umfang in den Aufbau bzw. die Akquisition ausländischer Unternehmen eingestiegen. Allerdings scheint sich hier in jüngster Zeit – bedingt durch die Vollendung des Binnenmarktes – eine Wende anzubahnen.

[10] Diese Direktinvestitionen werden nicht nur vom Ernährungsgewerbe, sondern auch von anderen Branchen getätigt.

Wesentlich umfangreicher ist demgegenüber der ausländische Kapitaleinfluß im Ernährungsgewerbe der Bundesrepublik (Tab. III.2–2). Wichtigste Investoren sind Unternehmen aus den USA, gefolgt von solchen aus der Schweiz, den Niederlanden und dem Vereinigten Königreich. Nachdem in der ersten Hälfte der achtziger Jahre die Bundesrepublik als Standort für die Herstellung von Ernährungsgütern für Ausländer an Anziehungskraft etwas verloren hatte, scheint es, daß sich der Trend in jüngster Zeit wieder umgekehrt hat. Dies hängt sicherlich mit der bevorstehenden Verwirklichung des europäischen Binnenmarktes zusammen. Viele ausländische Unternehmen trachten danach, auf dem lukrativen deutschen Markt ein „Standbein" zu besitzen.

Wie groß die relative Bedeutung der deutschen Unternehmen mit (unmittelbarer oder mittelbarer) Auslandsbeteiligung im Ernährungsgewerbe ist, läßt sich näherungsweise durch einen Vergleich des Umsatzes der im Auslandsbesitz befindlichen Unternehmen mit der entsprechenden Größe für alle Unternehmen abschätzen. Demnach lag dieser Anteil 1985 bei gut 14 %; im Jahr 1976 belief er sich erst auf reichlich 12 %.[11]

2.2 Patent- und Lizenzverkehr mit dem Ausland

Der grenzüberschreitende Patent- und Lizenzverkehr wird überwiegend zwischen verbundenen Unternehmen abgewickelt. Wie dargestellt, sind die ausländischen Direktinvestitionen im deutschen Ernährungsgewerbe größer als die Direktinvestitionen des deutschen Ernährungsgewerbes im Ausland. Es ist deshalb nicht überraschend, daß die Patent- und Lizenzbilanz der Bundesrepublik im Bereich der Ernährung (einschl. Tabakwaren) negativ ist (Tab. III.2–3). Allerdings sind in den vergangenen Jahren die Einnahmen der Tendenz nach schneller gestiegen als die Ausgaben (z. T. bedingt durch die Aufwertung der D-Mark gegenüber dem US-$), so daß sich insbesondere in den Jahren 1986 und 1987 der Negativsaldo verringert hat. Besonders auffällig ist, daß sich der Anteil des Ernährungsgewerbes an sämtlichen Einnahmen der Bundesrepublik aus dem Patent- und Lizenzverkehr zwischen 1982 und 1987 erheblich erhöht hat (Tab. III.2–3). Dies dürfte u. a. damit zu erklären sein, daß die Bestände der Auslandsinvestitionen des deutschen Ernährungsgewerbes – wenngleich absolut gesehen immer noch relativ niedrig – deutlich zugenommen haben.

Die Einnahmen und Ausgaben im Patent- und Lizenzverkehr mit dem Ausland geben kein vollständiges Bild vom Austausch technischen Wissens zwischen dem In- und Ausland. Von Bedeutung ist auch die Übertragung von Know-how durch Forschung und Entwicklung sowie Ingenieur- und sonstige

---

[11] Vgl. Die Entwicklung der Kapitalverflechtung der Unternehmen mit dem Ausland in den Jahren 1976 bis 1985, in: Monatsberichte der Deutschen Bundesbank, 39. Jahrgang, Nr. 3, März 1987, S. 34.

Tabelle III.2-3

Patent- und Lizenzverkehr mit dem Ausland sowie sonstiger Austausch von technischem Wissen durch Dienstleistungen des Nahrungs- und Genußmittelgewerbes

Jahr	Patente, Erfindungen, Verfahren					Technische Forschung und Entwicklung					Ingenieur- u.sonst.techn.Dienstleistungen				
	Einnahmen		Ausgaben		Saldo	Einnahmen		Ausgaben		Saldo	Einnahmen		Ausgaben		Saldo
	Mill. DM	Anteil[a] in %	Mill. DM	Anteil[a] in %	Mill. DM	Mill. DM	Anteil[a] in %	Mill. DM	Anteil[a] in %	Mill. DM	Mill. DM	Anteil[a] in %	Mill. DM	Anteil[a] in %	Mill. DM
1982	12	1,0	122	5,5	-110	-	-	3	0,4	- 3	.	.	.	.	.
1983	24	1,8	164	6,6	-140	2	0,2	2	0,2	± 0	.	.	.	.	.
1984	38	2,6	146	5,6	-108	3	0,2	5	0,5	- 2	.	.	.	.	.
1985	50	3,1	207	7,1	4	0,2	6	0,5	0,5	- 2	.	.	.	.	.
1986	55	3,3	188	5,6	-133	3	0,2	7	0,5	- 4	0	0,0	11	1,0	-11
1987	94	5,6	206	6,1	-112	3	0,1	6	0,3	- 3	2	0,1	7	0,6	- 5

a) Anteil an sämtlichen Einnahmen bzw. Ausgaben.

Quelle: Patent- und Lizenzverkehr mit dem Ausland, Berichterstattung in den Monatsberichten der Deutschen Bundesbank, zuletzt im Mai 1988.

technische Dienstleistungen.[12] Im Ernährungsgewerbe spielt dieser Know-how-Transfer allerdings eine relativ geringe Rolle (Tab. III.2–3). Der entscheidende Grund dafür ist darin zu sehen, daß die Forschungs- und Entwicklungsleistungen des Ernährungsgewerbes vergleichsweise niedrig sind (vgl. Kapitel II.3.2).

[12] Vgl. Patent- und Lizenzverkehr mit dem Ausland sowie sonstiger Austausch von technischem Wissen durch Dienstleistungen in den Jahren 1986 und 1987, in: Monatsberichte der Deutschen Bundesbank, 40. Jahrgang, Nr. 5, Mai 1988, S. 42.

IV. Verbrauch und industrielles Angebot

1. Überblick

Der Markt für Erzeugnisse des Ernährungsgewerbes ist ein sehr komplexes Gebilde. Er setzt sich aus einer Reihe von Gütermärkten zusammen, zwischen denen mehr oder weniger enge Beziehungen bestehen. Die Nachfrageseite dieses Marktes wird bestimmt durch den Verbrauch an Nahrungsmitteln. Für die Angebotsseite ist insbesondere die Unternehmensgrößenstruktur des Ernährungsgewerbes relevant. Das Ergebnis des Marktprozesses sind die Preise für Nahrungsmittel. In diesem Kapitel wird schwergewichtig auf die Erzeugerpreise des Ernährungsgewerbes und seine Ertragslage eingegangen. Die Distribution von Nahrungsmitteln wird in Kapitel V. dargestellt.

2. Nachfrageentwicklung

Die Nachfrage nach Nahrungsmitteln (einschl. Getränke) nähert sich einer Sättigungsgrenze. Der mengenmäßige Verbrauch an Nahrungsmitteln pro Kopf ist seit Anfang der siebziger Jahre jährlich nur um 0,7 % gestiegen. Wegen der tendenziell rückläufigen Bevölkerung war das Wachstum des gesamten Nahrungsmittelverbrauchs etwas niedriger. Dabei waren Nahrungsmittel tierischer Herkunft etwas stärker gefragt als jene pflanzlicher Herkunft (Tab. IV.2–1). Infolge der mäßig gestiegenen Verbrauchsmengen hat sich auch der Energiegehalt der Nahrungsmittelaufnahme leicht erhöht. Unter ernährungsphysiologischen Gesichtspunkten wird dies als ungünstig beurteilt, da der Kalorienbedarf der Bevölkerung im wesentlichen konstant geblieben ist und bereits seit Jahren mit über 3000 Kilokalorien pro Kopf über dem von der Medizin als optimal angesehenen Wert liegt. Unter ernährungswissenschaftlichem Aspekt ist es auch bedenklich, daß der Fettverbrauch, insbesondere jener tierischer Herkunft, im gleichen Ausmaß zugenommen hat wie der Eiweißverbrauch und sogar wesentlich stärker als der Verbrauch an Kohlenhydraten (Tab. IV.2–1).

Wegen der insgesamt gesehen recht mäßigen Zunahme des mengenmäßigen Verbrauchs an Nahrungsmitteln haben die Ausgaben für Nahrungsmittel, gemessen am Anstieg der Einkommen, nur unterdurchschnittlich zugenommen. Für den Zeitraum von 1970 bis 1986 errechnet sich eine Einkommenselastizität der Ausgaben für Nahrungsmittel von etwa 0,7. Diese seit langem als Engelsches

Tabelle IV.2-1

Nahrungsmittelverbrauch

1970/71 = 100

Merkmal	1980/81	1981/82	1982/83	1983/84	1984/85	1985/86	1986/87
	Verbrauchsmengen[a]						
Je Kopf	107,8	105,8	108,6	107,8	109,8	111,5	114,5
Insgesamt	108,9	107,1	103,6	108,3	109,9	111,5	114,8
dar.: Nahrungsmittel							
tierischer Herkunft	112,1	110,2	110,0	112,2	113,1	116,2	118,5
pflanzl. Herkunft	105,7	103,9	108,9	104,3	106,7	107,0	111,0
	Energie- und Nährwertgehalt je Kopf						
Joule	102,7	101,7	104,4	103,4	105,7	107,7	108,7
dar.: tierischer Herkunft	105,7	104,4	104,9	106,4	108,6	111,5	112,8
Eiweiß	105,5	104,4	105,4	106,6	108,0	110,1	110,8
dar.: tierischer Herkunft	108,9	107,2	107,5	109,5	110,4	113,1	113,6
Reinfett	105,6	104,8	105,7	106,3	107,4	110,1	111,7
dar.: tierischer Herkunft	105,7	104,5	105,0	106,2	108,9	112,1	113,7
Kohlenhydrate	99,2	97,8	102,7	99,7	103,2	104,8	105,2
dar.: tierischer Herkunft	92,0	90,3	92,6	94,9	95,4	95,4	94,9

a) Verbrauchsmengen gewogen mit konstanten Ausgbenbeträgen (Durchschnittswerte je Mengeneinheit auf der Verbraucherstufe).

Quelle: Bundesministerium für Ernährung, Landwirtschaft und Forsten (Hrsg.): Statistisches Jahrbuch über Ernährung, Landwirtschaft und Forsten der Bundesrepublik Deutschland 1988, Münster-Hiltrup 1988, S. 167 und 171.

Tabelle IV.2-2

Struktur des Privaten Verbrauchs
in jeweiligen Preisen, Anteile in %

Güterart	1970	1980	1986
Verbrauchsgüter	31,5	26,5	25,1
dar.: Nahrungsmittel	26,6	22,3	20,5
Energie	6,2	8,8	7,9
Gebrauchsgüter	28,8	28,5	27,9
dar.: Bekleidung, Heim- und Haustextilien	10,2	9,8	8,9
dauerhafte Gebrauchsgüter	11,4	11,7	12,4
Dienstleistungen	33,4	36,2	39,1
dar.: Wohnungsmieten	12,2	13,6	15,6
Privater Verbrauch im Inland	100	100	100

Quelle: Roland Döhrn, Zur strukturellen Entwicklung des Privaten Verbrauchs seit 1960, in: RWI-Mitteilungen, Jg. 39 (1988), Heft 1, S. 70 ff.

Gesetz bekannte niedrige Einkommenselastizität ist letztendlich darauf zurückzuführen, daß die Nachfrage der privaten Haushalte, die vor allem von der Einkommens- und Bevölkerungsentwicklung bestimmt wird, in der Vergangenheit grundlegende Veränderungen erfahren hat. „Die Betonung individueller Unabhängigkeit führte zu einer hohen Präferenz zugunsten der Wohneigentumsbildung, des Individualverkehrs und der Individualunterhaltung. Der Trend zur Kleinfamilie, zum Einpersonenhaushalt und zur Frauenerwerbstätigkeit begünstigte den Absatz von Gütern zur Erleichterung der Haushaltsführung. Der aus der „Vereinzelung" resultierende verstärkte Kommunikationsbedarf stimulierte die Verbreitung des Telefons und erhöhte den Bedarf an organisatorischer Hilfe bei der Freizeitgestaltung und an sozialen Kontakten. Wichtige Impulse für die Gestaltung der Haushaltsbudgets gingen darüber hinaus von der kürzeren Arbeits- und verlängerten Urlaubszeit sowie von einem erhöhten Gesundheitsbewußtsein aus. Die Kombination von beiden Faktoren verstärkte den Bedarf an Gütern und Diensten zur sportlichen Freizeitgestaltung. Die vermehrte Freizeit war Voraussetzung für die „Do-it-yourself-Bewegung", die neue Märkte für zahlreiche Produkte geschaffen hat".[1] Diese Tendenzen haben auch die Nach-

[1] Gerstenberger (1988), S. 107.

frage nach bestimmten Produkten des Ernährungssektors begünstigt, wie weiter unten noch zu zeigen sein wird. Insgesamt hat jedoch der Anteil der Ernährung im Verbraucherbudget an Bedeutung verloren (Tab. IV.2–2).

Der Prozeß der Umstrukturierung des Privaten Verbrauchs hat sich allerdings in den achtziger Jahren etwas verlangsamt. Dies hängt zum Teil damit zusammen, daß sich in den achtziger Jahren das Wachstum des realen Pro-Kopf-Einkommens verringert hat und daß Umschichtungen in den Einkommensquellen (hin zu den Transfereinkommen) stattgefunden haben. Infolgedessen vereinigten die traditionellen Waren und Dienste (zu denen u.a. auch Nahrungsmittel zählen) höhere Ausgabenanteile auf sich, als sie bei einer kräftigeren Expansion der realen Einkommen hätten halten können. Hinzu kamen deutliche Veränderungen im Ernährungsverhalten der Haushalte, was sich in strukturellen Verschiebungen in der Nachfrage nach Nahrungsmitteln niederschlug. Diese Verschiebungen begünstigten den Verzehr hochveredelter Produkte, was nicht zuletzt darin zum Ausdruck kommt, daß die Ausgaben für Nahrungsmittel im Zeitraum 1980/86 – real betrachtet – pro Jahr immerhin um 1,5 % angestiegen sind.

In den vergangenen Jahren ist die Nachfrage nach qualitativ hochwertigen Produkten generell gestiegen. Der Verbraucher kauft zunehmend Nahrungsmittel, die ein gewisses Prestige befriedigen, Luxus ausstrahlen und Genuß versprechen; „Gourmet"-Produkte sind „in". Andererseits sieht der Verbraucher beim Kauf von Nahrungsmitteln mehr auf den Preis. Damit verbunden ist teilweise eine Erosion des Mittelpreisregments. Allerdings greift der Verbraucher, wenn er preisgünstig einkaufen will, nicht unbedingt nach Billigware; vielmehr bevorzugt er im Preis herabgesetzte Markenartikel. Dies ist ein entscheidender Grund dafür, daß auf dem Markt für Nahrungsmittel dem Qualitätswettbewerb eine große Bedeutung zukommt.

Die Veränderungen im Ernährungsverhalten wurden entscheidend bestimmt durch Veränderungen im Arbeits- bzw. Freizeitverhalten und durch Veränderungen in den soziodemographischen Faktoren. Zunehmende Freizeit, der Anstieg der Zahl der Einpersonenhaushalte und der älteren Bürger führte zu einer zunehmenden Nachfrage nach Convenience-Produkten, d.h. nach Fertiggerichten (Tab. IV.2–3), Tiefkühlkost (Tab. A.IV.2–1), koch- und bratfertigen Zutaten sowie nach kleinproportionierten Nahrungsmitteln. Die steigende Verbreitung von Fertiggerichten und Tiefkühlkost wurde außerdem durch die wachsende Ausstattung der Haushalte mit Gefriergeräten und Mikrowellenherden begünstigt. Des weiteren stieg auch der Außer-Haus-Verzehr, was zur Entstehung eines speziellen Marktes für Großverbraucherprodukte führte.

Einen gravierenden Einfluß auf das Ernährungsverhalten hatte auch die Tatsache, daß der Verbraucher zunehmend informierter und kritischer wurde. Bessere Informationen und mehr Wissen über die Zusammenhänge zwischen Gesundheit und Ernährung führten zu einer wachsenden Nachfrage nach kalorienarmen, naturbelassenen, eiweiß- und vitaminreichen sowie frischen Nah-

Tabelle IV.2-3

Struktur des Privaten Verbrauchs an Nahrungsmitteln

Anteile in %

Ausgabeart	in jeweiligen Preisen			in Preisen von 1980		
	1970	1980	1986	1970	1980	1986
Fleisch und Fleischwaren	23,1	23,3	21,2	21,9	23,3	22,0
Fisch und Fischwaren	1,9	1,8	1,9	2,0	1,8	1,9
Milch und Milcherzeugnisse (ohne Butter)	7,1	8,1	8,7	7,7	8,1	9,1
Eier	2,2	1,8	1,4	2,0	1,8	1,4
Butter	3,3	1,8	1,9	2,8	1,8	1,9
Andere Speisefette und -öle	1,9	1,3	1,0	1,6	1,3	1,0
Obst und Obsterzeugnisse	6,0	4,5	4,8	6,9	4,5	4,8
Kartoffeln, frisch	1,5	0,9	1,0	1,6	0,9	1,0
Gemüse und Gemüseerzeugnisse	4,1	4,5	4,3	4,1	4,5	4,3
Brot und andere Backwaren	8,2	9,0	9,1	9,3	9,0	9,1
Zucker, Süßwaren, Marmelade	6,0	6,3	6,3	5,3	6,3	6,2
Kartoffelerzeugnisse; Mehl und Mühlenerzeugnisse; Teigwaren; Säuglings- und Kleinkindernahrung	3,0	3,6	4,3	2,8	3,6	4,3
Gewürze, Soßen, Back- und Speisezutaten	0,7	0,9	1,0	0,8	0,9	1,0
Fertiggerichte (aus mindestens zwei Komponenten bestehend und verzehrfertig zubereitet)	0,4	0,9	1,4	0,4	0,9	1,4
Alkoholfreie Getränke ohne Milch, Tee, Kaffee und Kakao	3,0	3,6	4,3	2,4	3,6	4,3
Kaffee, echter Tee	4,1	4,0	3,8	3,7	4,0	3,8
Alkoholische Getränke	8,9	8,5	7,7	8,1	8,5	7,7
Verzehr von Speisen in Gaststätten und Kantinen	6,0	6,7	7,2	6,9	6,7	6,7
Verzehr von Getränken in Gaststätten und Kantinen	8,6	8,5	8,7	9,7	8,5	8,1
Nahrungsmittel insgesamt	100	100	100	100	100	100

Quelle: Roland Döhrn, Zur strukturellen Entwicklung des Privaten Verbrauchs seit 1960, in: RWI-Mitteilungen, Jg. 39 (1988), Heft 1, S. 70; Berechnungen des Ifo-Instituts.

rungsmitteln. Dies zeigt sich beispielsweise daran, daß der Verbrauch an alkoholfreien Getränken, Milch- und Milcherzeugnissen, an Teigwaren und Nährmitteln sowie an Brot- und Backwaren innerhalb des gesamten Konsums an Nahrungsmitteln an Bedeutung gewonnen hat (Tab. IV.2–3). Demgegenüber ist der Anteil der Ausgaben für alkoholische Getränke und Speisefette im Verbraucherbudget gesunken. Die dargelegten Tendenzen für die einzelnen Produktmärkte spiegeln sich auch in der Entwicklung der Nachfrage (= Marktversorgung) nach den Produkten der einzelnen Zweige des Ernährungsgewerbes (Tab. A.IV.2–2).

Die bessere Information der Verbraucher sowie eine zunehmend kritischere Einstellung gegenüber Fragen der Umwelt haben aber auch dazu geführt, daß das Mißtrauen der Konsumenten gegenüber Zusatzstoffen in der Nahrung sowie gegenüber bestimmten Be- und Verarbeitungsmethoden gestiegen ist. Dies hatte zur Folge, daß diverse „Lebensmittelskandale" in den vergangenen Jahren zu erheblichen Nachfrageausfällen für die betroffenen Branchen bzw. Unternehmen geführt haben.

3. Entwicklung der industriellen Anbieterstruktur

3.1 Unternehmensgrößen und Kapazitäten

3.1.1 Unternehmensgrößenstruktur

Das Ernährungsgewerbe ist gekennzeichnet durch eine niedrige Anzahl großer Unternehmen, um die sich zahlreiche kleinere Unternehmen gruppieren. Im Jahr 1986 standen 53 Unternehmen mit 1000 und mehr Beschäftigten 2975 Unternehmen mit weniger als 200 Beschäftigten gegenüber. Im Ernährungsgewerbe sind also zahlreiche mittelständische Unternehmen tätig. Große Bedeutung haben diese Unternehmen insbesondere bei der Belieferung regionaler Märkte, wo es darauf ankommt, auf bestimmte regional unterschiedliche Verbrauchergewohnheiten einzugehen bzw. die erzeugten Produkte wegen ihrer raschen Verderblichkeit schnell an den Verbraucher auszuliefern. Derartige Unternehmen finden sich relativ häufig in der Herstellung von Backwaren sowie in der Fleischerei; in diesen Branchen ist die durchschnittliche Unternehmensgröße, gemessen an den Beschäftigten je Unternehmen, relativ niedrig (Tab. A.IV.3–1). Ein weites Betätigungsfeld finden mittelständische Unternehmen auch in sog. Marktnischen, die sich gerade im Ernährungsbereich durch Änderung der Verbraucherpräferenzen häufig eröffnen; ein Beispiel aus jüngerer Zeit ist der Bereich der Bioprodukte. Mittlere und große Unternehmen überwiegen dagegen in der Herstellung von Nährmitteln, in der Stärkeindustrie, in der Zuckerindustrie, in der Süßwarenindustrie, in der Herstellung von Dauermilch, Milchpräparaten und Schmelzkäse sowie in der Margarineindustrie.

Zwischen 1977 und 1986 ist die Zahl der Unternehmen des Ernährungsgewerbes (mit im allgemeinen 20 Beschäftigten und mehr) mehr oder weniger kontinuierlich zurückgegangen. Besonders stark war der Rückgang bei den kleineren Unternehmen (mit 20 bis 199 Beschäftigten) von 3341 auf 2975, also um 366. Dies war jedoch nicht auf einen Anstieg der Zahl der Insolvenzen (Konkurse und Vergleiche) im Verlauf der letzten Jahre zurückzuführen. Vielmehr ist eine erhebliche Zahl von kleineren Unternehmen im Wege einer Kapitalübernahme durch größere Unternehmen oder auch durch eine stille bzw. außergerichtliche Liquidation aus dem Markt ausgeschieden. Zum Teil fand auch ein Aufstieg in die nächsthöhere Größenklasse statt. Demgegenüber hat sich die Zahl der Unternehmen mit 500 bis 999 Beschäftigten nur um 20, jene der Großunternehmen lediglich um zwei vermindert; die Zahl der mittelgroßen Unternehmen (mit 200 bis 499 Beschäftigten) ist sogar gestiegen (Tab. IV.3–1).

Tabelle IV.3-1

Unternehmensgrößenstruktur des Ernährungsgewerbes

Unternehmen mit ... bis ... Beschäftigten	Anzahl der Unternehmen		Anzahl der Beschäftigten (1000)		Umsatz (Mill.DM)		Anteil der Beschäftigtengrößenklassen in % ... an der Zahl der Unternehmen		an der Zahl der Beschäftigten		am Umsatz	
	1977	1986	1977	1986	1977	1986	1977	1986	1977	1986	1977	1986
20 - 49	1 928	.	61	.	11 574	.	50,5	.	12,3	.	10,4	.
50 - 99	909	826	63	57	13 530	16 754	23,8	24,0	12,8	12,6	12,1	10,9
100 - 199	504	.	71	.	16 203	.	13,2	.	14,4	.	14,5	.
200 - 499	311	323	94	99	23 582	39 647	8,1	9,4	19,0	21,8	21,1	25,8
500 - 999	116	96	79	65	18 819	24 434	3,0	2,8	16,0	14,3	16,9	15,9
1000 und mehr	55	53	126	108	27 845	33 350	1,4	1,5	25,5	23,8	25,0	21,7
Insgesamt	3 823	3 447	494	454	111 553	153 395	100	100	100	100	100	100

Quelle: Statistisches Bundesamt, Fachserie 4: Produzierendes Gewerbe, Reihe 4.2.1: Beschäftigte, Umsatz und Investitionen der Unternehmen und Betriebe im Bergbau und im Verarbeitenden Gewerbe, 1977 und 1986; Berechnungen des Ifo-Instituts für Wirtschaftsforschung.

3.1.2 Konzentration

Im Untersuchungszeitraum ist der Umsatzanteil der Unternehmen mit 50 bis 99 Beschäftigten sowie jener mit mehr als 500 Beschäftigten gesunken. Bemerkenswert ist vor allem der Verlust an Marktbedeutung der Großunternehmen (mit 1000 und mehr Beschäftigten), obwohl die Zahl dieser Unternehmen nur von 55 auf 53 zurückgegangen ist. Betrachtet man den Umsatzanteil der zehn größten Unternehmen des Ernährungsgewerbes, so war dieser zwischen 1977 und 1985 ebenfalls, wenngleich in geringerem Maße, rückläufig (Tab. IV.3–2); allerdings hat er seit Anfang der achtziger Jahre der Tendenz nach nicht mehr weiter abgenommen. Dies deutet darauf hin, daß die Großunternehmen in jüngster Zeit nicht schlechter abgeschnitten haben als die übrigen Unternehmen des Ernährungsgewerbes.

Tabelle IV.3-2

Anteil am Umsatz der zehn größten Unternehmen des Ernährungsgewerbes
in %

1968	1970	1973	1975	1977	1979	1981	1983	1985
14,1	13,4	13,2	11,8	12,5	11,3	11,3	10,6	11,3

Quelle: Monopolkommission (1988a), S. 93.

Mit einem Umsatzanteil von gut 11 % der zehn größten Unternehmen rangiert das Ernährungsgewerbe in einer Skala sämtlicher Industriezweige am Ende.[2] Lediglich die Holzverarbeitung weist mit 10 % eine noch geringe Umsatzkonzentration der zehn größten Unternehmen auf; für den Durchschnitt des Verarbeitenden Gewerbes ergibt sich ein ungewogenes Mittel von 44 %.

Bei der Analyse der Umsatzanteile der größten Unternehmen des *gesamten* Ernährungsgewerbes ist jedoch zweierlei zu berücksichtigen:

– Zum einen ist das Ernährungsgewerbe durch zahlreiche finanzielle Verflechtungen zwischen den einzelnen Unternehmen gekennzeichnet. Wie erwähnt, haben in den vergangenen Jahren die „Großen" des Ernährungsgewerbes häufig kleinere Unternehmen übernommen. Berücksichtigt man diese Beteiligungen, so beläuft sich der Umsatzanteil der zehn führenden Gruppen der

[2] Vgl. Monopolkommission (1988a), S. 92 f.

Ernährungsindustrie auf etwa 18 %,[3] was erheblich über den 11 % für die zehn größten Unternehmen liegt.

– Zum anderen verdecken die Konzentrationsmaße für das gesamte Ernährungsgewerbe, daß dieser Industriezweig aus einer Vielzahl von Branchen besteht, auf denen im allgemeinen nicht ein und dieselben Anbieter tätig sind. Obwohl das Bestreben der großen Unternehmen des Ernährungsgewerbes vielfach dahin geht, auf jedem wichtigen Markt vertreten zu sein, gibt es kein Unternehmen bzw. keine Gruppe, das/die alle Güterbereiche beliefert. Selbst die drei großen, branchenübergreifenden Gruppen Unilever, Nestle und Oetker sind nicht in allen Bereichen tätig.

Die Analyse für das gesamte Ernährungsgewerbe ist deshalb durch eine Betrachtung der einzelnen Gütergruppen bzw. Zweige zu ergänzen. Dabei wird als Beurteilungsmaßstab für die Angebotskonzentration der Anteil der drei größten Anbieter (CR_3) herangezogen und folgende Skalierung festgelegt:[4]

CR_3	50 % und mehr	sehr hohe Konzentration
CR_3	25 bis unter 50 %	hohe Konzentration
CR_3	10 bis unter 25 %	mäßige Konzentration
CR_3	unter 10 %	geringe Konzentration

Dieser Klassifizierung zufolge war im Jahr 1986 die Anbieterkonzentration (vgl. Tab. A.IV.3–2) in

– vier Güterklassen sehr hoch (Stärke und Stärkeerzeugnisse; Margarine, Platten- und andere Nahrungsfette; Zucker);

– neun Güterklassen hoch (Trauben- und andere Weine; Röstkaffee, bearbeiteter Tee und teeähnliche Erzeugnisse; Fisch und Fischerzeugnisse; andere Erzeugnisse des Ernährungsgewerbes; Nährmittel (ohne Teigwaren); Spirituosen; Futtermittel, a. n. g.; Mahl- und Schälmühlenerzeugnisse; Malz);

– sieben Güterklassen mäßig (Dauermilch und Milchpräparate, Schmelzkäse, Säure- und Labkasein; Süßwaren; Tafelwässer und Erfrischungsgetränke; verarbeitetes Obst und Gemüse; Backwaren; Bier; Fleisch und Fleischerzeugnisse);

– einer Gütergruppe gering (Milch, Butter und Käse).

In vielen Güterklassen des Ernährungsgewerbes besteht also eine oligopolistische Struktur. Um diesen oligopolistischen Kern sind häufig viele kleinere Unternehmen gruppiert. Bemerkenswert ist, daß vor allem kleinere Gütergruppen (gemessen am Produktionswert) sehr hoch oder hoch konzentriert sind, was die Funktionsfähigkeit des Wettbewerbs beeinträchtigen kann. So läßt sich die realtiv hohe Konzentration in der Margarineindustrie sicherlich z.T. durch die

---

[3] GWH (1988), S. 32.

[4] Vgl. Monopolkommission (1988a), S. 39.

Produktions- und Absatzstrategien der in dieser Branche tätigen multinationalen Großunternehmen erklären. Vielfach hat eine hohe Konzentration ihre Ursache aber auch in der für die Erzeugung von Lebensmitteln notwendigen technischen Ausstattung, die häufig – im Vergleich zu anderen *Industrie*branchen – recht kapitalintensiv ist. Auffallend ist, daß die bedeutendsten Güterklassen des Ernährungsgewerbes gering (Milch) oder mäßig (Backwaren, Süßwaren, Fleisch und Bier) konzentriert sind.[5]

Prinzipiell ähnliche Ergebnisse erhält man, wenn man die Unternehmenskonzentration nicht für Güterklassen, sondern für Wirtschaftszweige darstellt (Tab. A.IV.3–3). Berechnet man über alle Wirtschaftszweige hinweg einen mit den Umsatzanteilen gewichteten CR-Wert für die sechs größten Unternehmen, so erhält man für 1984 rund 42 %. Dieser Wert liegt deutlich über jenem Wert für die sechs größten Unternehmen aus sämtlichen Wirtschaftszweigen des gesamten Ernährungsgewerbes (8,1 %).[6]

An dieser Stelle sei darauf hingewiesen, daß die Meßziffern über das Konzentrationsniveau nur einen beschränkten Aussagewert für die inländische Wettbewerbssituation der angesprochenen Güterbranchen des Ernährungsgewerbes aufweisen. Zum einen besitzen die Unternehmen dieser Branchen recht unterschiedliche Exportquoten und zum anderen haben sich die Importe auf diesen hoch konzentrierten Produktmärkten tendenziell erhöht. Die zunehmende Außenhandelstätigkeit des Ernährungsgewerbes wird u. a. auch durch die Standort- bzw. Betriebsstättenkonzentration der multinational agierenden Unternehmen hervorgerufen. Diese Entwicklung bewirkt zunehmend, daß die Zahl der autonomen Marktanbieter auf den nationalen Absatzmärkten in der Statistik zu niedrig ausgewiesen wird und durch die Zahl der (Handels-)Importeure erhöht werden muß.[7]

Will man ein umfassendes Bild über die Entwicklung der Konzentration im Ernährungsgewerbe seit 1978 gewinnen, so ist es notwendig, neben dem herkömmlichen Konzentrationsindex CR auch den von der Monopolkommission für jede Güterbranche berechneten Herfindahl-Index und den Variationskoeffizienten heranzuziehen. Nur wenn alle drei Indikatoren in die gleiche Entwicklungsrichtung zeigen, kann eine einigermaßen eindeutige Aussage über den Konzentrationsverlauf in den einzelnen Güterklassen des deutschen Ernährungsgewerbes gegeben werden (vgl. Tabelle IV.3–3). Betrachtet man die drei ausgewählten Konzentrationsindikatoren gemeinsam, so zeigt sich, daß die Entwicklungsrichtung der Konzentration in

---

[5] Vgl. Wendt (1988), S. 312.

[6] Quelle: Statistisches Bundesamt, Fachserie 4: Produzierendes Gewerbe, Reihe 4.2.3: Konzentrationsstatistische Daten für den Bergbau und das Verarbeitende Gewerbe sowie für das Baugewerbe.

[7] Täger (1987), S. 111 f.

Tabelle IV.3-3

Mittelfristige Konzentrationsentwicklung nach Güterklassen des Ernährungsgewerbes von 1978 bis 1986[a)]

Konzentration			
steigend	fallend	konstant	uneinheitlich
- Fisch und Fischerzeugnisse - Trauben und andere Weine - Zucker (Rüben- und Rohrzucker) - Verarbeitetes Obst und Gemüse (leicht steigend) - Bier (einschl. Nebenprodukten und Bierhefen; (leicht steigend) - Malz (einschl. Nebenprodukten) - Futtermittel - Milch, Butter, Käse (seit 1986) - Dauermilch und Milchpräparate, Schmelzkäse (seit 1986) - Backwaren (ab 1984)	- Mahl- und Schälmühlerzeugnisse (ab 1980) - Stärke und Stärkeerzeugnisse (leicht fallend / ab 1980) - Süßwaren - Nährmittel (ohne Teigwaren - Erzeugnisse der Ölmühlen - Fleisch und Fleischerzeugnisse (seit 1984)	- Spirituosen	- Röstkaffee, bearbeiteter Tee und teeähnliche Erzeugnisse - Tafelwasser und alkoholfreie Erfrischungsgetränke - Andere Erzeugnisse des Ernährungsgewerbes - Margarine, Platten und andere Nahrungsfette

a) In Abhängigkeit von der zeitlichen Entwicklung des Konzentrationskoeffizienten der Anbieter, des Hirschmann-Herfindahl-Index und des Variationskoeffizienten.

Quelle: Monopolkommission (1988 b), S. 115 ff.

10 Güterklassen steigend
6 Güterklassen fallend
1 Güterklasse konstant
4 Güterklassen uneinheitlich

ist.

Insgesamt kann aufgrund der herangezogenen Daten über die Entwicklung der Unternehmensgrößenstruktur und des Konzentrationsniveaus im deutschen Ernährungsgewerbe von einer leicht zunehmenden Konzentrationstendenz gesprochen werden.

Eine der wichtigsten Ursachen für die Konzentrationstendenzen im Ernährungsgewerbe ist in der zunehmenden „Marktmacht“ des Lebensmittelhandels zu sehen. Die Unternehmen sind bestrebt, durch die Bildung größerer Einheiten ein Gegengewicht zur Konzentration im Lebensmittelhandel zu schaffen. Außerdem versuchen die großen Unternehmen der Ernährungsbranche, zumindest in jedem wichtigen Teilmarkt mit einem Produkt vertreten zu sein. Große Unternehmen können durch Diversifizierung insbesondere im kostspieligen Vertrieb economies of scale erzielen. Dabei erwies sich die Übernahme von bestehenden Unternehmen im Vergleich zum Aufbau neuer Bereiche im eigenen Unternehmen als der einfachere und billigere Weg. Zum einen sind im Ernährungsgewerbe die Markteintrittsbarrieren wegen der hohen Werbe- und Marketingkosten für die Kreierung von Markennamen relativ hoch. Zum anderen ist ein internes Unternehmenswachstum schwierig, da viele Märkte des Ernährungsgewerbes bereits gesättigt bzw. nahe an der Sättigungsgrenze sind.

3.1.3 Kapazitäten

Trotz Ausscheidens zahlreicher Unternehmen aus dem Marktgeschehen und trotz der dargelegten Konzentrationstendenzen bestehen im Ernährungsgewerbe nach wie vor zum Teil ganz beträchtliche Überkapazitäten. In diese Richtung deutet, daß die Ausnutzung der Kapazitäten im Ernährungsgewerbe – den Meldungen zum Ifo-Konjunkturtest zufolge – im Durchschnitt des Zeitraums 1983/87 bei 79 % lag; im Verbrauchsgüter produzierenden Gewerbe bzw. im gesamten Verarbeitenden Gewerbe belief sich der Auslastungsgrad im selben Zeitraum auf 86 % bzw. 82 %. Allerdings ist bei Interpretation dieser Auslastungszahlen zu berücksichtigen, daß zwischen den einzelnen Wirtschaftszweigen strukturelle Unterschiede darüber bestehen, was als Normalauslastung zu gelten hat. Dies zeigt sich beispielsweise daran, daß nahezu identische Auslastungsziffern in verschiedenen Fachzweigen unterschiedlich beurteilt werden (Tab. A.IV.3–4).

Trotz dieser Vorbehalte hinsichtlich der vorgelegten Zahlen kann man davon ausgehen, daß in der Mühlenindustrie, in der Obst- und Gemüseverarbeitung, in der Molkereiwirtschaft, in der Fischverarbeitung und insbesondere in der Spirituosenindustrie hohe Überkapazitäten bestehen (Tab. A.IV.3–4). Die Mühlenindustrie bemüht sich schon seit Jahren, ihre Strukturprobleme, die in erster Linie aus stagnierender Nachfrage und erheblichen Fortschritten in der Vermahlungstechnik resultieren, zu bereinigen, bisher allerdings ohne durchschlagenden Erfolg. Erst jüngst ist von der Branche ein „Mühlenfonds" vorgeschlagen worden, der eine Strukturbereinigung zum Ziel hat.[8] Diese erscheint der Mühlenindustrie nicht zuletzt im Hinblick auf die Vollendung des europäischen Binnenmarktes als notwendig.

Der Abbau der Überkapazitäten soll erfolgen durch Zwangsmitgliedschaft aller Mühlen ab 500 t Jahresvermahlung in einer öffentlich-rechtlichen Körperschaft,[9] die Stillegungsprämien an solche Mühlen zahlt, die aus dem Markt ausscheiden. Die Finanzierung des Fonds soll durch die Unternehmen erfolgen.

Wegen der grundsätzlichen Bedeutung eines derartigen Fonds für den Wettbewerb soll im folgenden etwas näher auf diese Problematik eingegangen werden. Ein konstituierendes Element der marktwirtschaftlichen Ordnung in der Bundesrepublik Deutschland ist der Wettbewerb. Wesentliche Bedingungen für einen „leistungsfähigen" Wettbewerb sind u. a. eine ausreichend große Zahl von Unternehmen, die den am Marktprozeß beteiligten Wirtschaftssubjekten eine angemessene Zahl von Alternativen offenhält, Unabhängigkeit der Konkurrenten, gewisse Kapazitätsreserven sowie Produkt- wie auch Preisdifferenzierung in beschränktem Umfang.[10] Betrachtet man die möglichen Auswirkungen des von der Industrie ins Auge gefaßten Mühlenfonds, so sind diese schwerlich mit der Wettbewerbsordnung vereinbar. Es ist nämlich zu erwarten, daß durch die Einrichtung eines derartigen Fonds

- die Angebotsvielfalt abnimmt,
- in erster Linie kleine und mittlere Unternehmen aus dem Markt ausscheiden und die Konzentration zunimmt,
- die Mehlpreise steigen, und zwar wegen erhöhter Konzentration und Überwälzung der Stillegungsprämien auf die Abnehmer der Mühlenindustrie.

Damit würden die Folgen falscher unternehmerischer Entscheidungen, die sich nicht zuletzt in verfehlten Kapazitätserweiterungen niederschlagen, auf die Allgemeinheit abgewälzt. Andererseits ist die Hoffnung auf Stillegungsprämien ein entscheidender Grund dafür, daß in der Vergangenheit die Strukturbereinigung in der Mühlenindustrie nicht in dem als notwendig erachteten Maße vorangekommen ist.

---

[8] Arbeitsgemeinschaft Deutsche Handelsmühlen (1988), S. 17.

[9] Eine derartige Körperschaft soll nach den Vorstellungen des Mühlenverbandes durch Gesetz errichtet werden. Der Errichtung eines Strukturkrisenkartells (nach § 4 GWB) stünden kartellrechtliche Hürden entgegen.

[10] Vgl. Heuß (1980), S. 680.

In der Molkereiwirtschaft sind die Überkapazitäten durch die Quotenregelung bei Milch bedingt. Die Fischverarbeitung ist ebenfalls von einer Verknappung des Rohstoffs betroffen (infolge geringerer Anlandungen von Fisch) sowie – zeitweise – von einer durch Wurmlarven im Fisch verursachten Absatzkrise. In der Obst- und Gemüseverarbeitung sind die Überkapazitäten in erster Linie ein Problem jährlich schwankender Ernteerträge; hinzu kommt, daß die Unternehmen der Branche insofern erhebliche Kapazitäten vorhalten müssen, als sich die Verarbeitung von Obst und Gemüse auf wenige Monate im Jahr zusammendrängt. Vor großen Strukturproblemen steht nach wie vor die Spirituosenindustrie, obwohl sich in den vergangenen Jahren die Zahl der Anbieter und der Beschäftigten beträchtlich vermindert hat. Offenbar waren die durch diverse Branntweinsteuererhöhungen und durch die Gesundheitswelle ausgelösten Absatzrückgänge stärker als von den Unternehmen erwartet. Bemerkenswert ist, daß der bisherige Strukturwandel in der Spirituosenindustrie den Konzentrationsgrad der Branche (stellt man auf die größten drei bzw. sechs Unternehmen ab) nicht bzw. nur leicht nach oben verändert hat.

3.2 Kosten- und Ertragslage

3.2.1 Entwicklung der Kosten

Der Anteil der Personalkosten am Bruttoproduktionswert bzw. am Umsatz ist im Ernährungsgewerbe nur halb so hoch wie im Verbrauchsgüter produzierenden Gewerbe oder im gesamten Verarbeitenden Gewerbe (Tabellen IV.3–4 und A.IV.3–5). Dies liegt in erster Linie an der im allgemeinen recht hohen Kapitalintensität der Produktion (im Vergleich zum Durchschnitt des Verarbeitenden Gewerbes) und dem hohen Anteil der Vorleistungen. Besonders niedrig ist der Personalkostenanteil in der Kaffee- und Teeverarbeitung, in der Ölmühlenindustrie, in der Mälzerei, in den Schlachthäusern und in der Molkereiwirtschaft (Tab. A.II.1–1). Auffallend ist, daß die größeren Unternehmen vielfach mit einem höheren Personalkostenanteil belastet sind als die kleineren und mittleren (Tab. A.IV.3–6). Dies ist zunächst dadurch bedingt, daß die Großunternehmen häufig hoch veredelte Produkte herstellen; dadurch ist der Materialkostenanteil in diesen Unternehmen verhältnismäßig niedrig (Tab. A.II. 4–1), was umgekehrt einen überdurchschnittlich hohen Personalkostenanteil zur Folge hat. Hinzu kommt, daß die Großunternehmen relativ hohe Aufwendungen für Vertrieb und Marketing tätigen; dies schlägt sich in entsprechend hohen Personalkosten nieder.

Von Mitte der siebziger bis Mitte der achtziger Jahre war es dem Ernährungsgewerbe gelungen, den Personalaufwand im Verhältnis zum Umsatz zu reduzieren (Tab. A.IV.3–5). Dies war nicht zuletzt eine Folge der günstigen Entwicklung der Lohnstückkosten, insbesondere seit 1982 (Tab. IV.3–5). Der Anteil

Tabelle IV.3-4

Kostenstruktur (in % des Bruttoproduktionswertes) im Ernährungsgewerbe, im Verbrauchsgüter produzierenden Gewerbe und im Verarbeitenden Gewerbe in den Jahren 1977 und 1986

Wirtschaftsgruppe	Jahr	Vorleistungen				Kostensteuern abzügl. Subventionen	Personalkosten	Kapitalkosten	Jahresüberschuß
		Insgesamt	Materialverbrauch	Energieverbrauch	Einsatz an Handelsware				
Ernährungsgewerbe	1977	77,7	59,7[a)]	.	8,6	2,6	13,4	3,5	2,9
	1986	78,9	54,7	2,1	11,4	2,2	13,3	3,5	2,4
Verbrauchsgüter produzierendes Gewerbe	1977	59,4	40,9[a)]	.	5,0	1,2	30,2	4,4	4,8
	1986	62,2	38,7	2,7	5,6	0,9	28,7	4,7	3,5
Verarbeitendes Gewerbe	1977	62,3	42,3[a)]	.	8,6	3,8	26,2	4,7	2,8
	1986	64,2	38,0	2,8	10,0	3,0	25,6	4,5	2,7

a) Einschließlich Energieverbrauch.

Quelle: Statistisches Bundesamt, Fachserie 4: Produzierendes Gewerbe, Reihe 4.3.3: Kostenstruktur der Unternehmen im Verbrauchsgüter produzierenden Gewerbe und im Nahrungs- und Genußmittelgewerbe; Berechnungen des Ifo-Instituts.

Tabelle IV.3-5

Entwicklung der Lohnstückkosten im Ernährungsgewerbe und im Verarbeitenden Gewerbe

Veränderung gegenüber Vorjahr in %

Bereich	1978	1979	1980	1981	1982	1983	1984	1985	1986	1987	1988
Ernährungsgewerbe	2,5	1,8	3,5	3,9	1,4	0,5	-0,1	-0,1	0,7	2,5	2,5
Verarbeitendes Gewerbe	2,4	2,0	7,4	5,1	3,6	-1,2	-0,7	0,6	3,5	3,0	1,7

Quelle: Statistisches Bundesamt.

des Personalaufwands am Umsatz war in der genannten Zeitspanne aber auch deshalb rückläufig, weil wegen einer im Jahr 1984 gipfelnden Hausse bei den Grundstoffpreisen für Nahrungs- und Genußmittel (Tab. A.II.4–4) der Aufwand für den Material- und Energieverbrauch beträchtlich erhöht werden mußte. In den Jahren seit 1985 haben die Lohnkosten, gemessen am Umsatz, allerdings wieder leicht zugenommen, was nicht zuletzt darin seine Ursache hat, daß die wichtigste Kostenkomponente, nämlich der Materialaufwand, aufgrund sinkender Rohstoffpreise etwas an Gewicht verloren hat. Die übrigen Kostenarten wie Kapitalkosten (Abschreibungen auf Sachanlagen und Zinsaufwendungen) und Kostensteuern haben im Ernährungsgewerbe ein vergleichsweise geringes Gewicht (Tabellen A.IV.3–7 und –8). Infolge von Zinssenkungen hat sich seit 1983 die Belastung der Unternehmen mit Zinsaufwendungen – verglichen mit den Gesamtkosten – etwas vermindert. Auch der Anteil der Kostensteuern am Bruttoproduktionswert war im vergangenen Jahrzehnt leicht rückläufig.

3.2.2 Entwicklung der Ertragslage

Die Ertragslage der Unternehmen wird nicht nur von der Entwicklung der Kosten, sondern auch von der Entwicklung der Verkaufspreise bestimmt. Die Erzeugerpreise des Ernährungsgewerbes sind von 1980 bis 1984 weniger gestiegen als jene des Verarbeitenden Gewerbes, seitdem stärker gefallen (Tab. IV.3–6 und A.IV.3–9). Im Durchschnitt des Zeitraums 1980/86 ergibt sich für den Erzeugerpreisindex des Ernährungsgewerbes ein Anstieg von 11 1/2 %, für jenen des Verarbeitenden Gewerbes von fast 15 %. Zieht man von diesen Veränderungsraten die mit der Materialquote gewichtete Veränderung der jeweiligen Inputpreisindizes ab (diese nahmen für beide betrachteten Bereiche in etwa dieselbe Entwicklung, Tab. A.II.4–4), so erhält man ein Maß für die Entwicklung des Preisindex der Wertschöpfung bzw. für die Veränderung der Wertschöpfung je Produkteinheit. Demzufolge hat sich diese Maßzahl von 1980 bis

Tabelle IV-3-6

Preise für Erzeugnisse des Ernährungsgewerbes

1980 = 100

Jahr	Index der Erzeugerpreise (Inlandsabsatz)		Index der Einfuhrpreise	
	Erzeugnisse des Ernährungsgewerbes	Zum Vergleich: Erzeugnisse des Verarbeitenden Gewerbes	Erzeugnisse des Ernährungsgewerbes	Zum Vergleich: Erzeugnisse des Verarbeitenden Gewerbes
1983	111,5	112,8	111,0	111,9
1984	113,5	116,0	117,1	116,8
1985	112,7	118,3	113,3	118,4
1986	111,5	114,9	101,2	106,0
1987	108,3	114,3	96,5	102,7
1988	108,9	117,0	101,4	105,1

Quelle: Statistisches Bundesamt, Fachserie 17: Preise, Reihe 2: Preise und Preisindizes für gewerbliche Produkte (Erzeugerpreise), Reihe 8: Preise und Preisindizes für die Ein- und Ausführ.

1986 im Ernährungsgewerbe um etwa 7%, im gesamten Verarbeitenden Gewerbe um 10% erhöht. Es stellt sich die Frage, ob und gegebenenfalls inwieweit dieser geringere Anstieg der Wertschöpfung je Produkteinheit im Ernährungsgewerbe auf Einflüsse des Marktes zurückzuführen ist (beispielsweise Nachfragemacht des Lebensmittelhandels und Importkonkurrenz).[11] Dazu ist es notwendig, die Wertschöpfung je Produkteinheit in einzelne Faktoren aufzuteilen: Lohnstückkosten, Kapitalstückkosten, Kostensteuern und Subventionen je Produkteinheit, Jahresüberschuß je Produkteinheit.

Berechnungen auf der Basis der Kostenstrukturstatistik[12] zeigen, daß sich im Ernährungsgewerbe im Zeitraum 1980/86 die Belastung mit indirekten Steuern (Verbrauchsteuern) stärker erhöht hat als im Durchschnitt des Verarbeitenden Gewerbes (Tab. IV.3–7). Demgegenüber sind die Subventionen je Produkteinheit im Ernährungsgewerbe nicht so stark gestiegen wie in den sonstigen Wirtschaftszweigen. Insofern wäre also zu erwarten, daß sich die Erzeugerpreise des Ernährungsgewerbes überdurchschnittlich stark erhöht hät-

---

[11] Zwischen 1984 und 1987 sind die Einfuhrpreise für Ernährungsgüter um 18% gefallen (vgl. Tab. IV.3–6).

[12] Diese weichen geringfügig von jenen Berechnungen ab, die auf den Preisindizes basieren (s. oben).

Tabelle IV.3-7

Entwicklung der Bruttowertschöpfung und ihrer Komponenten je Produkteinheit[a] in ausgewählten Bereichen des Ernährungsgewerbes und im Verarbeitenden Gewerbe

Veränderung in % im Zeitraum 1980/86

Bereich	Brutto-wert-schöpfung	Lohn-kosten	Kapital-kosten	Indirekte Steuern	Sub-ventionen	Jahres-über-schuß
Obst- und Gemüseverarbeitung	-7,1	-22,5	-20,9	-20,6	100,0	175,7
Herstellung von Süßwaren	1,7	16,7	12,0	4,8	7,1	-32,6
Molkerei, Käserei	11,2	12,3	14,5	-1,7	3,9	-17,7
Herstellung von Dauermilch	3,5	3,1	6,2	16,0	-1,8	-19,0
Fleischwarenindustrie	22,2	15,3	11,5	37,0	0	78,6
Verarb. v. Kaffee, Tee, Herst. v. Kaffeemitteln	12,5	-47,0	-23,4	-36,4	-41,7	1115,4
Brauerei	8,1	9,4	7,8	-2,4	0	37,7
Herstellung von Spirituosen	19,3	27,1	16,0	20,3	400,0	-14,3
Ernährungsgewerbe insgesamt	5,5	7,8	5,4	6,6	27,2	-1,5
Verarbeitendes Gewerbe (einschl. Baugewerbe)	10,7	11,4	9,8	0,7	44,7	22,3

a) Die Bruttowertschöpfung und ihre Komponenten sind auf den Index der Nettoproduktion des jeweiligen Fachzweigs bezogen.

Quelle: Statistisches Bundesamt, Fachserie 4: Produzierendes Gewerbe, Reihe 4.3.3: Kostenstruktur der Unternehmen im Verbrauchsgüter produzierenden Gewerbe und im Nahrungs- und Genußmittelgewerbe; Berechnungen des Ifo-Instituts.

Tabelle IV.3-8

Jahresüberschuß vor Steuern in % vom Bruttoproduktionswert im Ernährungsgewerbe, im Verbrauchsgüter produzierenden Gewerbe und im Verarbeitenden Gewerbe

Wirtschaftsgruppe	1977	1978	1979	1980	1981	1982	1983	1984	1985	1986	1987	Durchschn. im Zeitr. 1977-1986
Ernährungsgewerbe	2,9	3,2	3,0	2,6	1,6	2,0	2,5	1,6	1,8	2,4	2,3	2,4
Verbrauchsgüter produzierendes Gewerbe	4,8	4,4	4,3	3,6	1,9	1,9	2,9	3,2	3,0	3,5	4,0	3,4
Verarbeitendes Gewerbe	2,8	3,1	3,7	2,4	1,0	1,2	1,9	2,3	2,7	2,7	2,3	2,4

Quelle: Statistisches Bundesamt, Kostenstruktur der Unternehmen im Verbrauchsgüter produzierenden Gewerbe und im Nahrungs- und Genußmittelgewerbe; Berechnungen des Ifo-Instituts für Wirtschaftsforschung.

ten. Dies war jedoch – wie gezeigt – nicht der Fall. Zwar haben im Ernährungsgewerbe die Lohn- und Kapitalstückkosten nur relativ schwach zugenommen; dieses Wachstum hat jedoch, bei dem gegebenen Anstieg der Erzeugerpreise, ausgereicht, um die Erträge negativ zu beeinflussen. Dies kann als ein Indiz dafür gewertet werden, daß die Erträge des Ernährungsgewerbes durch Einflüsse des Marktes stärker tangiert werden als die Erträge anderer Branchen.

Die Ertragskraft[13] des Ernährungsgewerbes lag seit 1984 unter dem Wert für das gesamte Verarbeitende Gewerbe (Tab. IV.3–8). Eine deutlich ungünstigere Ertragslage des Ernährungsgewerbes kann vor allem gegenüber dem Verbrauchsgüter produzierenden Gewerbe festgestellt werden (A.IV.3–10).

Während sich die Ertragslage des gesamten Verarbeitenden Gewerbes seit Anfang der achtziger Jahre verbessert hat, verzeichnete das Ernährungsgewerbe in den Jahren 1984 und 1985 einen deutlichen Ertragseinbruch. Dieser war z. T. auf konjunkturelle und strukturelle Einflüsse zurückzuführen. Insbesondere die Dollaraufwertung hat die Ertragslage der exportintensiven Branchen (zu denen das Ernährungsgewerbe *nicht* zählt) positiv beeinflußt. Im Jahr 1986 hat sich dann im Ernährungsgewerbe die Ertragslage wieder deutlich erholt; im Verarbeitenden Gewerbe lag sie 1986 auf dem relativ günstigen Niveau des Jahres 1985. Die Entwicklung der Umsatzrendite im Ernährungsgewerbe ist also insgesamt gesehen etwas ungünstiger verlaufen als im Verarbeitenden Gewerbe.

Sowohl die Daten des Statistischen Bundesamts als auch jene der Deutschen Bundesbank deuten darauf hin, daß – von Ausnahmen abgesehen – bis 1983 die Ertragslage der größeren Unternehmen (mit mehr als 1 000 Beschäftigten) günstiger war als jene des Durchschnitts des Ernährungsgewerbes (Tab. IV.3–9 und A.IV.3–11). Besonders ertragsstark waren die Personengesellschaften, was u. a. darauf zurückzuführen ist, daß bei diesen – ebenso wie bei den Einzelfirmen – die Kosten der Unternehmensführung, soweit die Firmen von den Inhabern oder Gesellschaftern selbst geleitet werden, im Jahresüberschuß enthalten sind. Auch in anderen Branchen des Verarbeitenden Gewerbes sind – wenn man der Betrachtung die Kostenstrukturstatistik zugrunde legt – die kleineren Unternehmen im allgemeinen ertragsstärker als die größeren (Tab. A.IV.3–12 und A.IV.3–13).

In den Jahren 1984 bis 1987 war die Rendite der größeren Unternehmen des Ernährungsgewerbes ungünstiger als jene des Durchschnitts des Ernährungsgewerbes (Tab. IV.3–9). Die größenspezifische Betrachtung der Kostenstruktur lt. Deutsche Bundesbank zeigt, daß die größeren Unternehmen zwar im Produktionsbereich Kostenvorteile (durch economies of scale) haben, daß diese aber durch höhere Kosten im Marketingbereich wieder kompensiert oder sogar überkompensiert werden. Die Ertragsverschlechterung bei den größeren Unter-

[13] Jahresüberschuß (vor Steuern) in % des Bruttoproduktionswertes.

Tabelle IV.3-9

Jahresüberschuß vor Steuern in % vom Bruttoproduktionswert im Ernährungsgewerbe nach Beschäftigtengrößenklassen

Unternehmensgröße (von ... bis ... Beschäftigte)	1977	1978	1979	1980	1981	1982	1983	1984	1985	1986	1987	Durchschn. im Zeitr. 1977-1987
20 - 49	4,2	3,4	3,2	3,8	1,6	1,9	2,8	3,1	3,6	3,5	3,1	(3,1)
50 - 99	3,1	3,2	3,5	2,9	2,1	1,3		2,5	1,9	2,9	3,2	(2,7)
100 - 199	2,6	2,6	2,3	1,3	1,3	1,3	2,1	1,2				(1,9)
200 - 499	3,1	2,7	2,5	2,1	2,0	2,6	2,2		1,9	2,5	3,0	(2,4)
500 - 999	3,1	3,3	2,4	2,6	0,9	2,0	3,1	2,2				(2,3)
1000 und mehr	2,0	4,0	3,7	3,4	1,6	2,5	2,6	1,0	0,9	1,6	0,0	2,1
Insgesamt	2,9	3,2	3,0	2,6	1,6	2,0	2,5	1,6	1,8	2,4	2,3	2,4

Zahlen in Klammern: Schätzungen.

Quelle: Statistisches Bundesamt, Kostenstruktur der Unternehmen im Verbrauchsgüter produzierenden Gewerbe und im Nahrungs- und Genußmittelgewerbe; Berechnungen des Ifo-Instituts für Wirtschaftsforschung.

nehmen der Ernährungsindustrie mit ihren umfangreichen Marketingabteilungen und einem dichten Netz von Außendienstmitarbeitern hat bewirkt, daß in jüngster Zeit die entsprechenden Kosten stärker ins Blickfeld einer Kostenrationalisierung geraten sind bzw. geraten werden. Insbesondere das Netz von Außendienstmitarbeitern wurde von einigen Firmen erheblich reduziert. Die Einführung des „Key-Account-Managements" hat zu dieser Entwicklung wesentlich beigetragen.[14]

In den einzelnen Güterbereichen des Ernährungsgewerbes waren die Ertragsentwicklung und das Ertragsniveau äußerst unterschiedlich (Tab. A.IV.3–14). Häufig ist die Ertragslage in weniger stark konzentrierten Branchen günstiger als in hoch konzentrierten. Darüber hinaus zeigt sich, daß in bestimmten Branchen die größeren Unternehmen besonders ertragsstark sind (wie z. B. in der Herstellung von Tafelwasser, Erfrischungsgetränken und Süßwaren), in anderen Branchen die kleineren (wie z. B. in der Herstellung von Backwaren, in der Fleischwarenindustrie sowie im Fachzweig Molkereien und Käsereien, Tab. A.IV.3–15). An der Spitze der Güterklassen mit den höchsten Renditen stehen die Herstellung von alkoholfreien Getränken, die Alkoholbrennereien, die Herstellung von Nährmitteln, die Herstellung von Backwaren, die Fleischereien und die Brauereien. Mit Ausnahme der Nährmittelindustrie sind diese Branchen durch eine relativ niedrige Konzentration gekennzeichnet. Die Kriterien „Höhe der Konzentration" und „Unternehmensgröße" erlauben also keine eindeutigen Aussagen zu dem Komplex der Nachfragemacht. Aus diesem Grunde wurden für eine spezielle Auswertung der Ertragslage nur jene Branchen des Ernährungsgewerbes betrachtet, deren Produkte zum großen Teil über preisaggressive Formen des Lebensmitteleinzelhandels (z. B. über Discounter) abgesetzt werden. Dazu wurden die in Tabelle IV.3–7 aufgeführten Branchen ausgewählt. Die Ertragslage (Jahresüberschuß vor Steuern in % des Bruttoproduktionswertes) dieser Bereiche belief sich im Zeitraum 1977/86 auf durchschnittlich 2,2% (gewichtet mit dem jeweiligen Bruttoproduktionswert). Damit waren die Branchen etwas ertragsschwächer als das restliche Ernährungsgewerbe (2,6% im entsprechenden Zeitraum). Ein Einfluß von Nachfragemacht auf die Ertragslage des Ernährungsgewerbes läßt sich also nicht ausschließen.

3.2.3 Entwicklung der Vermögens- und Kapitalstruktur

Aus produktionstechnischen Gründen (relativ kurze Fertigungszeiten) muß das Ernährungsgewerbe weniger liquide Mittel halten als andere Branchen des Verarbeitenden Gewerbes. Der Anteil der liquiden Mittel an der Bilanzsumme bzw. an den kurzfristigen Verbindlichkeiten ist daher niedriger als im Durchschnitt des Verarbeitenden Gewerbes (Tab. IV.3–9). Die Verbesserung der

---

[14] Vgl. Täger (1987), S. 127 f.

Tabelle IV.3-10

Verhältniszahlen zur Kapitalstruktur der Unternehmen des Ernährungsgewerbes und des Verarbeitenden Gewerbes

Position bzw. Bereich	1965	1970	1974	1976	1978	1980	1982	1983	1984	1985	1986	1987
Eigenmittel (berichtigt) in % der Bilanzsumme												
Ernährungsgewerbe	29,5	30,0	26,8	27,0	25,2	22,6	21,8	21,2	20,7	20,2	19,9	20,6
Verarbeitendes Gewerbe	33,1	30,0	26,9	26,2	25,8	24,2	23,0	22,5	22,5	22,7	23,8	24,0
Langfristig zur Verfügung stehendes Kapital[a] in % der Bilanzsumme												
Ernährungsgewerbe	49,8	49,3	47,5	47,9	45,7	44,3	42,5	42,5	41,6	42,2	43,2	42,1
Verarbeitendes Gewerbe	52,1	50,1	46,5	45,3	44,2	41,4	39,5	39,0	38,1	38,0	38,9	38,2
Langfristig zur Verfügung stehendes Kapital[a] in % der Sachanlagen												
Ernährungsgewerbe	112,9	114,1	108,5	113,4	113,3	109,3	109,4	111,4	110,9	112,5	115,5	113,2
Verarbeitendes Gewerbe	131,6	141,6	139,3	145,0	148,2	142,0	138,0	139,3	143,4	145,1	144,6	141,0
Kurzfristige Verbindlichkeiten in % der Bilanzsumme												
Ernährungsgewerbe	39,7	40,2	41,1	39,8	41,7	44,5	45,3	45,2	45,4	44,8	42,8	42,7
Verarbeitendes Gewerbe	32,2	36,1	37,8	36,5	36,9	39,8	40,2	39,3	38,9	38,4	36,8	36,2

a) Eigenmittel und langfristige Verbindlichkeiten.

Quelle: Jahresabschlüsse der Unternehmen in der Bundesrepublik Deutschland 1965 bis 1981, Sonderdrucke der Deutschen Bundesbank Nr. 5; Monatsberichte der Deutschen Bundesbank, laufende Jahrgänge, jeweils Heft Nr. 11 (November).

Tabelle IV.3-11

Finanzkraft[a] von Unternehmen des Ernährungsgewerbes und des Verarbeitenden Gewerbes

Bereich	1966	1970	1974	1976	1978	1980	1982	1983	1984	1985	1986	1987
Ernährungsgewerbe	26,4	25,9	18,6	24,6	20,2	17,7	18,3	18,4	17,2	15,5	19,1	22,2
Verarbeitendes Gewerbe	27,3	25,3	20,1	24,0	22,0	20,1	19,4	22,2	23,9	23,9	25,3	29,4

a) Eigenerwirtschaftete Mittel (Jahresüberschuß, Abschreibungen auf Sachanlagen, Veränderung der Rückstellungen und der Sonderposten mit Rücklageanteil) in % der Verbindlichkeiten abzüglich Kassenmittel.

Quelle: Jahresabschlüsse der Unternehmen in der Bundesrepublik Deutschland 1965 bis 1981, Sonderdrucke der Deutschen Bundesbank Nr. 5; Monatsberichte der Deutschen Bundesbank, laufende Jahrgänge, jeweils Heft Nr. 11 (November).

Ertragsverhältnisse, die seit Mitte der achtziger Jahre im Ernährungsgewerbe zu verzeichnen ist, hat es erlaubt, die Liquidität zu verbessern. Dies bedeutet, daß die Anfälligkeit der Unternehmen des Ernährungsgewerbes gegenüber finanziellen Belastungen vermindert werden konnte. Ein Indiz dafür, daß es nicht zu überdurchschnittlich vielen Liquiditätsproblemen im Ernährungsgewerbe gekommen ist, ist darin zu sehen, daß die Zahl der Insolvenzen in den vergangenen Jahren nicht außergewöhnlich hoch war. Allerdings ist die Liquiditätslage bei den kleineren Unternehmen nach wie vor relativ ungünstig (Tab. A.IV.3–16).

Der Deckungsgrad der Sachanlagen des Ernährungsgewerbes durch langfristig zur Verfügung stehendes Kapital hat sich in den achtziger Jahren erhöht (Tab. IV.3–10). Auch in Relation zur Bilanzsumme ist der Anteil der langfristig verfügbaren Finanzmittel in jüngster Vergangenheit gestiegen, und zwar stärker als im Durchschnitt des Verarbeitenden Gewerbes. Dagegen ist das Gewicht der kurzfristigen Verbindlichkeiten, gemessen an ihrem Verhältnis zur Bilanzsumme, zurückgegangen. Faßt man die Veränderungen auf der Passivseite der Bilanz des Ernährungsgewerbes zusammen, so zeigt sich, daß die Unternehmen seit 1981/82 der Risikovorsorge verstärkt Rechnung getragen haben. Allerdings ist die Eigenmittelausstatung des Ernährungsgewerbes nach wie vor ungünstiger als im gesamten Verarbeitenden Gewerbe. Die Eigenmittelquote ist tendenziell nach wie vor leicht rückläufig. Die größenspezifische Betrachtung zeigt, daß die Eigenkapitalausstattung vor allem bei den kleineren Unternehmen, die hauptsächlich in Form von Personengesellschaften geführt werden, unterdurchschnittlich ist (Tab. A.IV.3–17). Dabei ist allerdings zu berücksichtigen, daß im Ernährungsgewerbe der Anteil der Personengesellschaften und Einzelfirmen relativ hoch ist und das Privatvermögen der Inhaber dieser Unternehmen nicht in der Bilanz als Eigenkapital erscheint.

Zusammengenommen zeigen die Veränderungen der Bilanzstruktur des Ernährungsgewerbes, daß sich die Finanzlage der Unternehmen seit Mitte der achtziger Jahre verbessert hat, nachdem sie sich vorher tendenziell verschlechtert hatte. Ausdruck dafür ist das Ergebnis der Erfolgsrechnung. Die eigenerwirtschafteten Mittel („cash-flow"), die neben dem Jahresüberschuß die Abschreibungen auf Sachanlagen sowie die Veränderungen der Rückstellungen enthalten, haben, bezogen auf die Fremdmittel, von 1985 auf 1986 kräftig zugenommen. Damit hat diese Verhältniszahl wieder das Niveau zu Beginn der achtziger Jahre übertroffen (Tab. IV.3–11). Sie liegt jedoch nach wie vor unter der Finanzkraft des Verarbeitenden Gewerbes insgesamt, und zwar um rund ein Viertel.

V. Struktur- und Entwicklungsbild des Handels mit Nahrungsmitteln

1. Grundsätzliche Entwicklungen im Handel

1.1 Entwicklung der Größenstrukturen

Die inländische Distribution von konsumreifen Ernährungsgütern an private Haushalte und sonstige Abnehmer (z. B. Kantinen) erfolgt im wesentlichen über Handelsunternehmen. Gemessen an der Inlandsverfügbarkeit von Nahrungs- und Genußmitteln in Höhe von ca. 142,2 Mrd. DM (1988) entfielen auf die einstufigen Handelsunternehmen (wie z. B. Groß- bzw. Massenfilialunternehmen) rd. 42 % und auf die verschiedenen Unternehmen des Sortiments- und Fachgroßhandels mit Nahrungs- und Genußmitteln rd. 44 %. Im Direktabsatz werden von den Herstellern vor allem Großunternehmen des Gastgewerbes und Großverbraucher (jeweils rd. 7 %) beliefert, wenn diese Abnehmer größere Bezugsmengen den Herstellern anbieten können. Die meisten der kleineren Unternehmen des Gastronomiegewerbes und die sonstigen Großverbraucher beziehen ihre Nahrungs- und Genußmittel über den Lebensmittelhandel, der als Distributionsorgan für das wettbewerbliche Absatzgeschehen des Ernährungsgewerbes von ausschlaggebender Bedeutung ist. Im folgenden sollen daher wesentliche Entwicklungen in der Distribution von Nahrungs- und Genußmitteln auf der Groß- und Einzelhandelsstufe dargestellt und in ihren Wirkungen auf Absatzstrategien der kleineren und größeren Unternehmen des Ernährungsgewerbes hin analysiert werden.

Im allgemeinen haben Unternehmen des Ernährungsgewerbes ihre Produktion auf bestimmte Nahrungs- und Genußmittel spezialisiert, die von der Rohstoffbasis und dem technologischen Produktionsprozeß her ähnlich sind (z. B. Spirituosen, Süßwaren, Molkereiprodukte). In den Handelsunternehmen dagegen steht die „zusammenfassende" Sortimentsfunktion im Vordergrund, d. h. der Handel übernimmt die Funktion des zeitlichen und räumlichen Zusammenführens von Nahrungs- und Genußmitteln zu einem Warensortiment bzw. -angebot, das z. B. auf spezielle oder regionale Einkaufs- und Konsumgewohnheiten verschiedener Nachfragergruppen ausgerichtet sein kann. Infolge dieser vorherrschenden Funktion der Sortimentsgestaltung stehen nicht einzelne Produkte oder Produktgruppen im Vordergrund der folgenden Betrachtung, sondern institutionell definierte Wirtschafts- und Fachzweige des Groß- und Einzelhandels, die ein mehr oder weniger breites und tiefes Warenangebot an Nahrungs- und Genußmitteln und sonstigen ergänzenden Gütern als Marktleistung anbieten.[1]

Im Hinblick auf seine Marktstellung zum Ernährungsgewerbe waren in den letzten Jahren im Nahrungsmittelhandel hauptsächlich zwei Entwicklungen von wesentlicher Bedeutung: Zum einen die Entwicklung zu immer größeren Unternehmens- und Betriebseinheiten sowohl auf der Groß- als auch auf der Einzelhandelsstufe und zum anderen der damit in Zusammenhang stehende Trend zu einer stärkeren Zentralisierung von Unternehmens- und Wettbewerbsentscheidungen auf dem Beschaffungssektor.

Im Zeitraum von 1968 bis 1984 haben sich die Umsatzgrößen im Nahrungsmittelhandel im Vergleich zu den anderen Handelsbranchen überdurchschnittlich stark erhöht (Abb. V.1–1). Lag 1968 im (Lebensmittel-)Sortimentseinzelhandel die durchschnittliche Umsatzgröße pro Unternehmen noch bei rd. 318 000 DM, so betrug 1984 die entsprechende Umsatzgröße 2,3 Mill. DM.[2] Die durchschnittliche Unternehmensgröße im gesamten Einzelhandel lag mit rd. 1,4 Mill. DM erheblich niedriger. Im Nahrungsmittelgroßhandel kann für den Beobachtungszeitraum ein etwa gleich starker Trend zu größeren Unternehmen festgestellt werden. Nicht ganz so ausgeprägt war diese Entwicklung im Fachgroßhandel mit Nahrungs- und Genußmitteln, der sich nach wie vor durch kleinbetriebliche Unternehmensstrukturen auszeichnet.

Die Entwicklung im Nahrungsmittelhandel war in den letzten zwei Jahrzehnten ferner von einer fortschreitenden Leistungsdifferenzierung zwischen den verschiedenen Typen von Handelsunternehmen gekennzeichnet. Insbesondere umsatzstarke Filialunternehmen bauten ihr Netz an unterschiedlichen Vertriebstypen (wie z. B. Discountmärkte, SB-Supermärkte, SB-Warenhäuser) weiter aus, um im zunehmenden horizontalen Wettbewerb den sich mehr und mehr differenzierenden Einkaufs- und Konsumgewohnheiten der Verbraucher gerecht zu werden. Kleinere inhabergeführte Unternehmen dagegen hatten vielfach nur unzureichende Finanz- und Personalressourcen, um ähnliche Absatzkonzepte zu entwickeln und großflächige Vertriebstypen aufzubauen. Ihre traditionelle (Beschaffungs-)Kooperation mit einem regionalen Verbund-Großhandel reichte vielfach nicht aus, um die größenspezifischen Nachteile z. B. in der Beschaffung auszugleichen und sich im zunehmenden Absatzwettbewerb behaupten zu können. Dies führte auch dazu, daß diese Gruppe von kleinbetrieblichen Einzelhändlern mehr und mehr an Marktterrain verlor. Vor allem marketingaktive Unternehmen des Ernährungsgewerbes berücksichtigen diese zunehmende Leistungsdifferenzierung zwischen den mehr großflächigen und den mehr kleinbe-

---

[1] Zur Sortimentsfunktion des Handels vgl. Nieschlag/Kuhn (1980), S. 26 f.

[2] Die durchschnittlichen Umsatzgrößen wurden nach den Daten der jeweiligen Handels- und Gaststättenzählungen berechnet; vgl. Statistisches Bundesamt, Fachserie 6: Handel, Gastgewerbe, Reiseverkehr.

Abbildung V.1-1

Entwicklung von Leistungskennziffern im Groß- und Einzelhandel mit Nahrungs- und Genußmitteln von 1968 bis 1984

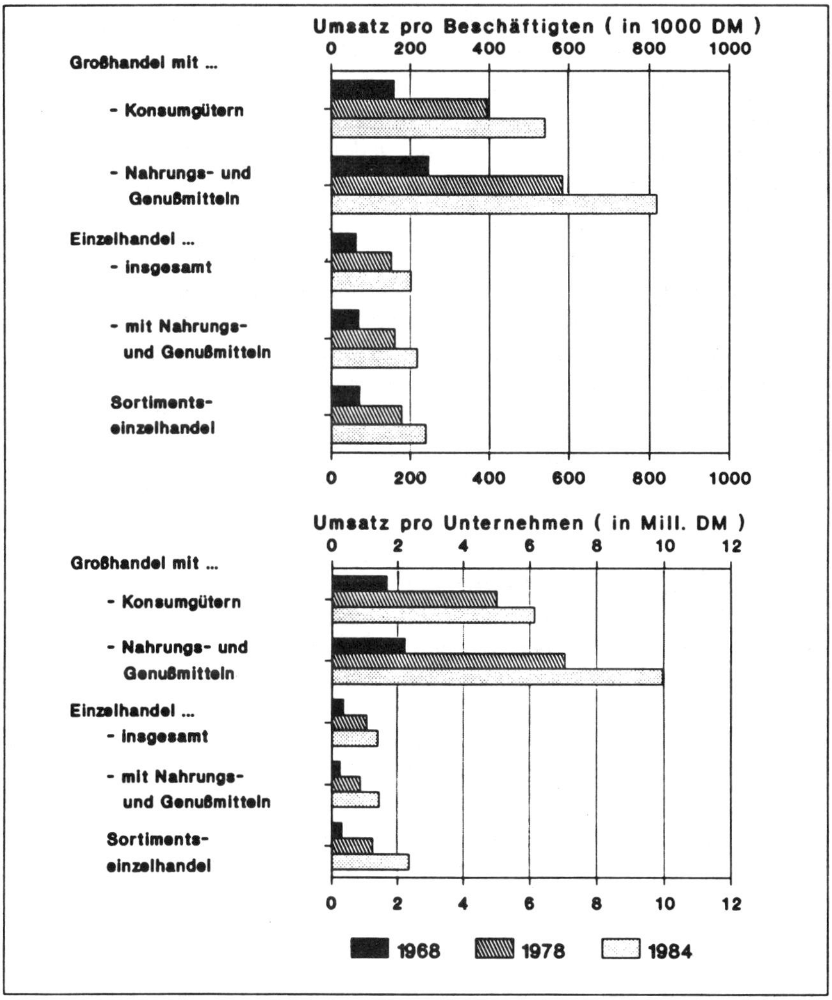

Quelle: Statistisches Bundesamt, Fachserie 6, Handel, Gastgewerbe, Reiseverkehr, Handels- und Gaststättenzählungen 1968, 1979 und 1985; Berechnungen des Ifo-Instituts für Wirtschaftsforschung.

trieblichen Handelsunternehmen, indem sie ihre Absatzaktivitäten verstärkt auf die Vertriebstypen ausrichteten, die ihnen einen hohen Ab-Verkauf ihrer Produkte versprachen.

1.2 Sortiments- und stufenübergreifende Entwicklungen

Im Zuge des größenbezogenen Strukturwandels ist der Nahrungsmittelhandel mehr und mehr aus seiner Rolle des vormals meist passiven Warenverteilers herausgewachsen und hat verstärkt Aufgaben und Funktionen der aktiven Marktbearbeitung und -erschließung wahrgenommen. Dabei hat er vor allem seine bisherigen Logistik- sowie Werbe- und Verkaufsförderaktivitäten weiter ausgebaut und mit neuen konkurrenzorientierten Leistungsprofilen versehen.

Im Verlauf dieser Neuorientierung übernahm der Nahrungsmittelhandel für bekannte Produkte gezielt Markt- und Wettbewerbsfunktionen, die bisher teilweise von Herstellern und hier insbesondere von den Produzenten von Markenartikeln beansprucht und wahrgenommen wurden (wie z. B. auf dem Gebiet der Logistik und Werbung). Der herstellerbetonte „Durchverkauf" von Produkten über den Handel an die Konsumenten hat sich daher für die meisten Hersteller im Verlauf der beiden letzten Jahrzehnte beträchtlich verändert. Durch die systematische Entwicklung eigenständiger und konkurrenzorientierter Beschaffungs- und Absatzkonzepte haben hauptsächlich größere Handelsunternehmen ihre Marktposition in der Distribution erheblich verbessern können.

Vor dem Hintergrund dieser teilweise gewandelten Funktionsverteilung zwischen Produktions- und Handelsunternehmen haben sich auch die Umsatzaktivitäten von Unternehmen auf der Großhandels- und Einzelhandelsstufe in den letzten Jahren teilweise verändert (Tab. V.1–1). Die relativ hohen Anteile an Großhandelsumsatz in einzelnen Fachzweigen des Einzelhandels deuten darauf hin, daß (Fach-)Einzelhandelsunternehmen in ihren z. T. recht vielfältigen Absatzaktivitäten nicht allein auf die Befriedigung der privaten Nachfrage ausgerichtet sind, sondern mit ihrem teilweise sehr speziellen Angebot z. B. an Genußmitteln auch in einem erheblichen Ausmaß Abnehmer aus dem gewerblichen Bereich beliefern (z. B. Gastronomiebetriebe). Der tendenziell rückläufige Umsatzanteil aus Einzelhandelsaktivitäten im (institutionellen) Großhandel resultiert vermutlich aus der Strategie einiger umsatzstarker Großhandelsunternehmen, rechtlich selbständige Tochtergesellschaften auf der Einzelhandelsstufe zu gründen, um hierdurch den regionalen Nachfrage- und Wettbewerbserfordernissen besser Rechnung tragen zu können.

Die Tendenz zur rechtlichen „Verselbständigung" von stufenfremden Handelsaktivitäten sowohl auf der Groß- als auf der Einzelhandelsstufe hat die Distributionsstrukturen von Nahrungsmitteln in den letzten Jahren wesentlich

Tabelle V.1-1

Entwicklung der Umsatzaktivitäten von Handelsunternehmen mit Nahrungs- und Genußmitteln auf der Groß- und Einzelhandelsstufe

Wirtschaftszweige des Groß- und Einzelhandels mit...	Großhandelsstufe – Umsatzanteile aus dem Großhandel 1978	1984	Einzelhandel 1978	1984	Einzelhandelsstufe – Umsatzanteile aus dem Großhandel 1978	1984	Einzelhandel 1978	1984
Nahrungsmitteln, Getränken und Tabakwaren insgesamt	95,6	96,0	3,3	2,8	2,5	3,6	96,4	95,0
darunter:								
- Waren verschiedener Art (Sortimentshandel)	93,7	96,7	5,0	2,3	0,9	2,1	98,6	96,9
- Milch, Fettwaren, Eiern	97,8	96,5	1,1	0,7	5,0	5,9	94,6	93,6
- Kaffee, Tee, Kakao	98,4	95,5	0,6	3,1	13,1	13,7	85,3	84,4
- Fleisch, Fleischwaren	97,9	98,1	0,8	0,9	7,0	8,5	89,8	79,2
- Wein, Spirituosen	93,0	95,8	4,3	3,1	18,2	14,9	79,6	80,7
- Bier, alkoholfreien Getränken	88,3	89,7	10,2	9,2	10,5	10,4	88,5	88,2
- Tabakwaren	89,9	85,2	9,8	14,3	11,6	13,2	87,5	86,0

Quelle: Statistisches Bundesamt, Fachserie 6: Handel, Gastgewerbe, Reiseverkehr; Reihe 3.3: Warensortiment sowie Bezugs- und Absatzwege im Großhandel und Einzelhandel.

Tabelle V.1-2

Entwicklung der Zahl der Artikel in ausgewählten Vertriebsformen des Lebensmitteleinzelhandels (1979 und 1988)

Artikelgruppen bzw. Warenbereiche	SB-Geschäfte und Supermärkte		SB-Center (Verbrauchermärkte)		SB-Warenhäuser		Discount-Märkte	
	1979	1988	1979	1988	1979	1988	1979	1988
1. Frischwaren	995	1 243	996	1 177	1 132	1 402	311	288
Veränderung in % (1988/79)		24,9		18,2		23,9		- 7,4
2. Sonstige Nahrungs- und Genußmittel	2 042	3 093	2 540	3 870	3 265	5 323	827	1 006
Veränderung in % (1988/79)		51,5		52,4		63,0		21,6
3. Konsumgüter	980	1 674	7 160	8 165	14 810	17 339	642	238
Veränderung in % (1988/79)		70,8		14,0		17,1		-62,9
Gesamtes Sortiment	4 017	6 010	10 696	13 212	19 207	24 064	1 780	1 532
Veränderung in % (1988/79)		+49,6		+23,5		+25,3		-14,0

Quelle: ISB-Institut für Selbstbedienung und Warenwirtschaft, SB in Zahlen, Ausgabe 1978/79 und 1988 sowie Berechnungen des Ifo-Instituts für Wirtschaftsforschung.

mitbeeinflußt (Tab. A.V.1–1).[3] Es wurden hierdurch neue Funktions- und Wettbewerbsprofile von Handelsunternehmen entwickelt, die sich in erhöhten Leistungsanforderungen und -ansprüchen gegenüber Anbietern und Produzenten von Ernährungsgütern bemerkbar machten. Darüber hinaus trugen diese stufenübergreifenden Unternehmensaktivitäten dazu bei, daß sich die Wettbewerbsintensität insbesondere im Lebensmitteleinzelhandel spürbar erhöhte.

Kennzeichnend für den Handel mit Nahrungsmitteln im letzten Jahrzehnt war ferner das rapide Ansteigen der Artikelzahlen in den meisten Sortimentsbereichen des Groß- und Einzelhandels. Von 1979 bis 1988 hat sich z. B. im klassischen Frischwarensortiment eines SB-Geschäftes (bzw. eines Supermarktes) die Zahl der Artikel um 25 % auf über 1 200 erhöht, im Verbrauchermarkt (bzw. SB-Center) um 18 % auf knapp 1 200 Artikel und im SB-Warenhaus um 24 % auf ca. 1 400 Artikel (Tab. V.1–2). Eine noch viel intensivere Ausweitung der Sortimente erfuhren in diesen großflächigen Vertriebstypen die verschiedenen Arten von sonstigen Nahrungs- und Genußmitteln (wie z. B. Spirituosen, Süßwaren).

Im Rahmen dieser Strategie haben die genannten Vertriebstypen ihre bisherigen Sortimentsaktivitäten auch in andere Warenbereiche auf- bzw. weiter ausgebaut. So entfielen 1988 bereits rd. 65 % aller Artikel des Verbrauchermarktes auf Nicht-Lebensmittel, in kleineren SB-Geschäften lag der entsprechende Anteil erst bei rd. 28 % (1987: 24 %). Die Ausweitung der Artikelzahl sowohl im Nahrungsmittelbereich als auch in den übrigen Warensortimenten in den meist großflächigen Vertriebstypen weist deutlich darauf hin, daß der Nahrungsmittelhandel in den letzten Jahren aktiv daran beteiligt war, die Funktion der Markterschließung für neue Produkte verstärkt wahrzunehmen.

Das zunehmende Engagement des Lebensmittelhandels in anderen branchenfremden Warensortimenten hat auch ertragsspezifische Gründe. Die hohe Wettbewerbsintensität bei Nahrungs- und Genußmitteln hat zu einer von vielen Unternehmen nicht mehr als befriedigend erachteten Ertragsentwicklung geführt. Aus diesem Grunde haben viele größere Unternehmen ihre sog. Randsortimente an Konsumgütern (wie z. B. Haushaltswaren) stetig ausgeweitet.

2. Distribution auf der Großhandelsstufe

2.1 Stellung des Nahrungsmittelgroßhandels

Für die Distributionsaktivitäten der Unternehmen der Ernährungsindustrie spielt der Nahrungsmittelgroßhandel nach wie vor eine große Rolle, auch wenn in den letzten Jahren sich der Direktabsatz der großen Hersteller an Großunter-

[3] Vgl. hierzu Täger (1988), S. 21 f.

nehmen des Lebensmitteleinzelhandels weiter erhöht hat. Schätzungsweise rd. 30% des Inlandsumsatzes der Ernährungsindustrie geht an Unternehmen der Großhandelsstufe. Dieser Anteil würde sich noch etwas erhöhen, wenn man die Einschaltung des Zentral-Großhandels in das sog. Vermittlungsgeschäft berücksichtigen würde. Die Einbindung des Großhandels in die Distributionskette ist in den Produktbereichen (z. B. Spirituosen) sehr intensiv, bei denen wichtige Abnehmergruppen aus zahlreichen kleineren Betrieben bestehen (wie z. B. im Gastronomiebereich), für deren schnelle und zuverlässige Belieferung ein leistungsfähiges Logistiksystem von großer wettbewerblicher Bedeutung ist.

Insgesamt hat der Nahrungsmittelgroßhandel seine Stellung in der Distributionskette vor allem in den Produktbereichen halten können, die vergleichsweise hohe Anforderungen an die Lieferfähigkeit, -bereitschaft und -zuverlässigkeit stellen, wie dies insbesondere im sog. Frischwarenbereich der Fall ist. Der betriebliche Funktionsbereich der gesamten Logikstik (Lager und Fuhrpark) hat daher für den Nahrungsmittelgroßhandel eine erhöhte Bedeutung für seine Leistungsfähigkeit im Distributionswettbewerb gewonnen.

Die zahlreichen Zusammenschlüsse von Großhandelsunternehmen und die intensivere (Beschaffungs-)Kooperation zwischen den Unternehmen haben für viele Unternehmen des Ernährungsgewerbes in den letzten Jahren eine neue Absatzkonstellation ergeben. Die davon ausgehende verstärkte Zentralisierung von Beschaffungsentscheidungen hat den Nachfragedruck auf Anbieter von Nahrungsmitteln zweifelsohne erhöht. Allerdings ist dabei zu berücksichtigen, daß viele Unternehmen des Sortiments- und Fachgroßhandels im Zuge ihrer betrieblichen Neuorientierung auf wettbewerbsadäquate Funktionsprofile hin ihre vertriebliche Leistungsfähigkeit wesentlich erhöht haben. Daher müssen die teilweise erhobenen Forderungen nach günstigeren Bezugskonditionen infolge erhöhter Bezugsmengen auch unter dem Gesichtspunkt gesehen werden, daß sich die Distributionsleistungen des Nahrungsmittelgroßhandels in den letzten Jahren verbessert und damit an Marktwirksamkeit gewonnen haben.

Für die Ernährungsindustrie hat der Großhandel vor allem deshalb weiterhin große Bedeutung, weil insbesondere die in einer Kooperationsgruppe agierenden Großhandelsunternehmen mit ihren Beschaffungsentscheidungen die Warensortimente und Verkaufskonzepte der mit ihnen verbundenen größeren und kleineren Einzelhandelsunternehmen bzw. -geschäfte beeinflussen. Darüber hinaus nehmen die meisten Großhandelsunternehmen mit dem schon erwähnten Ausbau von eigenen Geschäfts- bzw. Vertriebstypen auf der Einzelhandelsstufe verstärkten Einfluß auf den Ab-Verkauf von Nahrungsmitteln an die Konsumenten.

2.2 Wirtschaftszweige und Absatzausrichtung

Sowohl von der Zahl der Unternehmen als auch vom Umsatzanteil ist der Nahrungsmittelgroßhandel der größte Wirtschaftszweig im gesamten Fertigwaren- bzw. Konsumgütergroßhandel der Bundesrepublik. Im Zeitraum 1980 bis 1986 hat die Zahl der steuerpflichtigen Unternehmen um knapp 8 % auf rd. 20 000 abgenommen, das Plus in der nominalen Veränderung des Umsatzes belief sich auf knapp 30 % (Tab. V.2–1).[4] Rund 40 % des Branchenumsatzes des gesamten Nahrungsmittelgroßhandels entfallen auf den Sortimentsgroßhandel, der vor allem in Form des Zustellgroßhandels zahlreiche Abnehmer auf der Einzelhandelsstufe und in anderen Wirtschaftssektoren beliefert. Von 1980 bis 1986 hat sich die Zahl der Großhandelsunternehmen in diesem stark „sortierenden" Wirtschaftszweig um 7,5 % auf knapp 2 300 erhöht. In anderen Wirtschaftszweigen dagegen hat sich die Zahl der (Fach-)Großhandlungen mehr oder weniger stark vermindert, so insbesondere im Fachgroßhandel mit:

- Süßwaren, Zucker . . . . – 23 %
- Tabakwaren . . . . – 21 %
- Bier, alkoholfreien Getränken . . . . – 16 %
- Milcherzeugnissen, Fettwaren, Eiern . . . . – 16 %

Diese unterschiedliche Entwicklung im Sortiments- und Fachgroßhandel läßt vermuten, daß eine Reihe von Fachgroßhändlern ihr bisher auf eine Produktgruppe sehr spezialisiertes Warenangebot um ein weiteres Nahrungs- und Genußmittelsortiment erweitert haben und somit – in der Handelsstatistik – zum Sortimentsgroßhandel „gewechselt" sind. Dies deutet darauf hin, daß viele Fachgroßhändler eine recht hohe Flexibilität in ihrer Absatz- und Sortimentsgestaltung besitzen. Allerdings ist auch eine Vielzahl von kleineren Fachgroßhändlern infolge unzureichender Leistungsfähigkeit und geringer Umsatzgröße völlig aus dem Markt ausgeschieden.

Andererseits sind aber auch erhebliche Funktionsverlagerungen im Großhandel mit Nahrungsmitteln zu beobachten. Einige besonders wettbewerbsaktive Großhändler haben ihren Geschäftsbetrieb stärker auf die Einzelhandelsstufe hin ausgerichtet und sind daher nicht mehr dem funktionsechten Nahrungsmittelgroßhandel zuzurechnen. So haben viele Fachgroßhändler für Bier und alkoholfreie Getränke sog. Getränke-Abholmärkte eröffnet und sind damit teilweise zum Facheinzelhandelsunternehmen geworden. Darüber hinaus hat eine Vielzahl von meist inhabergeführten Großhandelsunternehmen verstärkt Funktionen der Handelsvermittlung für Nahrungs- und Genußmittel übernommen, so z. B. im Spirituosenbereich. Bemerkenswert ist die hohe Zunahme von Umsätzen aus sog. Streckengeschäften in einzelnen Fachzweigen (wie z. B. im Getränkefachgroßhandel) (Tab. A.V.2–1).

---

[4] Zum Zeitpunkt der Erstellung der Studie waren die entsprechenden (Umsatzsteuer-) Statistiken für 1988 noch nicht veröffentlicht.

Tabelle V.2-1

Unternehmen und Umsatz im Großhandel mit Nahrungs- und Genußmitteln nach ausgewählten Wirtschaftszweigen in den Jahren 1980 und 1986

Wirtschaftszweige	1980 Unternehmen Anzahl	1980 Unternehmen in %	1980 Umsatz in Mill.DM	1980 Umsatz in %	1986 Unternehmen Anzahl	1986 Unternehmen in %	1986 Umsatz in Mill.DM	1986 Umsatz in %	Veränderung 1980/86 in % Unternehmen	Veränderung 1980/86 in % Umsatz
Sortimentsgroßhandel mit Nahrungsmitteln, Getränken etc.	2 106	9,7	57 690	38,6	2 265	11,3	75 562	39,3	7,5	31,0
Großhandel mit ...										
- Speise- u. Industriekartoffeln, Gemüse, Obst	3 442	15,9	14 630	9,8	3 289	16,5	17 624	9,2	-4,4	20,5
- Zucker, Süßwaren	825	3,8	7 196	4,8	634	3,2	7 990	4,2	-23,2	11,0
- Milcherzeugnissen, Fettwaren, Eiern	1 568	7,3	14 721	9,8	1 341	6,7	20 130	10,5	-14,5	36,7
- Wild, Geflügel, Fleisch, Fleischwaren	2 379	11,0	22 038	14,7	2 366	11,8	25 127	13,1	-0,5	14,0
- Kaffee, Tee, Rohkakao Gewürzen	292	1,4	2 395	1,6	297	1,5	3 798	2,0	1,7	58,6
- sonstigen Nahrungsmitteln	1 551	7,2	6 905	4,6	1 549	7,8	13 203	6,9	-0,1	91,2
- Getränken davon:	7 644	35,4	14 092	9,4	6 824	34,2	16 114	8,4	-10,7	14,4
. Wein	1 998	9,2	4 901	3,3	1 997	10,0	4 534	2,4	-0,1	-7 5
. Spirituosen	701	3,2	2 450	1,6	660	3,3	2 492	1,3	-5,8	1,7
. Bier, alkoholfr. Getr.	4 945	22,9	6 741	4,5	4 167	20,9	9 089	4,7	-15,7	34,8
- Tabakwaren	1 794	8,3	9 800	6,6	1 412	7,1	12 688	6,6	-21,3	29,5
Großhandel mit Nahrungsmitteln, Getränken, Tabakwaren	21 601	100	149 467	100	19 977	100	192 235	100	-7,5	28,6

Quelle: Statistisches Bundesamt, Fachserie 14: Finanzen und Steuern, Reihe 8: Umsatzsteuer (laufende Veröffentlichungen) und Berechnungen des Ifo-Instituts für Wirtschaftsforschung.

Tabelle V.2-2

Binnen- und Außenhandelsaktivitäten des Großhandels mit Nahrungs- und Genußmitteln in den Jahren 1979 und 1986

Art des Großhandels mit Nahrungs- und Genußmitteln	1979 Unternehmen Anzahl	1979 Unternehmen in %	1979 Umsatz in Mrd.DM	1979 Umsatz in %	1986 Unternehmen Anzahl	1986 Unternehmen in %	1986 Umsatz in Mrd.DM	1986 Umsatz in %	%-Veränderung 1986/79 Unternehmen	%-Veränderung 1986/79 Umsatz
Binnengroßhandel insgesamt	6 112	80,9	105,5	79,0	7 129	85,1	139,3	78,7	+16,6	+32,0
- Produktionsverbindungshandel	2 662	35,2	44,9	33,6	3 981	47,5	68,6	38,8	+49,5	+52,8
- Konsumtionsverbindungshandel	3 450	45,7	60,6	45,4	3 148	37,6	70,7	39,9	- 8,8	+16,7
Außenhandel insgesamt	1 439	19,1	28,0	21,0	1 249	14,9	37,7	21,3	-13,2	+34,6
- Einfuhrhandel	1 197	15,8	21,7	16,3	1 022	12,2	30,2	17,1	-14,6	+39,2
. Produktionsverbindungshandel	355	4,7	9,6	7,2	714	8,5	20,1	11,4	+101,1	+109,4
. Konsumtionsverbindungshandel	842	11,1	12,1	9,1	308	3,7	10,1	5,7	-63,4	-16,5
- Ausfuhrhandel	119	1,6	3,8	2,8	125	1,5	4,6	2,6	+ 5,0	+21,1
- Globalhandel	124	1,6	2,6	1,9	102	1,2	2,9	1,6	-17,7	+11,5
Insgesamt	7 552	100	133,5	100	8 378	100	177,0	100	+10,9	+32,6

Quelle: Statistisches Bundesamt, Fachserie 6: Handel, Gastgewerbe, Reiseverkehr; Reihe 1,2: Beschäftigung, Umsatz, Wareneingang, Lagerbestand und Investitionen im Großhandel 1979, 1986 sowie Berechnungen des Ifo-Instituts für Wirtschaftsforschung.

Infolge ihrer z. T. sehr verschiedenartigen Warensortimente und Funktionsprofile weisen Unternehmen des Nahrungsmittelgroßhandels eine unterschiedliche binnen- und außenhandelswirtschaftliche Absatzausrichtung auf (Tab. V.2–2). Rund 85 % aller Unternehmen (mit einem Jahresumsatz von mehr als 2 Mill. DM) hatten 1986 ihren umsatzmäßigen Schwerpunkt im Binnenhandel. Die übrigen rd. 15 % konzentrierten ihre Handelsaktivitäten auf den grenzüberschreitenden Warenverkehr, wobei wiederum rd. 13 % dieser Großhandelsunternehmen überwiegend im Einfuhrgeschäft engagiert waren. Nur wenige Unternehmen auf der Großhandelsstufe waren schwerpunktmäßig an der Ausfuhr von Nahrungs- und Genußmitteln beteiligt. Die inländischen Produzenten von Ernährungsgütern bevorzugen im allgemeinen den Direktabsatz an ihre ausländischen Abnehmer.

Im Zeitraum von 1979 bis 1986 ist der Importumsatz der schwerpunktmäßig in der Einfuhr tätigen Großhandelsfirmen um rund 40 % gestiegen, ihr Umsatzanteil belief sich 1986 auf knapp 17 % (1979: ca. 16 %). Berücksichtigt man daürber hinaus, daß in den letzten Jahren viele Unternehmen des kooperierenden Sortimentsgroßhandels verstärkt als Direktimporteure von ausländischen Produkten tätig geworden sind, so läßt sich generell feststellen, daß die Einfuhraktivitäten des Nahrungsmittelgroßhandels in den letzten Jahren erheblich verstärkt worden sind.

Der meist auf einzelne Länder (wie z.B. Italien, Spanien) und Warengruppen (z.B. Gemüse, Molkereiprodukte) spezialisierte Fachgroßhandel konnte dabei seine Marktstellung recht gut behaupten. Seine hohe Fachkompetenz für die oft leicht verderblichen Waren sowie sein betriebliches Know-how über ausländische Lieferanten und die grenzüberschreitenden Logistikangebote waren hierfür maßgebend.

2.3 Warensortiments- sowie Bezugs- und Absatzwegestrukturen

Vor dem Hintergrund der handelsprägenden Sortimentsfunktion soll im folgenden kurz das Warensortiment des gesamten Großhandels mit Nahrungsmitteln und des Sortimentsgroßhandels vergleichend dargestellt werden. Um die Bezugs- und Absatzverflechtungen des Lebensmittelgroßhandels mit vor- und nachgelagerten Wirtschafts- und Handelssektoren etwas stärker transparent zu machen, werden anschließend die anteiligen Warenbezüge der verschiedenen Lieferanten und Abnehmer dargestellt.[5]

Legt man für eine grobe Sortimentsanalyse des Nahrungsmittelgroßhandels den Warenbezug zugrunde, so zeigt sich für den Nahrungs- und Genußmittel-

---

[5] Die folgende Darstellung beruht auf den Daten der sog. Ergänzungserhebung 1980 im Großhandel (Absatz- und Bezugswege im Großhandel). Die Daten der Erhebung aus dem Jahr 1986 waren zum Zeitpunkt der Abfassung dieses Berichts noch nicht verfügbar.

Tabelle V.2-3

Bezugsstruktur des Großhandels mit Nahrungs- und Genußmitteln nach Warengruppen im Jahre 1980

Warengruppen	im Großhandel mit Nahr.-Genußm. insgesamt in Mill. DM	in %	im Sortimentsgroßhandel[a)] in Mill. DM	in %
Frisches Fleisch (einschl. Wild, Geflügel), Wurst, Schinken, Fisch etc.	23 971	18,5	3 740	9,2
Kartoffel, Obst u. Gemüse, Südfrüchte	15 742	12,5	3 413	8,6
Molkereiprodukt (einschl. Dauermilch etc.)	11 155	8,6	3 201	8,0
Tabakwaren	10 222	7,9	2 446	6,1
Butter, Margarine, Fette, Eier	9 126	7,0	2 245	5,5
Spirituosen, Weine	8 832	6,8	4 004	10,0
Zucker	7 457	5,8	1 273	3,2
Kaffee, Tee, Kakao	6 407	5,0	1 583	3,9
Bier und alkoholfreie Getränke	6 015	4,7	2 213	5,5
Tiefkühlerzeugnisse, Eis	5 755	4,4	1 957	4,9
Nährmittel, Suppen, Konfitüre, Essig etc.	5 765	4,4	3 010	7,5
Fleisch-, Fisch-, Obst- u. Gemüsekonserven	4 463	3,4	2 935	7,3
Süßwaren	3 777	2,9	1 835	4,6
Sonstige Nahrungsmittel	1 907	1,4	1 559	3,9
Nahrungsmittel insgesamt	120 580	93,3	35 414	88,3
Nicht-Nahrungsmittel	8 665	6,7	4 701	11,7
Warenbezüge insgesamt	129 245	100	40 115	100

a) Großhandel mit Nahrungsmitteln, Getränken, Tabakwaren (ohne ausgeprägten Schwerpunkt)

Quelle: Statistisches Bundesamt, Fachserie 6: Handel, Gastgewerbe, Reiseverkehr; Reihe 1.3: Warensortiment sowie Bezugs- und Absatzwege im Großhandel

großhandel folgendes Bild (Tab. V.2–3): Gemessen am Gesamtbezug aller Waren nimmt die Warengruppe Fleisch, Wurst, Geflügel etc. mit einem Umsatzanteil von 18,5 % die größte Bedeutung ein. Als weitere wichtige Warengruppen folgen Kartoffeln, Obst und Gemüse (Bezugsanteil: 12,5 %) und Molkereiprodukte (8,6 %). Berücksichtigt man noch die Warengruppe Butter, Margarine und sonstige Fette als leichtverderbliche Frischerzeugnisse, so beläuft sich der gesamte Bezugsanteil dieser Produkte auf rd. 48 %.

Die übrigen Warengruppen (wie z. B. Tabakwaren sowie Spirituosen und Weine) spielen eine nicht ganz so große Rolle wie die erwähnten Frischprodukte – gemessen am gesamten Warenbezug. Insgesamt zeigt das Warensortiment bzw. die Bezugsstruktur des Nahrungsmittelgroßhandels deutlich, daß die Unternehmens- und Wettbewerbsaktivitäten in diesem Großhandelszweig in einem recht hohen Maß auf verderbliche Ernährungsgüter ausgerichtet sind, die besonders hohe Anforderungen an die Logistik stellen.

Ein (Anteils-)Vergleich der Bezugsstruktur des gesamten Großhandels mit der Bezugsstruktur des Sortiments- bzw. Zustellgroßhandels mit Nahrungs- und Genußmitteln (= rd. 35 % des gesamten Bezugsumsatzes) weist darauf hin, daß in die (Großhandels-)Distribution einzelner Warengruppen der spezialisierte Fachgroßhandel relativ stark eingebunden ist. So insbesondere in der Großhandelsdistribution mit Fleisch und Wurstwaren sowie mit Kartoffeln, Obst, Gemüse und Südfrüchten. Bei diesen Produktgruppen haben sich sowohl größere als auch kleinere Unternehmen auf bestimmte, z. T. recht schwierige Handels- bzw. Marktfunktionen spezialisiert, wie z. B. auf Import- und/oder Exportaktivitäten, weitgehende Übernahmen der grenzüberschreitenden Logistik mit der Zurverfügungstellung der dafür erforderlichen Kühleinrichtungen oder die schnelle regionale Distribution an kleinere Abnehmer auf der Einzelhandelsstufe oder an sonstige gewerbliche Großverbraucher.

Einen aufschlußreichen Einblick in die vielfältigen Verflechtungen des Nahrungs- und Genußmittelgroßhandels mit den Vorstufen ermöglicht die Analyse der Bezugsstruktur nach liefernden Wirtschaftssektoren (Tab. V.2–4). Für den gesamten Großhandel besitzen wiederum Großhandelsunternehmen mit einem Anteil von ca. 36 % an allen Warenbezügen die größte Bedeutung als Lieferanten, auf Unternehmen des Produzierenden Gewerbes entfällt ein etwas geringerer Anteil von 30 %. Dies zeigt recht deutlich, daß zwischen den Großhandelsunternehmen der verschiedenen und z. T. gleichen Wirtschaftszweige mit ihren recht unterschiedlichen Funktionsprofilen (wie z. B. ausgeprägte Import-, Logistik- oder Sortimentsfunktionen) relativ intensive Intra-Beziehungen bzw. Warenverflechtungen bestehen.

Knapp ein Fünftel der Warenbezüge des Nahrungsmittelgroßhandels resultierte aus Geschäftsabschlüssen mit ausländischen Lieferanten. In einzelnen Fachzweigen liegt der entsprechende Importanteil an den Warenbezügen sehr viel höher, so z. B. im

	Importanteil an den gesamten Warenbezügen des jeweiligen Fachzweigs
Fachgroßhandel mit Kaffee, Tee und Kakao	68,6 %
Fachgroßhandel mit Kartoffeln, Obst und Gemüse	55,6 %
Fachgroßhandel mit Spirituosen	40,9 %
Fachgroßhandel mit Wein	30,6 %

Tabelle V.2-4

Struktur der Warenbezüge im Großhandel mit Nahrungs- und Genußmitteln nach Wirtschaftszweigen im Jahre 1980

Großhandel mit ...	Zahl der Unternehmen a)	Insgesamt in Mill. DM	Warenbezüge von Unternehmen (bzw. Betrieben) in %						
			des produzierenden Gewerbes	des Großhandels insgesamt	darunter: über Kooperationen	der Land- u. Forstwirtschaft	und von anderen Lieferanten	aus dem Bundesgebiet insgesamt	aus dem Ausland (einschl. DDR)
Nahrungsmitteln, Getränken, Tabakwaren insgesamt	7 820	129 245	30,2	35,7	12,3	8,8	6,7	81,4	18,7
darunter:									
- Sortimentsgroßhandel	654	40 115	32,2	54,0	31,9	6,2	2,9	95,3	4,7
- Kartoffeln, Obst u. Gemüse	1 517	13 406	1,3	28,8	1,0	11,2	3,2	44,4	55,6
- Süßwaren	207	2 067	44,2	38,5	22,5	0,3	2,4	85,4	14,6
- Milcherzeugnissen, Fettwaren	620	14 914	29,9	26,6	3,4	10,8	18,7	85,9	14,1
- Fleisch, Fleischwaren	1 150	20 321	14,4	37,8	0,7	21,7	11,8	85,7	14,3
- Kaffee, Tee, Kakao	134	5 707	11,6	19,4	-	0,0	0,4	31,5	68,5
- Wein	404	3 036	8,3	21,6	3,3	32,4	7,1	69,4	30,6
- Spirituosen	159	1 249	28,2	25,9	11,5	1,2	3,7	59,1	40,9
- Bier, alkoholfreien Getränken	1 100	3 714	59,6	19,6	4,0	1,1	16,1	96,4	3,6
- Tabakwaren	1 055	7 932	75,4	19,7	2,0	0,2	3,1	98,4	1,7

a) Nur Unternehmen mit mehr als 1 Mill. DM Jahresumsatz.

Quelle: Statistisches Bundesamt, Fachserie 6: Handel, Gastgewerbe, Reiseverkehr, Reihe 1.3: Warensortiment sowie Bezugs- und Absatzwege im Großhandel 1980; Berechnungen des Ifo-Instituts für Wirtschaftsforschung.

Den Gesprächen nach haben vor allem große Unternehmen des Sortimentsgroßhandels ihre direkten Importaktivitäten in den letzten Jahren ausgeweitet. Darüber hinaus haben viele ausländische Hersteller von markenbetonten Nahrungs- und Genußmitteln inländische Vertriebsgesellschaften auf der Großhandelsstufe gegründet, um auf diese Weise mit deutschen Abnehmern aus dem Sortimentsgroßhandel, dem Einzelhandel und der Gastronomie direkte Geschäfts- und Lieferkontakte wahrnehmen zu können. Diese Entwicklung hat zweifelsohne dazu geführt, daß sich der Importanteil des Nahrungsmittelgroßhandels in den letzen Jahren kontinuierlich erhöht hat.

Für die Absatzstruktur des Großhandels ergibt sich folgendes Bild (Tab. V.2–5): Rund 42 % aller Warenlieferungen des Großhandels mit Nahrungs- und Genußmitteln gehen an Unternehmen des Einzelhandels, im meist regional distribuierenden Sortimentsgroßhandel liegt der entsprechende Lieferanteil an den Einzelhandel mit 64 % sehr viel höher. Aber auch Unternehmen des Fachgroßhandels mit Süßwaren (61 % aller Lieferungen) und mit Tabakwaren (57 %) besitzen ihre größten Abnehmer auf der Einzelhandelsstufe. Der relativ hohe Lieferanteil von Großhandelskunden in manchen Fachzweigen (wie z. B. im Fachgroßhandel mit Obst und Gemüse: 48% oder mit Wein: 46%) kann darauf zurückgeführt werden, daß ein Großteil dieser Unternehmen sich auf Importaktivitäten konzentriert hat und aus funktions- und kostenstrategischen Gründen hauptsächlich an Großabnehmer auf der Großhandelsstufe distribuiert.

Die überdurchschnittlich hohen Exportanteile im Fachgroßhandel mit Milcherzeugnissen und Fettwaren (16 %) sowie mit Kaffee, Tee und Kakao (20 %) weisen darauf hin, daß einige große Hersteller dieser Warengruppen Vertriebsgesellschaften besitzen, die neben binnenwirtschaftlichen Absatzaktivitäten zugleich umfangreiche Exportaktivitäten ausüben.

Die Lieferverflechtungen der Unternehmen des Nahrungs- und Genußmittelgroßhandels mit Unternehmen anderer Wirtschafts- und Handelsstufen weisen darauf hin, daß die Distribution auf der Großhandelsstufe von einer recht komplexen Bezugs- und Absatzstruktur gekennzeichnet ist. Die intensiven Lieferverflechtungen zwischen den verschiedenen Unternehmenstypen des Nahrungsmittelgroßhandels können auf unterschiedliche Funktionsprofile dieser Handelsunternehmen zurückgeführt werden. Die z.T. recht weitgehende Spezialisierung mancher kleinerer Unternehmen hat wesentlich dazu beigetragen, daß diese Gruppe von fachkompetenten Großhandelsunternehmen ihre Stellung im zunehmenden Distributionswettbewerb sichern konnte.

2.4 Größenstrukturen

Insgesamt zeichnet sich der Großhandel mit Nahrungs- und Genußmitteln durch eine außerordentlich heterogene Betriebs- und Größenstruktur aus. Wäh-

Tabelle V.2-5

Struktur der Absatzwege im Großhandel mit Nahrungs- und Genußmitteln nach Wirtschaftszweigen im Jahre 1980

Großhandel mit ...	Zahl der Unternehmen[a)]	Umsatz insgesamt in Mill. DM	davon: Lieferungen in % an inländische Unternehmen des produzierenden Gewerbes	Großhandels	Einzelhandels	andere gewerbliche Abnehmer	sonstige Abnehmer[b)]	Lieferungen in % an inländische Abnehmer insgesamt	ausländische Abnehmer insgesamt
Nahrungsmitteln, Getränken, Tabakwaren insgesamt	7 820	144 632	10,8	26,3	42,4	7,7	4,9	92,1	7,8
darunter:									
- Sortimentsgroßhandel	654	43 771	2,9	17,3	64,0	8,6	4,7	97,6	2,5
- Kartoffeln, Obst u. Gemüse	1 517	15 301	6,7	47,8	33,8	3,0	2,1	93,4	6,6
- Süßwaren	207	2 529	9,5	24,5	61,6	2,2	0,7	98,5	1,5
- Milcherzeugnissen, Fettwaren	432	14 858	4,0	32,6	33,9	2,1	11,0	83,6	16,4
- Fleisch, Fleischwaren	1 150	22 863	23,0	29,7	31,2	4,4	3,1	91,5	8,5
- Kaffee, Tee, Kakao	134	6 197	24,5	41,9	11,0	1,7	0,9	79,9	20,2
- Wein	404	4 055	2 2	46,1	26,3	10,0	3,6	88,2	11,8
- Spirituosen	159	1 682	8,3	37,3	31,2	17,0	3,0	96,8	3,2
- Bier, alkoholfreien Getränken	1 100	4 717	2,0	13,9	41,1	33,4	9,2	99,6	0,4
- Tabakwaren	1 055	8 844	4,1	2,2	56,8	24,7	12,2	99,1	0,1

a) Nur Unternehmen mit mehr als 1 Mill. DM Jahresumsatz.
b) So z.B. land- und forstwirtschaftliche Betriebe, Gebietskörperschaften, private Haushalte.

Quelle: Statistisches Bundesamt, Fachserie 6: Handel, Gastgewerbe, Reiseverkehr, Reihe 1.3: Warensortiment sowie Bezugs- und Absatzwege im Großhandel 1980; Berechnungen des Ifo-Instituts für Wirtschaftsforschung.

Tabelle V.2-6

Entwicklung der Unternehmens- und Umsatzstruktur des Großhandels mit Nahrungs- und Genußmitteln
nach Umsatzgrößenklassen
von 1976 bis 1986

Jahresumsatz in Mill. DM von ... bis unter ...	1976 Unternehmen Anzahl	1976 Unternehmen in %	1976 Umsatz Mrd.DM	1976 Umsatz in %	1980 Unternehmen Anzahl	1980 Unternehmen in %	1980 Umsatz Mrd.DM	1980 Umsatz in %	1986 Unternehmen Anzahl	1986 Unternehmen in %	1986 Umsatz Mrd.DM	1986 Umsatz in %
unter 1	16 196	63,0	5,6	4,3	11 960	55,4	4,4	3,0	10 950	52,9	3,9	2,0
1 - 5	6 337	24,7	14,2	11,0	6 230	28,8	14,2	9,5	5 718	28,6	13,2	6,8
5 - 25	2 397	9,3	25,0	19,4	2 566	11,9	27,6	18,5	2 663	13,3	29,7	15,4
25 - 100	576	2,2	27,3	21,2	620	2,9	29,3	19,6	746	3,7	35,4	18,4
100 - 250	185	0,7	57,1	44,2	149	0,7	23,6	15,5	186	0,9	28,4	14,8
über 250					76	0,4	50,7	33,9	105	0,5	81,7	42,5
Insgesamt	25 691	100	192,2	100	21 601	100	149,5	100	19 977	100	192,2	100

Quelle: Statistisches Bundesamt, Fachserie 4: Finanzen und Steuern, Reihe 8: Umsatzsteuer, laufende Jahrgänge und Berechnungen des Ifo-Instituts für Wirtschaftsforschung.

Tabelle V.2-7

Größenstruktur in ausgewählten Wirtschaftszweigen des Großhandels mit Nahrungs- und Genußmitteln

nach Umsatzgrößenklassen im Jahre 1986

(Unternehmen und Umsatz in %)

Umsatzgrößenklassen von ... bis unter DM	Großhandel mit ... Nahrungsmitteln, Getränken, Tabakwaren insgesamt		darunter: Nahrungsmitteln, Getränken, Tabakwaren		Speise- u. Industriekartoffeln, Gemüse, Obst		Milcherzeugnissen, Fettwaren, Eiern		Getränken		Tabakwaren	
	Unternehmen	Umsatz	Unternehmen	Umsatz	Unternehmen	Umsatz	Unternehmen	Umsatz	Unternehmen	Umsatz	Unternehmen	Umsatz
1 Mill.	63,0	4,3	47,5	0,5	48,6	3,5	50,3	1,3	65,2	9,9	27,7	1,4
1 - 5 Mill.	24,7	11,0	26,1	1,9	32,0	14,2	26,8	4,0	27,0	24,2	39,1	10,7
5 - 25 Mill.	9,3	19,4	15,0	4,9	16,1	33,1	14,8	10,9	6,3	27,0	25,6	32,5
25 - 100 Mill.	2,2	21,2	5,2	8,4	2,8	22,5	5,6	17,4	1,4	26,0	6,9	34,9
100 - 250 Mill.	} 0,7	} 44,2	3,4	15,5	} 0,6	} 26,7	1,3	14,1	} 0,2	} 12,9	} 0,8	} 20,5
250 Mill.u.mehr			2,8	68,9			1,3	52,3				
Insgesamt in %	100	100	100	100	100	100	100	100	100	100	100	100
Zahl der Unternehmen (absolut)	25.691		2.265		3.289		1.341		6.824		1.412	
Umsatz in Mrd.DM		129,2		75,6		17,6		20,1		16,1		12,7

Quelle: Statistisches Bundesamt, Fachserie 14: Finanzen und Steuern, Reihe 8: Umsatzsteuer 1986 und Berechnungen des Ifo-Instituts für Wirtschaftsforschung.

rend der meist in einem größeren Kooperationsverbund agierende Zustell-Sortimentsgroßhandel mit seinem umfassenden Warensortiment von z. T. mehr als 20 000 Artikeln bis zu 500 angeschlossene Lebensmitteleinzelhandelsunternehmen in einem Umkreis von bis zu 300 km beliefert, besitzt der häufig kleinbetrieblich strukturierte Fachgroßhandel mit Obst und Gemüse, der häufig als Ein-Mann-Unternehmen geführt wird, nur einen begrenzt lokalen Kreis von Abnehmern.

Von den knapp 20 000 steuerpflichtigen Unternehmen des Nahrungsmittelgroßhandels hat über die Hälfte einen Jahresumsatz von weniger als 1 Mill. DM (Tab. V.2–6). Auf diese Gruppen von Unternehmen entfiel ein Umsatzanteil von 4 % am gesamten Branchenumsatz von 192,2 Mrd. DM (1986). Dies zeigt, daß in der Großhandelsdistribution von Lebensmitteln viele „Kleinst"-Unternehmen vertreten sind. Im Jahre 1976 lagen die Unternehmens- und Umsatzanteile dieser kleinbetrieblichen Firmen noch erheblich höher. Infolge ihrer geringen Umsatz- bzw. Betriebsgröße üben sie vermutlich nur selten einen funktionsechten Großhandelsbetrieb aus; in vielen Fällen sind diese Großhandelsunternehmen stark in der Handelsvermittlung oder auf der Einzelhandelsstufe engagiert oder haben sich auf den selektiven (Hersteller-)Vertrieb eines oder nur weniger Produkte spezialisiert.

Betrachtet man die Entwicklung der (Umsatz-)Größenstruktur des Nahrungsmittelgroßhandels, so zeigt sich für den Zeitraum 1976 bis 1986, daß sich die jeweiligen Umsatzanteile der größeren bzw. umsatzstarken Unternehmen (über 100 Mill. DM Jahresumsatz) erheblich erhöht und die jeweiligen Anteile der kleinen und mittleren Unternehmen sich tendenziell vermindert haben. Auf die 300 größeren Unternehmen entfiel im Jahre 1986 ein Umsatzanteil von 57 %. In den Jahren 1976 (bzw. 1980) lag der entsprechende Anteil noch bei 44 % (bzw. 49 %). Diese relativ hohe Umsatzkonzentration wurde hauptsächlich durch zahlreiche Zusammenschlüsse von größeren Firmen des Sortimentsgroßhandels ausgelöst.

Ein Vergleich der Größenstrukturen des gesamtenNahrungsmittelgroßhandels mit den entsprechenden Strukturen in einzelnen Wirtschaftszweigen des Fachgroßhandels weist auf erhebliche Unterschiede hin (Tab. V.2–7). Während die Umsatzanteile der Unternehmen mit einem Jahresumsatz von mehr als 100 Mill. DM im Sortimentshandel bei 84 % und im Großhandel mit Molkereiprodukten bei 66 % liegen, betragen die entsprechenden Umsatzanteile im Obst- und Gemüsegroßhandel nur knapp 27 % und im Getränkegroßhandel rd. 13 %. Der vergleichsweise hoch konzentrierte Sortimentsgroßhandel und Großhandel mit Molkereiprodukten sind dagegen aufgrund ihrer speziellen Funktions- und Leistungsprofile vornehmlich durch größere Unternehmen gekennzeichnet.

Die in den letzten 10 Jahren stark erhöhte Umsatzkonzentration insbesondere im Sortimentsgroßhandel und in einzelnen Fachzweigen muß im Zusammenhang mit der Strategie vieler Unternehmen gesehen werden, durch Fusionen mit anderen Firmen zu leistungs- und wettbewerbsfähigen Unternehmensgrößen zu gelangen. Insbesondere im kooperierenden Sortimentsgroßhandel wurde damit das Ziel verfolgt, durch den Zusammenschluß von kleineren Mitgliedsunternehmen größere Betriebseinheiten zu bilden, um damit das notwendige Fundament für eine systematische Kostendegression bzw. -rationalisierung in der Warendistribution zu erlangen und damit für die angeschlossenen Abnehmer auf der Einzelhandelsstufe wettbewerbsadäquate „Waren"-Leistungen anbieten zu können. Gerade das unterschiedlich hohe Kostenniveau in der Warendistribution dürfte in den vergangenen Jahren wesentlich dazu beigetragen haben, daß die einstufigen Filialunternehmen durch eine preisbetonte Angebotspolitik weiterhin an Marktterrain gewonnen haben.

2.5 Rohertrag und Kosten

Einen wichtigen Hinweis auf die wirtschaftliche Situation und Stellung des Nahrungsmittelgroßhandels im Distributionsprozeß liefert die Entwicklung der Anteile des Rohertrages[6] und der Kosten an der Gesamtleistung bzw. am Gesamtumsatz. Im Zeitraum von 1976 bis 1984 hat sich der anteilige Ertrag nicht wesentlich verändert, dieser verharrte bei rd. 10,5 % (Tab. V.2–8). Während dieses Zeitraumes blieb auch das Anteilsniveau der Kosten am Gesamtumsatz nahezu unverändert (rd. 9,5 %). Diese Ertrags- und Kostenentwicklung wurde von einer kontinuierlichen Erhöhung der Umschlagshäufigkeit begleitet; im Jahre 1984 wurden die Lagervorräte knapp 19mal umgeschlagen, im Jahre 1976 lag die Umschlagshäufigkeit noch bei 17mal. Dies unterstreicht die intensiven Bemühungen der Unternehmen, auch bei wachsenden Umsätzen die anteiligen betrieblichen Kosten nicht steigen zu lassen und damit an Wettbewerbsfähigkeit zu gewinnen.

In einzelnen Fachzweigen des Nahrungs- und Genußmittelgroßhandels liegen die Rohertragsspannen weit über der durchschnittlichen Spanne (10,7 %), wie z. B. im Fachgroßhandel mit Wein (35,2 %) oder mit Bier und alkoholfreien Getränken (23,5 %). Allerdings sind mit der Distribution dieser Nahrungsmittel auch überdurchschnittlich hohe Kosten verbunden, die diesen Spannen-„Vorsprung" wieder weitgehend kompensieren. Im Sortimentsgroßhandel (9,2 %) sowie im Fachgroßhandel mit Fleisch (8,5 %) und Tabakwaren (7,0 %) liegen die entsprechenden Rohertragsquoten mehr oder weniger stark unter dem Durchschnitt. Die rückläufige Ertragsentwicklung in einigen wichtigen Fachhandelszweigen (wie z. B. im Süßwarengroßhandel von 13,8 auf 12,6 %) kann vermutlich darauf zurückgeführt werden, daß der regionale Verbund- bzw. Sortimentsgroßhandel sich in den letzten Jahren verstärkt diesen Warenbereichen

[6] Rohertrag: Gesamtleistung ./. Material- und Wareneinsatz.

Tabelle V.2-8

Entwicklung des Rohertrags und der Kosten sowie der Umschlagshäufigkeit in ausgewählten Wirtschaftszweigen des Nahrungsmittelgroßhandels von 1976 bis 1984

Großhandel mit ...	Rohertrag[a)] in % der Gesamtleistung			Kosten in % der Gesamtleistung			Umschlagshäufigkeit[b)]		
	1976	1980	1984	1976	1980	1984	1976	1980	1984
- Nahrungsmitteln verschiedener Art (Sortimentshandel)	9,8	8,9	9,2	9,2	8,6	8,8	16,4	18,3	20,4
- Gemüse, Obst, Früchten	12,9	10,6	10,8	11,0	8,6	9,5	22,7	40,3	38,4
- Süßwaren	13,8	12,9	12,6	11,7	9,7	11,2	9,8	9,2	10,5
- Milcherzeugnissen, Fettwaren	5,6	6,9	6,7	4,9	5,8	6,2	50,6	32,0	29,5
- Fleisch, Fleischwaren	7,9	8,8	8,5	6,4	7,8	6,9	41,5	44,1	59,8
- Fisch, Fischerzeugnissen	14,8	13,1	13,6	11,5	10,4	11,4	13,0	16,3	19,9
- sonstigen Nahrungsmitteln	5,2	10,0	11,2	4,9	8,5	9,5	29,7	20,4	18,7
- Wein	25,0	24,8	35,2	21,8	23,4	30,6	3,7	2,6	2,2
- Spirituosen		16,7	9,6		11,9	8,9		9,4	9,0
- Bier, alkoholfreien Getränken	23,1	22,5	23,5	19,3	19,3	20,7	22,0	15,6	18,8
- Tabakwaren	8,9	9,5	8,4	7,3	7,9	7,0	18,8	19,0	15,7
Großhandel mit Nahrungs- u. Genußmitteln insgesamt	10,7	10,5	10,7	9,5	9,3	9,6	17,2	18,2	18,6

a) Rohertrag: Gesamtleistung minus Material- und Wareneinsatz.
b) Umschlagshäufigkeit: Material- und Wareneinsatz dividiert durch den durchschnittlichen Material- und Warenbestand.

Quelle: Statistisches Bundesamt, Fachserie 2: Unternehmen und Arbeitsstätten, Reihe 1.2.1: Kostenstruktur im Großhandel bei Buch- und ähnl. Verlagen, laufende Jahrgänge.

Tab. V.2-9

Entwicklung des Rohertrags und der Kosten sowie der Umschlagshäufigkeit nach Umsatzgrößen des Sortimentsgroßhandels mit Nahrungsmitteln von 1976 bis 1984

Umsatzgrößenklassen (d.h. Gesamtleistung von ... bis unter ... DM	Rohertrag[a)] in % der Gesamtleistung			Kosten in % der Gesamtleistung			Umschlagshäufigkeit[b)]		
	1976	1980	1984	1976	1980	1984	1976	1980	1984
unter 2 Mill.	15,3	[17,0]	[18,5]	12,6	[14,0]	[15,0]	8,3	[9,0]	[10,0]
2 Mill. - 5 Mill.	16,8	15,8	14,9	15,2	14,6	13,8	9,7	8,4	4,3
5 Mill. - 10 Mill.	14,5	15,9	15,3	12,8	14,1	14,1	10,5	10,8	11,7
10 Mill. - 25 Mill.	13,6	10,1	(9,4)	12,7	9,1	(9,7)	11,7	12,4	(21,4)
25 Mill. - 50 Mill.	10,8	10,6	(11,9)	10,3	10,4	(12,1)	12,2	11,5	(15,3)
50 Mill. - 100 Mill.	9,7	10,2	(10,0)	9,2	9,6	(9,7)	16,6	17,3	(15,8)
100 Mill. - 250 Mill.	8,6	8,7	9,5	8,2	8,1	9,1	18,6	18,5	17,3
250 Mill. - 500 Mill.	8,9	-	7,6	8,2	-	7,3	21,8	-	23,1
500 Mill. - 1 Mrd.	-	-	(9,2)	-	-	(9,2)	-	-	(23,8)
Insgesamt	9,8	8,9	9,2	9,2	8,6	8,8	16,4	18,3	20,4

a) Rohertrag: Gesamtleistung minus Material- und Wareneinsatz.
b) Umschlagshäufigkeit: Material- und Wareneinsatz dividiert durch den durchschnittlichen Material- und Warenbestand.
[] Amtlich basierender Schätzwert des Ifo-Instituts.
() Ausagewert eingeschränkt laut amtlicher Statistik.

Quelle: Statistisches Bundesamt, Fachserie 2: Unternehmen und Arbeitsstätten, Reihe 1.2.1: Kostenstruktur im Großhandel bei Buch und ähnlichen Verlagen.

zugewandt und der davon betroffene Fachgroßhandel mit einer Verringerung seiner Handelsspanne und Reduzierung seiner „Handlungs"-Kosten reagiert hat.

Eine größenspezifische Betrachtung der Rohertragsquoten im Sortimentsgroßhandel mit Nahrungsmitteln weist auf erhebliche Unterschiede hin (Tab. V.2–9). Rohertragsquoten in der Größenordnung von 8 bis 9 % der größeren Unternehmen (100 Mill. DM Jahresumsatz und mehr) liegen etwa so hoch wie die Ertragsquoten der kleineren Firmen (bis zu 10 Mill. DM), die Quoten in einer Größenordnung von 15 bis 19 % erreichen. Tendenziell konnte die letztere Gruppe ihre Ertragskraft in den letzten Jahren etwas verbessern. Im Vergleich zu den Rohertragsquoten im gesamten Fertigwaren- bzw. Konsumgütergroßhandel liegen diejenigen des Nahrungsmittelgroßhandels in allen Größenklassen erheblich niedriger.

Sowohl die hier genutzten Daten der Kostenstruktur-Erhebungen im Großhandel als auch die laufenden Jahreserhebungen des Großhandels (Tab. A.V.2–2 und –3) lassen eine nennenswerte Verbesserung der Rohertrags-Entwicklung im Nahrungsmittelgroßhandel nicht erkennen. Allerdings weisen die Rohertragsquoten in den einzelnen Fachzweigen des Nahrungsmittelgroßhandels sowie bei kleineren und größeren Unternehmen erhebliche Unterschiede auf, was hauptsächlich auf produkt- und betriebsgrößenspezifische Funktionsleistungen und -angebote in der Distribution der verschiedenen Nahrungs- und Genußmittel zurückzuführen ist.

3. Distribution auf der Einzelhandelsstufe

3.1 Entwicklung von Vertriebs- bzw. Geschäftstypen

Die Entwicklungen im Einzelhandel mit Nahrungs- und Genußmitteln gewinnen für Unternehmen der Ernährungsindustrie deshalb verstärkt an absatzpolitischer Bedeutung, weil die meist produktbezogenen Präsentations- und Verkaufskonzepte im Lebensmittelhandel auf das Einkaufs- und Konsumverhalten der Verbraucher einen zunehmend größeren Einfluß ausüben. Die handelsseitige Forcierung z. B. von werbegestützten Sonderangeboten und die mehr ergebnisorientierte Regalplazierung der Artikel in den modernen Geschäfts- bzw. Vertriebstypen veranlaßten viele Unternehmen des Ernährungsgewerbes, ihre bisherigen Absatzaktivitäten in Frage zu stellen und neue Konzepte zu erarbeiten. Dabei wurden die unterschiedlichen Entscheidungs- und Marketingstrukturen der verschiedenen Handelsunternehmen und -gruppen mehr als bisher unter kosten- und ertragswirtschaftlichen Gesichtspunkten berücksichtigt.

Das Distributionsgeschehen auf der Einzelhandelsstufe war in den letzten Jahren entscheidend von dem weiterhin raschen Vordringen großflächiger Vertriebstypen gekennzeichnet (Tab. V.3–1). Vor allem großflächige SB-Warenhäuser (über 5 000 qm Verkaufsfläche) und kleinere Verbrauchermärkte (800 bis 1 500 qm) konnten ihre Marktanteile überdurchschnittlich stark erhöhen. Die relativ hohen Anteilsgewinne dieser meist sehr konkurrenz- und standortorientierten Geschäftstypen sind das Ergebnis vor allem ihrer aktiven und flexiblen Preispolitik, die vor allem darauf ausgerichtet ist, sich mit einer verbesserten Preis- und Leistungsfähigkeit gegenüber Mitwettbewerbern merklich zu unterscheiden und damit Käuferpräferenzen verstärkt auf sich zu lenken.

Ein weiterhin überdurchschnittliches Wachstum verzeichneten in den vergangenen Jahren auch die Discountmärkte, deren Marktanteil im Zeitraum 1983 bis 1989 von rd. 20 auf rd. 25 % gestiegen ist. Für einige Produktsegmente haben Discountmärkte eine mehr oder weniger starke Preisführerschaft übernommen, was erhebliche Auswirkungen auf ihr Beschaffungs- und Marktverhalten gegenüber Produzenten und Mitwettbewerbern hatte. Ihre Leistungsstärke und damit ihre Marktstellung im horizontalen Wettbewerb erhalten die Discount-Unternehmen zum großen Teil aus der umfassenden Zentralisierung von Beschaffungs- und Logistikfunktionen, die ihnen einen erheblichen Kostenvorteil und -vorsprung im Wettbewerb verleiht.

Die kleineren und zumeist inhabergeführten Lebensmittelgeschäfte (unter 400 qm), aber auch die mittelgroßen Supermärkte (400 bis 800 qm) mußten dagegen größere Marktanteilsverluste hinnehmen. Insbesondere die kleineren Betriebe, auf die 1989 rd. 80 % aller Lebensmittelgeschäfte entfielen, hatten erhebliche Verluste zu verbuchen. Von 1983 bis 1989 verminderte sich ihr Anteil um 8 Prozentpunkte auf rd. 26 %. Dieser Rückgang ist hauptsächlich dadurch bedingt, daß viele dieser Geschäfte in ihrer kleinbetrieblichen Angebots- und Sortimentsstruktur nicht mehr den Einkaufsanforderungen der Verbraucher entsprechen. Auch die beschaffungswirtschaftliche Anbindung dieser Geschäfte an eine der zahlreichen Kooperationsgruppen kann den aus der „kleinen“ Umsatz- bzw. Betriebsgröße resultierenden Wettbewerbsnachteil nur teilweise kompensieren.

Diese unterschiedlichen Entwicklungen in den Marktanteilen können im wesentlichen auf Systemunterschiede zwischen den Filialunternehmen und den verschiedenen Handelsgruppen und -kooperationen zurückgeführt werden. Vor allem die diskountorientierten Geschäfts- bzw. Vertriebstypen der Filialgruppen zeichneten sich in den letzten Jahren durch ein überdurchschnittliches Wachstum aus (Tab. V.3–2). Mit ihren zentralen Entscheidungsstrukturen und großen Netzen von verschiedenen Geschäfts- bzw. Vertriebstypen bieten große Filialunternehmen den Unternehmen des Ernährungsgewerbes eine ausgezeichnete Basis für ihre Absatzaktivitäten und für eine umfassende Marktdurchdringung ihrer Produkte. Allerdings geht von diesen umsatzstarken Filialunternehmen infolge der hohen Bezugsmengen und ihres handelswirtschaftlichen Gestaltungspotentials ein vergleichsweise starker Nachfragedruck auf die Produzenten aus, möglichst die günstigsten Bezugskonditionen zu erhalten.

Tabelle V.3-1

Entwicklung der Zahl und des Umsatzes von Einzelhandelstypen im Lebensmitteleinzelhandel von 1983 bis 1989

Einzelhandelstypen	1 9 8 3				1 9 8 9				Veränderung in % 1983/89	
	Geschäfte		Umsatz		Geschäfte		Umsatz			
	Anzahl	in %	in Mill. DM	in %	Anzahl	in %	in Mill. DM	in %	Geschäfte	Umsatz
SB-Warenhäuser (über 5 000 qm)	370	0,4	13 070	9,9	416	0,6	17 900	11,8	+ 12,4	+ 36,9
Große Verbrauchermärkte (1 500 - 5 000 qm)	985	1,1	14 140	10,7	1 235	1,7	18 200	12,0	+ 25,4	+ 28,7
Kleine Verbrauchermärkte (800 - 1 500 qm)	1 424	1,6	11 170	8,5	2 794	3,8	20 200	13,3	+ 96,2	+ 80,8
Supermärkte (400 - 800 qm)	3 767	4,3	18 080	13,7	3 650	5,0	17 700	11,7	- 3,1	- 2,1
Discountmärkte	5 400	6,2	26 620	20,2	6 600	9,1	38 000	25,0	+ 22,2	+ 42,7
Restliche Geschäfte (unter 400 qm)	75 700	86,4	48 720	37,0	57 989	79,8	39 800	26,2	- 23,4	- 18,3
Insgesamt	87 646	100	131 800	100	72 684	100	151 800	100	- 17,1	+ 15,2

Quelle: Berechnungen und Schätzungen des Ifo-Instituts für Wirtschaftsforschung, nach Unterlagen der Nielsen Marketing Forschung, Nielsen Universen.

Tabelle V.3-2

Umsatzentwicklung verschiedener Vertriebstypen
von Filialunternehmen
1984 bis 1987

Vertriebstypen der Filialgruppe	1984 in Mill. DM	1984 in %	1987 in Mill. DM	1987 in %	%-Veränderung 1984/87
Tengelmann-Gruppe insgesamt	10 501	100	12 477	100	18,8
davon:					
- Plus	4 320	41,1	5 460	43,7	26,4
- Tengelmann-Märkte	2 827	26,9	3 080	24,7	8,9
- Kaiser's Kaffee	2 574	24,5	3 007	24,1	16,8
- Magnet (LGU)	433	4,1	523	4,2	20,8
- Gubi	277	2,6	287	2,3	3,6
- Accos Maierhofer	70	0,7	120	1,0	71,4
REWE-Leibbrand-Gruppe insgesamt	10 075	100	13 010	100	29,1
davon:					
- HL-Märkte	3 138	31,1	3 135	24,1	0,0
- Minimal-Euro-Märkte	2 910	28,9	4 089	31,4	40,5
- Penny, Neu und H+P-Märkte	2 329	23,1	3 690	28,4	58,4
- Idea-Drogeriemärkte	181	1,8	201	1,5	11,1
- Toom-SB-Warenhaus u. Baumärkte	1 518	15,1	1 895	14,6	24,8

Quelle: Geschäftsberichte und sonstige Informationsunterlagen der Filialunternehmen; Berechnungen des Ifo-Instituts für Wirtschaftsforschung.

Die verschiedenen Kooperations- und Handelsgruppen, deren Mitgliedsunternehmen sowohl auf der Großhandels- als auch auf der Einzelhandelsstufe agieren, können aufgrund ihrer kooperativen Organisationsstruktur den Produzenten von Nahrungsmitteln nicht ähnlich „zentralisierende" Absatzsysteme wie große Filialsysteme anbieten. Die beschaffungs- und absatzwirtschaftlichen Entscheidungen der verschiedenen Mitgliedsunternehmen orientieren sich vornehmlich an spezifisch regionalen und betrieblichen Wettbewerbsbedingungen und können daher auch nur schwer von der jeweiligen Kooperationszentrale koordiniert oder „zentralisiert" werden. Die von ihr mit den Lieferanten vorverhandelten Rahmenbedingungen bilden hauptsächlich das Fundament für nachfolgende individuelle Beschaffungsverhandlungen zwischen dem Produzenten und dem einzelnen Mitgliedsunternehmen.

Die damit verbundenen hohen Transaktionskosten und die fehlenden Möglichkeiten der Zentrale, Verkaufskonzepte für größere Absatzräume fest zu vereinbaren, tragen wesentlich dazu bei, daß die Kooperationssysteme nicht immer die gleich hohe Wertschätzung von seiten der Ernährungsindustrie erfahren wie große Filialsysteme. Die größeren Mitgliedsunternehmen dagegen sind für die Produzenten eine wichtige Abnehmergruppe, da mit ihnen durchsetzbare und konkrete Verkaufsaktionen vereinbart werden können.

3.2 Wirtschaftszweige

Über 80% des Branchenumsatzes des (institutionellen) Nahrungs- und Genußmitteleinzelhandels wurden 1986 von den rd. 46 000 Unternehmen des Sortimentshandels getätigt, der auf einzelne Warengruppen spezialisierte Facheinzelhandel umfaßte knapp 43 000 Unternehmen (Tab. V.3–3) In den letzten 10 Jahren hat sich die wirtschaftliche Bedeutung des Nahrungsmittel-Fachhandels stetig vermindert, sein branchenmäßiger Umsatzanteil reduzierte sich von rd. 25% (1976) auf rd. 20% (1986). Dieser Rückgang ist vor allem dadurch bedingt, daß expandierende Filialunternehmen einzelnen Fachsortimenten größeres Gewicht in ihren Absatz- und Verkaufsaktivitäten schenken und damit erheblichen Wettbewerbsdruck auf die betreffenden, zumeist kleinbetrieblichen Fachhandelsgeschäfte ausüben.[7]

Von 1980 bis 1986 hat sich die Zahl der (steuerpflichtigen) Unternehmen im Nahrungsmitteleinzelhandel um rd. 13% vermindert. Einen besonders starken Rückgang verzeichnete dabei der Sortimentshandel, in diesem Wirtschaftszweig sank die Zahl der Unternehmen um 12 000 auf 46 000 (1980/86 = -21%). Trotz dieser enormen Bestandsverminderung konnte der Sortimentshandel ein leicht überdurchschnittliches Umsatzplus von 33% (1980/86) in diesem Zeitraum erzielen. Diese gegensätzlichen Unternehmens- und Umsatzentwicklungen können primär auf das hohe Umsatzwachstum der expansiven Filialunternehmen bzw. -geschäfte zurückgeführt werden und den systematischen Ausbau des Netzes verschiedenartiger Vertriebstypen, die in der Regel eine weitaus höhere betriebliche Umsatzgröße aufweisen als diejenigen der traditionellen Lebensmittelgeschäfte. Diesem intensiven Konkurrenzdruck konnte vielfach der traditionelle Lebensmitteleinzelhandel nicht standhalten, was im Verlauf der letzten Jahre zum Ausscheiden einer Vielzahl von meist kleinen und mittleren Sortimentseinzelhändlern aus dem Wettbewerb geführt hat. Diese Entwicklungen können auch recht gut bei einzelnen Handelskooperationen beobachtet werden, die sowohl mittelständische Einzelhandelsunternehmen als auch nationale bzw. regionale Filialsysteme besitzen, wie z. B. die Rewe-Handelsgruppe (Tab. V.3–4).

---

[7] Vgl. hierzu die ausführliche Untersuchung über das Strukturbild und Entwicklungstrends im Sortiments- und Fachhandel mit Lebensmitteln in Bayern bei Weitzel (1989), S. 7 ff.

Tabelle V.3-3

Unternehmen und Umsatz im Einzelhandel mit Nahrungs- und Genußmitteln nach ausgewählten Wirtschaftszweigen in den Jahren 1980 und 1986

Wirtschaftszweige	1980 Unternehmen Anzahl	1980 Unternehmen in %	1980 Umsatz in Mill.DM	1980 Umsatz in %	1986 Unternehmen Anzahl	1986 Unternehmen in %	1986 Umsatz in Mill.DM	1986 Umsatz in %	Veränderung 1980/86 in % Unternehmen	Veränderung 1980/86 in % Umsatz
Sortimentseinzelhandel	58 612	57,6	76 153	80,1	46 101	51,8	101 364	81,9	-21,3	33,1
Facheinzelhandel mit ...										
- Nahrungsmitteln darunter:	22 156	21,8	9 001	9,5	23 478	26,4	11 599	9,4	6,0	28,9
. Milch, Fettwaren, Eier	3 334	3,3	1 163	1,2	2 539	2,9	1 155	0,9	-23,8	-0,7
. Süßwaren	2 172	2,1	641	0,1	2 085	2,3	1 666	1,3	-4,0	159,8
. Kaffee, Tee, Kakao	489	0,5	456	0,5	638	0,7	339	0,3	30,5	-25,6
. Fleisch, Fleischwaren	3 882	3,8	2 579	2,7	4 352	4,9	3 159	2,6	12,1	22,5
. Brot, Konditorwaren	1 555	1,5	484	0,5	2 166	2,4	962	0,8	39,3	98,8
. Kartoffeln, Gemüse, Obst	7 486	7,4	2 195	2,3	7 571	8,5	2 533	2,0	1,1	15,4
- Getränken davon:	9 636	9,5	4 019	4,2	10 084	11,3	4 923	4,0	4,6	22,5
. Wein, Spirituosen	2 452	2,4	1 414	1,5	2 888	3,2	1 513	1,2	17,8	7,0
. Bier, alkoholfr. Getr.	7 184	7,1	2 605	2,7	7 196	8,1	3 410	2,8	0,2	30,9
- Tabakwaren	11 437	11,2	5 949	6,3	9 283	10,4	5 902	4,8	-18,8	-0,8
Einzelhandel mit Nahrungsmitteln, Getränken, Tabakwaren	101 841	100	95 123	100	88 946	100	123 787	100	-12,7	30,1

Quelle: Statistisches Bundesamt, Fachserie 14: Finanzen und Steuern, Reihe 8: Umsatzsteuer (laufende Veröffentlichungen) und Berechnungen des Ifo-Instituts für Wirtschaftsforschung.

Tabelle V.3-4

Entwicklung der Rewe-Handelsgruppen in den Jahren 1982 und 1987

Unternehmen und Vertriebstypen der Rewe-Handelsgruppen	Geschäfte				Fläche				Umsatz				Veränderung in %		
	1982		1987		1982		1987		1982		1987		1987/82		
	Anzahl	in %	Anzahl	in %	in 1000 m²	in %	in 1000 m²	in %	in Mrd. DM	in %	in Mrd. DM	in %	Geschäfte	Fläche	Umsatz
Mittelständische Einzelhandelsunternehmen	6 136	77,4	4 404	63,3	1 422	58,5	1 504	47,2	10,0	55,2	10,6	43,3	-28,2	+ 5,8	+ 6,0
Rewe-Einzelhandelsgruppen	5 900	74,4	4 123	59,3	1 181	48,6	1 199	37,6	7,9	43,6	7,9	32,2	-30,1	+ 1,5	± 0
darunter:															
- Mitgliedsgeschäfte	5 354	67,5	3 445	49,5	756	31,1	633	19,9	5,1	28,2	4,2	17,1	-35,7	- 16,3	- 17,6
- Partnerschaftsgeschäfte	355	4,5	407	5,9	276	11,3	325	10,2	1,9	10,5	2,3	9,4	+14,6	+ 17,8	+ 21,1
- Filialgeschäfte des Großhandels	191	2,4	271	3,9	149	6,1	241	7,5	0,9	5,0	1,4	5,7	+41,9	+ 61,7	+ 55,6
Sonstige Geschäfte	236	3,0	281	4,0	241	9,9	305	9,6	2,1	11,6	2,7	11,0	+19,1	+26,6	+28,6
Nationale Filialsysteme	1 791	22,6	2 552	36,7	1 010	41,5	1 684	52,8	8,1	44,8	13,9	56,7	42,5	+66,7	+71,6
Rewe-Leibbrand-Gruppe	1 791	22,6	2 490	35,8	1 010	41,5	1 622	50,9	8,1	44,8	13,0	53,1	39,0	+60,6	+60,5
darunter:															
- HL-Märkte	698	8,8	750	10,8	309	12,7	353	11,1	2,7	14,9	3,1	12,7	7,4	+ 14,2	+ 14,8
- Minimal-/Euromärkte	277	3,5	533	7,7	283	11,6	565	17,7	2,1	11,6	4,1	16,7	92,4	+ 99,6	+ 95,2
- Penny-, Neue- und H+P-Märkte	689	8,7	1 044	15,0	212	8,7	439	13,8	1,7	9,5	3,7	15,1	51,5	+107,1	+117,6
- Idea-Drogeriemärkte	84	1,1	107	1,5	21	0,9	30	0,9	0,2	1,1	0,2	0,8	27,4	+ 42,9	± 0
- Toom/SB-Warenhäuser, Baumärkte	43	0,5	56	0,8	185	7,6	234	7,3	1,4	7,7	1,9	7,8	30,2	+ 26,5	+ 35,7
Sonstige (wie z.B. Hertie)	-	-	62	0,9	-	-	62	1,9	-	-	0,9	3,7	-	-	-
Einzelhandel in der Rewe-Handelsgruppe insgesamt	7 927	100	6 956	100	2 432	100	3 188	100	18,1	100	24,5	100	-12,2	+31,1	+35,4

Quelle: Jahres- und Geschäftsberichte sowie sonstige Informationsunterlagen der Rewe-Handelsgruppe; Berechnungen des Ifo-Instituts für Wirtschaftsforschung.

Abbildung V.3-1

Umsatzentwicklung im Sortimentseinzelhandel mit Nahrungs- und Genußmitteln
nach Umsatzgrößenklassen

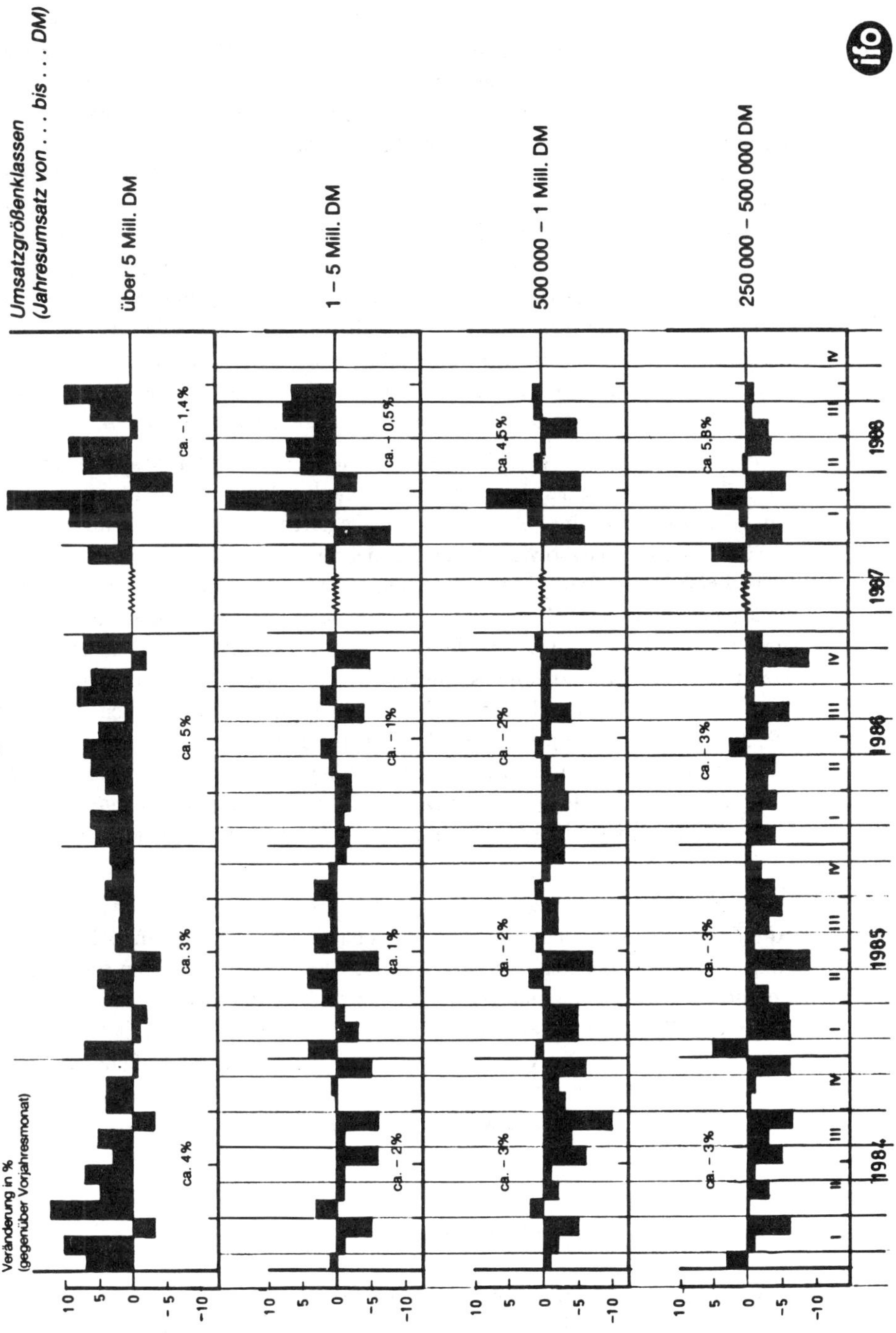

Quelle: Statistisches Bundesamt, F.S. 6, Reihe 3.1: Beschäftigte und Umsatz im Einzelhandel (Meßzahlen). Ifo-Institut für Wirtschaftsforschung, München

Die z.T. recht ungünstige Entwicklung für die Gruppe der kleineren Lebensmitteleinzelhändler zeigt sich recht deutlich (vgl. Abb. V.3.–1), wenn man von 1984 bis 1988 die monatlichen Umsatzveränderungen nach den verschiedenen Unternehmensgrößen betrachtet. Während etwas größere Unternehmen (5 Mill. Jahresumsatz und mehr) Umsatzzuwächse von der Größenordnung von + 3 bis + 5 % aufwiesen, lagen die entsprechenden Ergebnisse bei den kleineren Unternehmen (unter 500 000 DM) bei - 2 bis - 3 % in den einzelnen Monaten. Aber auch mittlere Unternehmen (1 bis 5 Mill. DM) waren in ihrem Umsatzverlauf durch ein mehr oder weniger starkes Minusergebnis in den meisten Monaten gekennzeichnet. Diese stark unterschiedlichen Umsatzergebnisse bei kleineren und größeren Unternehmen des Lebensmittelhandels zeigen deutlich, daß die Wachstumsimpulse im Sortimentshandel mit Nahrungs- und Genußmitteln fast ausschließlich von größeren Unternehmen ausgingen und daß die kleineren Unternehmen von einer stark rückläufigen Entwicklung betroffen waren.

Auffallend ist, daß rd. 50 % aller Unternehmen des Nahrungsmittelhandels ein teilweise sehr spezialisiertes Warensortiment anbieten und daher dem Fachhandel zuzuordnen sind. An der Spitze rangieren der Tabakfacheinzelhandel (9 300 Unternehmen) sowie der Fachhandel mit Bier und alkoholfreien Getränken (7 600) sowie mit Obst und Gemüse (7 500). Auf diese vorherrschenden Fachzweige entfallen rd. 23 % aller Unternehmen des Nahrungsmittelhandels, aber nur knapp 13 % des Branchenumsatzes. Dies weist auf die überwiegend kleinbetriebliche Unternehmensstruktur des Fachhandels mit eingeschränktem Sortiment hin, die durchschnittliche Unternehmensgröße hat sich hier von 1978 bis 1984 im Vergleich zum Sortimentshandel nur halb so stark erhöht (Tab. A.V.3–1). Von ihrer Umsatzentwicklung her konnten die meisten dieser Fachzweige im Vergleich zum gesamten Nahrungsmitteleinzelhandel in den letzten Jahren vielfach nur ein unterdurchschnittliches Wachstum verbuchen (Tab. A.V.3–2).

Infolge dieser Umsatzexpansion im Sortimentshandel einerseits und dem Anteilsverlust im Fachhandel andererseits haben viele Unternehmen des Ernährungsgewerbes ihre Absatzaktivitäten verstärkt in Richtung auf den stark filialisierenden Sortimentshandel hin ausgerichtet. Auch wenn der Fachhandel für bestimmte Produktgruppen (wie z. B. Spirituosen, Tabakwaren, Obst und Gemüse) nach wie vor eine wichtige Rolle spielt, so hat der Absatz über spezialisierte Handelsunternehmen insgesamt für viele Unternehmen des Ernährungsgewerbes in den letzten Jahren doch stetig an Bedeutung verloren.

3.3 Größenstrukturen und Konzentrationsentwicklungen

Bevor die Konzentrationsentwicklung im Einzelhandel mit Nahrungs- und Genußmitteln dargestellt wird, sollen zunächst Entwicklungen in den (Umsatz-)

Größenstrukturen ausgewählter Fachzweige des Lebensmitteleinzelhandels skizziert werden. Dies erscheint vor allem unter dem Aspekt notwendig zu sein, weil manche konzentrationsstatistischen Anmerkungen und die daraus resultierenden politischen Aussagen das hierfür verwandte Datenmaterial vielfach nur unzureichend „offenbaren" und erklären. Für die folgende Darstellung der Größenstrukturen im Nahrungsmitteleinzelhandel werden als Informationsbasis zunächst amtliche Zählwerke (wie z. B. die laufenden Umsatzsteuerstatistiken) herangezogen, die die Gesamtheit aller der in diesem Wirtschaftszweig tätigen Unternehmen erfassen. Die konzentrationsanalytischen Betrachtungen dagegen stützen sich weitgehend auf Umsatzangaben von einzelnen Handelsunternehmen und -gruppen, wobei z. B. erhebliche Schwierigkeiten in der „richtigen" Erfassung der Außenumsätze von Beteiligungsgesellschaften bestehen.

Nach der Umsatzsteuerstatistik waren im (institutionellen) Einzelhandel mit Nahrungs- und Genußmitteln im Jahre 1986 knapp 90 000 Unternehmen tätig, von denen knapp die Hälfte einen Jahresumsatz von weniger als 250 000 DM aufwiesen (Tab. V.3–5). Rund ein Viertel der Unternehmen erreichte lediglich ein Umsatzniveau zwischen 250 000 und 500 000 DM. Auf diese beiden Gruppen von „Kleinst"- und kleineren Lebensmittelhandelsunternehmen entfielen 1986 nur knapp 11 % des steuerpflichtigen Branchenumsatzes von rd. 124 Mrd. DM. Dagegen „konzentrierten" sich gut 50 % des Branchenumsatzes auf rd. 60 Großunternehmen, die jeweils mehr als 250 Mill. DM Einzelhandelsumsatz erzielten.

Allein diese Größenstrukturen weisen darauf hin, daß es im Lebensmitteleinzelhandel einerseits eine sehr große Anzahl von kleineren Lebensmittelgeschäften gibt, die schätzungsweise zu rd. einem Drittel als Nebenerwerb betrieben werden, und andererseits eine kleine Anzahl von recht umsatzstarken Handelsunternehmen besteht, die in den letzten Jahren ihren Umsatzanteil erheblich ausweiten konnten. Mittelgroße Einzelhandelsunternehmen (Jahresumsatz von 1 bis 25 Mill.) konnten sowohl ihren Unternehmens- als auch ihren Umsatzanteil weitgehend halten.

Vergleicht man die Größenstrukturen des gesamten Lebensmitteleinzelhandels mit den Strukturen ausgewählter Fachhandelszweige mit Nahrungsmitteln, so zeigt sich folgendes Bild (Tab. V.3–6): Im Vergleich zum gesamten Nahrungsmittelhandel weist der Sortimentshandel eine noch höhere Umsatzkonzentration von Unternehmen mit einem Jahresumsatz von mehr als 250 Mill. DM auf (61 % im Vergleich zu 51 %). Die Größenstruktur des Fachhandels dagegen läßt erkennen, daß in den verschiedenen Fachsparten fast ausschließlich Unternehmen mit Jahresumsätzen in der Größenordnung von unter 5 Mill. DM tätig sind. Nur sehr wenige Unternehmen kommen auf höhere Jahresumsätze.

Die bisherige Größenbetrachtung wird durch unternehmensbezogene Konzentrationsergebnisse erweitert.[8] In einer Sonderauswertung des Statistischen

Tabelle V.3-5

Entwicklung der Unternehmens- und Umsatzanteile im Sortiments- und Fach-Einzelhandel mit Nahrungs- und Genußmitteln in der Bundesrepublik Deutschland

nach Umsatzgrößenklassen
1976, 1980 und 1986

Umsatzgröße (Jahresumsatz von ... bis unter ... DM)	1976		1980		1986	
	Unternehmen in %	Umsatz in %	Unternehmen in %	Umsatz in %	Unternehmen in %	Umsatz in %
unter 250.000	58,5	10,3	49,4	6,7	48,1	4,3
250.000 - 500.000	23,9	12,4	26,6	10,1	25,0	6,4
500.000 - 1 Mill.	11,3	11,3	14,8	10,9	15,7	7,8
1 Mill. - 5 Mill.	5,6	15,1	8,1	16,1	9,7	13,2
5 Mill. - 25 Mill.	0,6	8,1	0,8	8,8	1,2	7,9
25 Mill. - 100 Mill.	0,1	6,9	0,1	6,0	0,2	4,4
100 Mill. - 250 Mill.	} 0,1	} 36,0	0,0	5,8	0,0	4,8
250 Mill. und mehr			0,0	35,6	0,1	51,2
Zahl der Unternehmen	108.592		101.841		88.946	
Umsatz (in Mill. DM)		73.621		95.123		123.787

Quelle: Statistisches Bundesamt, Fachserie 14: Finanzen und Steuern; Reihe 8: Umsatzsteuer und Berechnungen des Ifo-Instituts für Wirtschaftsforschung.

Tabelle V.3-6

Vergleich der Größenstrukturen in Fachzweigen des Einzelhandels mit Nahrungs- und Genußmitteln

nach Umsatzgrößenklassen im Jahre 1986 (in %)

Umsatzgrößenklasse von ... bis unter ... DM (Jahresumsatz)	EH. mit Nahrungs- und Genußmitteln insgesamt		darunter: Sortimentshandel		Fachhandel mit Nahrungsmitteln		Fachhandel mit Getränken	
	Unter-nehmen	Umsatz	Unter-nehmen	Umsatz	Unter-nehmen	Umsatz	Unter-nehmen	Umsatz
unter 250.000	48,1	4,3	43,7	2,5	57,3	13,7	58,2	12,8
250.000 - 500.000	25,0	6,4	24,9	4,1	23,3	16,7	19,6	14,4
500.000 - 1 Mill.	15,7	7,8	17,0	5,4	12,4	17,2	13,2	18,7
1 Mill. - 5 Mill.	9,7	13,2	12,4	10,9	6,3	23,3	8,2	30,1
5 Mill. - 25 Mill.	1,2	7,9	1,6	6,6	0,7	13,2	0,7	12,5
25 Mill. - 100 Mill.	0,2	4,4	0,2	3,8				
100 Mill. - 250 Mill.	0,1	4,8	0,1	5,3	0,1	16,0	0,0	11,5
250 Mill. und mehr	0,1	51,2	0,1	61,3				
Zahl der Unternehmen (= 100 %)	88.946		46.101		23.478		10.084	
Umsatz in Mill. DM (= 100 %)		123.787		101.364		11.596		4.923

Quelle: Statistisches Bundesamt, Fachserie 14: Finanzen und Steuern; Reihe 8: Umsatzsteuer und Berechnungen des Ifo-Instituts für Wirtschaftsforschung.

Bundesamtes wurden für die 33 umsatzstärksten Handelskonzerne mit Anteilsumsätzen im Lebensmittelhandel Konzentrationsraten nach 6 bzw. 3 Rangklassen berechnet. Als Basis wurden die primärstatistischen Unternehmensdaten der Handels- und Gaststättenzählungen 1979 und 1985 herangezogen. Dabei wurden die Umsatz- und Beschäftigtenanteile der Handelskonzerne einmal auf den gesamten Einzelhandel und – entsprechend ihrer Umsätze mit Lebensmitteln – auf entsprechende Branchenumsätze von einzelnen Wirtschaftsgruppen des Einzelhandels bezogen, in denen nicht allein der institutionelle Nahrungsmitteleinzelhandel, sondern zusätzlich Einzelhandelsunternehmen berücksichtigt wurden, die insbesondere durch großflächige Geschäftstypen in einem erheblichen Ausmaß Nahrungsmittel und Nicht-Nahrungsmittel distribuieren. Auch wenn eine exakte Aufgliederung der Konzernumsätze nach Food- und Non-Food nicht immer möglich ist, so weisen die so empirisch abgesicherten Ergebnisse auf interessante Entwicklungen hin:

- Im Zeitraum von 1978 bis 1985 hat im gesamten Einzelhandel mit Nahrungsmitteln, Getränken und Tabakwaren der (Umsatz-)Anteil der 5, 10 und 15 größten Handelskonzerne erheblich zugenommen (Tab. V.3–7). Lag im Jahre 1978 der Umsatzanteil der 5 größten Konzerne noch bei 18,5 %, so erhöhte sich dieser bis auf 33 % im Jahre 1984. Der entsprechende Umsatzanteil der 33 größten Handelskonzerne hat während dieses Zeitraumes von 24,6 auf 40,9 % zugenommen.

  Eine noch erheblich größere (Umsatz-)Konzentration ergibt sich, wenn allein der *Sortimentshandel* als relevanter Wirtschaftszweig für eine vergleichende Betrachtung herangezogen wird. In dieser stark filialisierten Nahrungsmittelbranche stieg der Umsatzanteil der 33 größten Handelskonzerne von 31 % (1978) auf 50,3 % (1984) (Tab. V.3–8).

- Die Konzentrationsraten dieser Handelskonzerne am *gesamten* Einzelhandelsumsatz haben sich dagegen nicht merklich erhöht. Dies weist darauf hin, daß die Konzentrationsentwicklung bzw. -anstöße hauptsächlich aus dem Food-Bereich herrührten und in den übrigen Fachhandelszweigen eine derartig starke Konzentrationsentwicklung wie in der Lebensmitteldistribution nicht stattgefunden hat.

- Eine erweiterte Konzentrationsbetrachtung ergibt sich, wenn zum institutionellen Einzelhandel mit Nahrungs- und Genußmitteln auch diejenige Wirtschaftsgruppe bzw. Einzelhandelsbranche einbezogen wird, in denen hauptsächlich Unternehmen mit großflächigen Verbrauchermärkten und SB-Warenhäusern vertreten sind, die zwar über 50 % ihres Umsatzes mit Lebensmitteln tätigen, aber auch stark in anderen Sortimentsbereichen engagiert sind. Für diese zusammengefaßten Wirtschaftsgruppen ergibt sich für die 33

[8] Vgl. hierzu ausführlich Krockow (1988), S. 524 f., und Monopolkommission (1988 b), S. 24 ff.

Tabelle V.3-7

Entwicklung der Umsatz- und Beschäftigtenkonzentration der größten Handelskonzerne 1978 und 1984

Handelskonzerne 1 bis	Umsatzanteil 1978	Umsatzanteil 1984	Beschäftigtenanteil 1978	Beschäftigtenanteil 1984
	Einzelhandel ingesamt (43)			
5	10,6	11,6	9,5	8,6
10	15,2	17,8	12,8	13,6
15	17,1	20,5	13,8	15,7
20	18,5	22,4	14,9	17,0
25	19,5	23,8	15,6	17,8
30	19,8	24,6	15,8	18,4
	Einzelhandel mit Nahrungsmitteln, Getränken, Tabakwaren (431)			
5	18,5	33,2	9,6	22,7
10	22,5	38,6	13,3	27,1
15	24,3	40,6	14,6	28,6

Quelle: Statistisches Bundesamt, Sonderauswertungen der Handels- und Gaststättenzählungen 1979 und 1984 (veröffentlicht bei Krockow (1988) S. 524 ff.).

größten Handelskonzerne eine Umsatzkonzentration von rd. 46% (1978: 29,6%).

- Diese nicht ganz so stark ausgeprägte Konzentrationsentwicklung wie im Sortimentshandel kann als ein Zeichen dafür angesehen werden, daß die Expansion der Verbrauchermarkt- und SB-Warenhausunternehmen in der Lebensmitteldistribution im letzten Jahrzehnt sich etwas abgeschwächt hat, die Expansion der Lebensmittelfilialunternehmen dagegen überdurchschnittlich stark die Konzentrationsentwicklung forciert haben.
- Wird diese konzentrationsstatistische Betrachtung auf den z.T. recht umsatzstarken und großflächigen *Einzelhandel mit Waren verschiedener Art* beschränkt, so mindert sich im Zeitablauf der Konzentrationsgrad der größten Handelskonzerne sogar geringfügig. Dies kann darauf hindeuten, daß diese so typisierten Großunternehmen des großflächigen Handels in den letzten Jahren ein etwas abgeschwächtes Umsatzwachstum zu verbuchen hatten.

Tabelle V.3-8

Entwicklung der Umsatz- und Beschäftigtenkonzentration der 33 größten Handelskonzerne im Handel
1978 und 1984

Wirtschaftsgruppen bzw. -bereiche des Handels	Umsatzanteil		Beschäftigtenanteil	
	1978	1984	1978	1984
Großhandel mit Nahrungsmitteln, Getränken, Tabakwaren und Großhandel mit Papier, Druckerzeugnissen, Waren verschiedener Art (411 + 413)	6,5	8,5	6,8	8,0
Einzelhandel mit Nahrungsmitteln, Getränken, Tabakwaren insgesamt (431)	24,6	40,9	14,8	28,4
(Sortiments-)Einzelhandel mit Nahrungsmitteln, Getränken (43 111)	31,0	50,3	20,8	38,7
Einzelhandel mit Nahrungsmitteln, Getränken, Tabakwaren insgesamt und Einzelhandel mit Waren verschiedener Art, Hauptrichtung: Nahrungsmittel (431 + 43 983)	29,6	46,3	17,9	32,5
Einzelhandel mit sonstigen Waren, Waren verschiedener Art (439)	49,7	48,9	47,3	45,1
Einzelhandel insgesamt (43)	19,8	24,8	15,8	18,4

Quelle: Statistisches Bundesamt, Sonderauswertungen der Handels- und Gaststättenzählungen 1979 und 1985 (veröffentlicht bei Krockow (1988) S. 524 ff.).

Zusammengefaßt kann aus dieser Sonderauswertung der Schluß gezogen werden, daß die ohne Zweifel vorhandene Konzentrationsbelebung vor allem aus dem filialisierten Sortimentshandel resultierte, der seinen Umsatzschwerpunkt im Food-Bereich hatte.

Im folgenden sollen diese Konzentrationsergebnisse in der Distribution von Nahrungsmitteln abschließend durch eine unternehmensspezifische Betrachtung der 10 größten Filialunternehmen ergänzt werden (Tab. A.V.3–3). Auf der Grundlage von unternehmensspezifischen Umsatzdaten ergibt sich für diese Gruppe von Unternehmen 1987 eine Konzentrationsrate von rd. 52 % (1978: 33,6 %). Diese im Vergleich zu den amtlich berechneten Konzentrationsraten erheblich höhere Konzentration beruht auf den unterschiedlichen Umsatzdaten der Unternehmen, die den beiden Berechnungen zugrunde gelegt wurden. Die für die letzten 10 Jahre beobachtbare Intensität der Konzentrationsentwicklung hat nach beiden Berechnungsmethoden jedoch nahezu das gleiche Ausmaß.

3.4 Struktur der Warenbezüge

Um die warenmäßigen Verflechtungen des Nahrungsmitteleinzelhandels zu den Vorstufen und zu einzelnen Lieferantengruppen eingehender analysieren zu können, werden im folgenden die Bezugsstrukturen für den Lebensmitteleinzelhandel und für einige wichtige Produktgruppen für den Zeitraum von 1979 bis 1985 dargestellt. Dabei sollen insbesondere evtl. Veränderungen in den warenspezifischen Beschaffungsaktivitäten des Sortimentshandels und des Fachhandels verdeutlicht werden.

Rund 85 % aller Warenbezüge des Nahrungsmitteleinzelhandels entfielen 1985 auf den Sortimentshandel (Tab. V.3–9). Gegenüber dem spezialisierten Facheinzelhandel hat dieser Wirtschaftszweig sein Bezugsvolumen seit 1979 stetig ausweiten können. Einzelne Fachhandelszweige waren hiervon besonders stark betroffen und mußten ihr Bezugsvolumen überdurchschnittlich stark zurückfahren, wie z. B. der Fachhandel mit Molkereiprodukten (1979/85: - 19 %).

Auffällig ist die intensive Bezugsexpansion der Unternehmen des Einzelhandels mit Waren verschiedener Art, Hauptrichtung: Nahrungsmittel. Diese hauptsächlich aus Verbrauchermarkt- und SB-Warenhäusern bestehende Gruppe von „konglomeraten“ Unternehmen hat ihre Bezüge für bestimmte Fachsortimente außerordentlich stark erhöht, um durch die Erweiterung einzelner Produktsegmente die Attraktivität ihres Warenangebots an Nahrungsmitteln im zunehmenden Wettbewerb zu verbessern.

Die Lieferantenstruktur des Nahrungsmitteleinzelhandels weist für die verschiedenen Wirtschaftszweige z. T. erhebliche Unterschiede auf: Die Lieferanteile von Produktionsunternehmen lagen im Sortimentshandel 1985 durchschnittlich bei 21 % und im Fachhandel bei 15 %. Dem Großhandel kam dabei

Tab. V.3-9

Struktur der Warenbezüge des Einzelhandels mit Nahrungs- und Genußmitteln[a)] nach ausgewählten Wirtschaftszweigen in den Jahren 1979 und 1985

Einzelhandel mit ...	Warenbezüge (in Mill. DM) 1979	Warenbezüge (in Mill. DM) 1985	%-Vdrg. 1985/79	Inländische Bezüge (in %) von Unternehmen des ... Produz. Gewerbes 1979	... Produz. Gewerbes 1985	... Großhandels 1979	... Großhandels 1985	darunter: von Einkaufskooperationen 1979	darunter: von Einkaufskooperationen 1985	Bezüge von sonst. in- und ausländ. Lieferanten 1979	Bezüge von sonst. in- und ausländ. Lieferanten 1985
- Nahrungsmitteln, Getränken, Tabakwaren insgesamt	70 497	91 537	+29,8	25,8	22,3	63,5	67,2	52,3	42,6	10,7	10,5
darunter:											
. Nahrungsmitteln verschiedener Art	59 053	78 443	+32,8	24,7	20,6	66,4	70,5	58,2	45,9	8,9	8,9
. Nahrungsmitteln bestimmter Art	4 712	5 293	+12,3	15,7	14,4	60,3	57,7	16,0	17,5	24,0	27,9
darunter:											
Molkereiprodukten, Fetten	399	323	-19,0	16,1	19,9	56,8	67,5	14,5	10,8	27,1	12,6
Süßwaren	249	236	- 5,2	39,0	28,2	52,8	51,3	6,1	20,9	8,2	20,5
. Getränken	2 215	2 485	+12,2	24,0	29,3	46,0	44,1	7,9	10,6	30,0	26,6
davon:											
Wein, Spirituosen	683	629	- 7,9	8,6	21,6	46,2	44,1	19,3	21,4	45,2	34,3
Bier, alkoholfreien Getränken	1 532	1 857	+21,2	30,9	31,9	45,9	44,0	2,7	7,0	23,2	24,1
- Waren verschiedener Art	39 170	48 457	+23,7	34,4	32,1	49,0	45,8	18,8	37,1	16,6	22,1
darunter: Hauptrichtung:											
. Nicht-Nahrungsmittel	20 569	23 167	+12,6	28,7	22,2	57,6	47,3	7,7	16,9	13,7	30,5
. Nahrungsmittel	11 232	20 496	+82,5	45,3	39,3	46,1	48,2	47,4	61,6	8,6	12,5

a) Unternehmen mit mehr als 250.000 DM Jahresumsatz.

Quelle: Statistisches Bundesamt, Fachserie 6: Handel, Gastgewerbe, Reiseverkehr, Reihe 3.3: Warensortiment und Bezugswege im Einzelhandel sowie Berechnungen des Ifo-Instituts für Wirtschaftsforschung.

in nahezu allen Fachzweigen des Nahrungsmittelhandels die größte Bedeutung als Bezugsquelle zu: Rund 70% seiner gesamten Warenbezüge erhält der Sortimentshandel von Großhandelsfirmen. Dabei werden rd. 46% dieser „Großhandels"-Bezüge über Einkaufskooperationen abgewickelt. Der gegenüber 1979 (= 85%) stark rückläufige Kooperationsanteil des Sortimentshandels kann primär darauf zurückgeführt werden, daß einige größere Filialunternehmen für bestimmte Produktgruppen aus konditionenpolitischen Überlegungen mehr und mehr den Direktbezug bei den jeweiligen Produzenten präferieren und nur einen Teil ihres Bezugsvolumens über die Kooperationsgruppe verrechnen. Der Fachhandel mit Nahrungsmitteln insgesamt weist nur geringe Bezugsintensität über Einkaufskooperationen auf, in einzelnen Fachzweigen (wie z. B. im Fachhandel mit Süßwaren oder Getränken) hat der Direktbezug bei in- und ausländischen Produzenten eine relativ große Bedeutung.

Stark zunehmende Kooperationsbezüge weisen die zumeist größeren Einzelhandelsunternehmen mit Waren verschiedener Art auf (Hauptrichtung: Nahrungsmittel). Die vor allem mit großflächigen Vertriebstypen agierenden Handelsunternehmen sind in den letzten Jahren vermehrt Mitglieder von Einkaufskooperationen geworden. Dabei erstrecken sich ihre kooperativen Beschaffungsaktivitäten vornehmlich auf Nahrungs- und Genußmittel, um durch den gemeinsamen Bezug (noch) günstigere Bezugskonditionen zu erhalten.

Um die beschaffungswirtschaftliche Bedeutung ausgewählter Fach- bzw. Wirtschaftszweige des Nahrungsmittelhandels und seiner wichtigsten Angebotstypen etwas differenzierter zu betrachten, sollen im folgenden kurz die Bezugsstrukturen für einige wichtige Produktgruppen (wie z. B. Molkereiprodukte, Süßwaren, Obst und Gemüse) dargestellt werden.

Betrachtet man die Entwicklung in den *Fachzweigen,* so zeigt sich deutlich, daß sich – gemessen an den gesamten Bezügen des Einzelhandels – die beschaffungswirtschaftliche Bedeutung des Facheinzelhandels z. B. für Molkereiprodukte, für Süßwaren oder für Obst und Gemüse von 1979 bis 1980 erheblich gemindert hat (Tab. A.V.3–4). Die einkaufspolitische Stellung des mehr und mehr filialisierenden Sortimentshandels hat dagegen für die erwähnten Produktgruppen erheblich zugenommen. Dies hatte zur Folge, daß die sog. Stammsortimente in den jeweiligen Fachhandelszweigen an Gewicht verloren und produktaffine Nebensortimente an Boden gewonnen haben (Tab. A.V.3–5). So schrumpfte z. B. das Stammsortiment an Obst und Gemüse im betreffenden Fachhandel – gemessen an den Warenbezügen – von 83 auf 71 %, die anderen Produktsegmente nahmen dagegen etwas an Bedeutung zu, wie z. B. Spirituosen und Molkereiprodukte.

Hinsichtlich der Beschaffungsstruktur der wichtigsten *Angebotstypen* zeigen sich für die ausgewählten Produktgruppen im Zeitraum 1979 bis 1985 folgende Entwicklungen (Tab. V.3–10): Insbesondere größere Supermärkte (400 bis 1000 qm Verkaufsfläche) haben ihre anteiligen Warenbezüge für

Tabelle V.3-10

Struktur der Warenbezüge ausgewählter Nahrungs- und Genußmittel nach Fachzweigen des Einzelhandels (in %) 1979 und 1985

Einzelhandel mit ...	Molkereiprodukte[a)]		Süßwaren[b)]		Obst und Gemüse[c)]		Kaffee, Tee, etc.	
	1979	1985	1979	1985	1979	1985	1979	1985
Nahrungsmitteln, Getränken, Tabakwaren insgesamt	90,4	85,0	83,3	83,9	86,6	86,3	84,8	84,9
darunter:								
- Nahrungsmitteln verschiedener Art (Sortimentshandel)	78,2	82,1	73,3	76,8	73,6	75,3	77,6	78,4
- Nahrungsmitteln bestimmter Art (Fachhandel)	3,8	2,5	6,7	4,9	12,5	10,8	6,1	5,5
darunter:								
. Molkereiprodukte ect.	2,9	1,5	0,1	0,0	0,1	0,1	0,1	0,2
. Süßwaren	0,0	0,0	4,9	3,6	-	-	0,5	0,5
. Kaffee, Tee, etc.	0,0	0,0	0,8	0,9	0,0	0,0	4,1	3,8
. Kartoffeln, Obst Gemüse	0,2	0,4	0,2	0,1	12,0	10,2	0,1	0,2
- Waren verschiedene Art, Hauptrichtung								
. Nicht-Nahrungsmittel	8,1	2,5	6,1	6,2	5,3	2,6	4,0	1,8
. Nahrungsmittel	9,4	12,4	8,0	8,9	7,2	11,0	10,5	12,5
Insgesamt in Mill. DM	100 (=8.662)	100 (=10.501)	100 (=4.091)	100 (=5.124)	100 (=5.546)	100 (=6.818)	100 (=3.356)	100 (=4.600)

a) Einschließlich Milch, Milcherzeugnisse, Joghurt, Käse und Butter (ohne tiefgefrorene und diätetische Produkte).
b) Einschließlich Dauerbackwaren, aber ohne Kakaopulver und diätetische Süßwaren.
c) Ohne tiefgefrorenes und diätetisches sowie ohne Konserven.

Quelle: Statistisches Bundesamt, Warensortiment sowie Bezugswege im Einzelhandel 1979 und 1985, Fachserie 6: Reihe 3.3 und Berechnungen des Ifo-Instituts für Wirtschaftsforschung.

Frischprodukte während dieses Zeitraumes erheblich gesteigert, so z. B. für Molkereiprodukte von 30 auf 45 %, für Süßwaren von 27 auf 39 % und für Obst und Gemüse von 28 auf 43 %. Die kleineren Nahrungs- und Genußmittelgeschäfte, aber auch andere Angebotstypen haben als Absatzkanal für die Produzenten deutlich an Gewicht verloren. Infolge der allgemeinen Erhöhung der Artikelzahl und der Sortimentsdiversifizierung haben sich die wertmäßigen Sortimentsanteile z. B. für Molkereiprodukte oder für Süßwaren in den meisten Angebotstypen nicht wesentlich verändert (Tab. A.V.3–6).

Die aufgezeigten Veränderungen in den Liefer- und Bezugsstrukturen im Einzelhandel mit Nahrungsmitteln weisen recht deutlich auf die starke Verlagerung der Warenströme bzw. -bezüge zum expandierenden Sortimentshandel hin und zu den großflächigen Angebotstypen. Die traditionellen Nahrungs- und Genußmittelgeschäfte haben im Zeitraum 1979 bis 1985 schätzungsweise rd. 20 % ihres Beschaffungs- bzw. Bezugsvolumens abgegeben an großflächigen Angebotstypen. Vor allem größere Supermärkte (von 400 bis 1 000 qm Verkaufsfläche) haben als Absatzkanal für Frischprodukte überdurchschnittlich stark an Bedeutung gewonnen, von 1979 bis 1985 haben sie ihr Beschaffungsvolumen in diesem Produktbereich um rd. ein Drittel erhöhen können.

3.5 Rohertrag und Kosten

Die Ertragsentwicklung des Nahrungsmittelhandels kann als ein wichtiger Indikator für eine evtl. veränderte Stellung dieses Handelszweiges in der gesamtwirtschaftlichen Distribution von Nahrungs- und Genußmitteln angesehen werden. Insbesondere der (anteilige) Rohertrag (= Umsatz ./. Wareneinsatz) vermag Anhaltspunkte dafür vermitteln, ob und in welchem Ausmaß sich die Marktposition des Lebensmittelhandels gegenüber den Anbietern von Ernährungsgütern in den letzten Jahren verändert hat. Dabei ist evtl. größenspezifischen Ertragsunterschieden und Kostenentwicklungen besondere Beachtung zu schenken. Für die Darstellung der Entwicklung der Rohertragsquoten werden die laufenden Jahreserhebungen der amtlichen Handelsstatistik herangezogen, für die ergänzenden Kostenbetrachtungen werden u. a. die Ergebnisse des Kölner Betriebsvergleichs für den Einzelhandel genutzt.[9]

Von 1979 bis 1985 hat sich die Rohertragsquote im Einzelhandel mit Nahrungs- und Genußmitteln geringfügig auf 26,2 % erhöht, die durchschnittliche Ertragsquote im gesamten Einzelhandel dagegen war während dieses Zeitraumes von einer etwas größeren Minderung tangiert (von 34,7 auf 34,0 %) (Tab. V.3–11). Von dieser Ertragsverbesserung im Lebensmittelhandel profitierten vor allem die verschiedenen Fachzweige des (Fach-)Einzelhandels mit Nah-

---

[9] Vgl. hierzu Meyerhöfer (1989), S. 6 ff.

Tabelle V.3-11

Entwicklung des Rohertrages[a] und der Personalaufwendungen in Wirtschaftszweigen des Nahrungsmitteleinzelhandels 1979, 1982 und 1986

Wirtschaftszweig	in % vom Umsatz					
	1979		1982		1986	
	Rohertrag	Personal-aufwend.	Rohertrag	Personal-aufwend.	Rohertrag	Personal-aufwend.
Einzelhandel mit Nahrungsmitteln, Getränken, Tabakwaren insgesamt	25,9	7,8	26,5	8,0	26,2	7,8
darunter:						
- Sortimentseinzelhandel	24,7	7,7	25,5	7,8	25,5	7,8
- Fach- bzw. Spezialeinzelhandel insgesamt	36,5	11,9	37,3	12,5	37,6	11,6
darunter:						
- Einzelhandel mit						
. Obst, Gemüse	28,9	6,9	30,0	7,5	32,0	8,4
. Milch, Fettwaren, Eiern	29,5	7,8	28,6	7,5	26,9	6,4
. Spirituosen	42,5	11,5	46,0	12,4	38,3	11,8
. Bier, alkohlfreien Getränken	28,1	7,1	30,0	6,7	30,2	6,6
nachrichtlich: Einzelhandel insgesamt	34,7	10,4	34,4	10,5	34,0	9,8

a) Rohertrag = Umsatz ./. Wareneinsatz (ohne Mehrwertsteuer)

Quelle: Statistisches Bundesamt, Fachserie 6: Handel, Gastgewerbe, Reiseverkehr; Reihe 3.2: Beschäftigung, Umsatz, Wareneingang, Lagerbestand und Invetitionen im Einzelhandel; laufende Jahre 1979 bis 1986; Berechnungen des Ifo-Instituts für Wirtschaftsforschung.

Tabelle V.3-12

Entwicklung des Rohertrages[a)] und der Personalaufwendungen im Nahrungsmitteleinzelhandel nach Umsatz- und Beschäftigtengrößenklassen 1979, 1982 und 1986

Beschäftigten- und Umsatzgrößenklassen	in % vom Umsatz					
	1979		1982		1986	
	Rohertrag	Personal-aufwend.	Rohertrag	Personal-aufwend.	Rohertrag	Personal-aufwend.
Nahrungsmittel, Getränke, Tabakwaren insgesamt	25,9	7,8	26,5	8,0	26,2	7,8
250.000 - 500.000	26,8	5,5	26,4	5,1	27,4	5,3
500.000 - 1 Mill.	27,4	7,3	27,5	6,8	28,3	6,9
1 Mill. - 5 Mill.	26,6	8,4	27,6	9,0	28,0	7,9
5 Mill. und mehr	25,2	8,1	26,2	8,2	25,6	9,6
Einzelhandel insgesamt	34,7	10,4	34,4	10,5	34,0	9,8
250.000 - 500.000	34,6	8,1	35,2	8,1	35,8	8,1
500.000 - 1 Mill.	36,1	10,2	36,3	10,0	36,6	9,5
1 Mill. - 5 Mill.	35,9	10,7	36,3	11,1	36,3	10,2
5 Mill. und mehr	34,1	10,5	33,5	10,5	32,9	9,8
Nahrungsmittel, Getränke, Tabakwaren insgesamt	25,9	7,8	26,5	8,0	26,2	7,8
1 - 2 Beschäftigte	23,2	2,9	23,5	2,6	25,4	3,3
3 - 5 Beschäftigte	25,3	5,5	25,1	5,4	26,7	5,7
6 - 19 Beschäftigte	27,8	8,7	28,2	9,1	28,6	8,3
20 Beschäftigte und mehr	25,6	8,5	26,6	8,5	25,8	8,2
Einzelhandel insgesamt	34,7	10,4	34,4	10,5	34,0	9,8
1 - 2 Beschäftigte	26,5	3,1	27,4	2,8	29,1	3,9
3 - 5 Beschäftigte	32,1	6,7	32,2	7,0	34,1	7,4
6 - 19 Beschäftigte	35,7	10,5	35,4	10,6	36,0	10,1
20 Beschäftigte und mehr	35,2	11,3	34,8	11,3	33,6	10,3

a) Rohertrag = Umsatz ./. Wareneinsatz (ohne Mehrwertsteuer)

Quelle: Statistisches Bundesamt, Fachserie 6: Handel, Gastgewerbe, Reiseverkehr; Reihe 3.2: Beschäftigung, Umsatz, Wareneingang, Lagerbestand und Investitionen im Großhandel; laufende Jahre 1979 bis 1986; Berechnungen des Ifo-Instituts für Wirtschaftsforschung.

rungsmitteln, dessen durchschnittliche Rohertragsquoten etwa um ein Drittel höher als im Sortimentshandel liegen.

Diese Entwicklung des Rohertrags im Lebensmittelhandel war verbunden mit einer stetigen Erhöhung der Personalaufwendungen wie auch der Betriebs- und Handlungskosten der Unternehmen (Tab. A.V.3–7). Insbesondere die Miet- und Personalaufwendungen verzeichneten in den letzten Jahren eine relativ starke Erhöhung. Dies kann u. a. darauf zurückgeführt werden, daß marketing-aktive Handelsunternehmen größeres Gewicht auf ihre Verkaufs- und Standortaktivitäten gelegt haben, um sich im zunehmenden Absatzwettbewerb behaupten zu können.

Unter größenspezifischen Aspekten zeigt sich von 1979 bis 1986 in der (Roh-) Ertragsentwicklung des Nahrungsmittelhandels folgendes Bild (Tab. V.3–12): Unternehmen mit einem Jahresumsatz von 1 bis 5 Mill. DM konnten ihre Rohertragsquote im großen und ganzen geringfügig erhöhen (von 26,6 auf 28,0 %). Größere Unternehmen dagegen konnten ihr Ertragsniveau in den letzten Jahren nur etwas steigern (1979: 25,2 %, 1986: 25,6 %). Im gesamten Einzelhandel mußte diese Gruppe von Einzelhandelsunternehmen sogar eine leichte Verschlechterung ihrer Rohertragsquote hinnehmen (von 34,7 auf 34,0 %).

Die Differenz in den Rohertragsquoten zwischen kleineren und größeren Unternehmen des Nahrungsmittelhandels beträgt 1 bis 2 Prozentpunkte. Der Ertrags-„Vorsprung“ der relevanten Unternehmensgruppe (mit einem Jahresumsatz von 500 000 DM bis 1 Mill. DM) wird jedoch mehr oder weniger stark kompensiert z. B. von den höheren Personalaufwendungen und sonstigen betrieblichen Handlungskosten dieser Unternehmen. Die tendenziell etwas niedrigeren Rohertragsquoten bei den größeren Unternehmen müssen in einem engen Zusammenhang mit der absoluten Umsatzhöhe dieser Unternehmen und mit ihren höheren Umschlagshäufigkeiten gesehen werden. Die für sie maßgebliche und wichtige Degressionswirkung ihrer betrieblichen Personal- und sonstigen Handlungskosten macht sich erst bemerkbar bei einer Größenklasse von ungefähr 250 Mill. DM Jahresumsatz und mehr. Aus diesem Grunde vermitteln diese „amtlich ermittelten“ Rohertragsquoten für umsatzstarke Unternehmen nur erste Hinweise für ihre tatsächliche Ertragskraft.

Die seit 1979 geringfügig gestiegene Rohertragsquote läßt vermuten, daß der Handel gegenüber den Herstellern wohl günstigere Bezugskonditionen infolge erhöhter Vermarktungsleistungen durchsetzen konnte. Diese tendenzielle Erhöhung der Rohertragsquote muß in engem Zusammenhang mit dem schon erwähnten Anstieg der betrieblichen Personal- und sonstigen Handlungskosten im Lebensmittelhandel gesehen werden. Der Kostenanstieg in diesem Fachzweig war von 1977 bis 1988 im Vergleich zum gesamten Einzelhandel z. B. bei den Personalaufwendungen überdurchschnittlich stark ausgeprägt. Dies kann in erster Linie auf die Inbetriebnahme zahlreicher neuer Angebots- bzw. Geschäftstypen im Lebensmittelhandel zurückgeführt werden mit relativ hohen „Anlaufkosten" sowie auch auf höhere Kosten im laufenden Betrieb im Vergleich zu traditionellen Lebensmittelgeschäften mit unzureichenden Leistungsangeboten. Die von den modernen Vertriebstypen ausgehenden Umsatz- und Leistungssteigerungen bildeten allerdings für viele Handelsunternehmen das Fundament, durch entsprechende Konditionenforderungen die Roherträge tendenziell zu verbessern und damit die steigenden Handlungskosten mehr oder weniger stark zu kompensieren.

VI. Wettbewerbsbeziehungen zwischen Ernährungsindustrie und Nahrungsmittelhandel

1. Vorbemerkung

Die dargelegten Entwicklungsprozesse im Nahrungsmittelhandel haben die Wettbewerbsbeziehungen zu Unternehmen des Ernährungsgewerbes nachhaltig stark verändert. Die weitgehende Durchsetzung der Selbstbedienung, die Aufhebung der vertikalen Preisbindung für Markenwaren und die zunehmende Mobilität der Konsumenten waren darüber hinaus wesentliche Verursachungsfaktoren des Strukturwandels und Konzentrationsprozesses im Lebensmittelhandel.

Die Wettbewerbs- und Lieferbeziehungen zwischen Unternehmen der Ernährungsindustrie und großen Unternehmen des Nahrungsmittelhandels hatten immer größere Bezugsmengen zum Inhalt. Hierüber für die Marktbeteiligten ein beiderseitig befriedigendes Marktergebnis zu erzielen, führte zu erheblichen Schwierigkeiten im vertikalen Wettbewerb. Die bisher genutzten Rabatt- und Konditionensysteme waren nicht mehr dafür geeignet, den „Abfluß" von großen Warenmengen über umsatzstarke Handelsunternehmen zu steuern. Aus diesem Grunde wurden zusätzliche Wettbewerbs- und Konditionenelemente für die Lieferbeziehungen entwickelt, um der unterschiedlichen Leistungsfähigkeit von Produzenten- und Handelsunternehmen stärker als bisher Rechnung zu tragen.

Vor dem Hintergrund dieses Entwicklungsprozesses sollen im folgenden einige Instrumente des Angebotswettbewerbs und des Nachfragewettbewerbs dargestellt und auf ihre marktlichen Wirkungen hin analysiert werden. Dabei wird nicht das Ziel verfolgt, eine umfassende wettbewerbspolitische und -rechtliche Entwicklungs- und Situationsanalyse zu geben, sondern angestrebt, strukturelle und aktuelle Entwicklungsvorgänge in den Wettbewerbsbeziehungen zwischen Unternehmen der Ernährungsindustrie und des Nahrungsmittelhandels zu verdeutlichen.

2. Angebotswettbewerb der Ernährungsindustrie

2.1 Angebotsstrategien

Das Wettbewerbsverhalten der meisten Unternehmen der Ernährungsindustrie orientiert sich hauptsächlich an den Erfordernissen einer erfolgreichen

Markenartikelstrategie. Mit Hilfe eines – vielfach mit einem Schutzrecht geschützten – Markennamens und intensiven Werbe- und sonstigen Kommunikationsaktivitäten versuchen die Hersteller, einen möglichst hohen Bekanntheitsgrad für ihre Markenprodukte vor allem bei den Konsumenten, aber auch bei Handelsunternehmen zu erzeugen. Dabei werden die qualitativen Produktelemente des Markenartikels und seine hohe Verbreitung in den Vordergrund gestellt. Mit der zunehmenden Marken- und Produktvielfalt im Nahrungsmittelbereich wird es aber für viele Markenartikelhersteller immer schwieriger, eine erfolgreiche und ertragsreiche Marktpositionierung für ihre Erzeugnisse zu realisieren, da auch die Markenloyalität der Konsumenten nicht mehr so ausgeprägt ist wie in früheren Jahren.

Dies liegt in erster Linie daran, daß der Handel mit seinen Wettbewerbsaktivitäten in einem weitaus höheren Ausmaß Kaufentscheidungen des Konsumenten „vor Ort" beeinflussen kann. Durch seine eigenständige Preispolitik und Produktplacierung in den Geschäften hat der Handel das bisherige Beeinflussungspotential der Markenartikelhersteller mehr oder weniger stark eingeschränkt, wobei sich besonders der preispolitische Spielraum von Markenartikelherstellern in den letzten Jahren tendenziell vermindert hat.[1]

Aus dieser Entwicklung heraus sind die Hersteller bestrebt, mit Handelsunternehmen möglichst solche Vereinbarungen abzuschließen, die dem wettbewerblichen Charakter ihrer Markenprodukte entsprechen, d.h. z.B. in möglichst vielen Geschäften mit einer herausragenden Regalplacierung vertreten zu sein. Wesentliches Element ist dabei eine größtmögliche Marktdurchdringung, um damit einen großen Bekanntheitsgrad und hohe Marktanteile zu erreichen. Je höher der Marktanteil eines Herstellers am Absatzmarkt ausfällt, desto stärker wird seine Anbieterposition in den Beschaffungsverhandlungen mit dem Handel sein, der nur ungern auf sog. marktführende Markenprodukte in seinem Sortiment verzichtet.

Viele Unternehmen der Ernährungsindustrie betreiben eine stark selektiv ausgerichtete Absatzwegepolitik mit dem Ziel, ihre Waren möglichst über solche Handelsunternehmen und -gruppen abzusetzen, die ihnen einen hohen Waren-„Durchfluß" ermöglichen. Mit diesen Unternehmen werden umfassende Absatz- und Verkaufskonzepte für das gesamte Angebotsprogramm angestrebt. Diese strategisch wichtigen Wettbewerbsziele sind in den letzen Jahren dafür bestimmend gewesen, daß einige große Markenartikelhersteller die meist einstufigen Großfilialunternehmen trotz ihrer z.T. recht hohen Konditionenforderungen als Abnehmer mehr oder weniger stark präferiert haben.

Das vergleichsweise hohe Leistungsvermögen der Großfilialisten im horizontalen Wettbewerb auf der Einzelhandelsstufe und die große Wachstumsdynamik

---

[1] Vgl. hierzu Meffert/Bruhn (1988), S. 108.

mancher ihrer z.T. sehr preisbetonten Vertriebstypen haben wesentlich dazu beigetragen, daß Unternehmen des Ernährungsgewerbes ihre Absatzaktivitäten auf solche wettbewerbsaktiven Filialunternehmen hin weiter ausgebaut haben. Der traditionelle Lebensmittelhandel dagegen und die mit ihm verbundenen Kooperationsformen haben häufig nicht mehr den marketingtechnischen Anforderungen vieler Hersteller entsprochen, so daß diese Gruppe von Abnehmern in den Angebotsstrategien der Ernährungsindustrie eine nicht mehr ganz so wichtige Einschätzung einnahm.

Eine wichtige Rolle im Anbieterwettbewerb des Ernährungsgewerbes spielten die vielfältigen Diversifikationsaktivitäten und die Produktpolitik der Unternehmen. Viele Unternehmen haben neue Produkte zur Erweiterung ihres z.T. sehr engen Angebotsprogrammes entwickelt. Dabei zeigte sich, daß neben der eigentlichen Produktentwicklung die Markteinführung von neuen Produkten erhebliche Aufwendungen für den Handel und für die Werbung mit sich brachte und Risiken beinhaltete, da die Konkurrenzintensität zu ähnlichen Produkten vielfach nicht richtig eingeschätzt wurde. Diese Hemmnisse veranlaßten die Unternehmen, ihre Produktpolitik mehr darauf auszurichten, unter dem „Dach" von bekannten und schon eingeführten Marken neue Produkte zu lancieren. Auf diese Weise werden sog. Synergieeffekte von schon erfolgreichen Markenprodukten genutzt, die mit erheblichen Marketingaufwendungen einen hohen Bekanntheitsgrad bei den Konsumenten erreicht haben.

Diese Schwierigkeiten bei der Einführung neuer Produkte haben vereinzelt dazu geführt, daß insbesondere größere Unternehmen zunehmend Firmen erworben haben, die schon eine mehr oder weniger umfangreiche Palette von im Markt eingeführten Markenartikeln hatten. Im Rahmen von Vertriebskooperationen haben auch Firmen ihr Produktprogramm vielfach durch den exklusiven Vertrieb von bekannten ausländischen Firmen- und Markenprodukten erweitert. Solche Vertriebskooperationen zwischen einzelnen Herstellern werden häufig mit dem Ziel vereinbart, die z. T. sehr hohen Kosten des Vertriebs und der Logistik zu mindern und das Leistungsprogramm gegenüber dem Handel zu erweitern.

Die skizzierten Angebotsstrategien der Ernährungsindustrie sind vorwiegend das Ergebnis eines veränderten Wettbewerbsverhaltens dieser Unternehmen, die den Strukturwandlungen im Nahrungsmittelhandel zunächst mehr passiv als aktiv gegenüberstanden. Die zunehmende Konzentration und intensivere Kooperation im Lebensmittelhandel haben viele Unternehmen dazu gezwungen, die Kosten- und Wettbewerbseffizienz ihrer Absatzaktivitäten generell zu überprüfen und – aufbauend hierauf – neue Marketingkonzepte zu entwickeln, die stärker als bisher den tendenziell erhöhten Verhaltensspielraum von wettbewerbsaktiven Handelsunternehmen in Rechnung stellten.

Im allgemeinen beruht die Angebotsstärke eines Herstellers im vertikalen Wettbewerbsverhältnis zum Nahrungsmittelhandel nach wie vor hauptsächlich auf einer „unterscheidbaren“ Marktpositionierung seiner Produkte für die Konsumenten. Manche Unternehmen haben in den letzten Jahren ihre Aktivitäten sehr stark auf eine möglichst kostengünstige Produktion und Vermarktung ihrer Produkte konzentriert und dabei der Notwendigkeit des kontinuierlichen Einsatzes der klassischen Instrumente des Markenartikels (wie z. B. Werbung, Qualitätssicherung) nicht die Bedeutung geschenkt, die für die langfristige Absatz- bzw. Wettbewerbswirkung von Markenartikeln unbedingt erforderlich ist. Dies hat häufig dazu geführt, daß viele dieser Unternehmen infolge einer nicht mehr so positiven Marktpositionierung ihrer Produkte sich zunehmenden Konditionenforderungen des Handels ausgesetzt sahen, um das „angeschlagene“ Produkt überhaupt noch im Sortiment zu führen.

2.2 Angebotsstruktur

Um die Marktstrukturen des Angebots von Ernährungsgütern transparenter zu machen und die Wettbewerbsstellung einzelner Unternehmen besser einschätzen zu können, wird im folgenden eine unternehmensbezogene Betrachtungsweise angewandt. Dabei werden zunächst die 15 größten Unternehmen des Ernährungsgewerbes mit ihren inländischen Umsätzen dargestellt, die ein mehr oder weniger großes Leistungsprogramm an verschiedenen Nahrungs- und Genußmitteln besitzen. Um differenziertere Aussagen über die Wettbewerbspositionen von Herstellerunternehmen zu gewinnen, ist eine branchen- bzw. produktgruppenbezogene Betrachtung notwendig.[2]

Konzentriert man zunächst die unternehmensbezogene Betrachtung auf den Inlandsumsatz der 20 führenden Unternehmen des Ernährungsgewerbes, so zeigt sich für das Jahr 1987 folgendes Bild (Tab.VI.2–1): Auf den größten Anbieter entfiel ein Umsatzanteil von über 4 % am gesamten Inlandsangebot von Ernährungsgütern. Die drei folgenden Unternehmen erreichten mit ihren Inlandsumsätzen Umsatzanteile von 3,7 bis 1,8 %. Insgesamt belief sich der Konzentrationsanteil der fünf größten Anbieter auf 13,5 %. Bemerkenswert sind die erheblichen Anteilsunterschiede der umsatzstarken Unternehmen an der Spitze zu den nachfolgenden Unternehmen, die nur vergleichsweise geringe Umsatzanteile von 1 bis 2 % am gesamten Inlandsangebot aufweisen. Diese hohen Anteilsdifferenzen zwischen den größeren Unternehmen und den übrigen Anbietern von Ernährungsgütern weisen auf recht unterschiedliche Marktpositionen von Unternehmen im Angebotswettbewerb hin.

Die Umsatz- bzw. Konzentrationsraten liegen für die einzelnen Güterklassen bzw. Produktmärkte z. T. sehr viel höher (vgl. Kapitel IV.3.1.2). Darüber hin-

---

[2] Vgl. hierzu die Marktstrukturuntersuchungen in den einzelnen Güterklassen des Ernährungsgewerbes in der GWH Unternehmensberatung (1988), S. 437 ff.

Tabelle VI.2-1

Inlandsumsätze der größten Unternehmen der Ernährungsindustrie (1988)

Rang	Unternehmen	Inlandsumsatz in Mill. DM (nur Ernährungsgüter) (z.T. geschätzt)	Anteil an der Inlandsverfügbarkeit (von 142 196 Mill. DM)	Kumulierte Werte
1	Deutsche Unilever	5 765	4,1	
2	Nestlé Deutschland	5 276	3,7	7,8
3	Coca-Cola-Gruppe	3 400	2,4	10,2
4	Jacobs-Suchard-Gruppe	2 557	1,8	12,0
5	Südvieh-Südfleisch-Gruppe	2 173	1,5	13,5
6	Kraft General Foods	1 842	1,3	14,8
7	Oetker-Gruppe	1 834	1,3	16,1
8	Südzucker	1 819	1,3	17,4
9	CG-Gruppe (Vieh-Fleisch-Zentrale)	1 539	1,1	18,5
10	Norddeutsche Zucker	1 303	0,9	19,4
11	Westfleisch	1 275	0,9	20,3
12	Tchibo	1 251	0,9	21,2
13	Brau + Brunnen	1 219	0,9	22,1
14	März-Gruppe	1 170	0,8	22,9
15	Südmilch/Intermilch	1 090	0,8	23,7
16	Pfeifer & Langen	1 013	0,7	24,4
17	Vereinigte Kunstmühlen	1 005	0,7	25,1
18	Ferrero	1 000	0,7	25,8
19	Oelmühle	901	0,6	26,4
20	Imhoff-Gruppe	858	0,6	27,0
1-20	Inlandsumsatz der 20 größten Unternehmen	38 290	26,9	

Quelle: Die relevanten Inlandsumsätze wurden von der GWH Gesellschaft für Wettbewerbs- und Handelsinformation, Hamburg, zur Verfügung gestellt; vgl. hierzu die Veröffentlichung: Top 500 der deutschen Ernährungsindustrie, Hamburg 1990; Berechnungen des Ifo-Instituts für Wirtschaftsforschung.

aus deuten – aus wettbewerbspolitischer Sicht – die relativ hoch ausfallenden Konzentrationsraten in einigen Güterklassen darauf hin, daß speziell die größeren Unternehmen sich auf einzelnen Produktmärkten relativ stark engagiert haben und hier oft eine marktführende Wettbewerbsstellung ausüben, wie z. B. auf den Märkten für Ölmühlenerzeugnisse, Teigwaren und Margarine. Die Marktanteile der ersten 3 Anbieter auf diesen Märkten liegen bei etwa 70 %.

Nach Berechnungen von Lademann[3] erfüllen in über 10 Güterklassen der Ernährungsindustrie die festgestellten Umsatzkonzentrationen der größten Unternehmen die Vermutung der Marktbeherrschung für Oligopole (z. B. Marktanteil der drei größten Unternehmen mehr als 50 %). Gegenüber den nachfolgenden Anbietern fallen die Marktanteils-„Vorsprünge" der Großunternehmen in den überdurchschnittlich hoch konzentrierten Güterklassen erheblich deutlicher aus. Dies unterstreicht die These der marktführenden Wettbewerbsstellung einiger Großunternehmen auf bestimmten Produktmärkten.

3. Beschaffungswettbewerb des Handels

3.1 Beschaffungsstrategien

Infolge der zunehmenden Umsatzgröße der Handelsunternehmen und -gruppen auf der Zentral-, Großhandels- und Einzelhandelsstufe haben sich die Beschaffungsstrukturen und -strategien erheblich verändert. Die zunehmende Differenzierung von Handelsunternehmen hinsichtlich ihres unterschiedlichen wettbewerblichen Leistungsvermögens und die damit verbundene starke Zentralisierung von Beschaffungsentscheidungen haben dazu geführt, daß von den Handelsunternehmen z. T. unterschiedliche Beschaffungsstrategien verfolgt werden. Neben den hohen Bezugsmengen werden den Herstellerunternehmen die individuellen Marktleistungen in den Beschaffungsverhandlungen „in Rechnung" gestellt, da gerade das letztere Wettbewerbselement für die Hersteller von immer größerer Bedeutung für einen hohen mengenmäßigen Absatz ihrer Produkte geworden ist. Aus diesem Grund hat die wettbewerbliche Distributionsleistung eines Handelsunternehmens ein zunehmendes Gewicht im vertikalen Wettbewerbsverhältnis zu Unternehmen des Ernährungsgewerbes.

Die von den Handelsunternehmen und -gruppen verfolgte Beschaffungsstrategie und die davon ausgehenden Marktwirkungen werden hauptsächlich von dem Grad der Beschaffungskonzentration beeinflußt. So haben die meisten einstufigen Groß- und Massenfilialunternehmen ihre Beschaffungsorganisation und damit ihre Entscheidungen sehr stark zentralisiert, um hierdurch ihren Verhandlungsspielraum voll ausschöpfen zu können. Für einzelne Produktsparten (wie z. B. Obst und Gemüse oder Molkereiprodukte) wurden teilweise spezielle Einkaufs- bzw. Beschaffungsgesellschaften gegründet, um damit eine höhere Marktflexibilität und -effizienz zu gewinnen. Eigenständige Verrechnungsgesellschaften übernehmen dabei die finanzielle Abwicklung der Warenlieferungen (z. B. die Firma Interbuy für die ASKO-Gruppe). Im Verbund mit einem mehr oder weniger gut ausgebauten integrierten Warenwirtschaftssystem und den daraus resultierenden Wareninformationen gewinnen die einstufigen

[3] Vgl. Lademann (1988), S. 49 ff.

Filialunternehmen damit einen erheblichen Wettbewerbsvorsprung gegenüber anderen Handelsunternehmen und -gruppen.

Eine weit weniger große Marktwirkung geht von der Beschaffungskonzentration über die Handelskooperationen aus. Dies liegt in erster Linie an den großen Mitgliedsunternehmen, die ihre Beschaffungsentscheidungen zwar an den von der Kooperationszentrale „vorverhandelten" Rahmenbedingungen orientierten, ansonsten aber eine weitgehend autonome Beschaffungsstrategie verfolgen. Allein die kleineren Unternehmen besitzen im allgemeinen eine vergleichsweise intensive kooperative Beschaffungsanbindung an ihre Gruppenzentrale, da sie infolge ihrer z. T. geringen Bezugsmengen nur über einen relativ beschränkten Verhandlungsspielraum verfügen.

Von entscheidender Bedeutung für die Beschaffungsstrategien eines Handelsunternehmens sind seine Sortiments- und Vertriebsstrukturen. Ein Massenfilialunternehmen mit einem Netz von über 2 000 Diskount-Geschäften (wie z. B. ALDI), die in der Regel nur bis zu 800 Artikel führen, kann auf seine Anbieter einen vergleichsweise stärkeren Nachfragedruck ausüben als Filialunternehmen mit verschiedenartigen Vertriebstypen, deren Sortiment bis zu 15 000 Artikel umfaßt. Handelsunternehmen mit einem umfangreichen Warensortiment müssen mit einer Vielzahl z. T. recht unterschiedlichen in- und ausländischen Lieferanten verhandeln, was zu einer tendenziellen Schwächung der Nachfrageposition führen kann. Aus diesem Grunde präferieren solche Handelsunternehmen Lieferanten, die ihnen ein umfangreiches Leistungs- und Produktprogramm für ihre Warensortimente offerieren können. Sortiments- und Vertriebsstrukturen bilden daher wesentliche Elemente für die Beschaffungsstrategie von Handelsunternehmen.

3.2 Beschaffungswettbewerb zwischen den Handelsunternehmen

Das Verhältnis auf dem Beschaffungsmarkt zwischen den Handelsunternehmen ist vor allem dadurch geprägt, daß filialisierte Handelsunternehmen und die übrigen Handelsgruppen im Wettbewerb untereinander danach streben, möglichst günstigere Bezugskonditionen als konkurrierende Unternehmen zu erhalten. Der wettbewerbliche Verhaltensspielraum der nachfragenden Handelsunternehmen gegenüber den Herstellern wird dabei in starkem Maße von der eigenen Stellung am Absatzmarkt beeinflußt. Je höher der Marktanteil am Absatzmarkt ausfällt, desto größer ist die Wahrscheinlichkeit, daß das Handelsunternehmen vergleichsweise günstigere Einkaufskonditionen erhält.

Die in den letzten Jahren erhöhte Beschaffungskonzentration und intensivere Beschaffungskooperationen zwischen größeren und kleineren Handelsunternehmen haben nach Auffassung befragter Hersteller ihre wettbewerblichen Verhaltensspielräume verändert bzw. eingeschränkt. Die umsatzstarken einstufigen Filialunternehmen und die größeren Kooperationszentralen mit ihren gewachsenen Einkaufs- und Vermittlungsvolumina werden von manchen Herstellern häufig als „unverzichtbare" Nachfrager angesehen. Infolge der hohen Abhängigkeit von diesen marktstarken Nachfragern würden schon eine größere Minderung des Beschaffungsvolumens und noch mehr ein totaler Bestellausfall zu einer erheblichen Gefährdung des Unternehmens führen. Hierdurch würde die Angebots- und Handlungsflexibilität so stark eingeschränkt, daß man häufig mehr oder weniger stark gezwungen wäre, nach ihrer Auffassung ungerechtfertigt hohen und nicht leistungsadäquaten Preisforderungen des Handels nachzugeben. Hierin komme ein Mißbrauch von Nachfragemacht zum Ausdruck, da z. B. Unternehmen mit einer kleinen Produktpalette nur wenig zumutbare Absatzalternativen zur Verfügung stehen würden.

Für die wettbewerbspolitische Einschätzung derartiger Nachfrageverhaltensweisen ist es von entscheidender Bedeutung, ob die Handelsunternehmen bei den Einkaufsaktivitäten im direkten „Beschaffungs"-Wettbewerb stehen oder über einen erheblichen, nicht vom Wettbewerb begrenzten Verhaltensspielraum verfügen, der es ihnen erlaubt, nicht leistungsbestimmende Einkaufsvorteile zu erlangen und damit die wirtschaftliche Handlungsfreiheit des Anbieters zu beschränken.[4]

Den Gesprächen mit Unternehmen nach sprechen hauptsächlich zwei Argumente dafür, daß zwischen den Handelsunternehmen der Beschaffungswettbewerb z. Z. eine relativ hohe Intensität aufweist.

- Das oligopolistische Innenverhältnis der führenden Handelsunternehmen ist auf dem Absatzmarkt durch einen intensiven Preis- und Standortwettbewerb gekennzeichnet. Eine faktische oder tatsächliche Verhaltensabstimmung würde die erforderliche Wettbewerbs- und Handlungsflexibilität vor allem größerer Unternehmen zu sehr einschränken, die unbedingt notwendig ist, um auf etwaige Marktvorsprünge der Konkurrenten auf dem Absatzmarkt schnell und massiv zu reagieren.
- Die oft strikte Geheimhaltung der individuellen Bezugskonditionen (bzw. Hauskonditionen) durch nahezu alle Mitgliedsunternehmen einer Handelsgruppe kann als ein wichtiger Hinweis dafür angesehen werden, daß auch zwischen den Mitgliedsunternehmen einer Handelsgruppe ein intensiver Beschaffungswettbewerb um Preisvorteile besteht. Den Gesprächen nach ist es im allgemeinen zwischen der Kooperationszentrale und den kleineren und größeren Mitgliedsunternehmen bisher nicht zu einem umfassenden und detaillierten Austausch von Bezugs- bzw. Absatzkonditionen der einzelnen Lieferanten gekommen. Die Wettbewerbs-„Rivalität" um die günstigsten Bezugskonditionen ist vor allem dann stark ausgeprägt, wenn sich koope-

[4] Vgl. hierzu Sondergutachten 14 der Monopolkommission (1985), S. 81 ff.

rierende Handelsunternehmen in regionalen Absatzmärkten als Konkurrenten gegenüberstehen.

Diese Firmeninformationen weisen darauf hin, daß die Wettbewerbsaktivitäten eines Handelsunternehmens auf seinen relevanten Beschaffungsmärkten in einem erheblich stärkeren Ausmaß von seiner Organisationsstruktur sowie nationalen und regionalen Konkurrenzorientierung beeinflußt wird, als dies bisher angenommen wurde. Die meisten Verhandlungspartner aus der Ernährungsindustrie werden von den Handelsunternehmen (vor allem) unter dem Aspekt beurteilt, inwieweit sie den Mitwettbewerbern günstigere Konditionen gewähren und sich dies wiederum in einer für sie nachteiligen Wettbewerbssituation auf dem Absatzmarkt bemerkbar macht. Diese Einstellung hat dazu geführt, daß in den jährlichen Beschaffungsverhandlungen hauptsächlich individuelle Wettbewerbsaktionen des einzelnen Handelsunternehmens mit einem Lieferanten mehr und mehr in den Vordergrund getreten sind.

3.3 Nachfragestruktur

Für die Einschätzung der Marktposition der Handelsunternehmen auf den Beschaffungsmärkten für Ernährungsgüter ist die Kenntnis über deren Einkaufsvolumina für einzelne Produktgruppen notwendig. Diese Angaben werden jedoch von den betreffenden Handelsfirmen aus strategischen Gründen nicht veröffentlicht. Aus diesem Grunde werden zur Strukturierung der Nachfrageseite zunächst die absatzrelevanten Handelsumsätze herangezogen. Für diesen behelfsmäßigen Betrachtungsansatz spricht, daß die Position eines Handelsunternehmens auf dem Beschaffungsmarkt von den meisten Herstellerlieferanten in direkter Abhängigkeit von seiner Stellung im horizontalen Absatzwettbewerb gesehen wird. Dabei bedarf es z. B. jedoch der besonderen Berücksichtigung spezieller Einflußfaktoren des Nachfrageverhaltens von Handelsunternehmen, wie z. B. Breite und Tiefe der geführten Warensortimente.

Für die folgende Betrachtung der Unternehmensstruktur des Lebensmitteleinzelhandels wurden nur die Handelsumsätze für Lebensmittel berücksichtigt, um damit sachgerechter auf die Beschaffungsposition von Unternehmen schließen zu können. Im Durchschnitt beläuft sich der Umsatzanteil für Nicht-Nahrungsmittel auf über 30 % im Lebensmittelhandel,

Betrachtet man die 20 größten Unternehmen des Lebensmittelhandels hinsichtlich ihrer Marktstellung, so zeigt sich, daß die fünf größten Unternehmen ihren Umsatzanteil von 44 % im Jahr 1985 nur geringfügig auf 45 % im Jahr 1987 erhöhen konnten (Tab. VI.3–1). Im Jahr 1983 lag der entsprechende Anteil bei ca. 38 %. Die Unternehmensstruktur dieser Gruppe von marktführenden Lebensmittelhandelsunternehmen ist vor allem durch ihr nationales Filialnetz mit verschiedenen Vertriebstypen geprägt, die aus Konsumentensicht schon

Tabelle VI.3-1

Gruppe der 20 größten Handelsunternehmen nach ihren Lebensmittelumsätzen 1985 und 1987

Rang	Unternehmen (bzw. Handelsgruppen)	1985 Food-Umsatz (z.T. geschätzt)	in % vom LEH-Umsatz	Kumulierte Anteile	1987 Food-Umsatz (z.T. geschätzt)	in % vom LEH-Umsatz	Kumulierte Anteile
1	Aldi-Gruppe	16 530	13,5	13,5	17 654	13,9	13,9
2	Rewe-Leibbrand-Gruppe	11 654	9,5	23,0	13 403	10,6	24,5
3	Tengelmann-Gruppe	9 425	7,7	30,7	10 659	8,4	32,9
4	Co-op-Bolle-Gruppe	9 485	7,7	38,4	8 750	6,9	39,8
5	Metro-Gruppe	6 997	5,7	44,1	6 789	5,4	45,2
6	Asko-Schaper-Massa-Gruppe	5 321	4,3	48,4	5 400	4,3	49,5
7	Spar AG (Hamburg)	4 013	3,3	51,7	3 913	3,1	52,6
8	Lidl & Schwarz	2 192	1,8	53,5	2 773	2,2	54,8
9	Allkauf	1 734	1,4	54,9	2 117	1,7	56,5
10	Karstadt	1 832	1,5	56,4	2 018	1,6	58,1
11	Coop Dortmund-Kassel	1 674	1,4	57,8	1 846	1,5	59,6
12	Norma-Roth	1 520	1,2	59,0	1 691	1,3	60,9
13	Nanz + Partner	1 531	1,3	60,3	1 572	1,2	62,1
14	Spar-Ellhofen-Gruppe	1 590	1,3	61,6	1 556	1,2	63,3
15	Rewe Dortmund	1 420	1,2	62,8	1 482	1,2	64,5
16	Edeka Minden-Hannover	1 562	1,3	64,1	1 457	1,1	65,6
17	Kafu-Wasmund-Gruppe	1 331	1,1	65,2	1 322	1,0	66,6
18	Schlecker	1 014	0,8	66,0	1 288	1,0	67,6
19	Wertkauf	1 134	0,9	66,9	1 197	0,9	68,5
20	AVA Bielefeld	1 066	0,9	67,8	1 155	0,9	69,4
21-200	Sonstige Unternehmen u.übrige	39 375	32,2	100	38 658	30,5	100
Gesamter Lebensmittelhandelsumsatz		122 400	100	-	126 700	100	-

Quelle: Glendinning & Lehning GmbH, Lebensmittelhandel-Umsatzkonzentration: Die Top 190 - 1988/89; Berechnungen des Ifo-Instituts für Wirtschaftsforschung.

den „Leistungs“-Charakter von Markenartikeln annehmen (wie z. B. Aldi- oder Kaiser’s Kaffee-Geschäft der Tengelmann-Gruppe).

Noch stärker als im Ernährungsgewerbe ergeben sich erhebliche Unterschiede zwischen den Marktanteilen der Spitzenunternehmen des Lebensmittelhandels und den nachfolgenden „größeren“ Unternehmen. Liegen die Umsatzanteile der vier größten Unternehmen auf einem vergleichsweise hohen Niveau von 13 bis 8 %, so betragen die entsprechenden Anteile der im Mittelfeld liegenden Un-

Tabelle VI.3-2

Bedeutung von größeren Handelsunternehmen und -gruppen auf dem Beschaffungsmarkt für Ernährungsgüter (1986)

Handelsunternehmen und -gruppen	Beschaffungsvolumen (geschätzt) in Mrd. DM	Umsatzanteil (gemessen am gesamten Inlandsangebot von 146,2 Mrd. DM) in %
Aldi-Gruppe	15,6	10,6
Rewe-Zentrale	11,0	7,5
Rewe-Leibbrand	8,0	5,4
Edeka-Zentrale	10,3	7,0
Markant-Zentrale	9,8	6,7
Tengelmann-Gruppe	7,8	5,3
Coop-Gruppe	7,5	5,1
Gedelfi	6,7	4,5
Spar-Gruppe	5,0	3,4
HKG	3,8	2,6
Gesamtvolumen der Unternehmen und Handelsgruppen	85,5	58,1

Quelle: Lademann (1988a), S. 59 und Ifo-Institut für Wirtschaftsforschung (1988).

ternehmen 1 bis 2%. Diese Größenunterschiede lassen auf eine recht unterschiedliche Marktstellung der Spitzenunternehmen und der übrigen Handelsunternehmen im Beschaffungswettbewerb schließen. Mit ihren umsatzstarken Diskountlinien verfügen insbesondere die drei größten Unternehmen über ein relativ hohes Einkaufsvolumen, das im Beschaffungswettbewerb und in Verbindung mit den sonstigen stark degressiv gestaltbaren Distributionskosten häufig zu zeitweiligen Preisvorsprüngen gegenüber Mitwettbewerbern führen dürfte.

Nahezu alle größeren Handelsunternehmen sind einer Einkaufs- bzw. Handelsgruppe angeschlossen, um für bestimmte Produkte durch den gemeinsamen Bezug günstigere Einkaufs- bzw. Rahmenkonditionen für ihre Beschaffung zu erlangen. Insgesamt tätigen die Kooperationszentralen nur in relativ geringem Ausmaß sog. Eigengeschäfte auf eigenes Risiko, allerdings üben sie durch ihre zentralen Verhandlungen einen mehr oder weniger starken Einfluß auf das Beschaffungsverhalten der meisten ihrer Mitgliedsunternehmen aus. Aus diesem Grunde soll mit Hilfe einer groben Schätzung der unternehmens- und gruppenspezifischen Einkaufsvolumina versucht werden, die Stellung der größeren Nachfragergruppen auf dem Beschaffungsmarkt für Nahrungsmittel abzugreifen (Tab. VI.3–2).

Nach diesen Berechnungen werden knapp 30% aller Beschaffungsumsätze über die verschiedenen Typen von Einkaufs- und Handelsgruppen abgewickelt (wie z. B. Edeka, Rewe, Gedelfi, Markant). Werden in diese Berechnung die häufig nicht von der Zentrale erfaßten Direktlieferungen kleinerer Produzenten an die Mitgliedsunternehmen noch zusätzlich berücksichtigt, so dürftc sich der Umsatzanteil der Einkaufs- bzw. Handelsgruppen auf über 40% erhöhen. Über 25% der Umsätze entfallen auf nationale Massenfilialunternehmen.

Die relativ starke Stellung der Gruppenzentralen resultiert nahezu ausschließlich aus ihren hohen Verrechnungsumsätzen mit den Mitgliedsunternehmen. Aus diesem Grunde können die berechneten Marktanteile der Handelsgruppen nur mit erheblichen Einschränkungen mit den Anteilen der filialisierten Handelsunternehmen in einen vergleichenden Zusammenhang gebracht werden. Die zentralen Beschaffungsentscheidungen in den Filialunternehmen weisen zweifelsohne eine weitaus intensivere Wettbewerbswirkung auf als die Rahmenvereinbarungen der Gruppenzentrale über den kooperativen Bezug, von denen eine Bezugspflicht auf die Mitgliedsunternehmen nicht ausgeht. Die größeren Mitgliedsunternehmen verfolgen eine weitgehend autonome Beschaffungspolitik, was vielfach auch zu schwierigen Interessenkonflikten mit den Kooperationszentralen führt. Insbesondere Großunternehmen „wachsen" infolge ihrer hohen Beschaffungsvolumina vielfach aus einem Kooperationsverbund heraus, da sie infolge ihrer großen Absatzleistung mehr und mehr mit Herstellern einen Direktbezug und gesonderte Aktionen vereinbaren.

4. System der Beschaffungskonditionen

4.1 Wettbewerbsrelevanz von Konditionen

Mit der zunehmenden Einführung von absatzstimulierenden und leistungsfördernden Elementen hat das System von Beschaffungskonditionen erheblich an Komplexität, aber zugleich auch an Wettbewerbswirkung gewonnen. Der Listenpreis des Produkts und die dazugehörige Rabattstaffelung nach der Liefermenge haben zwar nicht an zentraler Bedeutung verloren, sie wurden aber durch solche Konditionenelemente ergänzt, die zusätzliche Absatzimpulse bei den Konsumenten auslösen können durch spezielle hersteller- und handelsgesteuerte Aktivitäten, wie z. B. Verkaufsförderung durch den Hersteller oder

Sonderplazierungen durch den Handel. Die Initiative für eine derartig absatzstimulierende Weiterentwicklung des bisherigen Konditionensystems ging maßgeblich von umsatzstarken Großfilialunternehmen aus, die sich mit einer solchen Strategie leistungsspezifische Preisnachlässe für ihr aktives Wettbewerbsverhalten am Absatzmarkt „erhandeln" wollen.

Mit unterschiedlichen Preislisten sowie verschiedenartigen Rabatt- und Konditionenelementen gegenüber ihren einzelnen Abnehmern versuchen vor allem kleinere Hersteller, der Gefahr einer zu großen Informationstransparenz und Verbreitung ihrer Lieferkonditionen zu entgehen. Allerdings gewähren manche Hersteller, die sich durch relativ große Produktionskapazitäten auszeichnen, den meist größeren und national agierenden Filialunternehmen im Zuge ihrer manchmal sehr marktanteilsbezogenen Marketingstrategien für bestimmte Liefermengen außerordentlich günstige Konditionen. Ihr Wettbewerbsverhalten verfolgt in diesen Fällen vielfach das Ziel, eine positive Absatzentwicklung eines Konkurrenzprodukts zu beeinflussen und mit Hilfe von recht günstigen Bezugskonditionen für das eigene Produkt „zum Stillstand" zu bringen. Diese zweckgerichteten Konditionenangebote richten sich fast ausschließlich an größere Handelsunternehmen und können aus ihrer Zielsetzung heraus nicht als Indiz für eine mißbräuchliche Nutzung von Nachfragemacht angesehen werden.

In diesem Zusammenhang stellt sich die grundsätzliche Frage, ob Mißbrauch von Nachfragemacht vorliegt, wenn die „Gegenleistung" des Handels für erlangte Rabatt- und sonstige Konditionenzugeständnisse nicht erbracht oder sogar von dem jeweiligen Handelsunternehmen überhaupt negiert wird. Dabei kann der Fall eintreten, daß infolge einer nicht absehbaren Wettbewerbssituation auf einem regionalen Absatzmarkt ein durch eine Sonderaktion eingeplanter „Mehrumsatz" nicht erreicht werden konnte. Über die tatsächliche Gewährung des festgelegten Aktionsrabatts entscheidet dann oft die Machtstellung der Marktbeteiligten.

Viele Hersteller vertreten die Auffassung, daß die ihnen von Handelsunternehmen zugesagten und oft auch vertraglich vereinbarten Gegenleistungen in Form von verstärkten Absatz- und Verkaufsbemühungen häufig nicht mehr als Absichtserklärungen seien. Aus diesem Grunde gewähren einige angebotsstarke Markenartikelhersteller die Rabattverrechnung erst nach Ablauf einer vereinbarten Sonderaktion, wenn das konkrete Umsatz- bzw. Marktergebnis einer Sonderaktion abgeschätzt werden kann.

4.2 Gruppen von Konditionenelementen

Den Gesprächen mit Hersteller- und Handelsunternehmen nach existiert eine große Anzahl von sehr verschiedenartigen Konditionenarten, die sich im Verlauf von langjährigen Lieferbeziehungen zwischen den jeweiligen Unternehmen herausentwickelt haben. Für manche Konditionensysteme sind branchen- und warenspezifische Besonderheiten von großer Bedeutung, wie z. B. bei Obst und Gemüse oder Molkereiprodukten.

Grundsätzlich können drei Gruppen von Konditionenelementen unterschieden werden, nämlich

- Grundkonditionen
- Zentralkonditionen
- Operative Konditionen.

Die *Grundkonditionen* umfassen die meist in der Preis- und Rabattliste enthaltenen Skonti- und Boninachlässe sowie die Staffelung der Mengenrabatte. In ihren Grundzügen sind diese Konditionenelemente für nahezu alle Abnehmer gleich und stehen meist in einer direkten Abhängigkeit zu der Absatzmenge. Aus wettbewerbs- und verhandlungspolitischen Zielsetzungen heraus versuchen die Hersteller, das für sie wichtige Gerüst von Grundkonditionen bei allen ihren größeren und kleineren Abnehmern durchzusetzen und für einen längeren Zeitraum beizubehalten. Werden nämlich die Grundkonditionen eines Herstellers zum zentralen Verhandlungsgegenstand, z. B. mit einem nachfragestarken Handelsunternehmen und ggf. Änderungen vereinbart bzw. durchgesetzt, so wird dies für ihn mit erheblichen Auswirkungen auf seine künftige Wettbewerbs- bzw. Verhandlungsposition verbunden sein.

Ausgehend von den Grundkonditionen versuchen die Handelsunternehmen dann, individuelle Verhandlungsergebnisse zu erzielen, die ihrer absatzwirtschaftlichen Leistungsfähigkeit und Selbsteinschätzung im nationalen oder regionalen Absatzfeld entsprechen.

In den Vereinbarungen über die sog. *Zentralkonditionen* sind primär diejenigen Konditionen enthalten, die von den Kooperations- bzw. Verbundzentralen im Rahmen ihrer Vermittlungs- und Verrechnungsaktivitäten verhandelt und vereinbart werden. Dazu gehören insbesondere Vereinbarungen über die Delkredere- und Inkassovergütung sowie über Zentralboni bzw. -rabatte, soweit die Zentrale selbst absatz- und marketingfördernde Aktivitäten (z. B. Warenbörsen, nationale Werbeaktionen) konzipiert und organisiert. Im Zuge der sich verstärkenden Kooperationsaktivitäten haben Zentralkonditionen nach Aussagen von Herstellern an wettbewerbspolitischer Bedeutung gewonnen.

Im Rahmen der Verhandlungen über Zentralkonditionen kann auch nicht davon ausgegangen werden, daß zwischen der Zentrale und den Lieferanten sog. Höchstpreise für die angeschlossenen Mitglieder ausgehandelt werden.[5] Vielmehr bilden die Grund- und Zentralkonditionen die Rahmenbedingungen für

[5] Vgl. hierzu die Argumentation in der Begründung des Kammergerichts zum Fall „Selex-Tania" (1986), in: WuW/E OLG 3737 ff.

weitere (Nach-)Verhandlungen mit nahezu allen Mitgliedsgruppen einer Gruppe. Dieses Verhandlungsergebnis führt dann für das einzelne Mitgliedsunternehmen zu einem konkreten Beschaffungspreis, der hauptsächlich von den individuellen Leistungs- und Marktstärken des Herstellers und des Handelsunternehmens her bestimmt wird. Nur bei den sehr kleinen Mitgliedsunternehmen finden keine zusätzlichen Verhandlungen statt.

Als wichtigste Gruppe sind wohl die *operativen Konditionen* anzusehen. Von ihrer Ausgestaltung kann die größte Wirkungsintensität auf dem Beschaffungswettbewerb erwartet werden. Zu den operativen Konditionen zählen insbesondere die Mengen- und Sonderrabatte für nationale, regionale und kundenbezogene Sonder- und Verkaufsförderaktionen sowie die (regionalen) Werbekosten-(WK-)Zuschüsse, mit denen direkte handelsbezogene Werbeaktivitäten für einzelne Produkte unterstützt bzw. überhaupt erst initiiert werden. Zu den operativen Konditionen können ferner Vereinbarungen über sog. (Abnahme-)Zielmengen und Sondervereinbarungen über Neueinführungen und Regalplacierungen gerechnet werden.

4.3 Zu einzelnen wettbewerbsrelevanten Konditionen

Die Verhandlungsaktivitäten im Beschaffungswettbewerb orientieren sich in der Regel auf einzelne operative Konditionen, die meist mit der mengenmäßigen Rabattstaffelung und Sonderaktionen im Zusammenhang stehen. Aus diesem Grunde sollen einige dieser Konditionen in ihrer Wettbewerbswirkung kurz erläutert werden. Die Informationen hierüber beruhen auf zahlreichen Expertengesprächen mit Hersteller- und Handelsunternehmen, die das Ifo-Institut im Verlauf dieser Studie und in ähnlichen Untersuchungen über die Entwicklung im Lebensmittelhandel geführt hat.[6]

Staffelung von Mengenrabatten: Einige größere Unternehmen des Ernährungsgewerbes haben in der letzten Zeit ihre Staffelungskonzepte für Mengenrabatte neu gestaltet, um die größeren Handelsunternehmen dazu zu bewegen, aus kostenlogistischen Gründen heraus noch höhere Abnahmemengen als bisher zu ordern. Diese vornehmlich von umsatzstarken Markenherstellern (z. B. aus der Süßwarenindustrie) verfolgte Strategie hat ferner zum Ziel, die zunehmende Zahl von gleichartigen Produkten einer „Markenfamilie" schwergewichtig über marketingaktive Filialunternehmen mit modernen Vertriebstypen abzusetzen. Es kann davon ausgegangen werden, daß die daraus resultierenden Rabatt- bzw. Preisvorsprünge die bisher vermuteten bzw. geschätzten Wettbewerbsanteile der Groß- bzw. Spitzenunternehmen von rd. 2 % mehr oder weniger stark übertreffen.

---

[6] Vgl. hierzu Täger (1987), S. 81 ff.

Werbekostenzuschüsse: Um die z. T. recht stark ins Gewicht fallenden Werbeaufwendungen, die für die Durchführung von zeitraumbezogenen Sonderangeboten notwendig sind, finanzieren zu können, fordern seit einigen Jahren vor allem größere Handelsunternehmen derartige Werbekosten-Zuschüsse von den meisten ihrer Lieferanten an. Dies vor allem mit der Begründung, daß durch gezielte und verstärkte Werbe- und Verkaufsaktivitäten der Ab-Verkauf der Firmenprodukte merklich gesteigert werden könnte. Da die Höhe der Werbekosten-Zuschüsse als fester Betrag nicht in direkter Abhängigkeit mit der Abnahmemenge verhandelt wird, verbleibt den Handelsunternehmen bei diesem Konditionenelement ein relativ großer Spielraum für ihr geplantes Verhandlungsergebnis. Eine Verrechnung der Zuschüsse mit effektiv getätigten Werbeausgaben wird nur in Ausnahmefällen vorgenommen.

Den Unternehmensangaben zufolge hat der Werbekostenzuschuß in den sog. Jahresgesprächen generell an Bedeutung gewonnen. In diesen Betrag werden nämlich zunehmend auch diejenigen Preisnachlässe miteinbezogen, die zu einer sichtbaren Verschlechterung anderer wichtiger Konditionen führen würden. Man will damit eine offene Veränderung der Grund- und Zentralkonditionen bei nachfragestarken Abnehmern vermeiden.

Rabatte für Sonderaktionen: Das preisgünstige Sonderangebot ist eines der wichtigsten Wettbewerbsinstrumente im Lebensmittelhandel geworden, schätzungsweise rd. 25 % des Branchenumsatzes werden durch Sonderaktionen getätigt. Aber auch für viele Hersteller sind die Sonderaktionen von großer Marketingbedeutung geworden, da sie auf diesem Wege größere Absatzmengen an die Konsumenten „durchverkaufen" können.

Um für eine derartige Sonderaktion die notwendige Preisattraktivität herzustellen, werden sog. Aktionsrabatte für die geplante Absatzmenge vereinbart. Dieser Aktionsrabatt bewegt sich in der Regel in einer Größenordnung von 3 bis 5 % (je nach Absatzmenge). Darüber hinaus werden für derartige Aktionen noch zusätzlich Werbekostenzuschüsse ausgehandelt. Tendenziell besteht jedoch für den betreffenden Hersteller bei einer Vielzahl solcher Aktionen die Gefahr, daß seine Produkte allmählich auf ein niedrigeres Preisniveau heruntergezogen werden.

Listungsbeträge: Für die Aufnahme neuer Produkte wurden von seiten des Handels Listungsbeträge von sehr unterschiedlicher Höhe gefordert. Ihre Höhe orientiert sich hauptsächlich nach der absatzwirtschaftlichen Leistungsfähigkeit des Filialnetzes oder des Mitgliederkreises einer Handelsgruppe. Bei einer rückläufigen Absatzentwicklung eines Produktes werden auch vielfach Listungsentgelte dafür gefordert, daß das betreffende Firmenprodukt nicht aus dem Sortiment „ausgelistet" bzw. herausgenommen wird.

Auch wenn den hier angesprochenen Konditionenelementen für den Beschaffungswettbewerb eine wichtige Bedeutung in den jährlichen Verhandlungen zuerkannt wird, so richtet sich das Augenmerk der meisten größeren Handelsunternehmen zunehmend auf die Summe aller erreichbaren Preis- und Konditionennachlässe, d.h. auf den sog. Netto-Netto-Bezugspreis. Ausgehend von der Preisstellung der wichtigsten Mitwettbewerber und unter Berücksichtigung ihrer und der eigenen Kostenhöhe und -struktur in der Distribution wird ein richtungsweisender Bezugspreis berechnet bzw. abgeschätzt. Dieser konkurrenzorientierte Beschaffungspreis wird den Verhandlungen mit den Lieferanten zugrunde gelegt. Für die meisten Handelsunternehmen besteht das primäre Ziel ihrer Wettbewerbsaktivitäten auf dem Beschaffungsmarkt nur darin, möglichst einen noch günstigeren Bezugspreis zu erzielen, um sich hierdurch einen zeitweiligen Wettbewerbsvorsprung am Absatzmarkt zu verschaffen.

5. Aktuelle wettbewerbspolitische Entwicklungstendenzen

5.1 Marktstellung von Handelsunternehmen

Angesichts des Ausmaßes und der Schnelligkeit der Konzentrationsentwicklung im Lebensmittelhandel stellt sich zunehmend die Frage nach der adäquaten Einschätzung der Marktstellung der umsatzstarken Handelsunternehmen auf den Beschaffungs- und Absatzmärkten. Die bisherigen kartellgesetzlichen Erfassungskriterien für eine überragende Marktstellung von Unternehmen werden als nicht mehr ausreichend dafür angegeben, den spezifischen Wettbewerbsbedingungen auf den Absatz- bzw. Beschaffungsmärkten von Nahrungsmitteln Rechnung zu tragen. Diese Erfassungskriterien sind vor allem auf Unternehmen mit einer produktionswirtschaftlichen Wertschöpfung ausgerichtet und weniger auf Unternehmen mit einem distributionswirtschaftlichen Leistungsangebot.

In bezug auf den vertikalen Wettbewerb Ernährungsgewerbe/Lebensmittelhandel verfolgte das Bundeskartellamt[7] zur Erfassung der Nachfragestärke von Handelsunternehmen ein Konzept, das die Marktstärke des nachfragenden Handelsunternehmens hauptsächlich in Abhängigkeit von dem Absatzpotential sieht, das das Handelsunternehmen sowohl in qualitativer als auch in quantitativer Weise für den Hersteller erschließen und beschränken kann. Danach seien die Spitzenunternehmen des Lebensmittelhandels für die meisten Hersteller als unverzichtbar anzusehen, da die mit diesen großen Handelsunternehmen getätigten Umsätze entweder gar nicht oder nur unter erheblichen Gewinneinbußen durch zusätzliche Umsätze mit anderen in- und ausländischen Handelsunternehmen kompensiert werden könnten.

[7] Vgl. hierzu die Berichte des Bundeskartellamtes über seine Tätigkeiten in den Jahren 1983/1984 bzw. 1985/1986 sowie über die Lage und Entwicklung auf seinem Aufgabengebiet, BT-Drucksache 10/3550 und 11/554.

Diese Abgrenzung des Beschaffungsmarktes aus dem Blickwinkel des Handelsunternehmens wurde sowohl von der Kartellrechtsprechung[8] abgelehnt als auch von der Monopolkommission[9] in Frage gestellt. Nach deren Auffassung darf der relevante Beschaffungsmarkt nicht aus dem Blickwinkel des jeweiligen Handelsunternehmens definiert werden, dessen Marktstärke zu überprüfen ist, sondern aus der Sicht des Anbieters. Dies vor allem deshalb, um die wettbewerblichen Verhaltensspielräume des Anbieters und seine vorhandenen und möglichen Absatzalternativen besser abbilden zu können. Diese Betrachtungsweise zur Erfassung der Nachfragestärke von Handelsunternehmen negiert den bisherigen Sortimentsmarkt des Lebensmittelhandels und differenziert nach einzelnen Produktmärkten, die aus identischen und ähnlichen Produkten gebildet werden. Diese vor allem durch die Kartellrechtsprechung herbeigeführte Sichtweise dürfte wesentlich dazu beigetragen haben, daß die bisherigen Unsicherheiten in der Einschätzung der Nachfragestärke von Handelsunternehmen gemindert wurden.

Vor dem Hintergrund dieser Betrachtungsweise erhalten die hohen Marktanteile mancher Hersteller bzw. die hohen Konzentrationsraten in einigen Güterklassen der Ernährungsindustrie deshalb ein besonderes Gewicht, weil sie auf eine mehr oder weniger starke Marktführerschaft und damit Angebotsstärke einzelner Unternehmen hinweisen.[10] Allerdings lassen die relativ hohen Anteilsdifferenzen in den Marktanteilen zu den anderen Anbietern vermuten, daß die nachfolgende Gruppe von meist kleinen und mittleren Unternehmen eine weitaus geringere Angebotsstärke besitzen als die Branchenführer. Viele dieser kleinen und mittleren Unternehmen sind durch den Strukturwandel im Lebensmittelhandel mehr oder weniger stark in die nationale Distribution gezwungen worden, obwohl sie zunächst nicht über die notwendigen Produktions- und Vertriebskapazitäten verfügten.

Dieser Prozeß der produktions- und vertriebstechnischen Umstrukturierung hat manche dieser Unternehmen vor erhebliche wettbewerbliche Probleme gestellt, wenn sie ihre Absatzaktivitäten zu sehr auf wenige Handelsunternehmen konzentriert haben. Ihre unzureichenden Marketingressourcen und -aktivitäten waren vielfach der Grund für erhebliche Konditionenforderungen von seiten umsatzstarker Handelsunternehmen. Die größeren, meist in einem multinationalen Verbund agierenden Anbieter dagegen konnten mit ihren großen Produktionskapazitäten und umfangreichen Marketing- und insbesondere Werbeaktivitäten der zunehmenden Markt- bzw. Nachfragestärke von größeren Handelsunternehmen erheblich besser begegnen als kleine und mittlere Unternehmen des Ernährungsgewerbes.

---

[8] Vgl. Beschluß des Kammergerichts im Fall Coop-Wandmaker vom 5.11.1986, in: WuW 6 und 7/1987, OLG 3917 ff.

[9] Vgl. Hauptgutachten der Monopolkommission (1988), S. 201 ff.

[10] Vgl. Lademann (1988), S. 39 ff.; vgl. ferner Bundeskartellamt (1987), S. 74 ff.

5.2 Umstellungs- und Absatzflexibilität

Um etwaige mißbräuchliche Formen der Nachfragemacht umsatzstarker Handelsunternehmen nach kartellrechtlichen Bestimmungen besser erfassen und justitiabel nachweisen zu können, haben der Gesetzgeber wie auch Industrieverbände vorgeschlagen, die Kriterien der Marktbeherrschung (wie z. B. Marktanteil, Finanzkraft nach § 22 Abs. 1 Nr. 2 GWB) zusätzlich noch um zwei Kriterien zu ergänzen.[11] Nach ihrer Auffassung würden die bisherigen gesetzlichen Mekmale für die Identifizierung einer überragenden Marktstellung nur unzureichend die besonderen Wettbewerbsbedingungen auf den Beschaffungsmärkten des Lebensmittelhandels abbilden. Als weitere Prüfkriterien sind vorgeschlagen:

- „Fähigkeit, sein Angebot oder seine Nachfrage auf andere Waren oder gewerbliche Leistungen umzustellen“ und
- „Möglichkeiten der Marktgegenseite, auf andere Unternehmen auszuweichen“.

Als richtungsweisendes Kriterium für die zusätzliche Berücksichtigung der produktions- und handelswirtschaftlichen Umstellungsflexibilität findet im Referenten-Entwurf das breit sortierte große Handelsunternehmen Erwähnung, dessen Gesamtsortiment sich über eine Vielzahl einzelner Warengruppen erstreckt. Nicht zuletzt unter Berücksichtigung der damit verbundenen Investitionskosten habe ein solches Handelsunternehmen es wesentlich leichter, „dieses Gesamtsortiment um einzelne Waren zu vermehren oder zu vermindern, als es den Herstellern dieser Ware in der Regel möglich ist, ihre Produktion umzustellen“.[12]

Diese stark verkürzte und vergleichende Begründung des Waren- und Leistungsangebots von Hersteller- und Handelsunternehmen läßt wichtige Wettbewerbselemente bzw. -profile unberücksichtigt, die speziell für die Konsumgüter- und Lebensmitteldistribution in den letzten Jahren von erheblicher Bedeutung geworden sind. In vielen Warenbereichen des Lebensmittelhandels (so insbesondere im Süßwaren- und Spirituosenbereich) gibt es eine Anzahl von meinungsführenden Markenartikel, die für die meisten Verbraucher einen hohen Stellenwert in ihrem Einkaufs- und Konsumverhalten aufweisen. Die relativ hohe Markenloyalität bestimmter Gruppen von Konsumenten für einige führende Markenprodukte bildet sowohl für den Hersteller als auch für den Handel ein wichtiges Wettbewerbsinstrument. Diskountorientierte Angebotstypen des Lebensmittelhandels haben deshalb verstärkt bekannte Produkte von Markenartikelherstellern in ihr begrenztes Warensortiment aufgenommen, um im Wett-

---

[11] Vgl. Begründung zum Referenten-Entwurf eines Fünften Gesetzes zur Änderung des Gesetzes gegen Wettbewerbsbeschränkungen (Entwurf des Bundesministers für Wirtschaft vom 30.9.88), S. 23 ff.

[12] Referentenentwurf (1988), S. 24.

bewerb an Leistungsfähigkeit zu gewinnen (vgl. hierzu die werbemäßige Selbsteinschätzung als „Marken-Diskonter“ durch den PLUS-Angebotstyp der Tengelmann-Gruppe).

Infolge dieser Entwicklung sind auch wettbewerbsaktive Handelsunternehmen in einem erheblichen Maß auf marktführende bzw. -beherrschende Markenartikel angewiesen, wenn sie nicht gegenüber den Konsumenten Einbußen in ihrem Leistungs- bzw. Warenangebot hinnehmen wollen. Im Zuge der intensiveren Absatzkonkurrenz zwischen den größeren Handelsunternehmen würde eine Totalauslistung des gesamten Markenprogramms eines Herstellers oder auch schon eine zeitweilige Herausnahme eines bekannten Markenprodukts zu einem spürbaren Umsatzrückgang in dem betreffenden Produktsegment führen. Eine Substitution durch andere Hersteller- oder Handelsmarken hat nur begrenzte Umsatzwirkung, da von einem marktführenden und stark werbeunterstützten Markenprodukt ein wesentlicher Einfluß auf die gesamte Angebotsattraktivität des jeweiligen Produktsegments ausgeht.

Aus diesem Grund muß die im Referenten-Entwurf angesprochene Sortiments- bzw. Umstellungsflexibilität von Handelsunternehmen insbesondere bei den strategisch wichtigen Markenprodukten nahezu ebenso gering angesehen werden wie die Produktionsflexibilität bei Herstellern. Da die großen Unternehmen meist eine Vielzahl gleicher oder ähnlicher Artikel in ihrem Angebots- bzw. Produktionsprogramm führen und sie hierfür meist dieselbe Prozeß- bzw. Fertigungstechnologie und Grundstoffe verwenden, dürften die wettbewerbsrelevanten Wirkungen einer produktionstechnischen Umstellung nicht so groß sein, wie dies oft behauptet wird. Viele Unternehmen der Ernährungsindustrie weisen schon aus saisonalen Produktions- und Absatzentwicklungen heraus eine vergleichsweise hohe Fertigungsflexibilität auf.

In einem engen Zusammenhang mit der Umstellungsflexibilität stehen die alternativen Bezugs- und Absatzwegeflexibilitäten von Handels- und Produktionsunternehmen. Dieses Kriterium wurde desgleichen mit der Zielrichtung in den Entwurf aufgenommen, eine mögliche Abhängigkeit eines Herstellers von Ernährungsgütern von einem nachfragestarken Handelsunternehmen besser erfassen zu können. In früheren Diskussionen hierüber wurden Bezugsanteile eines Handelsunternehmens in der Größenordnung von 5 bis 10 % am Absatzumsatz schon als deutliches Anzeichen einer „beherrschenden“ Abhängigkeit angesehen. Derartig hohe Lieferanteile bestehen – den Gesprächen nach – schon bei einer Vielzahl von kleinen und mittleren Unternehmen, die ihre Produkte schwerpunktmäßig über national agierende Großfilialunternehmen vermarkten. Die damit verbundenen Risiken werden von den meisten dieser Unternehmen in ihrer Absatzplanung in Rechnung gestellt.

In den Gesprächen mit Filialunternehmen wurde häufig die Feststellung getroffen, daß man – aus Erfahrung in den letzten Jahren – eine zu starke Lieferbindung an kleinere Hersteller soweit wie möglich vermeide, da ein plötzlicher Lieferausfall erhebliche Schwierigkeiten für die eigenen Absatz- bzw. Wettbewerbsaktivitäten auslösen könne. Viele kleinere Unternehmen seien nicht in der Lage, zu den vereinbarten Konditionen größere Mengen eines Produktes zu liefern, um das gesamte Filialnetz zu versorgen. Aus diesem Grunde seien vor allem Großunternehmen des Ernährungsgewerbes mit ihren zahlreichen in- und ausländischen Produktionsstandorten mit überproportional hohen Lieferanteilen bei ihnen „im Regal" vertreten.

Insgesamt haben Gespräche mit Herstellerunternehmen gezeigt, daß – im Ausnahmefall – einer sehr großen Nachfrage- bzw. Bestellzurückhaltung durch ein großes Handelsunternehmen oder bei einem sich abzeichnenden Lieferabbruch die dann zur Verfügung stehenden Produkte an andere Handelsunternehmen „umgeleitet" werden konnten, wobei dafür erhebliche Preis- und Konditionennachlässe gewährt werden mußten. Die dadurch eingetretenen Erlösminderungen würden aber bewußt in Kauf genommen, um einem langfristig wirkenden „Ungleichgewicht" in den Lieferbeziehungen zu dem betreffenden Handelsunternehmen zu entgehen.

Vielfach wird von dem Hersteller eine solche „Umleitungs"-Strategie mit dem Ziel gewählt, die auf den jeweiligen Absatzmärkten erreichten Marktanteile nicht zu stark rückläufig werden zu lassen. Dies könne zu einem erheblichen Imageverlust der Produktmarke führen und damit zu einer Verschlechterung der Wettbewerbsposition als Anbieter. Es hat sich aber gezeigt, daß gerade die Produzenten von meinungsführenden Markenprodukten und nachfragestarke Handelsunternehmen nach einem relativ kleinen Zeitraum (meist von wenigen Monaten) ihre Lieferbeziehungen wieder aufnehmen.

5.3 Kooperation[13]

Für die Wettbewerbsstrukturen zwischen der Ernährungsindustrie und dem Lebensmittelhandel spielen die verschiedenen Typen von Handelskooperationen nach wie vor eine große Rolle, auch wenn einzelne Kooperationen in den letzten Jahren einen Rückgang ihrer Marktanteile hinnehmen mußten. In den letzten Jahren haben die meisten Kooperationsgruppen jedoch neue Strategien und Leistungsprofile entwickelt, um sowohl auf den Beschaffungsmärkten als auch auf den Absatzmärkten wieder an Wettbewerbseffizienz zu gewinnen. Die nach wie vor große Zahl von kleinen Lebensmittelgeschäften, die als Mit-

[13] Vgl. hierzu E. Batzer, J. Lachner und W. Meyerhöfer, Die handels- und wettbewerbspolitische Bedeutung der Kooperationen des Konsumgüterhandels, Ifo-Studien zu Handels- und Dienstleistungsfragen, Bd. 36/I: Allgemeiner und zusammenfassender Teil, Bd. 36/II: Branchen: Nahrungs- und Genußmittel, Möbel, Spielwaren, Elektroartikel, Bd. 36/III: Textilien und Bekleidung, Schuhe, Sportartikel, Haushaltswaren, Fotoartikel, München 1989 (Studie des Ifo-Instituts für Wirtschaftsforschung im Auftrag des Bundesministeriums für Wirtschaft und von Kooperationsverbänden des Handels).

gliedsunternehmen von den regionalen Verbund-Großhandlungen beliefert werden, und die starke wirtschaftliche Selbständigkeit der Mitgliedsunternehmen auf der Groß- und Einzelhandelsstufe beeinflussen ihre Stellung im Distributionsprozeß in einem erheblichen Ausmaß.

Die von den Kooperationszentralen in den letzten Jahren verfolgte Strategie der Zentralisierung, insbesondere auf dem Beschaffungssektor, konnte bei weitem nicht die Nachteile kompensieren, die sich aus dem dreistufigen Organisations- und Entscheidungsaufbau der meisten größeren Handelsgruppen ergeben (Zentral-, Großhandels- und Einzelhandelsstufe). Im Zuge des Umstrukturierungsprozesses haben vor allem die umsatzstarken Mitgliedsunternehmen auf der Großhandelsstufe an wettbewerbs- und beschaffungspolitischer Bedeutung gewonnen, da von ihnen die relevanten Wettbewerbsentscheidungen auf den verschiedenen Beschaffungsmärkten getroffen werden.

Ein wesentliches und konstituierendes Element der Handelskooperationen bilden die verschiedenen Formen der zentralen Abrechnung und der Delkredereübernahme. Für die Mitgliedsunternehmen, aber auch für die Hersteller sind damit erhebliche Rationalisierungen verbunden, da sie sich auf diesem Wege von umfangreichen und kostenintensiven Prüf- und Zahlungsaktivitäten entlasten können. Die zentral aufbereiteten Informationen über die verrechneten Warenlieferungen stellen ferner für viele Mitgliedsunternehmen und für die Hersteller eine gut zu nutzende Informationsquelle über die umsatzmäßige Bedeutung von einzelnen Lieferanten- bzw. Abnehmern dar. Außerdem entstehen durch den Wegfall der individuellen Bonitätsprüfungen insbesondere bei den kleinen und mittleren Mitgliedsunternehmen erhebliche Vorteile bei den Lieferanten. Einige größere Herstellerunternehmen stehen der Delkredereübernahme nicht ganz so positiv gegenüber, da sie sich gegen Forderungsausfälle oft kostengünstiger versichern lassen können.

Nach der Kartellrechtsprechung können von diesen für nahezu alle Mitgliedsunternehmen gleichen Abrechnungs- und Delkredereübernahmemodalitäten Tendenzen zur Vereinheitlichung des Wettbewerbsverhaltens ausgehen.[14] Um die Wettbewerbswirkung dieser zentralen Systeme richtig einschätzen zu können, müssen die damit verbundenen Wirkungen in einem Gesamtzusammenhang mit den übrigen Bezugsregelungen und -konditionen gesehen werden. Nahezu alle Handelsgruppen und größeren Filialsysteme haben im Laufe der letzten Jahre zentrale Verrechnungs-„Gesellschaften“ gegründet (wie z. B. ASKO), die für ihre Inkassodienste Provisionen in der Größenordnung von bis zu 2 % beanspruchen. Gemessen an dem Ausmaß der sonstigen Konditionen und der breiten Anwendung dieser Verrechnungssysteme für nahezu alle Warenlieferungen von Nahrungsmitteln spielen die von diesen zentralen Verrechnungs- und Del-

[14] Vgl. hierzu die Kammergerichts-Entscheidung im Fall Selex/Tania, WuW/E 3741 f.

krederesystemen ausgehende Wettbewerbswirkungen nur eine vergleichsweise geringe Rolle.

Die zentralen Liefer-Rahmenvereinbarungen zwischen den Kooperationszentralen des Lebensmittelhandels und den Herstellern von Nahrungsmitteln haben in den letzten Jahren jedoch zweifelsohne an Wettbewerbsrelevanz gewonnen. Die verschärfte horizontale Wettbewerbsintensität auf der Einzelhandelsstufe hat die Mitgliedsunternehmen veranlaßt, ihre Beschaffungsaktivitäten stärker als bisher auf ihre jeweilige Kooperationszentrale auszurichten und damit auch höhere Ansprüche hinsichtlich der Einkaufskonditionen zu erheben. Die meisten Hersteller dagegen sind nur bereit, diesen erhöhten Forderungen nachzukommen, wenn sie umfassende Verkaufs- und Absatzkonzepte für ihre Produkte im Mitgliederkreis einer Handelsgruppe realisieren können. Infolge der unterschiedlichen Absatzstruktur und wettbewerbspolitischer Leistungsfähigkeit der kleineren und größeren Mitgliedsunternehmen ist die kooperationsinterne Durchsetzbarkeit derartiger Leistungs- und Angebotsprogramme von seiten der Kooperationszentrale mit erheblichen Schwierigkeiten verbunden. Aus diesen strukturellen Gründen werden im allgemeinen nur Rahmenvereinbarungen zwischen der Zentrale und den Herstellern abgeschlossen, deren konkrete Ausgestaltung von der unternehmens- und wettbewerbspolitischen Leistungsfähigkeit des Mitgliedsunternehmens abhängig ist.

Für die meisten Hersteller sind die den Jahresgesprächen mit den Kooperationszentralen nachfolgenden Beschaffungsverhandlungen mit den umsatzstarken Mitgliedsunternehmen von weitaus größerem Gewicht. Dies ist vor allem darauf zurückzuführen, daß die dann verhandelten Hauskonditionen zu erheblich höheren Preisnachlässen führen als die schon „vorverhandelten“ Sockel- oder Kontorkonditionen.

Betrachtet man das gesamte zur Verhandlung stehende Konditionenvolumen (= 100%), so entfallen nach groben Schätzungen von Handels- und Herstellerunternehmen ein Anteil in der Größenordnung von 15 bis 20% auf die Kooperationszentrale und der Rest auf Mitgliedsunternehmen, wobei die später gezahlten Rückvergütungen der Zentralen an die Mitgliedsunternehmen außer Betracht bleiben. Diese grob geschätzte Relation verschiebt sich naturgemäß zugunsten von umsatzstarken Mitgliedsunternehmen, die aufgrund ihrer größeren absatzwirtschaftlichen Leistungsfähigkeit und ihrer höheren Mengenabnahme von den Lieferanten günstigere Hauskonditionen eingeräumt bekommen als die kleineren Mitgliedsunternehmen.

Auch die Bildung von sog. Unterkreisen (z. B. durch kleinere Markant-Mitgliedsunternehmen) oder regionale Beschaffungskooperationen (z. B. in der EDEKA-Gruppe durch regional benachbarte Handelsgesellschaften) muß als ein wichtiges Instrument angesehen werden, um im Beschaffungswettbewerb günstigere Bezugskonditionen und eine bessere Rabatteinstufung zu erlangen. Infolge der dezentralen Betriebsstrukturen dieser Untergruppen und den damit verbundenen Anliefer- bzw. Logistikkosten werden die durch gemeinsame Beschaffung erzielten Preisvorteile teilweise wieder kompensiert.

6. Indikatoren über die Wettbewerbsstärke von Hersteller- und Handelsunternehmen

6.1 Vorbemerkung

Im folgenden soll versucht werden, anhand der Entwicklung von zwei wichtigen wirtschaftlichen Ergebnisgrößen (bzw. Indikatoren) von Unternehmen, nämlich der Entwicklung des (Roh-)Ertrags und einzelner Kosten sowie der Investitionen Anhaltspunkte dafür zu gewinnen, ob und ggf. in welchem Umfang sich Wettbewerbsstellungen von Unternehmen des Ernährungsgewerbes und von Unternehmen des Nahrungs- und Genußmitteleinzel- und -großhandels im Distributionsprozeß verändert haben. Die ertrags- und investitionsrelevanten Indikatoren sollen ferner dazu beitragen, die für Wettbewerbs- und Funktionsverschiebungen wichtigen wirtschaftlichen Strukturgrößen offenzulegen und in eine Gesamtanalyse einzubeziehen.

Die Kosten- und Ertragsentwicklungen vermögen Anhaltspunkte dafür bereitzustellen, ob Unternehmen Verhaltensspielräume auf ihren Beschaffungs- und Absatzmärkten sichern bzw. ausbauen konnten. Die Entwicklung der Investitionen und z.T. auch der Investitionsziele und -strukturen hingegen kann Anhaltspunkte dafür vermitteln, wie Unternehmen eines Wirtschaftssektors im Vergleich zu Unternehmen von vorgelagerten und nachgelagerten Sektoren ihre Verhaltensspielräume gegenüber der Marktgegenseite einschätzen.

6.2 Entwicklungstendenzen in der Ertragssituation

Insgesamt weisen die amtlichen und sonstigen Informationen darauf hin, daß sich im Ernährungsgewerbe von 1977 bis 1986 die Ertragssituation – gemessen sowohl an der Umsatz- bzw. Rohertragsrendite als auch an der Rohertragsquote – der Tendenz nach verschlechtert hat; seit 1985 ist allerdings wieder eine etwas günstigere Ertragsentwicklung eingetreten. Dennoch liegt das Ertragsniveau in der Ernährungsindustrie weiterhin erheblich unter demjenigen des Verbrauchsgüter produzierenden Gewerbes und des gesamten Verarbeitenden Gewerbes.

Im Lebensmitteleinzelhandel hat sich die Rohertragsquote von 1979 bis 1986 um etwa 0,5 bis 1 %-Punkte erhöht. Im Großhandel mit Nahrungs- und Genußmitteln dagegen hat sich die durchschnittliche Rohertragsquote in den letzten Jahren nicht wesentlich verändert. Die Rohertragsquote im Handel kann als Indikator dafür angesehen werden, ob Handelsunternehmen ihren Spielraum für die von ihnen erbrachten Vermarktungsleistungen an die veränderten Wettbewerbsverhältnisse ausschöpfen konnten. Die geringfügige Erhöhung der Rohertragsquote deutet auf einen etwas gestiegenen Dispositionsspielraum im Marktverhalten des Lebensmitteleinzelhandels hin.

Die zeitweise deutlich unterschiedlichen Ertragsentwicklungen von Ernährungsgewerbe und Lebensmitteleinzelhandel müssen in einem engen Zusammenhang mit der Kostenentwicklung in den beiden Wirtschaftsbereichen und den in den letzten Jahren vor sich gegangenen Veränderungen in den Marktfunktionen gesehen werden. Die wichtigsten betrieblichen Kosten im Ernährungsgewerbe, nämlich die Kosten für den Materialverbrauch und für Personal sind – gemessen am Bruttoproduktionswert – von 1977 bis 1988 gesunken bzw. nahezu konstant geblieben. Überdurchschnittlich stark erhöht haben sich die „Vorleistungs"-Kosten für den Einsatz von Handelsware (vgl. Tab. IV.3–4), die von den Produktionsunternehmen häufig zur Erweiterung ihrer Angebotspalette zumeist von ausländischen Firmen gekauft und vertrieben wird.

Im Lebensmittelhandel haben sich die Personal- und Mietaufwendungen im Vergleich zu den anderen Kostenarten stark erhöht (Tab. A.V.3–7). Dies hängt eng mit verstärkten Aktivitäten der Firmen im Lebensmittelhandel zusammen, die infolge des intensiven horizontalen Wettbewerbs ihre Leistungsprofile qualitativ stark verbessert haben (z. B. Modernisierung der Filialen, Verbesserung der Warenpräsentation, Durchführung von Verkaufsförderungsaktionen).

Darüber hinaus hat der Lebensmittelhandel seinen leicht gestiegenen ertragswirtschaftlichen Dispositionsspielraum der letzten Jahre vor allem dazu genutzt, seine wettbewerbliche Leistungsfähigkeit im Distributionsnetz zu erhöhen. Im Verlauf dieses Prozesses haben bzw. konnten Unternehmen des Ernährungsgewerbes bestimmte Absatzfunktionen, wie z. B. Logistik, Preisgestaltung nicht mehr mit der gleichen Intensität bzw. Marktwirksamkeit ausüben. Dies hat dazu geführt, daß ein Teil der distributionswirtschaftlichen Wertschöpfung allmählich auf den Handel oder auch auf andere Wirtschaftssektoren (wie z. B. Speditionen) übergegangen ist bzw. systematisch verlagert wurde.

Dies zeigt sich recht deutlich am Beispiel der Logistikaktivitäten der Ernährungsindustrie, die verstärkt auf spezialisierte Unternehmen des Verkehrsgewerbes und teilsweise auch auf Unternehmen des Fach- und Sortimentshandels übertragen werden. Diese in den letzten Jahren stattgefundenen Funktionsverlagerungen zwischen der Produktions- und Handelsstufe sind mitzuberücksichtigen, wenn marktmachtinduzierte Ertrags- und Kostenveränderungen betrachtet und analysiert werden.

6.3 Entwicklung der Investitionen

Im folgenden soll versucht werden, die Entwicklung der Investitionen im Ernährungsgewerbe einerseits und im Lebensmittelhandel andererseits in bezug auf etwaige Veränderungen in der Wettbewerbsstruktur dieser beiden Wirtschaftsstufen zu untersuchen. Dabei kann davon ausgegangen werden, daß von den Investitionsaktivitäten mehr oder weniger starke Impulse auf geplante Wettbewerbsaktivitäten ausgehen. Rückläufige oder stagnierende Investitionen können auf sog. „Entmutigungseffekte" hindeuten, die z. B. von Sättigungserscheinungen in der Nachfrage nach Nahrungsmitteln ausgehen oder aus der zunehmenden Wettbewerbsintensität in den vertikalen Markt- und Lieferbeziehungen zwischen Ernährungsindustrie und dem Lebensmittelhandel resultieren können.

Im Nahrungs- und Genußmittelgewerbe sind die nominalen Investitionen im Zeitraum von 1977 bis 1987 um rd. 40% gestiegen, im Nahrungsmittelgroß- und -einzelhandel dagegen um ungefähr das Doppelte (Abb. VI.6–1). Die nach dem Benutzerkonzept ermittelten Investitionen berücksichtigen auch die Leasing-Aktivitäten, die insbesondere in einigen Funktionsbereichen der Lebensmitteldistribution in den letzten Jahren erheblich an Bedeutung gewonnen haben.

Die in der Tendenz verhaltenere Investitionsentwicklung im Nahrungs- und Genußmittelgewerbe insbesondere im Zeitraum von 1980 bis 1987 im Vergleich zum Nahrungs- und Genußmittelhandel kann auf unterschiedliche Einflußfaktoren zurückgeführt werden. Neben dem zweifelsohne starken Wettbewerbsdruck auf der Absatzseite durch die Zunahme der Nachfragestärke der großen Handelsunternehmen dürfte auch die stärkere Internationalisierung vor allem der großen Unternehmen eine wichtige Rolle für die Investitionsentwicklung spielen. Die durch Leasing-Finanzierung unterstützten Investitionsaktivitäten bei einigen größeren Unternehmen des Lebensmittelhandels sind hauptsächlich auf die Errichtung von neuen Logistikkapazitäten und den Aufbau von neuen Vertriebstypen zurückzuführen.

Die Investitionsstruktur der Unternehmen im Nahrungsmittelgroß- und -einzelhandel zeigen nämlich recht deutlich, daß seit 1977 vor allem die Betriebs- und Geschäftsausstattung sowie der Kraftfahrzeugbereich stärker in den Investitionsaktivitäten berücksichtigt wurden. Dies bestätigt tendenziell die Erklärung, daß sich Handelsunternehmen in den letzten Jahren in einem stärkeren Ausmaß in markt- bzw. absatznahe Betriebsfunktionen, wie z. B. in den Marketing- und Logistikbereich engagiert haben, um durch den Ausbau dieser Funktionsbereiche im vertikalen und horizontalen Wettbewerb an Leistungsfähigkeit zu gewinnen.

Insgesamt deuten die Ertrags- und Investitionsentwicklungen darauf hin, daß sich im Distributionsprozeß von Nahrungs- und Genußmitteln die relative Marktposition zugunsten des Handels verschoben hat. Die mehr oder weniger deut-

Abbildung VI.6-1

Entwicklung der Investitionen im Nahrungs- und Genußmittelhandel und -gewerbe nach dem Benutzerkonzept[1] von 1970 bis 1987

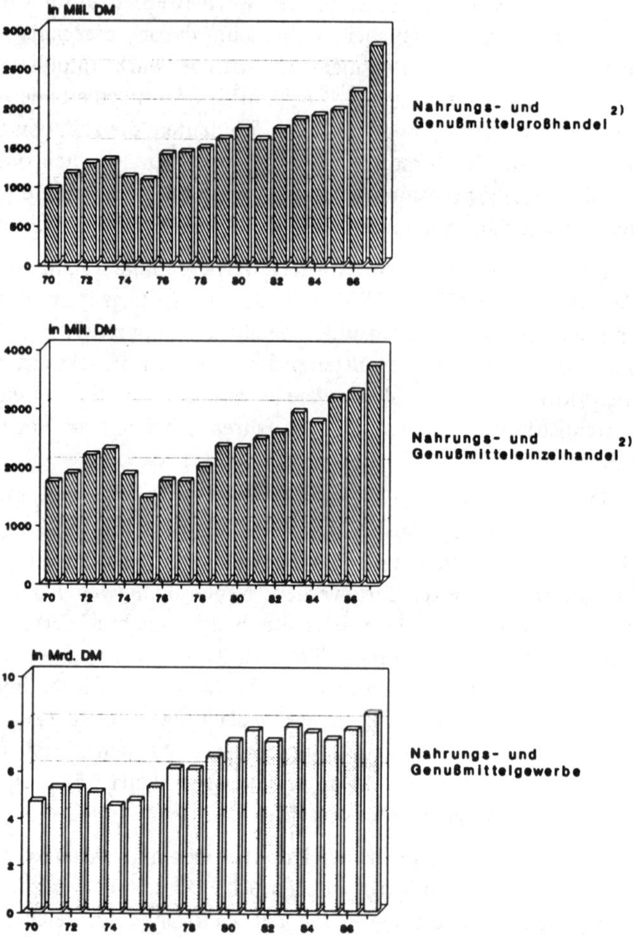

1) Einschließlich der vom Einzelhandel genutzten, aber in anderen Sektoren bilanzierten Investitionen (z.B. Leasing)

2) Hochgerechnet mit den Werten des gesamten Groß- und Einzelhandels

Quelle: Ifo- Investitionstest und Ifo-Investorenrechnung

lich ungünstige Ertragsentwicklung im Zeitraum von 1970 bis 1987 wurde im Ernährungsgewerbe vermutlich mit dadurch ausgelöst, daß der Nahrungsmittelhandel seinen preispolitischen Spielraum in der Marktbearbeitung und -erschließung stärker als bisher ausgeschöpft hat. Die im Vergleich zum Ernährungsgewerbe günstigere Investitionsentwicklung im Nahrungsmittelhandel kann als Indikator dafür gewertet werden, daß insbesondere in der Distribution von Nahrungsmitteln auf der Einzelhandelsstufe noch Ertragschancen gesehen werden, wenn bestimmte Umsatz- bzw. Unternehmensgrößen erreicht werden, um die Distributions- und sonstigen Handlungskosten mit einer möglichst großen Degressionswirkung zu versehen.

VII. Entwicklungsperspektiven des Ernährungsgewerbes

1. Tendenzen in der Nachfrage der privaten Haushalte nach Nahrungsmitteln

Die mengenmäßige Nachfrage nach Nahrungsmitteln stößt in der Bundesrepublik in Teilbereichen zunehmend an Grenzen. Physische Sättigungstendenzen zeichnen sich beispielsweise im Getränkebereich (Bier, Erfrischungsgetränke, Bohnenkaffee und Tee), bei Fleisch und Fleischwaren sowie bei Obst und Gemüse ab. Der Verbrauch an Spirituosen wurde durch Steuererhöhungen negativ beeinflußt. Einschränkungen hat es in jüngster Vergangenheit – teils aus konjunkturellen Gründen – auch beim Außer-Haus-Verzehr von Nahrungsmitteln gegeben.

Trotz dieser mengenmäßigen Sättigungstendenzen dürfte der Verbrauch von Nahrungsmitteln dem Volumen nach in den kommenden Jahren nicht stagnieren. Steigende Realeinkommen sowie eine zunehmend gesundheits- und umweltbewußte Ernährung dürften in Zukunft den Trend zu qualitativ hochwertigen Produkten verstärken. Besonders profitieren werden davon kalorienreduzierte Produkte, Bioprodukte usw. Nachfrageimpulse werden auch von Veränderungen im soziodemographischen Umfeld, nämlich von dem Trend zu kleineren Haushalten sowie dem zunehmenden Anteil der Rentner und Pensionäre an der Gesamtbevölkerung, ausgehen. Diese Bevölkerungsteile haben nämlich einen Bedarf an höherwertigeren Nahrungsmitteln als der klassische Mehrpersonenhaushalt. Die Abkehr von im Familienkreis gemeinsam eingenommenen Mahlzeiten wird eine große Vielzahl von Nahrungsmitteln hervorbringen, die zu individuell gewählten Zeitpunkten verzehrt werden. Die Verbraucher werden jedoch in Zukunft nicht nur vermehrt hochwertige Produkte kaufen, sondern gleichfalls auch „scharf" kalkulierte Alltagsprodukte.[1] Man kann diesen Gegensatz auch folgendermaßen illustrieren: „Es lebe die Fertigkost" – und „Champagner, Hummer & Co".[2] Dabei werden diese „Ernährungsstile" von ein und derselben Person wechselweise und nebeneinander verwirklicht werden.

Ob sich allerdings der bisher zu beobachtende Trend zu Convenience-Produkten (halbfertige, fertige und damit schnell zubereitbare Erzeugnisse) im

---

[1] Vgl. Hielle (1988).

[2] GfK Marktforschung (1986), S. 111.

Tabelle VII.1-1

Anteil der Ausgaben für Nahrungs- und Genußmittel am Privaten Verbrauch

%

Land	1966	1976	1985
Australien	31,4	24,7	22,6[a)]
Österreich	39,3	32,4	23,5
Belgien	32,4	23,7	24,4
Kanada	23,7	21,0	17,8
Dänemark	29,4	27,6	23,9
Finnland	37,5	30,0	25,3
Frankreich	27,1	23,6	20,8
BR Deutschland	34,1	26,0	22,6
Griechenland	47,9	43,2	42,0
Island	30,5	28,3	-
Irland	46,9	46,3	45,0[a)]
Italien	40,5	35,2	29,2
Japan	37,0	28,0	22,1
Luxemburg	28,1	23,6	21,0
Niederlande	31,4	22,9	19,1
Norwegen	32,2	28,3	24,7
Portugal	56,1	47,5	37,1[a)]
Spanien	37,4	34,9	29,4
Schweden	30,4	25,8	24,5[a)]
Schweiz	33,5	28,4	27,5
Vereinigtes Königreich	35,0	25,8	19,6[a)]
USA			
Durchschnitt der OECD-Länder	34,6	29,3	25,5

a) 1984.

Quelle: OECD (1988), S. 170.

bisherigen Tempo fortsetzen wird, erscheint fraglich. Zwar dürfte der Außer-Haus-Konsum wegen steigender Distanzen zwischen Wohnort und Arbeitsplatz, wegen eines aktiveren und mobileren Lebens sowie wegen häufigerer Gaststättenbesuche wieder zunehmen, was den Verbrauch von Convenience-Produkten positiv beeinflussen dürfte. In dieselbe Richtung weisen auch Veränderungen in der sozio-demographischen Umwelt, wie beispielsweise die zunehmende Zahl der Kleinhaushalte. Andererseits sind eine zunehmende Skepsis einer kritischeren Verbraucherschaft gegenüber industriell hergestellten Nahrungsmitteln und Tendenzen zum „Selbermachen“ zu beobachten. Insofern dürfte sich also der Trend zu Convenience-Produkten in den kommenden Jahren abschwächen. Ein Indiz dafür ist auch darin zu sehen, daß der Anteil der industriell hergestellten Nahrungsmittel am gesamten Nahrungsmittelverbauch seit 1984 leicht rückläufig war.

Unter diesen Aspekten erscheint es mehr als zweifelhaft, ob der Anteil der Ausgaben für Ernährung am Privaten Verbrauch in den nächsten Jahren – wie gelegentlich behauptet wird[3] – wieder steigen wird. Zwar gibt es Länder mit hohem Lebensstandard (z. B. Schweden und die Schweiz), in denen die Ausgaben für Ernährung innerhalb des Privaten Verbrauchs ein deutlich höheres Gewicht als in der Bundesrepublik haben (Tab. VII.1–1). Andererseits liegt diese Quote in den USA, im Vereinigten Königreich und bemerkenswerterweise auch in Frankreich (das bekanntlich eine hohe Eß- und Trinkkultur hat) erheblich unter jener der Bundesrepublik. Insofern erscheint eine Konstanz oder ein leichter Rückgang der Quote als wahrscheinlich. Gleichwohl dürften die absoluten Ausgaben für Nahrungsmittel (dem Volumen nach) auch in den neunziger Jahren noch leicht ansteigen.

Auf den Auslandsmärkten dürften die Wachstumschancen für die Nachfrage nach Lebensmitteln grundsätzlich größer sein als in der Bundesrepublik. Dabei ist nicht nur an die expansiven Märkte in Südostasien zu denken, die in Zukunft auch für das deutsche Ernährungsgewerbe zunehmend interessanter werden könnten. Auch in Nordamerika und insbesondere in den südlichen EG-Ländern werden sich vor allem für neue und gesündere Lebensmittel zusätzliche Absatzmöglichkeiten eröffnen. Inwieweit die Chancen genutzt werden können, wird von der zukünftigen internationalen Wettbewerbsposition des deutschen Ernährungsgewerbes abhängen. Hierauf wird in den folgenden Kapiteln eingegangen.

2. Entwicklung der Wettbewerbsbedingungen

Die zukünftige Entwicklung des Ernährungsgewerbes der Bundesrepublik hängt nicht nur von der Entwicklung des Verbrauchs an Nahrungsmitteln ab, sondern auch von den außenwirtschaftlichen Rahmenbedingungen, den Produktstrategien und der Unternehmensstruktur der wichtigsten Wettbewerber sowie von der Entwicklung im Handel mit Lebensmitteln.

2.1 Vollendung des europäischen Binnenmarktes

Die Wettbewerbsbedingungen in Europa werden durch die Verwirklichung des Binnenmarktes in erheblichem Maße beeinflußt werden. Dabei geht es u. a. um folgende Veränderungen:

---

[3] GfK Marktforschung (1986), S. 34.

- Wegfall administrativer Hemmnisse beim Warenverkehr (z. B. Wegfall des Einheitspapiers, der Zollmeldung usw.),
- Harmonisierung der Mehrwertsteuer und der Verbrauchsteuern auf alkoholische Getränke (z.B. Änderung der Biersteuer),
- Beseitigung technischer Handelshemmnisse betreffend beispielsweise die Etikettierung und die Verpackung,
- Rechtsangleichung (z. B. in den Bereichen Produzentenhaftung, EG-Kartellrecht),
- Liberalisierung des Verkehrssektors,
- Liberalisierung des Kapitalverkehrs.

Besondere Bedeutung kommt den Bestrebungen zu, die lebensmittelrechtlichen Handelshemmnisse weitgehend zu beseitigen. Nach den Plänen der EG-Kommission sollen grundsätzlich nur jene Rechtsvorschriften harmonisiert werden, die den Gesundheits- und Verbraucherschutz betreffen, also z. B. die Verwendung von Zusatzstoffen, die Bestrahlung von Lebensmitteln sowie die Etikettierung, Aufmachung und Kennzeichnung von Lebensmitteln und die einschlägige Werbung. Bei allen anderen Bestimmungen des Lebensmittelrechts soll auf Gemeinschaftsregelungen verzichtet werden, vor allem soll es keine harmonisierten Regelungen hinsichtlich der Zusammensetzung der einzelnen Lebensmittel geben; der freie Warenverkehr innerhalb der Gemeinschaft soll durch den Grundsatz der gegenseitigen Anerkennung der Bestimmungen der Erzeugerländer gewährleistet werden. Dem Verbraucherschutz wird dadurch Genüge getan, daß der Verbraucher mit Hilfe einer angemessenen und aussagefähigen Etikettierung über die Inhaltsstoffe, aus denen das jeweilige Lebensmittel hergestellt ist, informiert werden soll. Der Grundsatz der gegenseitigen Anerkennung hat insofern für das deutsche Ernährungsgewerbe eine besondere Bedeutung, als der deutsche Markt durch die „Reinheitsgebote" für Bier, Milch- und Fleischprodukte in den vergangenen Jahren einen erheblichen Schutz vor der Auslandskonkurrenz genossen hat.[4]

Als unmittelbare Folge der Aufhebung der Reinheitsgebote ist im allgemeinen ein Anstieg der innergemeinschaftlichen Einfuhren und damit der Angebotsvielfalt zu erwarten. Dies dürfte in erster Linie für Milch- und Fleischerzeugnisse gelten. Auf dem deutschen Biermarkt zeigen sich bislang allerdings noch keine diesbezüglichen Auswirkungen. Auch nach dem Urteil des Europäischen Gerichtshofs vom März 1987 wurde praktisch kein Bier eingeführt, das nicht nach dem Reinheitsgebot gebraut ist. Mehrere spezifische Gründe spielten hier

---

[4] Das Reinheitsgebot für Bier wurde 1987 vom Europäischen Gerichtshof (EUGH) für die Bierimporte aufgehoben. Im Jahr 1989 entschied der EUGH, daß das Verbot der Einfuhr und des Inverkehrbringens von nicht dem Reinheitsgebot entsprechenden Fleisch- und Milcherzeugnissen den Regeln eines freien innergemeinschaftlichen Warenverkehrs widerspricht. Für die deutschen Hersteller hat sich jedoch die Rechtslage durch die Urteile des EUGH nicht geändert, d.h. für sie gelten die Reinheitsgebote nach wie vor.

eine Rolle. Neben den starken, teils emotional begründeten Präferenzen der deutschen Biertrinker für ihre „Hausmarke" bestehen noch weitere Marktzutrittsbarrieren, wie z.B.

- Bierlieferungsverträge mit der Gastronomie,
- starke Bindung der deutschen Brauer an den Getränkefachgroßhandel,
- niedrige Gewinnmargen beim Absatz über den Lebensmitteleinzelhandel,
- Sättigungserscheinungen beim Bierverbrauch.

Auf längere Sicht wird man allerdings davon ausgehen müssen, daß sich auch auf dem deutschen Biermarkt die Importkonkurrenz erhöhen wird. Es ist zu erwarten, daß neben vermehrten Einfuhren die ausländischen Brauereien – wegen der genannten Marktzutrittsbarrieren – auch ihre Direktinvestitionen in der Bundesrepublik verstärken werden.

Der Wegfall der Reinheitsgebote *für Importerzeugnisse* benachteiligt die inländischen Hersteller (sog. Umkehrdiskriminierung). Entweder können sie vorhandene Marktchancen für Imitationsprodukte überhaupt nicht wahrnehmen, müssen teurer produzieren als ausländische Produzenten oder sie sind bezüglich der Verkehrsbezeichnung diskriminiert. „Die Schlechterstellung des inländischen Unternehmers im Vergleich zu ausländischen Anbietern begünstigt Unternehmen mit ausländischen Produktionsstätten (multinationale Unternehmen). Gleichzeitig entsteht ein Anreiz zur Produktionsverlagerung ins Ausland".[5] Allerdings sind die Auswirkungen der Umkehrdiskriminierung nicht ausschließlich negativ. Das Beispiel des Biermarktes zeigt, daß es nämlich gerade die „Reinheit" des deutschen Bieres ist, das den deutschen Brauern die Möglichkeit bietet, mit diesem Qualitätsargument – erfolgreich – zu werben. Insofern sind auch Befürchtungen, als Folge einer Aufhebung der Umkehrdiskriminierung werde eine Harmonisierung auf niedrigem Qualitätsniveau stattfinden und Spezialitäten vom Markt verschwinden, in dieser allgemeinen Form unbegründet. Dies würde nämlich voraussetzen, daß sich die Präferenzen der Verbraucher überwiegend oder sogar ausschließlich auf Produkte mit niedrigem Preis und geringer Qualität richten. Eine derartige Präferenzstruktur der Verbraucher ist jedoch in der Wirklichkeit nicht zu beobachten.[6]

Die Verwirklichung des EG-Binnenmarkts könnte auf mittlere Sicht einen Zwang zum Abbau der dirigistischen Eingriffe in den EG-Agrarmarkt ausüben, von denen teilweise auch Unternehmen des Ernährungsgewerbes profitieren. Auch das „Diktat der leeren Kassen" in der EG sowie die Forderungen zahlreicher Entwicklungs- und Industrieländer (insbesondere die USA) werden in den nächsten Jahren die EG-Agrarmarktordnungen zur Disposition stellen. Unabhängig davon, ob letztendlich diese Marktordnungen wegfallen oder nicht,

---

5 Borrmann/Michaelis/Krägenau (1989), S. 155.

6 Vgl. Borrmann/Michaelis/Krägenau (1989), S. 160.

der internationale Wettbewerb im Handel mit Erzeugnissen des Ernährungsgewerbes dürfte sich in den kommenden Jahren deutlich verschärfen.

2.2 Produktstrategien

Angesichts physischer Sättigungsgrenzen werden die Hersteller von Lebensmitteln versuchen, diese Grenzen durch die Kreierung neuer Produkte und verstärkte Marketingaktivitäten hinauszuschieben. Der technologische Fortschritt sowohl in der Entwicklung und Herstellung völlig neuer oder wesentlich verbesserter und gesünderer Lebensmittel als auch im Vertrieb von leicht verderblichen Erzeugnissen wird es ermöglichen, selbst auf gesättigten Märkten noch wertmäßige Umsatzzuwächse zu erzielen.[7] Erwähnt seien in diesem Zusammenhang:[8]

- Die Verbesserung kalter Konzentrations-Verfahren und die Reduzierung der zur Haltbarmachung eingesetzten Wärmemengen bewirken eine bessere Erhaltung von Textur, Aromen und Vitaminen.
- Enzymatik und Fermentation bieten die Chance gesunder, interessanter, neuer Produktformen.
- Die Gentechnologie versucht Pflanzenzüchtungen mit optimierten Eigenschaften zu verwirklichen: Stickstoff-Speicherung aus der Luft, weniger Pflanzenschutzmittel, gesteigerte Protein-Wertigkeit und neue Geschmacksstoffe bedeuten dann eine bessere Rohstoff-Basis für qualitativ hochwertige Produkte.
- Computerisierte Prozeß-Steuerung bei gleichzeitiger physikalischer Kontrolle sichern einen hohen Qualitätsstandard. Für die Lancierung kurzlebiger, frischer Produkte wird eine enge Zusammenarbeit von Hersteller und Handel erforderlich sein.
- Ästhetisch ansprechende, umweltschonende Verpackungen werden integrierter Bestandteil eines zeitgemäßen Produkt-Angebotes, das vom umweltbewußten Verbraucher zunehmend verlangt und durch staatliche Vorschriften herbeigeführt wird.

Bei steigendem internationalen Wettbewerb wird die Einführung neuer Produkte am Markt allerdings zunehmend schwieriger und kostspieliger. Insbesondere die Werbe- und Marketingaufwendungen für Markenerzeugnisse steigen überproportional.

Wie erwähnt, wird der Verbraucher in Zukunft nicht nur vermehrt hochwertige Lebensmittel kaufen, sondern auch preisgünstige Alltagsprodukte. Kein

---

[7] Vgl. Hielle (1988).

[8] Vgl. GfK Marktforschung (1986), S. 100 ff.

größerer Produzent kann es sich – wegen der Möglichkeit der Realisierung von Größenvorteilen – erlauben, den Markt für Alltagsprodukte zu vernachlässigen. Allerdings ist damit zu rechnen, daß in diesem Produktsegment die Renditen knapp bleiben werden. Insgesamt gesehen dürfte sich also in Zukunft die Polarisierung des Angebots – einerseits in hochwertige Lebensmittel, andererseits in preisgünstige Standardprodukte – weiter fortsetzen.

2.3 Struktur der Anbieter

Die Polarisierung des Angebots wird auch künftig „Raum" lassen für kleinere und mittlere Anbieter, die Spezialitäten für bestimmte Bedarfssegmente herstellen. Auch wegen der weiterhin bestehenden regionalen Unterschiede in den Geschmacks- und Verzehrgewohnheiten werden sich viele dieser Anbieter in den kommenden Jahren am Markt behaupten können. Ihre Wettbewerbsargumente werden – neben der Spezialität – in erster Linie Frische und Qualität sein. Diese Strategie kann ihnen in Marktnischen eine Existenz sichern – auch im zukünftigen Binnenmarkt. In diese Richtung deutet nicht nur – wie erwähnt – der Trend zur Differenzierung in der Nachfrage der privaten Haushalte, sondern auch die technologische Entwicklung (Automatisierung der Produktion im Mittel- und Kleinserienbereich, Verbesserung und Verbilligung des Informationsaustausches).[9]

Größere Unternehmen des Ernährungsgewerbes werden in Zukunft nur dann existieren können, wenn sie die internationalen Märkte in ihre Absatzstrategie einbeziehen. Dies ist einer der Gründe dafür, daß es in den letzten Jahren im Ernährungsgewerbe der westlichen Industrieländer zu einer größeren Zahl von Zusammenschlüssen und Kooperationen gekommen ist. Auf Märkten mit Massenprodukten können auch im Lebensmittelbereich Größenvorteile erzielt werden. So haben bereits mehrere Unternehmen angekündigt, die Produktion auf einen oder wenige Standorte zu konzentrieren. Auch im Marketing können – insbesondere im zukünftigen Binnenmarkt – economies of scale realisiert werden. So ist es nicht auszuschließen, daß der größere Binnenmarkt unter bestimmten Voraussetzungen größere Unternehmenseinheiten erfordert.

2.4 Entwicklungen in der Distribution

Das zukünftige Distributionsgeschehen auf der Groß- und Einzelhandelsstufe wird hauptsächlich von einer noch intensiveren Differenzierung der Handelsunternehmen hinsichtlich ihrer absatz- und beschaffungswirtschaftlichen Wettbewerbs- und Leistungsfähigkeit gekennzeichnet sein. Dabei werden

---

[9] Gerstenberger (1988c), S. 17.

moderne Informations- und Kommunikationssysteme eine zunehmende wettbewerbspolitische Bedeutung im Handel gewinnen, um auf veränderte Marktbedingungen und Konkurrenzaktivitäten schnell reagieren zu können.

Insbesondere im Einzelhandel mit Nahrungsmitteln wird sich im Zuge des intensiveren Wettbewerbs der Prozeß der zunehmenden Differenzierung der Unternehmen hinsichtlich ihres Warenangebots und ihrer Absatzpolitik gegenüber Konsumenten fortsetzen. Die großen Filialunternehmen werden ihre Strategie der Entwicklung vorschiedener Vertriebstypen weiterentwickeln und neue Präsentations- und Verkaufstechniken installieren – insbesondere für diejenigen Fachsortimente und Produkte, die ihnen ein Umsatzwachstum und eine vergleichsweise hohe Produktrentabilität versprechen. Solche ertragsspezifischen Produktinformationen werden nachfragestarke Unternehmen in ihren Beschaffungsaktivitäten mehr als bisher nutzen, um ihre Verhandlungsposition gegenüber Anbietern von Nahrungsmitteln auszubauen.

Die horizontalen Kooperationen zwischen größeren und kleineren Handelsunternehmen werden zunehmend zu Systemkooperationen weiterentwickelt werden, in denen neben den beschaffungswirtschaftlichen Aspekten auch zugleich absatzwirtschaftliche Aspekte größere Beachtung finden werden, um gegenüber dem zentralgesteuerten Marketing der Filialunternehmen im horizontalen Wettbewerb ein Gegengewicht bilden zu können.

Auch werden sich vertikale Kooperationen einzelner Handelsunternehmen mit Herstellerunternehmen entwickeln, um aus einer gemeinsamen größeren Leistungsfähigkeit heraus effizientere Absatz- bzw. Verkaufssysteme zu entwickeln. Dabei wird eine solche Kooperation vorwiegend auf dem schnellen Austausch von produktbezogenen Marktinformationen beruhen, um schnell auf Marktveränderungen, z. B. mit entsprechenden Preis- oder Plazierungsaktivitäten, reagieren zu können. Dabei werden leistungsstarke Unternehmen der Ernährungsindustrie versuchen, insbesondere durch eine Forcierung von Werbe- und Verkaufsförderaktivitäten ihren preispolitischen Verhaltensspielraum wieder auszubauen bzw. zurückzugewinnen.

Die im Groß- und Einzelhandel mit Nahrungsmitteln tätigen Unternehmen werden ihre branchenübergreifenden Sortimentsaktivitäten in den großflächigen Vertriebstypen insbesondere auf die Warenbereiche weiter ausdehnen, die in einem engen Zusammenhang mit den täglichen Bedarfssegmenten stehen und eine flexible Preispolitik ermöglichen. Größere Filialunternehmen werden ihre Diversifikationsaktivitäten weiterhin in der Form verfolgen, daß sie für bestimmte Warenbereiche eigenständige Vertriebstypen bzw. Fachgeschäftslinien entwickeln. Dies vor allem unter dem Gesichtspunkt, um die aus dem intensiven Wettbewerb mit Nahrungsmitteln resultierende z.T. unbefriedigende Ertragssituation zu verbessern und damit Geschäftsfelder zu erschließen, die einen etwas höheren Ertrag erwarten lassen.

3. Anpassungserfordernisse für das deutsche Ernährungsgewerbe

Das deutsche Ernährungsgewerbe hinkt in mancher Beziehung hinter den Erfordernissen des nationalen Marktes und der Exportmärkte zurück:

- im Marketing und im Vertrieb, was nicht zuletzt durch die schwache Position vieler Hersteller von Lebensmitteln gegenüber dem Handel dokumentiert wird;
- in der Informationspolitik, der bei einem zunehmend kritischer und sensibler gewordenen Verbraucher eine erhöhte Bedeutung beizumessen ist; dies wird dadurch belegt, daß in Teilen der Verbraucherschaft Zweifel an der Qualität der Nahrungsmittel gewachsen sind. Mängel in der Informationspolitik traten speziell zutage, als einige Lebensmittel in der Öffentlichkeit „ins Gerede" gekommen waren, sei es aus unberechtigten oder berechtigten Gründen (z. B. wegen krimineller Machenschaften oder Defiziten in der Qualitätssicherung).
- in der Zusammenarbeit mit anderen Unternehmen, wodurch das Rationalisierungspotential in bezug auf Größenvorteile bei den Entwicklungs-, Produktions- und Vertriebskosten nicht immer ausgeschöpft wurde.
- in den Standortinnovationen, und zwar sowohl im Hinblick auf Produktionsverlagerungen in „billigere" Länder als auch im Hinblick auf Kooperationen mit ausländischen Partnern. Generell läßt sich feststellen, daß dieser Internationalisierung der Produktions- und Martkaktivitäten – im Gegensatz zu den direkten Warenexporten – zu wenig Rechnung getragen wurde. Das Ernährungsgewerbe anderer Länder war in dieser Beziehung vielfach aktiver.

Inwieweit die Unternehmen des deutschen Ernährungsgewerbes diesen Erfordernissen in Zukunft Rechnung tragen wollen, geht aus Befragungen des Ifo-Institut zum Thema „EG-Binnenmarkt" hervor. Daraus ergibt sich, daß die Unternehmen des Ernährungsgewerbes (zuzüglich Tabakverarbeitung) in den kommenden Jahren ihre Innovationsstrategie schwerpunktmäßig auf den Produkt- und den Produktionsbereich ausrichten werden. Was die Produktstrategie anbelangt, so steht bei fast der Hälfte der befragten Unternehmen eine Differenzierung des Angebots im Vordergrund; im Durchschnitt des Verarbeitenden Gewerbes will dagegen nur etwa ein Viertel der Unternehmen die Produktpalette erweitern. Der Entwicklung von Standardprodukten soll demgegenüber im Ernährungsgewerbe nur relativ geringe Bedeutung zukommen, was angesichts der niedrigen Gewinnmargen in diesem Produktbereich verständlich ist. Hinzu kommt, daß die Herstellung von Standardprodukten für die vielen kleinen und mittleren Unternehmen des deutschen Ernährungsgewerbes nicht die adäquate Strategie wäre.

Was die Produktionsstrategie anbelangt, so fällt vor allem ins Auge, daß das Ernährungsgewerbe die Kooperation mit anderen Unternehmen erheblich for-

Tabelle VII.3-1

Ausrichtung der Produktionsstrategie mit Blick auf "Europa 1992" im Nahrungs- und Genußmittelgewerbe und im Verarbeitenden Gewerbe der Bundesrepublik

Angaben in % der Meldungen

Bereich	Änderung wird vorgenommen	darunter:[a] Rationalisierungsinvestitionen	Ausbau der Produktionskapazitäten	Produktionsverlagerung i.d. EG-Raum	Kooperation in der Produktion
Nahrungs- und Genußmittelgewerbe	58	35	16	3	30
Verarbeitendes Gewerbe	60	49	10	9	20

a) Mehrfachnennungen möglich.

Quelle: Ifo-Innovationstest 1988.

Tabelle VII.3-2

Ausrichtung der Vertriebstrategie mit Blick auf "Europa 1992" im Nahrungs- und Genußmittelgewerbe und im Verarbeitenden Gewerbe der Bundesrepublik

Angaben in % der Meldungen

Bereich	Änderung wird vorgenommen	darunter:[a)] EG-weiter Vertrieb über unternehmenseigene Vertriebseinrichtungen	darunter:[a)] EG-weiter Vertrieb über Nutzung der Vertriebssysteme kooperierender Unternehmen	darunter:[a)] EG-weiter Vertrieb über Produktionsorientierte Dienstleistungsunternehmen	darunter:[a)] Teilnahme an Messen im EG-Raum
Nahrungs- und Genußmittelgewerbe	44	14	21	11	23
Verarbeitendes Gewerbe	41	28	17	3	17

a) Mehrfachnennungen möglich.

Quelle: Ifo-Innovationstest 1988.

Tabelle VII.3-3

Ausrichtung der FuE-Strategie mit Blick auf "Europa 1992" im Nahrungs- und Genußmittelgewerbe und im Verarbeitenden Gewerbe der Bundesrepublik

Angaben in % der Meldungen

Bereich	Änderung wird vorgenommen	darunter:[a]			
		interne FuE-Aktivitäten (FuE-Personal)	FuE-Kooperation Inland	FuE-Kooperation europ. Ausland	Aufbau von FuE-Kapazitäten in EG-Ländern
Nahrungs- und Genußmittelgewerbe	24	15	12	8	1
Verarbeitendes Gewerbe	33	20	15	15	1

a) Mehrfachnennungen möglich.

Quelle: Ifo-Innovationstest 1988.

cieren will (Tab. VII.3–1). Demgegenüber wollen jedoch nur einige wenige Unternehmen eine Produktionsverlagerung in den EG-Raum vornehmen. Auch in der Vertriebsstrategie setzen die Lebensmittelhersteller auf Kooperation. Während im Ernährungsgewerbe gut ein Fünftel der Unternehmen die Vertriebssysteme kooperierender Unternehmen nutzen will, ist es im Durchschnitt des Verarbeitenden Gewerbes ein Sechstel. Darüber hinaus beabsichtigt ein nicht unbedeutender Teil der Lebensmittelhersteller, in andere Marktbereiche (wie z. B. den Dienstleistungsbereich) einzusteigen (Tab. VII.3–2).

Die Chance, durch neue bzw. qualitativ verbesserte Produkte ihren Marktanteil zu erhöhen, stellt eine Herausforderung an die FuE-Strategie der Unternehmen dar. Strukturell bedingt kommt dieser Strategie im Ernährungsgewerbe eine geringere Bedeutung bei als in anderen Branchen des Verarbeitenden Gewerbes. Auffällig ist jedoch, daß vor allem die FuE-Kooperation mit ausländischen Unternehmen des Ernährungsgewerbes weiterhin wenig verbreitet sein wird (Tab. VII.3–3).

Zusammenfassend lassen die Ergebnisse der dargelegten Befragungen erkennen, daß die deutschen Hersteller von Nahrungsmitteln erforderliche Anpassungsmaßnahmen in die Wege leiten. Nach wie vor unterdurchschnittlich ausgeprägt sind jedoch Standortinnovationen des deutschen Ernährungsgewerbes, d. h. Direktinvestitionen im Ausland.

Literaturverzeichnis

Arbeitsgemeinschaft Deutscher Handelsmühlen (1988)
Arbeitsgemeinschaft Deutscher Handelsmühlen, Jahresbericht 1987, Bonn 1988.

Batzer/Lachner/Meyerhöfer (1989)
Erich Batzer, Josef Lachner, Walter Meyerhöfer, Die handels- und wettbewerbspolitische Bedeutung der Kooperationen des Konsumgüterhandels, Ifo-Studien zu Handels- und Dienstleistungsfragen, Nr. 36/I: Allgemeiner und zusammenfassender Teil, Nr. 36/II: Branchen: Nahrungs- und Genußmittel, Möbel, Spielwaren, Elektroartikel, München 1989.

Borrmann/Michaelis/Krägenau (1989)
Christine Borrmann, Jochen Michaelis, Henry Krägenau, Die Chancen des Europäischen Binnenmarktes für Lebensmittel, hrsg. vom HWWA-Institut für Wirtschaftsforschung, Hamburg, August 1989.

Bundeskartellamt (1986)
Berichte des Bundeskartellamts über seine Tätigkeiten in den Jahren 1983/1984 und 1985/86 sowie über die Lage und Entwicklung auf seinem Aufgabengebiet (§ 50 GWB), Bundestags-Drucksache 10/3550 und 11/554.

Bundesvereinigung der Deutschen Ernährungsindustrie (1987)
Bundesvereinigung der Deutschen Ernährungsindustrie e.V. (Hrsg.), Jahresbericht 1987.

Cecchini (1988)
Paolo Cecchini, Europa '92: Der Vorteil des Binnenmarkts, Baden-Baden, 1. Aufl., 1988.

Coop-Wandmaker (1986)
Marktbeherrschende Stellung eines Handelszusammenschlusses als Anbieter und Nachfrager verneint, Beschluß des Kammergerichts vom 5. November 1986 – Kart. 15/84, in: WuW/E OLG 3917 ff.

Donges/Schmidt (1988)
Jürgen B. Donges, Klaus-Dieter Schmidt et al., Mehr Strukturwandel für Wachstum und Beschäftigung, Kieler Studien Nr. 216, Tübingen 1988.

Gerstenberger (1988a)
Wolfgang Gerstenberger, unter Mitarbeit von Konrad Faust . . . , Wettbewerbsfähige Strukturen gestatten Expansionspolitik – Strukturberichterstattung 1987, Schriftenreihe des Ifo-Instituts für Wirtschaftsforschung, Nr. 120, Berlin, München 1988.

Gerstenberger (1988b)
Wolfgang Gerstenberger, Entwicklung der Wettbewerbsfähigkeit der deut-

schen Industrie, in: Ifo-Schnelldienst, 41. Jahrgang, Nr. 7, 7. März 1988, S. 3 ff.

Gerstenberger (1988 c)
Wolfgang Gerstenberger, Der EG-Binnenmarkt: Die sektoralen Anpassungszwänge anhand ausgewählter Beispiele, Vortrag gehalten auf einem Symposium des Ifo-Instituts über den EG-Binnenmarkt, München, September 1988.

GfK Marktforschung (1986)
GfK Marktforschung GmbH und Co. KG in Zusammenarbeit mit der Nestlé-Gruppe Deutschland: Mensch und Ernährung 2000, o. O., Januar 1986.

Glendinnung & Lehning (1988/89)
Glendinning & Lehning GmbH, Lebensmittelhandel, Umsatzkonzentration, die Top 190 (1988/89), Frankfurt a. M. 1988.

Groupe MAC (1987)
Groupe MAC, The cost of „Non-Europe" in the foodstuffs industry, Final report, Executive summary, Paris, 16 September 1987.

GWH (1988)
Gesellschaft für Wettbewerbs- und Handelsinformation Unternehmensberatung mbH, Die Spitzengruppe der Ernährungsindustrie 1987/88, Hamburg, März 1988.

Heinicke (1964)
Bärbel Heinicke, Nahrungs- und Genußmittelindustrie, Struktur und Wachstum, Reihe Industrie, Heft 4, hrsg. vom Ifo-Institut für Wirtschaftsforschung, Berlin 1964.

Heuß (1980)
Ernst Heuß, Wettbewerb, in: Handwörterbuch der Wirtschaftswissenschaften, Achter Band, S. 697 ff. Stuttgart, New York, Tübingen, Göttingen 1980.

Hielle (1988)
Ingrid Hielle, Der Nahrungsmittel- und Getränkemarkt hat sich gewandelt, in: Blick durch die Wirtschaft, 22.2.1988.

Krockow (1988)
Albrecht Krockow, Konzentration im Einzelhandel, in: Wirtschaft und Statistik Heft 8 (1988), S. 524 ff.

Lademann (1988)
Rainer Lademann, Machtverteilung zwischen Industrie und Handel. Eine empirische Untersuchung der Marktstrukturen in der Ernährungswirtschaft, Göttinger Handelswissenschaftliche Schriften e.V., Bd. 13, Göttingen 1988.

Langguth (1986)
Susanne Langguth, Food und Fakten – Wie sicher sind unsere Lebensmittel? Zürich, Osnabrück 1986.

Meffert/Bruhn (1988)
Heribert Meffert, Manfred Bruhn, Markenpolitik als Erfolgsfaktor im Handel, in: Marketing-Erfolgsfaktoren im Handel, Manfred Bruhn (Hrsg.), Frankfurt/New York 1987, S. 101 ff.

Meyerhöfer (1989)
Walter Meyerhöfer, Zur Ertrags- und Finanzierungssituation des Einzelhandels: Ifo-Schnelldienst, 42. Jahrgang, Nr. 4, 8. Februar 1989, S. 6 ff.

Monopolkommission (1985)
Sondergutachten 14: Die Konzentration im Lebensmittelhandel, Sondergutachten der Monopolkommission gemäß § 24b Abs. 5 Satz 4 GWB, Baden-Baden 1985.

Monopolkommission (1988a)
Monopolkommission, Die Wettbewerbsordnung erweitern, Hauptgutachten 1986/87, Baden-Baden 1988.

Monopolkommission (1988b)
Monopolkommission, Die Wettbewerbsordnung erweitern, Hauptgutachten 1986/87, Anlagenband, Baden-Baden 1988.

Nielsen Universen
Nielsen Universen, verschiedene Jahrgänge, Nielsen Marketing Forschung, Frankfurt a. M.

Nieschlag/Kuhn (1980)
Robert Nieschlag, Gustav Kuhn, Binnenhandel und Binnenhandelspolitik, Dritte, neubearbeitete Auflage, Berlin 1980.

OECD (1988)
OECD (Hrsg.), Industrial revival thorugh technology, Paris 1988.

Selex-Tania (1986)
Untersagung der Durchführung einer Einkaufs-, Abrechnungs- und Delkrederegemeinschaft, Beschluß des Kammergerichts vom 26. Februar 1986 – 1 Kart. 7/85, in: WuW/E OLG 3737 ff.

Täger (1987)
Uwe C. Täger et al., Die Konzentration in der Konsumgüterdistribution in der Europäischen Gemeinschaft und ihre Auswirkungen auf die Nachfragemacht, Luxemburg 1987.

Täger (1988)
Uwe C. Täger, Konsumgüterhandel: Wettbewerbsdynamik verändert Funktionsprofile, in: Ifo-Schnelldienst, 41. Jahrgang, Nr. 5, 17. Februar 1988, S. 20 ff.

Timm/Besch (1971)
Heinz-Ulrich Thimm, Michael Besch, die Nahrungswirtschaft – Zunehmende Verflechtung mit vor- und nachgelagerten Wirtschaftsbereichen, Hamburg und Berlin 1971.

Weitzel (1989)
Günter Weitzel, Der Lebensmittelhandel in Bayern, Strukturbild und Entwicklungstrends, Ifo-Studien zu Handels- und Dienstleistungsfragen, Nr. 35, München 1989.

Wendt (1988)
Heinz Wendt, Zur Situation der Ernährungswirtschaft vier Jahre vor der Verwirklichung des EG-Binnenmarktes, in: Agrarwirtschaft, Jahrgang 37, Oktober 1988, Heft 10.

Tabellenanhang

Tabelle A.II.1-1

Kostenstruktur (in % des Bruttoproduktionswertes) nach Wirtschaftszweigen des Ernährungsgewerbes im Jahr 1986

Wirtschaftszweig	Insgesamt	Vorleistungen Material-verbrauch	Energie-verbrauch	Einsatz an Handelsware	Kosten-steuern abz. Subventionen	Personal-kosten	Kapital-kosten	Jahres-über-schuß
Mahl- und Schälmühlen	88,0	70,7	2,2	8,1	0,0	9,0	2,9	0,1
H.v. Teigwaren	77,4	42,5	2,2	17,1	0,5	17,6	3,8	0,7
H.v. Nährmitteln	75,5	41,7	1,5	11,1	1,0	17,9	3,6	1,9
H.v. Stärke, Stärkezeugn.	76,4	52,3	3,8	3,5	1,1	19,7	4,6	1,7
H.v. Kartoffelerzeugn.	69,6	40,8	4,5	7,9	0,9	21,8	6,0	1,7
H.v. Backwaren	57,8	30,3	3,3	11,2	0,8	32,1	4,5	4,8
H.v. Dauerbackwaren	71,1	40,9	2,4	12,1	0,5	22,6	4,2	1,7
Zuckerindustrie	72,3	50,4	6,9	8,5	10,3	11,6	5,8	0,1
Obst- und Gemüseverarbeit.	77,6	57,4	2,3	6,1	0,6	12,9	3,8	5,1
H.v. Süßwaren	77,6	54,7	1,7	8,0	0,6	15,6	3,3	2,9
Molkerei, Käserei	91,6	72,7	1,6	12,4	-1,5	7,1	2,1	0,7
H.v. Dauermilch	92,0	76,9	2,2	6,4	-4,8	9,0	2,5	1,3
Ölmühlen, H.v. Speiseöl	100,7	89,8	2,4	3,4	-6,8	4,4	1,9	-0,1
H.v. Margar.u.Speisefetten	87,9	.	1,8	.	1,2	13,7	2,3	.
Talgschm.,Schmalzsied.	75,1	54,3	6,7	0,6	0,8	14,9	4,2	4,9
Schlachthäuser (ohne kommunale)	90,6	80,5	1,2	3,8	0,3	6,1	1,8	1,3
Fleischwarenindustrie	77,9	58,6	1,8	8,3	0,6	15,7	2,3	3,4
Fleischerei	73,8	56,2	1,8	8,6	0,8	17,0	2,9	5,5
Fischverarbeitung	76,5	47,1	1,6	18,2	0,6	19,5	2,8	0,5
Verarb.v. Kaffee, Tee, H.v. Kaffeem.	89,0	54,7	0,6	28,0	0,3	4,0	1,7	5,0
Brauerei	54,4	23,7	3,2	7,6	9,5	24,0	8,5	3,5
Mälzerei	86,5	70,5	5,4	3,5	0,6	5,1	4,4	3,4
Alkoholbrennerei	67,8	38,7	8,6	8,3	2,1	22,9	5,6	1,6
H.v. Spirituosen	67,5	43,3	0,6	9,4	20,0	9,2	1,9	1,3
H.v. Verarbeit.v. Wein	58,6	31,5	0,6	12,3	28,2	9,5	2,5	1,2
Mineralbrunnen, H.v. Mineralw., Limonaden	72,0	38,0	2,2	17,7	1,7	16,2	5,2	4,9
Übriges Ernährungsgew.	71,2	46,5	1,9	5,9	0,9	19,0	4,3	4,5
H.v. Futtermitteln	86,8	63,4	1,9	12,3	-0,4	8,9	2,4	2,3
Ernährungsgew. insgesamt	78,9	54,7	2,1	11,4	2,2	13,3	3,5	2,1
Verbrauchsgüter produzierendes Gewerbe	62,2	38,7	2,7	5,6	0,9	28,7	4,7	3,5
Verarbeitendes Gewerbe	64,2	38,0	2,8	10,0	3,0	25,6	4,5	2,7

Quelle: Statistisches Bundesamt, Fachserie 4: Produzierendes Gewerbe, Reihe 4.3.3: Kostenstruktur der Unternehmen im Verbrauchsgüter produzierenden Gewerbe und im Nahrungs- und Genußmittelgewerbe; Berechnungen des Ifo-Instituts für Wirtschaftsforschung.

Tabelle A.II.1-2

Einsatz an Handelsware in % des Bruttoproduktionswertes für ausgewählte Wirtschaftszweige und Beschäftigtengrößenklassen des Ernährungsgewerbes

Wirtschaftszweig	Unternehmen mit Beschäftigten von ...													
	20 und mehr		20 bis 49		50 bis 99		100 bis 199		200 bis 499		500 bis 999		1000 u. mehr	
	1977	1986	1977	1986	1977	1986	1977	1986	1977	1986	1977	1986	1977	1986
Herstellung von Backwaren	12,0	11,2	8,5	.	11,3	11,2	9,9	.	14,7	12,3	.	.	15,8	9,1
Obst- und Gemüseverarbeitung	5,7	6,1	6,3	7,8	0,7	2,8	4,7	12,1	13,9	.	8,7	.	4,3	3,8
Herstellung von Süßwaren	4,2	8,0	2,0	.	8,1	3,6	4,7	3,8	5,2	5,4	11,1	.	1,6	10,0
Molkerei, Käserei	10,3	12,4	12,7	8,0	6,4	5,7	9,7	7,2	14,4	.	9,9	.	6,5	17,7
Fleischwarenindustrie	4,7	8,3	2,4	1,5	2,5	5,5	3,0	11,0	4,8	.	6,6	.	8,0	8,9
Brauerei	6,3	7,6	10,4	14,7	8,6	11,5	5,9	7,2	6,9	6,4	4,3	.	5,4	6,4
Herstellung von Spirituosen	7,5	9,4	5,9	.	5,6	13,9	6,4	.	8,3	.	9,9	.		7,6
Mineralbrunnen, H.v. Mineralw., Limonaden	14,7	17,7	.	.	.	24,6	.	22,4	18,0	.	.	.	1,7	10,7
Herstellung von Futtermitteln	7,1	12,3	14,1	8,3	5,2	9,9	4,5	.	6,4	.	6,2	.	-	13,5
Ernährungsgewerbe insgesamt	8,6	11,4	8,3	7,6	7,1	8,2	7,5	.	8,6	.	7,4	11,0	10,9	15,4

Anmerkung: Ein Punkt in einem Feld bedeutet, daß der Wert für die entsprechende Größenklasse in der nächst- (oder übernächst-) höheren Größenklasse enthalten ist. Lesebeispiel: Der Wert von 11,0 für das gesamte Ernährungsgewerbe, der für 1986 unter der Spalte "500 bis 999" Beschäftigte ausgewiesen ist, gilt für die Größenklasse "100 bis 999 Beschäftigte".

Quelle: Statistisches Bundesamt, Fachserie 4: Produzierendes Gewerbe, Reihe 4.3.3: Kostenstruktur der Unternehmen im Verbrauchsgüter produzierenden Gewerbe und im Nahrungs- und Genußmittelgewerbe, laufende Jahrgänge; Berechnungen des Ifo-Instituts für Wirtschaftsforschung.

Tabelle A.II.1-3

Index der Nettoproduktion der Zweige des Ernährungsgewerbes[a)]
1985 = 100

Wirtschaftszweig	1978	1979	1980	1981	1982	1983	1984	1985	1986	1987	1988	Veränderung 1978/88 in %
Mahl- und Schälmühlen	88,3	91,1	96,9	100,6	95,4	88,0	94,6	100,0	96,3	95,4	97,9	10,9
Herstellung von Teigwaren	86,6	88,1	90,5	97,5	92,7	91,7	100,7	100,0	98,3	97,5	94,3	8,9
Herstellung von Nährmitteln	91,0	93,6	98,2	99,3	100,2	97,8	99,4	100,0	100,6	103,5	107,4	18,0
Herstellung von Stärke, Stärkeerzeugnissen	66,1	64,0	60,9	64,2	82,9	90,9	98,2	100,0	104,0	110,2	108,8	64,6
Herstellung von Kartoffelerzeugnissen	61,6	74,0	92,7	101,5	95,6	92,0	102,4	100,0	97,9	104,2	105,9	71,9
Herstellung von Backwaren	84,5	86,5	90,1	91,6	90,4	90,8	95,5	100,0	101,4	107,4	111,7	32,2
Herstellung von Dauerbackwaren	76,5	78,2	84,6	86,1	83,6	93,4	99,8	100,0	106,8	107,7	105,9	38,4
Zuckerindustrie	87,9	88,9	86,8	98,4	103,8	83,8	84,2	100,0	100,7	91,6	89,2	1,5
Obst- und Gemüseverarbeitung	64,7	70,4	76,3	84,3	88,3	88,6	89,9	100,0	109,5	115,0	119,6	84,9
Herstellung von Süßwaren	93,1	95,5	98,8	99,7	98,3	95,8	102,1	100,0	100,7	104,9	113,8	22,2
Molkerei, Käserei	94,1	100,4	105,8	105,1	100,2	102,4	100,7	100,0	104,0	98,9	94,4	0,3
Herstellung von Dauermilch	100,0	105,3	107,7	109,0	108,5	112,1	104,2	100,0	106,3	88,0	89,8	-10,2
Ölmühlen, Herstellung von Speiseöl	87,4	93,8	99,7	93,7	96,1	93,4	86,0	100,0	101,5	105,2	107,0	22,4
Herstellung v. Margarine u. Speisefetten	111,1	109,0	109,6	112,1	110,6	107,0	103,5	100,0	101,8	101,1	100,9	- 9,2
Talgschmelzen, Schmalzsiedereien	78,2	85,4	81,9	81,0	72,6	80,6	95,7	100,0	62,8	55,5	59,3	-24,0
Schlachthäuser (ohne kommunale)	74,1	81,4	83,7	81,9	80,3	83,3	91,1	100,0	103,4	102,8	108,2	46,0
Fleischwarenindustrie, Fleischerei	99,3	101,8	102,5	101,2	100,2	97,0	98,0	100,0	97,7	97,5	96,2	- 3,1
Fischverarbeitung	106,4	109,4	112,8	96,9	95,1	98,8	102,2	100,0	107,5	99,3	104,6	- 1,7
Verarbeitung von Kaffee, Tee, Herstellung von Kaffeemitteln	86,7	93,3	90,9	95,4	92,8	98,5	91,6	100,0	101,4	103,7	106,8	23,2
Brauerei	97,9	99,3	101,0	101,3	102,9	103,0	100,3	100,0	101,0	99,3	99,3	1,4
Mälzerei	107,7	112,9	110,2	106,7	110,9	108,1	104,2	100,0	101,8	103,1	111,1	3,2
Alkoholbrennerei	111,3	120,1	128,8	124,6	128,1	106,6	107,5	100,0	91,3	93,4	88,2	-20,7
Herstellung von Spirituosen	144,2	132,0	120,2	114,6	105,1	100,0	103,3	100,0	97,3	95,6	101,6	-29,5
Herstellung und Verarbeitung von Wein	95,7	107,0	104,7	108,4	98,0	95,8	98,0	100,0	115,1	126,5	133,5	39,5
Mineralbrunnen, H.v. Mineralw., Limonaden	79,1	85,2	86,9	94,4	97,6	98,8	93,6	100,0	105,9	103,0	109,4	38,3
Übriges Ernährungsgewerbe	78,6	86,8	92,6	99,1	99,7	94,8	101,5	100,0	100,2	103,7	112,7	43,4
Herstellung von Futtermitteln	89,1	92,3	99,6	97,9	98,4	100,8	100,4	100,0	99,0	102,6	110,5	24,0
Ernährungsgewerbe insgesamt	91,7	94,7	96,9	98,4	97,9	96,9	98,2	100,0	101,8	102,1	104,9	14,4

a) Für fachliche Unternehmensteile, arbeitstäglich bereinigt.

Quelle: Statistisches Bundesamt.

Tabelle A.II.1-4

Produktion[a)] nach Zweigen des Ernährungsgewerbes

- in jeweiligen Preisen -

Wirtschaftszweig	Mill. DM			Durchschnittl. jährliche Wachstumsrate in %			Struktur in %		
	1977	1982	1988	1977/82	1982/88	1977/88	1977	1982	1988
Mahl- und Schälmühlen	2 699	3 023	2 584	2,3	- 2,6	- 0,4	3,1	2,6	2,1
Herstellung von Teigwaren	443	588	622	5,8	0,9	3,1	0,5	0,5	0,5
Herstellung von Nährmitteln	2 672	3 619	4 908	6,3	5,2	5,7	3,0	3,1	4,0
Herstellung von Stärke, Stärkeerzeugnissen	696	940	1 238	6,2	4,7	5,4	0,8	0,8	1,0
Herstellung von Kartoffelerzeugnissen	658	973	1 099	8,1	2,1	4,8	0,8	0,8	0,9
Herstellung von Backwaren	2 211	4 350	5 881	.	5,2	9,3	2,5	3,8	4,8
Herstellung von Dauerbackwaren	1 472	1 909	2 457	5,3	4,3	4,8	1,7	1,7	2,0
Zuckerindustrie	3 928	5 297	4 221	6,2	- 3,7	0,7	4,5	4,6	3,4
Obst- und Gemüseverarbeitung	3 112	4 547	5 534	7,9	3,3	5,4	3,5	3,9	4,5
Herstellung von Süßwaren	7 123	8 958	10 766	4,7	3,1	3,8	8,1	7,7	8,7
Molkerei, Käserei	11 378	15 934	17 594	7,0	1,7	4,0	12,9	13,7	14,3
Herstellung von Dauermilch	3 630	5 535	6 130	8,8	1,7	4,9	4,1	4,8	5,0
Ölmühlen, Herstellung von Speiseöl	4 147	4 495	3 332	1,6	- 4,9	- 2,0	4,7	3,9	2,7
Herstellung v. Margarine u. Speisefetten	1 765	1 853	1 448	1,0	- 4,0	- 1,8	2,0	1,6	1,2
Talgschmelzen, Schmalzsiedereien	186	221	179	3,5	- 3,5	- 0,3	0,2	0,2	0,1
Schlachthäuser (ohne kommunale)	4 281	6 584	5 916	9,0	- 1,8	3,0	4,8	5,7	4,8
Fleischwarenindustrie Fleischerei }	5 848	10 029	10 695	.	1,1	5,6	6,6	8,6	8,7
Fischverarbeitung	1 403	1 698	1 890	3,9	1,8	2,7	1,6	1,5	1,5
Verarbeitung von Kaffee, Tee, Herstellung von Kaffeemitteln	6 401	5 162	4 938	- 4,2	- 0,7	- 2,3	7,2	4,5	4,0
Brauerei	8 385	10 018	10 626	3,6	1,0	2,2	9,5	8,6	8,6
Mälzerei	916	1 120	940	4,1	- 2,9	0,2	1,0	1,0	0,8
Alkoholbrennerei	161	159	130	- 0,2	- 3,3	- 1,9	0,2	0,1	0,1
Herstellung von Spirituosen	1 691	1 844	1 644	1,7	- 1,9	- 0,3	1,9	1,6	1,3

Herstellung und Verarbeitung von Wein	745	858	1 104	2,9	4,3	3,6	0,8	0,7	0,9
Mineralbrunnen, H.v. Mineralw., Limonaden	3 663	5 027	5 851	6,5	2,6	4,3	4,1	4,3	4,8
Übriges Ernährungsgewerbe	2 268	3 263	3 942	7,5	3,2	5,2	2,6	2,8	3,2
Herstellung von Futtermitteln	6 415	7 989	7 508	4,5	- 1,0	1,4	7,3	6,9	6,1
Ernährungsgewerbe insgesamt	88 297	115 993	123 177	5,6	1,0	3,1	100	100	100

a) Zum Absatz bestimmte Produktion in Betrieben von Unternehmen mit im allgemeinen 20 Beschäftigten und mehr; 1977 ohne, 1982 und 1988 einschließlich Handwerk.

Quelle: Statistisches Bundesamt, Fachserie 4: Produzierendes Gewerbe, Reihe 3.1: Produktion im Produzierenden Gewerbe des In- und Auslandes; Berechnungen des Ifo-Instituts für Wirtschaftsforschung.

Tabelle A.II.2-1

Beschäftigte im Ernährungsgewerbe[a)]

Wirtschaftszweig	1977	1982	1987	Anteile in %		
				1977	1982	1987
Mahl- und Schälmühlen	7 077	5 781	4 521	1,5	1,4	1,1
Herstellung von Teigwaren	3 222	2 786	2 383	0,7	0,7	0,6
Herstellung von Nährmitteln	15 369	15 770	15 782	3,4	3,7	3,9
Herstellung von Stärke, Stärkeerzeugnissen	3 075	2 749	2 527	0,7	0,6	0,6
Herstellung von Kartoffelerzeugnissen	4 603	5 749	5 328	1,0	1,3	1,3
Herstellung von Backwaren	48 906	50 285	59 208	10,7	11,6	14,6
Herstellung von Dauerbackwaren	15 666	14 817	14 234	3,4	3,4	3,5
Zuckerindustrie	10 598	10 445	9 497	2,3	2,4	2,3
Obst- und Gemüseverarbeitung	20 894	19 573	17 853	4,6	4,5	4,4
Herstellung von Süßwaren	42 626	40 328	34 877	9,3	9,3	8,6
Molkerei, Käserei	32 274	32 116	28 234	7,0	7,4	7,0
Herstellung von Dauermilch	10 598	10 815	9 416	2,3	2,5	2,3
Ölmühlen, Herstellung von Speiseöl	4 247	3 799	2 951	0,9	0,9	0,7
Herstellung v. Margarine u. Speisefetten	6 666	5 480	4 354	1,5	1,3	1,1
Talgschmelzen, Schmalzsiedereien	656	519	525	0,1	0,1	0,1
Schlachthäuser (ohne kommunale)	10 581	11 281	14 289	2,3	2,6	3,5
Fleischwarenindustrie	41 240	39 327	37 181	9,0	9,1	9,2
Fleischerei	17 016	16 408	16 226	3,7	3,8	4,0
Fischverarbeitung	11 237	9 677	8 815	2,5	2,2	2,2
Verarb. v. Kaffee, Tee, H. v. Kaffeem.	12 442	9 636	7 312	2,7	2,2	1,8
Brauerei	70 489	59 273	50 873	15,4	13,7	12,6
Mälzerei	1 705	1 350	1 140	0,4	0,3	0,3
Alkoholbrennerei	1 375	1 214	893	0,3	0,3	0,2
Herstellung von Spirituosen	10 351	8 291	6 061	2,3	1,9	1,5

Herstellung und Verarbeitung von Wein	3 579	3 082	2 746	0,8	0,7	0,7
Mineralbrunnen, H.v. Mineralw., Limonaden	26 162	23 998	21 094	5,7	5,6	5,2
Übriges Ernährungsgewerbe	12 260	13 748	14 430	2,7	3,7	3,6
Herstellung von Futtermitteln	12 859	14 044	12 365	2,8	3,3	3,1
Ernährungsgewerbe insgesamt	457 682	432 341	405 115	100	100	100

a) Für fachliche Betriebsteile.

Quelle: Statistisches Bundesamt, Fachserie 4: Produzierendes Gewerbe, Reihe 4.1.1: Beschäftigung, Umsatz und Energieversorgung der Unternehmen und Betriebe im Bergbau und im Verarbeitenden Gewerbe; Berechnungen des Ifo-Instituts für Wirtschaftsforschung.

Tabelle A.II.2-2

Sozialversicherungspflichtig Beschäftigte im Ernährungsgewerbe nach Wirtschaftsklassen
Anteile in % (Wirtschaftsklasse = 100)

Wirtschaftsklassen[a)]	Jahr[b)]	Männer				Frauen			
		Insgesamt	davon: Arbeiter		davon: Angestellte	Insgesamt	davon: Arbeiter		davon: Angestellte
			Hilfsarbeiter	Facharbeiter			Hilfsarbeiter	Facharbeiter	
Zuckerindustrie	1978	84,5	27,4	40,7	16,4	15,5	9,2	0,3	6,0
	1987	83,6	25,0	41,7	16,9	16,4	7,7	0,3	8,4
Obst- und Gemüseverarbeitung	1978	53,4	26,6	11,2	15,6	46,6	36,1	0,8	9,7
	1987	59,9	54,6	13,3	17,0	40,1	27,6	0,7	11,8
Molkerei, Käserei; Herst. v. Dauermilch und Schmelzkäse	1978	69,8	29,8	21,6	18,4	30,2	17,4	1,1	11,7
	1987	71,8	31,2	22,6	18,0	28,2	14,2	0,8	13,2
Fischverarbeitung	1978	41,3	22,9	3,8	14,6	58,7	47,0	1,3	10,4
	1987	37,3	20,1	5,6	11,6	62,7	51,1	1,6	10,0
Brotindustrie	1978	66,7	25,4	23,1	18,2	33,3	19,9	1,4	12,0
	1987	65,4	24,8	25,0	15,6	34,6	15,3	1,5	17,8
Bäckerei, Konditorei	1978	47,1	18,2	27,2	1,7	52,9	11,6	3,4	37,9
	1987	43,6	17,5	24,4	1,7	56,4	10,2	4,1	42,1
Herst. v. Speiseöl und Speisefetten	1978	78,2	32,0	18,0	28,2	21,8	9,2	0,7	11,9
	1987	80,3	35,3	17,2	27,8	19,7	6,5	0,3	12,9
Herst. v. Nährmitteln; Verarb. v. Kaffee und Tee; herst. v. Futtermitteln	1978	63,5	21,9	12,3	29,3	36,5	22,0	0,6	13,9
	1987	63,1	22,4	13,1	27,6	36,9	21,4	0,6	14,9

Mahl- und Schälmühlen	1978	78,8	27,7	27,8	23,3	21,2	8,6	0,6	12,0
	1987	78,3	27,2	28,2	22,9	21,7	6,4	0,7	14,6
Herstellung von Süßwaren	1978	44,1	15,5	11,8	16,8	55,9	45,2	0,7	10,0
	1987	47,3	17,3	12,8	17,2	52,7	41,2	0,8	10,7
Herstellung von Dauerbackwaren	1978	31,1	10,0	11,5	9,6	68,9	58,8	1,3	8,8
	1987	34,5	12,6	12,1	9,8	65,5	55,3	0,8	9,4
Schlachthäuser (ohne Kommunale), Fleischwarenindustrie	1978	61,9	22,1	25,9	13,9	38,1	23,8	1,4	12,9
	1987	63,6	22,8	27,0	13,8	36,4	21,6	1,3	13,5
Fleischerei	1978	47,8	18,0	26,9	2,9	52,2	9,7	2,3	40,2
	1987	43,8	16,0	24,7	3,1	56,2	7,9	2,1	46,2
Brauerei, Mälzerei	1978	86,4	22,4	40,9	23,1	13,6	4,8	0,5	8,3
	1987	85,6	20,5	40,2	24,9	14,4	3,7	0,7	10,0
Alkoholbrennerei; Herst. v. Spirituosen; Herstellung und Verarbeitung von Wein	1978	61,1	19,6	14,0	27,5	38,9	19,3	1,2	18,4
	1987	63,2	19,2	16,3	27,7	36,8	15,1	1,1	20,6
Gew. v. Mineralbrunnen; Herst. v. Mineralwasser und Limonaden	1978	78,9	37,0	20,7	21,2	21,1	10,6	0,7	9,8
	1987	80,7	36,5	21,8	22,4	19,3	7,4	0,6	11,3
Ernährungsgewerbe insgesamt	1978	59,3	21,6	23,9	13,8	40,7	17,6	1,6	21,5
	1987	56,7	21,3	23,6	11,8	43,3	14,7	1,9	26,7
Anzahl (1000)	1978	415	152	167	96	285	123	11	151
	1987	386	145	161	80	295	100	13	182

a) Wirtschaftssystematik der Bundesanstalt für Arbeit. - b) Jeweils 30. Juni.

Quelle: Bundesanstalt für Arbeit.

Tabelle A.II.2-3

Investitionstätigkeit in einzelnen Zweigen des Ernährungsgewerbes[a)]

Bereich	Bruttozugänge an Sachanlgen									
	Jahresdurchschnitt				je Beschäftigten			im Verhältnis zum Umsatz		
	Mill. DM		Struktur in %		DM			%		
	1977-81	1982-86	1977-81	1982-86	1977	1982	1986	1977	1982	1986
Mahl- und Schälmühlen	78,5	65,3	1,8	1,4	7 310	10 790	11 582	1,6	1,9	2,0
Herstellung von Teigwaren	16,9	26,9	0,4	0,6	3 700	6 036	17 473	2,5	2,1	5,9
Herstellung von Nährmitteln	99,5	140,9	2,3	2,9	5 006	6 418	9 327	2,7	2,7	3,4
Herstellung von Stärke, Stärkeerzeugnissen	37,4	49,7	0,9	1,0	11 672	17 413	20 728	3,7	4,5	4,8
Herstellung von Kartoffelerzeugnissen	55,8	67,1	1,3	1,4	6 685	11 137	14 582	4,0	5,8	6,3
Herstellung von Backwaren	192,9	197,6	4,4	4,0	3 164	3 457	4 608	4,0	3,7	4,8
Herstellung von Dauerbackwaren	75,6	84,0	1,7	1,7	4 359	5 323	6 435	4,7	4,4	4,6
Zuckerindustrie	241,1	343,6	5,5	7,0	24 893	33 296	25 200	6,4	7,4	5,5
Obst- und Gemüseverarbeitung	162,8	234,3	3,7	4,8	7 266	9 553	13 157	4,2	3,7	4,1
Herstellung von Süßwaren	319,4	285,8	7,3	5,8	5 559	8 151	11 346	3,2	3,3	3,7
Molkerei, Käserei	403,2	471,2	9,2	9,6	10 469	14 556	14 021	2,5	2,4	1,9
Herstellung von Dauermilch	143,9	153,3	3,3	3,1	8 091	15 347	10 420	2,1	3,0	1,8
Ölmühlen, Herstellung von Speiseöl	51,9	72,3	1,2	1,5	14 603	21 519	27 773	1,3	1,4	1,9
Herstellung v. Margarine u. Speisefetten	44,8	45,0	1,0	0,9	4 835	5 510	9 456	1,7	1,6	2,5
Talgschmelzen, Schmalzsiedereien	6,8	8,9	0,2	0,2	7 040	31 992	12 822	2,0	6,9	3,2
Schlachthäuser (ohne kommunale)	83,9	93,2	1,9	1,9	9 391	5 520	8 542	1,9	0,8	1,3
Fleischwarenindustrie	199,3	218,9	4,6	4,5	4 291	5 161	5 655	2,1	2,0	2,1
Fleischerei	88,2	75,3	2,0	1,5	4 677	2 704	4267	3,1	1,7	2,3
Fischverarbeitung	37,4	48,0	0,9	1,0	2 534	5 151	5 605	2,0	2,7	2,0
Verarb. v. Kaffee, Tee, H. v. Kaffeem.	141,2	140,7	3,2	2,9	11 747	11 872	16 552	1,7	1,3	1,1
Brauerei	1 137,6	1 293,5	26,0	26,4	14 599	19 898	24 401	9,5	9,4	9,8
Mälzerei	17,8	25,4	0,4	0,5	10 358	42 581	19 195	1,6	3,5	1,5
Alkoholbrennerei	9,3	10,2	0,2	0,2	6 954	10 142	15 366	4,5	4,5	5,4
Herstellung von Spirituosen	60,8	61,5	1,4	1,3	6 236	8 842	6 535	1,6	1,2	0,9
Herstellung und Verarbeitung von Wein	444,8	23,8	1,0	0,5	13 037	7 034	7 452	3,7	1,5	1,3
Mineralbrunnen, H.v. Mineralw., Limonaden	337,7	377,0	7,7	7,7	12 026	13 519	20 434	7,6	5,6	6,5
Übriges Ernährungsgewerbe	81,0	97,3	1,9	2,0	7 861	7 240	8 118	4,3	3,1	3,1
Herstellung von Futtermitteln	202,7	182,1	4,6	3,7	13 914	13 848	14 988	2,6	1,9	2,1
Ernährungsgewerbe insgesamt	4 372,3	4 892,8	100	100	8 510	10 634	12 076	3,5	3,3	3,4

a) Für Betriebe.

Quelle: Statistisches Bundesamt, Fachserie 4: Produzierendes Gewerbe, Reihe 4.2.1: Beschäftigte, Umsatz und Investitionen der Unternehmen und Betriebe im Bergbau und im Verarbeitenden Gewerbe.

Tabelle A.II.2-4

Beschäftigte je Betrieb in den Zweigen des Ernährungsgewerbes[a)]

Wirtschaftszweig	1985	1986	1987	1988
Mahl- und Schälmühlen	70	70	72	74
Herstellung von Teigwaren	119	132	120	112
Herstellung von Nährmitteln	246	271	282	276
Herstellung von Stärke, Stärkeerzeugnissen	198	189	172	152
Herstellung von Kartoffelerzeugnissen	125	129	133	132
Herstellung von Backwaren	69	71	72	73
Herstellung von Dauerbackwaren	202	211	209	203
Zuckerindustrie	203	212	200	205
Obst- und Gemüseverarbeitung	91	95	96	101
Herstellung von Süßwaren	238	239	236	248
Molkerei, Käserei	89	88	89	96
Herstellung von Dauermilch	234	235	233	211
Ölmühlen, Herstellung von Speiseöl	160	158	157	131
Herstellung v. Margarine u. Speisefetten	344	387	353	333
Talgschmelzen, Schmalzsiedereien	37	38	39	41
Schlachthäuser (ohne kommunale)	79	82	80	81
Fleischwarenindustrie	139	141	141	142
Fleischerei	48	48	48	49
Fischverarbeitung	105	108	108	101
Verarb.v. Kaffee, Tee, H.v. Kaffeem.	218	171	183	174
Brauerei	117	118	119	118
Mälzerei	20	20	20	20
Alkoholbrennerei	49	47	46	45
Herstellung von Spirituosen	65	63	59	61
Herstellung und Verarbeitung von Wein	93	94	97	96
Mineralbrunnen, H.v. Mineralw., Limonaden	77	80	84	85
Übriges Ernährungsgewerbe	121	125	130	135
Herstellung von Futtermitteln	54	55	56	57
Ernährungsgewerbe insgesamt	100	102	102	103

a) Jeweils im September; ohne industrielle Kleinbetriebe.

Quelle: Statistisches Bundesamt, Fachserie 4: Produzierendes Gewerbe, Reihe 4.1.2: Betriebe, Beschäftigte und Umsatz im Bergbau und im Verarbeitenden Gewerbe nach Beschäftigtengrößenklassen; Berechnungen des Ifo-Instituts für Wirtschaftsforschung.

Tabelle A.II.2-5

Betriebsgrößenstruktur in ausgewählten bedeutenden Sparten des Ernährungsgewerbes[a)]

Branche	Jahr	Betriebe mit ... bis ... Beschäftigten							
		1-19	20-49	50-99	100-199	200-499	500-999	1000 und mehr	Insgesamt
		Anteil der Beschäftigtengrößenklassen in % an der Zahl der Beschäftigten							
Herstellung von Backwaren	1981	0,7	28,9	22,1	21,6	22,4	4,3	-	100
	1987	0,5	24,7	23,5	24,0	18,8	8,5	-	100
Obst- und Gemüseverarbeitung	1981	7,5	9,4	17,1	20,5	.	20,4	.	100
	1987	7,8	10,9	16,2	22,8	.	14,0	.	100
Herstellung von Süßwaren	1981	1,8	3,7	6,2	11,5	18,9	20,0	37,9	100
	1987	1,6	3,3	7,6	11,7	26,3	13,3	26,2	100
Molkerei, Käserei	1981	7,6	15,0	16,5	17,6	26,7	10,6	6,0	100
	1987	7,0	12,4	17,2	18,5	27,5	12,7	4,7	100
Fleischwarenindustrie	1981	1,4	8,5	12,3	22,7	30,5	14,9	9,7	100
	1987	1,4	7,9	11,8	18,4	32,2	18,6	9,7	100
Brauerei	1981	2,5	11,6	13,3	17,1	23,9	24,7	6,9	100
	1987	2,4	11,7	13,5	16,5	26,2	21,3	8,4	100
Mineralbrunnen, Herst. von Mineralwasser, Limonaden	1981	10,8	10,2	22,3	38,5	.	.	-	100
	1987	8,0	8,6	17,5	39,3	18,5	8,1	-	100

		Anteil der Beschäftigtengrößenklassen in % am Umsatz							
Herstellung von Backwaren	1981	1,2	23,0	19,7	23,5	25,5	7,1	-	100
	1987	0,7	19,6	24,1	25,0	20,1	10,5	-	100
Obst- und Gemüseverarbeitung	1981	6,1	8,4	17,0	27,2	.	15,9	.	100
	1987	3,9	9,1	16,3	23,2	.	18,0	.	100
Herstellung von Süßwaren	1981	1,4	3,4	5,6	11,8	19,1	23,6	35,1	100
	1987	1,4	3,6	6,1	12,9	24,5	19,1	32,4	100
Molkerei, Käserei	1981	9,8	17,3	16,3	19,9	23,7	8,3	4,7	100
	1987	8,9	12,8	19,3	18,9	23,2	10,9	6,0	100
Fleischwarenindustrie	1981	2,0	9,4	12,0	23,3	29,8	14,4	9,1	100
	1987	1,1	7,8	11,8	19,1	35,0	17,9	7,3	100
Brauerei	1981	1,7	7,8	11,0	15,5	23,7	32,2	8,1	100
	1987	1,7	8,2	10,4	15,1	27,1	26,6	10,9	100
Mineralbrunnen, Herst. von Mineralwasser, Limonaden	1981	8,4	7,2	23,5	35,7	.	.	-	100
	1987	5,0	7,4	16,6	36,0	19,1	15,9	-	100

a) Jeweils im September; einschließlich industrielle Kleinbetriebe.

Quelle: Statistisches Bundesamt, Fachserie 4: Produzierendes Gewerbe, Reihe 4.1.2: Betriebe, Beschäftigte und Umsatz im Bergbau und im Verarbeitenden Gewerbe nach Beschäftigtengrößenklassen, 1981 und 1987; Berechnungen des Ifo-Instituts für Wirtschaftsforschung.

Tabelle A.II.3-1

Produktionsergebnis je Beschäftigten
1985 = 100

Wirtschaftszweig	1978	1979	1980	1981	1982	1983	1984	1985	1986	1987	1988	Veränderung 1978/88 in %
Mahl- und Schälmühlen	65,7	72,2	77,4	81,3	82,1	80,4	91,0	100	100,6	104,9	113,2	72,3
Herstellung von Teigwaren	71,4	74,0	75,4	80,8	81,6	89,5	100,1	100	100,7	100,4	103,9	45,5
Herstellung von Nährmitteln	90,7	92,5	94,7	93,7	96,3	95,2	98,3	100	99,1	99,3	99,6	9,8
Herstellung von Stärke, Stärkeerzeugnissen	59,5	58,0	56,3	65,5	84,0	93,8	100,8	100	104,6	123,0	130,1	108,7
Herstellung von Kartoffelerzeugnissen	74,0	81,1	94,9	102,2	93,4	94,0	106,5	100	102,2	109,9	111,2	50,3
Herstellung von Backwaren	95,3	97,6	101,4	98,8	98,1	97,3	99,5	100	97,5	98,8	98,5	3,4
Herstellung von Dauerbackwaren	70,4	71,9	75,7	78,7	77,3	90,5	97,3	100	103,3	104,5	105,7	50,1
Zuckerindustrie	76,3	77,6	77,7	87,2	92,2	74,8	85,3	100	94,5	90,1	93,4	22,4
Obst- und Gemüseverarbeitung	54,6	58,5	65,5	73,9	79,4	89,1	95,2	100	107,8	113,8	114,9	110,4
Herstellung von Süßwaren	77,1	79,1	83,0	84,6	86,8	90,8	99,8	100	104,0	107,0	112,7	46,2
Molkerei, Käserei	87,6	93,6	96,2	95,6	92,1	97,5	97,4	100	106,3	103,4	104,1	18,8
Herstellung von Dauermilch	90,8	92,7	91,7	94,7	97,6	101,5	99,4	100	109,0	90,9	93,4	2,9
Ölmühlen, Herstellung von Speiseöl	74,3	82,6	88,1	82,7	87,0	84,5	82,1	100	107,7	123,0	135,9	82,9
Herstellung v. Margarine u. Speisefetten	78,6	78,9	80,9	85,6	93,5	96,8	97,9	100	106,4	107,4	111,2	41,5
Talgschmelzen, Schmalzsiedereien	76,1	78,7	77,4	76,7	77,1	87,9	101,0	100	65,3	58,1	63,0	-11,2
Schlachthäuser (ohne kommunale)	85,3	91,4	92,9	92,5	90,7	94,7	99,0	100	98,5	93,0	92,2	8,1
Fleischwarenindustrie, Fleischerei	92,7	93,8	95,1	94,4	97,1	96,5	97,1	100	98,9	98,4	98,7	6,5
Fischverarbeitung	85,3	86,5	88,2	80,6	87,5	96,5	103,8	100	107,6	99,7	106,4	24,7
Verarb.v.Kaffee, Tee, H.v.Kaffeem.	54,1	60,3	59,7	65,5	73,1	89,1	86,9	100	102,0	107,6	109,8	103,0
Brauerei	78,4	82,8	86,4	88,9	93,2	96,4	96,2	100	103,5	104,8	108,4	38,3
Mälzerei	77,2	86,1	91,7	94,6	98,0	97,8	96,3	100	104,0	108,0	118,8	53,9
Alkoholbrennerei	80,9	92,9	101,5	101,9	106,9	96,6	102,4	100	98,5	106,2	101,5	25,5
Herstellung von Spirituosen	94,0	87,9	83,1	83,6	83,0	85,9	96,8	100	100,9	103,6	112,9	20,1
Herstellung und Verarbeitung von Wein	72,8	82,7	82,2	89,2	88,0	92,3	95,2	100	117,6	127,6	136,1	87,0
Mineralbrunnen, H.v. Mineralw., Limonaden	65,6	70,7	72,3	80,7	86,6	91,1	90,2	100	105,9	104,1	110,8	68,9
Übriges Ernährungsgewerbe	85,3	91,6	94,8	98,1	100,7	96,2	101,5	100	95,7	99,9	107,5	26,0
Herstellung von Futtermitteln	86,8	87,4	89,9	86,9	89,0	94,6	96,2	100	100,6	105,3	111,7	28,7
Ernährungsgewerbe insgesamt	80,0	83,3	85,7	87,8	90,3	93,0	96,2	100	102,3	103,5	107,1	33,9

Quelle: Statistisches Bundesamt; Berechnungen des Ifo-Instituts für Wirtschaftsforschung.

Tabelle A.II.3-2

Produktionsergebnis je Beschäftigtenstunde
1985 = 100

Wirtschaftszweig	1978	1979	1980	1981	1982	1983	1984	1985	1986	1987	1988	Veränderung 1978/88 in %
Mahl- und Schälmühlen	64,6	70,5	76,3	80,7	82,4	81,8	91,2	100	100,9	106,7	115,5	78,8
Herstellung von Teigwaren	70,1	71,8	75,4	81,6	82,2	90,4	99,8	100	100,7	103,3	107,2	52,9
Herstellung von Nährmitteln	86,2	88,3	91,3	91,6	95,1	93,6	96,6	100	98,2	99,1	100,1	16,1
Herstellung von Stärke, Stärkeerzeugnissen	59,1	57,1	55,8	64,9	83,5	91,8	98,0	100	104,1	123,1	133,0	125,0
Herstellung von Kartoffelerzeugnissen	71,9	79,4	94,5	101,2	92,2	92,2	103,5	100	102,1	111,8	112,6	56,6
Herstellung von Backwaren	88,8	91,9	96,9	95,6	95,4	95,7	98,7	100	97,6	99,7	99,8	12,4
Herstellung von Dauerbackwaren	72,4	75,1	79,2	81,7	82,0	93,7	97,6	100	105,1	105,7	109,4	51,1
Zuckerindustrie	52,9	54,9	54,6	63,2	71,8	60,8	69,3	100	79,1	77,9	78,3	48,0
Obst- und Gemüseverarbeitung	53,5	58,2	66,0	75,3	80,5	90,4	95,8	100	109,7	117,8	118,3	121,1
Herstellung von Süßwaren	74,8	77,9	82,8	84,7	86,5	88,8	97,8	100	103,9	102,7	113,6	51,9
Molkerei, Käserei	82,1	88,3	91,7	93,2	90,3	95,7	96,5	100	106,4	104,6	105,4	28,4
Herstellung von Dauermilch	95,8	87,5	87,0	91,8	95,9	101,2	98,8	100	109,7	94,3	96,2	0,4
Ölmühlen, Herstellung von Speiseöl	70,0	78,8	84,2	80,9	85,3	82,9	82,8	100	108,1	124,8	135,3	93,3
Herstellung v. Margarine u. Speisefetten	78,0	78,0	81,5	86,2	95,9	98,0	97,9	100	108,0	106,9	109,7	40,6
Talgschmelzen, Schmalzsiedereien	71,0	72,1	71,8	71,7	72,4	83,8	98,1	100	63,3	56,7	63,2	-11,0
Schlachthäuser (ohne kommunale)	84,1	91,8	94,4	95,1	94,0	97,4	98,5	100	99,5	96,1	95,7	13,8
Fleischwarenindustrie, Fleischerei	88,5	90,7	93,5	93,6	96,9	94,7	95,8	100	99,6	100,0	100,1	13,1
Fischverarbeitung	82,5	85,0	88,5	83,4	90,0	96,6	102,9	100	102,6	104,9	111,0	34,6
Verarb.v.Kaffee, Tee, H.v.Kaffeem.	54,6	60,5	61,0	67,2	74,6	90,1	86,0	100	103,0	110,2	112,7	106,4
Brauerei	75,9	80,0	84,5	87,2	91,8	95,5	96,1	100	103,9	106,3	109,6	44,4
Mälzerei	76,1	83,4	90,2	93,4	96,1	95,6	95,4	100	104,5	107,5	117,7	54,7
Alkoholbrennerei	75,1	87,3	96,1	98,4	106,9	95,2	100,9	100	98,8	107,6	104,1	38,6
Herstellung von Spirituosen	90,1	84,8	81,0	82,3	83,5	86,5	97,1	100	101,8	105,2	115,0	17,6
Herstellung und Verarbeitung von Wein	69,6	79,7	80,0	86,5	86,1	90,7	93,4	100	117,9	128,3	135,8	95,1
Mineralbrunnen, H.v. Mineralw., Limonaden	62,8	68,1	70,6	78,9	84,1	89,0	90,2	100	104,5	104,0	110,1	75,3
Übriges Ernährungsgewerbe	80,8	87,6	91,5	97,0	98,9	96,1	101,6	100	97,1	102,7	108,9	34,8
Herstellung von Futtermitteln	81,7	82,7	86,9	85,2	87,7	94,0	96,3	100	100,9	106,9	113,5	38,9
Ernährungsgewerbe insgesamt	75,9	79,7	83,0	85,9	88,9	91,7	94,9	100	102,0	104,1	107,9	42,2

Quelle: Statistisches Bundesamt; Berechnungen des Ifo-Instituts für Wirtschaftsforschung.

Tabelle A.II.3-3

Produktionsergebnis je Arbeiter
1985 = 100

Wirtschaftszweig	1978	1979	1980	1981	1982	1983	1984	1985	1986	1987	1988	Veränderung 1978/88 in %
Mahl- und Schälmühlen	61,9	67,9	72,4	77,7	79,5	79,9	91,2	100	102,0	106,3	113,3	83,0
Herstellung von Teigwaren	74,0	76,7	77,5	82,9	84,2	90,4	99,7	100	99,9	98,7	100,1	35,3
Herstellung von Nährmitteln	86,9	88,7	91,1	92,1	95,9	93,6	97,5	100	99,4	99,9	100,1	15,2
Herstellung von Stärke, Stärkeerzeugnissen	57,5	56,1	55,2	66,0	84,6	94,3	101,5	100	104,3	120,2	126,5	120,0
Herstellung von Kartoffelerzeugnissen	81,2	89,7	102,7	110,9	99,7	96,3	106,5	100	103,2	110,8	110,4	36,0
Herstellung von Backwaren	89,1	86,0	95,0	93,7	94,8	95,0	97,6	100	98,0	99,7	99,2	11,3
Herstellung von Dauerbackwaren	69,1	70,6	74,6	77,8	76,7	90,0	96,9	100	103,0	104,0	105,4	52,5
Zuckerindustrie	74,7	76,6	77,2	86,0	91,1	74,1	84,5	100	94,5	91,1	95,0	27,2
Obst- und Gemüseverarbeitung	53,8	58,0	65,6	73,8	79,9	90,6	97,3	100	107,4	114,7	115,5	114,7
Herstellung von Süßwaren	78,9	81,3	85,3	87,1	90,4	93,8	100,7	100	103,6	106,9	113,2	43,5
Molkerei, Käserei	87,7	93,3	96,3	95,3	92,3	97,6	97,4	100	105,9	102,9	103,9	18,5
Herstellung von Dauermilch	90,8	93,4	91,9	94,5	97,3	104,6	99,7	100	110,1	91,8	93,3	2,8
Ölmühlen, Herstellung von Speiseöl	71,1	79,4	85,0	79,8	84,9	83,1	82,1	100	106,0	120,4	134,7	89,5
Herstellung v. Margarine u. Speisefetten	85,0	84,2	84,6	86,6	92,3	94,8	96,8	100	103,0	107,3	116,0	36,5
Talgschmelzen, Schmalzsiedereien	76,4	79,4	78,1	77,2	77,1	90,5	100,5	100	66,6	58,4	64,4	-15,7
Schlachthäuser (ohne kommunale)	82,5	87,9	90,5	90,7	90,0	94,4	98,1	100	98,5	92,1	92,1	11,6
Fleischwarenindustrie, Fleischerei	94,5	95,0	96,2	95,6	908,6	98,5	97,7	100	98,4	97,2	96,9	2,5
Fischverarbeitung	84,0	84,8	86,9	80,3	89,3	99,0	105,3	100	106,9	98,9	106,5	26,8
Verarb.v.Kaffee, Tee, H.v.Kaffeem.	67,3	72,8	71,5	75,7	79,0	95,0	91,1	100	101,3	105,8	108,0	60,5
Brauerei	75,1	79,8	83,5	86,4	91,3	94,9	95,3	100	104,0	105,8	109,8	46,2
Mälzerei	76,1	85,6	90,3	92,1	94,6	95,9	95,0	100	104,2	108,5	120,6	58,5
Alkoholbrennerei	75,7	86,8	97,5	100,9	106,6	94,6	102,0	100	97,9	103,7	99,6	31,6
Herstellung von Spirituosen	90,2	83,1	79,0	81,4	83,4	88,0	96,2	100	100,3	101,9	108,9	20,7
Herstellung und Verarbeitung von Wein	72,6	82,9	82,4	88,8	90,5	95,2	98,4	100	117,2	126,0	131,2	80,7
Mineralbrunnen, H.v. Mineralw., Limonaden	64,8	69,7	71,5	80,4	86,5	91,2	90,4	100	105,6	104,0	111,4	71,9
Übriges Ernährungsgewerbe	87,1	91,4	92,9	94,8	99,6	97,6	102,2	100	96,0	100,2	106,3	22,0
Herstellung von Futtermitteln	75,0	75,6	82,3	80,5	84,8	92,4	94,9	100	101,0	105,7	111,4	48,5
Ernährungsgewerbe insgesamt	78,8	82,0	84,6	87,0	90,3	93,4	96,2	100	102,2	103,5	107,0	35,8

Quelle: Statistisches Bundesamt; Berechnungen des Ifo-Instituts für Wirtschaftsforschung.

Tabelle A.II.3-4

Produktionsergebnis je Arbeiterstunde
1985 = 100

Wirtschaftszweig	1978	1979	1980	1981	1982	1983	1984	1985	1986	1987	1988	Veränderung 1978/88 in %
Mahl- und Schälmühlen	62,2	67,5	72,4	77,7	80,1	82,4	91,8	100	101,8	107,5	115,3	85,4
Herstellung von Teigwaren	73,2	74,3	78,3	84,2	84,6	92,0	99,5	100	99,6	102,0	104,0	42,1
Herstellung von Nährmitteln	81,7	83,9	86,6	88,8	93,4	90,8	94,9	100	97,3	97,8	99,1	21,3
Herstellung von Stärke, Stärkeerzeugnissen	58,3	55,9	54,9	65,1	83,6	91,7	97,8	100	103,5	120,0	130,0	123,0
Herstellung von Kartoffelerzeugnissen	78,7	87,8	102,3	109,1	97,4	93,3	102,8	100	102,8	112,6	111,4	41,6
Herstellung von Backwaren	82,3	85,7	90,4	89,9	91,1	93,0	96,8	100	97,7	99,8	100,0	21,5
Herstellung von Dauerbackwaren	72,1	75,1	79,2	81,6	82,5	94,0	97,5	100	105,0	105,0	109,5	51,9
Zuckerindustrie	48,5	50,9	50,3	58,6	67,3	58,0	66,1	100	76,2	76,1	76,1	56,9
Obst- und Gemüseverarbeitung	53,1	58,3	66,7	75,9	81,3	92,4	98,3	100	109,8	119,1	119,2	124,5
Herstellung von Süßwaren	76,9	80,7	85,8	87,5	89,9	91,1	98,2	100	103,4	101,8	113,5	47,6
Molkerei, Käserei	81,3	87,2	90,7	92,2	89,5	95,2	96,2	100	105,8	103,7	104,8	28,9
Herstellung von Dauermilch	85,2	87,3	86,1	90,7	94,7	103,8	99,1	100	110,6	95,6	96,2	12,9
Ölmühlen, Herstellung von Speiseöl	66,5	75,4	80,2	77,6	82,4	80,9	83,6	100	106,4	121,8	132,3	99,0
Herstellung v. Margarine u. Speisefetten	86,2	84,7	87,0	88,1	96,1	97,2	97,5	100	105,2	104,7	110,9	28,7
Talgschmelzen, Schmalzsiedereien	70,6	71,6	71,2	70,7	71,0	84,7	97,1	100	63,6	56,2	63,9	- 9,5
Schlachthäuser (ohne kommunale)	82,1	89,6	93,1	94,2	93,4	97,7	97,8	100	99,7	95,6	95,9	16,8
Fleischwarenindustrie, Fleischerei	89,7	91,8	94,4	94,5	97,8	95,7	95,9	100	99,1	98,6	98,1	9,4
Fischverarbeitung	81,5	83,8	88,0	84,1	92,3	99,0	104,3	100	106,9	105,2	111,8	37,2
Verarb.v.Kaffee, Tee, H.v.Kaffeem.	69,6	74,4	74,6	78,7	80,8	96,2	89,4	100	102,5	108,5	111,4	60,1
Brauerei	73,1	77,3	81,8	84,3	89,0	93,7	95,3	100	104,1	106,7	110,1	50,6
Mälzerei	76,0	83,2	89,0	91,1	92,6	93,3	94,2	100	104,7	106,7	117,7	54,9
Alkoholbrennerei	69,8	81,2	91,3	96,0	106,4	92,9	100,2	100	98,1	105,0	102,5	47,3
Herstellung von Spirituosen	86,3	80,5	76,6	79,6	84,2	89,8	97,7	100	101,5	102,8	110,4	27,9
Herstellung und Verarbeitung von Wein	68,8	79,7	79,5	84,0	86,4	92,0	95,4	100	117,1	125,0	128,5	86,8
Mineralbrunnen, H.v. Mineralw., Limonaden	61,8	67,2	69,7	77,9	82,7	88,2	90,4	100	103,3	102,9	109,2	76,7
Übriges Ernährungsgewerbe	81,3	86,7	88,3	93,1	96,0	97,4	102,4	100	98,0	103,3	106,9	31,5
Herstellung von Futtermitteln	71,1	71,6	79,8	78,9	82,9	91,8	95,7	100	100,9	106,6	112,5	58,2
Ernährungsgewerbe insgesamt	74,8	78,5	81,9	84,7	88,1	91,7	94,8	100	101,6	103,3	107,0	43,1

Quelle: Statistisches Bundesamt; Berechnungen des Ifo-Instituts für Wirtschaftsforschung.

Tabelle A.II.3-5

Zielsetzung der Investitionen im Ernährungsgewerbe

Als Hauptziel ihrer Investitionstätigkeit[a)] bezeichneten ... % der Firmen[b)]

Bereich und Jahr	Kapazitätserweiterung			Rationalisierung			Ersatzbeschaffung
	insgesamt	dabei[c)] unter Beibehaltung des Produktionsprogrammes	dabei[c)] Unter Änderung/Ausweitung des Produktionsprogrammes	insgesamt	dabei[c)] gerichtet auf Lohn- und Gehaltskosten	dabei[c)] gerichtet auf sonstige Kosten	
Handelsmühlen							
1977-1981	15	12	2	59	40	12	26
1982-1987	32	11	18	32	24	4	36
Nährmittelherstellung							
1977-1981	27	11	15	26	17	9	47
1982-1987	12	8	4	14	5	7	74
Brotherstellung							
1977-1981	38	19	11	34	18	13	28
1982-1987	26	15	10	31	24	3	43
Zuckerherstellung							
1977-1982	11	11	0	48	10	38	41
1985-1987	17	5	0	59	1	58	34
Süßwarenherstellung							
1977-1981	48	22	24	18	8	10	34
1982-1987	21	16	5	67	62	2	12
Obst- u. Gemüseverarb.							
1977-1981	11	5	4	73	66	6	16
1982-1987	18	7	11	72	61	6	10

Fleischverarbeitung							
1977-1981	30	22	7	33	18	2	37
1982-1987	20	8	11	41	26	12	39
Fischverarbeitung							
1977-1981	44	26	17	31	24	2	25
1982-1987	29	21	7	39	28	9	32
Molkerei u. Käserei							
1977-1981	41	20	18	34	25	6	25
1982-1987	30	12	16	33	23	8	37
Dauermilch- und Schmelzkäseherstellung							
1977-1981	45	25	20	27	23	4	28
1982-1987	37	16	21	32	18	14	31
Brauerei- u. Mälzerei							
1977-1981	9	8	1	57	44	10	34
1982-1987	14	12	1	23	16	5	63
Mineralbrunnen, Mineralwasser- und Limonadenherstellung							
1977-1981	29	7	17	34	26	8	37
1982-1987	41	14	19	27	17	8	32
Futtermittelherstellung							
1977-1981	50	44	5	13	7	6	37
1982-1987	14	7	7	40	9	29	46
Spirituosenherstellung							
1977-1980	13	11	2	37	13	8	50
1982-1985	40	5	35	23	15	8	37

a) Allein oder an erster Stelle genannt. - b) Die Firmenangaben wurden mit dem Umsatz gewichtet. - c) Die hier aufgeführten Prozentsätze ergänzen sich nicht unbedingt zu den entsprechenden Sätzen für die Hauptziele, da nicht alle Firmen Unterziele angegeben haben.

Quelle: Ifo-Investitionstest.

Tabelle A.II.3-6

Anteil der Bundesrepublik Deutschland an den Erfindungen[a)] im Bereich "Ernährung"

Jahr Zeitraum	A 21	A 22	A 23	C 11	C 12 C,F, G,H,J,L	C 13	Ernährung Insgesamt
1980	18,8406	29,5858	13,4538	26,3158	27,1845	20,0000	19,6409
1981	12,5000	27,5676	12,6368	25,3076	28,4314	21,6981	19,2632
1982	12,9187	27,1676	12,2167	17,3042	22,9167	15,3846	15,7398
1983	15,6069	22,5806	12,8931	18,7755	17,2840	13,8889	15,4198
1984	17,6796	20,2703	14,9177	18,4466	22,5000	17,1053	16,9758
1985	12,6362	21,4876	13,4945	22,4409	21,4286	15,6863	16,6572
1986	23,9521	26,1194	15,6069	22,6000	32,8947	34,0426	20,0000
1980-86	16,3049	24,9684	13,6028	21,5987	24,6628	19,6865	17,6710
1980	14,9666	26,7254	12,8001	21,9258	23,9542	17,7429	17,5159
1986	18,0893	22,6258	14,6730	21,1625	25,6078	22,2781	17,8777
			Veränderung in %-Punkten				
1980-83/ 1984-86	3,1228	-4,0996	1,8729	-0,7633	1,6536	4,5352	0,3617

a) Erfindungen (weltweit = 100 %), die auf dem Gebiet der Ernährung zum Patent in mindestens zwei Ländern angemeldet worden sind.
Bezeichnung der Klassen und Unterklassen der Internationalen Patentklassifikation:
A 21: Backen; eßbare Teigwaren.
A 22: Metzgerei; Fleischverarbeitung; Geflügel- oder Fischverarbeitung.
A 23: Lebensmittel; ihre Behandlung, soweit nicht in anderen Klassen vorgesehen.
C 11: Tierische oder pflanzliche Öle, Fette, fettartige Stoffe oder Wachse; daraus gewonnene Fettsäuren; Reinigungsmittel; Kerzen.
C 12 C,F,G,H,J,L: Bierbrauen. - Destillation oder Rektifikation von fermentierten Lösungen; Gewinnung von Nebenprodukten; Vergällen von Alkohol oder vergällter Alkohol. - Wein; andere alkoholische Getränke; deren Bereitung. - Pasteurisieren; Sterilisieren; Haltbarmachen; Reinigen; Klären; Altern. - Essig; seine Bereitung. - Pich- oder Entpichmaschinen; Kellereigeräte.
C 13: Zuckerindustrie.

Quelle: INPADOC; Berechnungen des Ifo-Instituts.

Tabelle A.II.3-7

Erfindungsaktivität[a] der Bundesrepublik Deutschland im Bereich "Ernährung"

Jahr Zeitraum	A 21	A 22	A 23	C 11	C 12 C,F, G,H,J,L	C 13	Ernährung Insgesamt
1980	87,8358	137,9307	62,7224	122,6857	126,7355	93,2411	91,5670
1981	59,6988	131,6601	60,3522	120,8665	135,7855	103,6281	91,9990
1982	65,8760	138,5356	62,2967	88,2391	116,8587	78,4506	80,2616
1983	82,5708	119,4662	68,2127	99,3346	91,4433	73,4812	81,5805
1984	92,4821	106,0341	78,0347	96,4945	117,6979	89,4779	88,8008
1985	63,8769	108,7069	68,2692	113,5299	108,4082	79,3577	84,2697
1986	118,8184	129,5697	77,4208	112,1111	163,1799	168,8738	99,2134
1980–86	81,5941	124,5576	68,1870	107,6088	122,8727	98,0729	88,2417
	Veränderung in Index-Punkten						
1980/86	30,9826	-8,3610	14,6984	-10,5746	36,4444	75,6327	7,6464

a) Relation der Erfindungsaktivität der Bundesrepublik auf dem Gebiet der Ernährung zur Erfindungsaktivität weltweit (= 100) auf dem Gebiet der Ernährung für Erfindungen mit Patentanmeldung in mindestens zwei Ländern.
Bezeichnung der Klassen und Unterklassen der Internationalen Patentklassifikation:
A 21: Backen; eßbare Teigwaren.
A 22: Metzgerei; Fleischverarbeitung; Geflügel- oder Fischverarbeitung.
A 23: Lebensmittel; ihre Behandlung, soweit nicht in anderen Klassen vorgesehen.
C 11: Tierische oder pflanzliche Öle, Fette, fettartige Stoffe oder Wachse; daraus gewonnene Fettsäuren; Reinigungsmittel; Kerzen.
C 12 C,F,G,H,J,L: Bierbrauen. - Destillation oder Rektifikation von fermentierten Lösungen; Gewinnung von Nebenprodukten; Vergällen von Alkohol oder vergällter Alkohol. - Wein; andere alkoholische Getränke; deren Bereitung. - Pasteurisieren; Sterilisieren; Haltbarmachen; Reinigen; Klären; Altern. - Essig; seine Bereitung. - Pich- oder Entpichmaschinen; Kellereigeräte.
C 13: Zuckerindustrie.

Quelle: INPADOC; Berechnungen des Ifo-Instituts.

Tabelle A.II.3-8

Innovationsaktivitäten des Ernährungsgewerbes im Jahr 1987

(Angaben in % der Antworten; Mehrfachnennungen möglich)

Erzeugnis, Branche	Produkt-(Prozeß-) Innovationen wurden: realisiert		in der Planung abgeschlossen		noch geplant		abgebrochen		nicht vorgesehen	
Erzeugnisse des Ernährungsgewerbes	46	(47)	8	(10)	26	(22)	1	(1)	32	(30)
Mahl- und Schälmühlenerzeugnisse	20	(37)	5	(0)	15	(21)	0	(0)	65	(47)
Brot und Backwaren (ohne Dauerbackwaren)	50	(40)	0	(20)	17	(20)	0	(0)	33	(20)
Verarbeitetes Obst und Gemüse	43	(60)	9	(12)	35	(24)	0	(0)	30	(24)
Süßwaren (einschl. Dauerbackwaren)	68	(79)	12	(8)	36	(33)	0	(0)	8	(0)
Milch und Milchprodukte	41	(46)	14	(4)	34	(27)	3	(4)	31	(35)
Fleisch und Fleischerzeugnisse	57	(53)	14	(18)	19	(24)	0	(0)	19	(18)
Fisch und Fischerzeugnisse	50	(21)	7	(14)	14	(29)	7	(0)	43	(50)
Biere	36	(43)	2	(14)	26	(11)	0	(0)	38	(32)
Alkoholfreie Erfrischungsgetränke	38	(22)	4	(11)	21	(17)	0	(0)	38	(50)
Spirituosen	82	(57)	9	(0)	18	(14)	9	(0)	9	(29)
Verarbeitendes Gewerbe	66	(63)	13	(15)	26	(25)	2	(1)	17	(17)

Qielle: Ifo-Innovationstest 1987.

Tabelle A.II.3-9

Einführung neuer Produktionsmethoden
Die Investitionen dienten u.a. hierzu bei ... % der Firmen[a)]

Wirtschaftszweig	1977	1978	1979	1980	1981	1982	1983	1984	1985	1986	1987	1988	Durchschnitt 1977-1981	Durchschnitt 1982-1988
Nahrungs- und Genußmittelgewerbe insgesamt	34	32	43	39	38	30	51	39	37	49	37	53	37	42
darunter: Handelsmühlen	0	1	6	12	12	9	9	27	20	3	4	29	6	14
Herstellung von Nährmitteln	88	89	73	2	80	74	90	87	84	87	92	91	66	86
Herstellung von Brot	15	6	16	1	34	37	0	9	26	35	15	11	14	19
Herstellung von Zucker	0	0	0	0	0	31	.	.	34	7	7	6	0	.
Herstellung von Süßwaren	8	12	19	37	46	36	47	41	14	64	47	67	24	45
Verwertung von Obst und Gemüse	34	38	53	57	7	6	29	23	4	12	27	37	38	20
Verwertung von Fleisch	14	11	56	48	11	17	20	3	11	25	20	18	28	16
Verwertung von Fisch	17	7	12	16	23	14	5	1	1	2	20	41	15	12
Molkerei und Käserei	18	10	37	21	21	19	39	26	39	45	2	10	21	26
Herst.v.Dauermilch u. Schmelzkäse	39	20	10	12	18	19	50	29	32	55	70	24	20	40
Brauereien und Mälzereien	13	6	12	4	17	14	24	24	4	11	21	36	11	19
Mineralbrunnen, Herst. v. Mineralwasser, Limonaden	12	16	64	53	40	18	27	43	15	16	7	7	37	19
Herstellung von Futtermitteln	20	3	4	23	2	30	18	7	7	11	16	22	10	16
Herstellung von Spirituosen	0	0	39	0	.	55	78	28	0	.	.	4	.	.
Verarbeitendes Gewerbe insgesamt	41	41	41	44	49	54	58	57	54	63	57	59	43	57

a) Die Firmenangaben wurden mit dem Umsatz gewichtet.

Quelle: Ifo-Investitionstest.

Tabelle A.II.4-1

Materialverbrauch in % des Bruttoproduktionswertes für ausgewählte Wirtschaftszweige und Beschäftigtengrößenklassen des Ernährungsgewerbes

Wirtschaftszweig	Unternehmen mit Beschäftigten von ...													
	20 und mehr		20 bis 49		50 bis 99		100 bis 199		200 bis 499		500 bis 999		1000 u. mehr	
	1977[a)]	1986	1977[a)]	1986	1977[a)]	1986	1977[a)]	1986	1977[a)]	1986	1977[a)]	1986	1977[a)]	1986
Herstellung von Backwaren	36,4	30,3	36,3	.	41,1	27,5	40,7	.	29,0	33,7	.	.	35,1	29,0
Obst- und Gemüseverarbeitung	55,6	57,4	58,0	55,0	67,0	65,2	62,3	50,5	53,6	.	59,9	.	43,0	59,2
Herstellung von Süßwaren	59,2	54,7	62,0	.	66,2	63,3	71,7	71,3	60,7	63,4	51,9	.	57,1	48,6
Molkerei, Käserei	74,3	72,7	77,6	83,4	81,8	80,9	74,9	80,6	70,5	.	72,0	.	66,4	64,1
Fleischwarenindustrie	66,5	58,6	70,8	65,4	72,3	63,4	66,4	58,6	65,5	.	61,7	.	64,7	57,1
Brauerei	27,0	23,7	25,3	17,3	25,2	21,2	27,8	19,0	25,5	25,8	29,6	.	26,6	25,5
Herstellung von Spirituosen	45,7	43,3	55,3	.	55,5	50,1	49,9	.	46,3	.	30,0	.	-	40,6
Mineralbrunnen, H.v. Mineralw., Limonaden	38,1	38,0	.	.	.	30,3	.	36,9	35,9	.	.	.	46,6	42,4
Herstellung von Futtermitteln	73,5	63,4	64,2	67,9	79,3	67,7	76,6	.	78,7	.	69,0	.	-	61,6
Ernährungsgewerbe insgesamt	59,7	54,7	62,0	62,0	64,3	59,7	62,0	.	62,3	.	57,2	57,3	54,8	42,9

a) Einschließlich Energieverbrauch.

Anmerkung: Ein Punkt in einem Feld bedeutet, daß der Wert für die entsprechende Größenklasse in der nächst- (oder übernächst-) höheren Größenklasse enthalten ist. Lesebeispiel: Der Wert von 57,3 für das gesamte Ernährungsgewerbe, der für 1986 unter der Spalte "500 bis 999" Beschäftigte ausgewiesen ist, gilt für die Größenklasse "100 bis 999 Beschäftigte".

Quelle: Statistisches Bundesamt, Fachserie 4: Produzierendes Gewerbe, Reihe 4.3.3: Kostenstruktur der Unternehmen im Verbrauchsgüter produzierenden Gewerbe und im Nahrungs- und Genußmittelgewerbe, laufende Jahrgänge; Berechnungen des Ifo-Instituts für Wirtschaftsforschung.

Tabelle A.II.4-2

Bezüge von landwirtschaftlichen Erzeugnissen, Fischereierzeugnissen und Nahrungs- und Genußmitteln (ohne Tabakwaren) des Ernährungsgewerbes im Jahr 1982

Wirtschaftszweig	Landwirtschaftl. Erzeugnisse, Fischereierzeugnisse		Nahrungs- und Genußmittel (ohne Tabakwaren)		Anteil am Umsatz in %	
	Mill. DM	% a)	Mill. DM	% a)	Landwirtsch. Erzeugn., Fischereierzeugnisse	Nahrungs- u. Genußmittel (ohne Tabakw.)
Mahl- und Schälmühlen	2 119	77,0	402	14,7	67,3	12,8
H. v. Teigwaren	55	16,3	221	64,8	9,7	38,8
H. v. Nährmitteln	129	7,2	615	34,4	3,9	18,6
H. v. Stärke, Stärkeerzeugnissen	524	52,2	110	11,0	30,8	6,5
H. v. Kartoffelerzeugnissen	164	30,3	38	7,1	16,0	3,7
H. v. Backwaren	198	7,6	1 835	70,4	3,8	35,3
H. v. Dauerbackwaren	56	4,9	774	67,9	2,6	35,9
Zuckerindustrie	2 630	68,6	480	12,5	46,4	8,5
Obst- u. Gemüseverarbeitung	657	20,2	1 438	44,4	12,6	27,5
H. v. Süßwaren	1 018	15,9	3 784	59,1	8,5	31,8
Molkerei, Käserei	12 458	67,9	3 864	21,0	59,2	18,4
H. v. Dauermilch, Milchpräparaten, Schmelzkäse	2 015	43,2	1 647	35,4	36,0	29,4
Ölmühlen, H. v. Speiseöl	(2 279)	(72,2)	(698)	(22,0)	(67,6)	(20,7)
H. v. Margarine u.ä. Nahrungsfetten	(2 148)	(56,9)	(1 099)	(29,1)	(43,3)	(22,2)
Talgschmelzen, Schmalzsiedereien	-	-	159	90,2	-	69,9
Schlachthäuser (ohne kommunale Schlachthöfe)	4 883	70,6	1 873	27,1	63,4	24,3
Fleischwarenindustrie	821	11,3	361	5,0	8,0	3,5
Fleischerei	644	26,9	1 600	66,8	19,5	48,4
Fischverarbeitung	649	48,5	326	24,4	29,9	15,0
Verarbeitung von Kaffee und Tee, H. v. Kaffeemitteln	4 398	61,5	1 811	25,3	47,8	19,7
Brauerei	358	7,4	2 395	49,3	2,6	17,6
Mälzerei	599	83,4	54	7,5	70,3	6,3
Alkoholbrennerei	(6)	(4,9)	(67)	(58,4)	3,2	35,3
H. v. Spirituosen	22	0,8	2 467	83,2	0,4	45,1
H. und Verarbeitung von Wein	10	1,3	445	60,2	0,7	28,9
Mineralbrunnen, H. v. Mineralwasser, Limonaden	.	.	(2 047)	(65,6)	-	(35,3)
Übriges Ernährungsgewerbe	37	3,4	707	66,0	2,0	37,5
H. v. Futtermitteln	1 643	23,3	4 304	61,4	19,3	50,7

a) Anteil am Material- und Wareneingang insgesamt. - Zahlen in Klammern: Schätzung.

Quelle: Statistisches Bundesamt, Fachserie 4: Produzierendes Gewerbe, Reihe S. 5: Material- und Wareneingang im Bergbau und im Verarbeitenden Gewerbe, 1982; Berechnungen des Ifo-Instituts.

Tabelle A.II.4-3

Material- und Wareneingang 1986 an Rohstoffen, Hilfs- und Betriebsstoffen, Verpackungsmaterialien sowie Brenn- und Treibstoffen im Ernährungsgewerbe

Wirtschaftszweig	Roh-, Hilfsstoffe, fremdbezogene Vorprodukte[a]		Betriebsstoffe[b] (ohne Verpackungsmaterial)		Verpackungsmaterial		Brenn- und Treibstoffe sowie Energie		Insgesamt	Anteil am Umsatz
	Mill. DM	%[c]	Mill. DM	%[c]	Mill. DM	%[c]	Mill. DM	%[c]	Mill. DM	%
Mahl- und Schälmühlen	2 377	93,7	21	0,8	70	2,8	69	2,7	2 537	80,8
H. v. Teigwaren	359	86,1	7	1,6	37	8,9	14	3,4	417	62,5
H. v. Nährmitteln (ohne Teigwaren)	2 343	80,0	76	2,6	435	14,9	75	2,6	2 929	53,9
H. v. Stärke, Stärkeerzeugnissen	897	80,3	45	4,0	87	7,8	89	7,9	1 118	59,7
H. v. Kartoffelerzeugnissen	447	70,2	20	3,1	119	18,7	51	7,9	637	54,1
H. v. Backwaren (ohne Dauerbackwaren)	2 177	81,8	87	3,3	196	7,4	200	7,5	2 660	44,7
H. v. Dauerbackwaren	982	81,8	18	1,4	234	18,2	54	4,2	1 288	55,4
Zuckerindustrie	2 933	84,2	134	3,8	46	1,3	373	10,7	3 486	67,1
Obst- und Gemüseverarbeitung	2 826	74,3	55	1,4	790	20,8	131	3,5	3 802	67,6
H. v. Süßwaren (ohne Dauerbackwaren)	6 387	83,5	161	2,1	890	11,6	211	2,8	7 649	64,0
Molkerei, Käserei	17 474	90,8	147	0,8	1 283	6,7	336	1,7	19 240	86,7
H. v. Dauermilch, Milchpräparaten, Schmelzkäse	4 523	86,0	62	1,2	541	10,3	131	2,5	5 257	86,4
Ölmühlen, H. v. Speiseöl	3 136	94,0	.	.	.	.	85	2,5	3 336	94,0
H. v. Margarine u.ä. Nahrungsfetten	1 846	83,9	.	.	.	.	59	2,7	2 200	66,2
Talgschmelzen, Schmalzsiedereien	110	86,2	3	2,4	1	0,5	14	11,0	128	61,0
Schlachthäuser (ohne kommunale Schlachthöfe)	6 767	97,2	35	0,5	71	1,0	92	1,3	6 965	85,6
Fleischwarenindustrie (ohne Talgschmelzen u.ä.)	6 413	89,1	110	1,5	493	6,8	179	2,5	7 195	68,5
Fleischerei	2 211	93,9	42	1,8	35	1,5	67	2,8	2 355	66,4
Fischverarbeitung	1 495	84,5	25	1,4	210	11,9	39	2,2	1 769	67,5

Verarbeitung von Kaffee, Tee, H. v. Kaffeemitteln	9 345	96,8	60	0,6	181	1,9	67	0,7	9 653	81,7
Brauerei	2 869	58,1	532	10,8	1 064	21,5	470	9,5	4 935	34,4
Mälzerei	503	92,5	3	0,5	1	0,1	37	6,9	544	76,4
Alkoholbrennerei	84	72,2	6	5,0	9	7,7	18	15,1	117	56,9
H. v. Spirituosen	2 081	83,8	41	1,6	333	13,4	28	1,1	2 483	53,2
H. und Verarbeitung von Wein	551	69,1	15	1,8	221	27,8	10	1,3	797	43,8
Mineralbrunnen, H. v. Mineralwasser, Limonaden	2 594	67,5	183	4,8	930	24,2	138	3,6	3 845	57,6
Übriges Ernährungsgewerbe (ohne H. v. Futtermitteln)	1 090	79,0	44	3,2	199	14,4	46	3,4	1 379.	54,2
H. v. Futtermitteln	5 609	91,0	60	1,0	343	5,6	154	2,5	6 166	76,8
Ernährungsgewerbe insgesamt	90 428	86,2	2 103	2,0	9 118	8,7	3 237	3,1	104 886	68,0

a) Einschließlich Handelsware. - b) Einschließlich Küchen- und Kantinenware, ohne Brenn- und Treibstoffe sowie ohne Energie. - c) Anteil am Material- und Wareneingang insgesamt.

Quelle: Statistisches Bundesamt, Fachserie 4: Produzierendes Gewerbe, Reihe 4.2.4: Material- und Wareneingang im Bergbau und im Verarbeitenden Gewerbe, 1986; Berechnungen des Ifo-Instituts.

Tabelle A.II.4-4

Index der Grundstoffpreise des Ernährungsgewerbes

Grundstoff/Wirtschaftszweig	1980	1981	1982	1983	1984	1985	1986	1987	1988
Nahrungsmittel-Grundstoffe	100	106,2	111,2	111,0	113,1	107,9	99,1	94,2	95,0
Brotgetreide	100	102,4	106,1	108,2	103,5	94,7	94,0	90,6	83,6
Hartweizen, importiert	100	104,1	106,4	112,1	113,1	110,4	102,6	100,1	97,3
Reis, geschält, importiert	100	119,9	119,5	126,7	140,0	144,0	111,3	98,0	99,1
Weizen- und Roggenmehl	100	103,2	106,4	106,3	102,8	97,4	94,8	93,4	92,7
Kartoffeln, inländisch	100	109,0	110,8	117,6	142,9	98,7	102,4	98,4	96,3
Zuckerrüben, inländisch	100	102,7	107,2	111,2	111,0	106,3	106,3	106,3	105,8
Obst, auch zubereitet	100	110,4	118,4	109,0	117,0	115,2	105,2	101,1	101,6
Gemüse, auch zubereitet	100	119,5	121,2	127,3	130,6	123,8	109,7	111,9	114,7
Ölsaaten zur Speiseölgewinnung, importiert	100	128,4	123,9	132,3	152,7	137,3	90,7	69,0	88,2
Pflanzliche Öle und Margarine	100	111,2	101,7	121,5	183,4	145,9	79,4	74,0	86,4
Gewürze, Mayonnaise und dergleichen	100	105,4	111,2	122,0	144,6	171,4	174,2	160,1	152,8
Zucker	100	99,0	97,6	101,8	99,1	93,8	93,3	92,2	92,6
Rohkakao, importiert	100	98,2	86,8	117,6	148,6	143,2	97,3	76,4	67,5
Kakaoerzeugnisse, Rohmassen und Backhilfsmittel	100	97,7	90,2	100,9	120,4	120,9	106,7	95,3	85,6
Schlachtvieh, lebend	100	108,2	115,4	107,4	105,9	103,5	94,3	86,1	86,9
Geschlachtetes Vieh	100	108,3	116,7	111,7	109,1	100,5	90,2	84,0	83,9
Fleisch und andere Schlachtprodukte	100	105,9	110,6	107,6	110,3	111,1	105,3	102,0	101,8
Eier und Eiprodukte	100	106,1	85,2	90,3	97,7	85,9	76,9	86,4	72,8
Milch und Milchprodukte	100	102,1	108,5	112,9	109,9	108,8	109,2	107,7	113,8
Seefische	100	106,1	105,8	102,7	101,1	112,1	115,0	111,9	107,7
Fischöl, importiert	100	111,7	101,9	110,1	118,8	101,5	55,5	41,8	59,0

Genußmittel-Grundstoffe (einschließlich Rohtabak)	100	107,5	115,1	113,8	119,8	120,4	120,8	96,2	100,0
Braugerste	100	110,4	116,3	118,4	117,2	96,7	96,1	99,7	100,3
Braumalz	100	110,9	120,4	126,2	123,9	106,1	99,7	99,8	100,2
Hopfen	100	107,3	83,6	79,7	81,0	82,4	78,1	79,0	84,1
Rohkaffee, importiert	100	101,5	110,4	113,0	127,9	131,8	131,0	83,0	93,7
Alkoholhaltige Grundstoffe	100	109,9	109,9	89,1	84,6	101,9	117,6	91,7	93,6
Rohbranntwein, inländisch	100	100,5	102,9	109,0	117,2	120,0	119,5	105,1	106,5
Weinmost, inländisch	100	112,0	106,9	79,8	71,8	92,7	112,9	81,4	84,1
Wein zur Schaumweinherstellung, importiert	100	101,6	124,5	113,6	113,9	121,9	122,6	111,3	114,5
Brennwein, importiert	100	108,1	131,6	131,5	146,3	142,3	143,0	135,2	127,7
Anderer Wein zur Verarbeitung, importiert	100	94,6	101,3	115,9	118,5	140,1	141,6	146,5	151,9
Mischfutter-Grundstoffe	100	110,9	109,7	118,3	119,5	105,3	91,1	83,3	93,4
Inputpreisindizes für Grundstoffe des Ernährungsgew.	100	107,8	111,1	114,9	119,8	113,5	102,9	98,1	101,4
Fertigungsstoffe	100	107,5	110,3	114,5	119,6	111,9	100,8	95,8	99,5
Energie, Brenn-, Treib- und Betriebsstoffe	100	109,5	116,1	117,2	121,5	123,6	116,4	112,8	114,1
Inputpreisindizes für das gesamte Produz. Gewerbe	100	111,3	115,5	115,2	121,2	122,1	104,7	99,7	102,2
Fertigungsstoffe	100	109,9	112,9	112,6	118,4	118,8	100,2	95,8	99,3
Energie, Brenn-, Treib- und Betriebsstoffe	100	116,6	125,4	125,6	131,8	134,8	121,8	115,0	113,6

Quelle: Statistisches Bundesamt, Fachserie 17: Preise, Reihe 3: Index der Grundstoffpreise.

Tabelle A.II.5-1

Investitionen für Umweltschutz im Ernährungsgewerbe im Jahr 1986

Bereich	Investitionen für Umweltschutz		Struktur der Umweltschutzinvestitionen in %			
	Mill. DM	% a)	Abfall-beseiti-gung	Gewässer-schutz	Lärmbe-kämpfung	Luftrein-haltung
Mahl- und Schälmühlen	1,4	2,4	-	42,0	-	58,0
Herstellung von Stärke und Stärkeerzeugnissen	4,5	7,5	-	90,4	-	9,6
Zuckerindustrie	39,3	14,2	13,8	35,0	5,0	46,2
Obst- und Gemüseverarbeitung	5,1	1,9	11,8	85,9	1,0	1,3
Molkerei, Käserei	11,5	2,7	2,8	66,9	1,7	28,6
Ölmühlen, Herstellung von Speiseöl	0,9	1,1	-	74,6	6,7	18,7
Herstellung v. Margarine u. Speisefetten	3,3	5,9	0,1	78,3	-	21,6
Schlachthäuser (ohne kommunale)	2,4	2,2	5,0	71,3	3,7	20,0
Fleischwarenindustrie	7,9	3,6	1,2	20,0	2,9	75,9
Kaffee- und Teeverarbeitung, Herstellung von Kaffeemitteln	2,1	1,6	1,4	9,5	-	89,1
Brauerei	26,0	1,9	4,1	57,8	14,1	24,0
Herstellung von Futtermitteln	16,4	8,7	38,5	9,9	1,6	50,0
Restliches Ernährungsgewerbe	30,8	1,6	7,8	48,7	18,9	24,6
Ernährungsgewerbe insgesamt	151,6	2,9	10,8	45,4	8,2	35,6

a) Anteil an den Gesamtinvestitionen der Betriebe.

Quelle: Statistisches Bundesamt, Fachserie 19: Umweltschutz, Reihe 3: Investitionen für Umweltschutz im Produzierenden Gewerbe 1986; Berechnungen des Ifo-Instituts für Wirtschaftsforschung.

Tabelle A.II.5-2

Abfallmengen im Ernährungsgewerbe im Jahr 1984

Bereich	Abfallmengen		Struktur der Abfallmengen in %	
	1000 t	Anteil am Verarbeitenden Gewerbe	Selbst beseitigt[a)]	Außerbetrieblich beseitigt
Mahl- und Schälmühlen, Herstellung von Teigwaren, Nährmitteln, Stärke und Stärkeerzeugnissen	140	0,2	.	.
Herstellung von Kartoffelerzeugnissen, Obst- u.Gemüseverarbeitung, übriges Ernährungsgewerbe	397	0,6	1,0	99,0
Herstellung von Backwaren, Dauerbackwaren, Süßwaren	217	0,3	0,6	99,4
Zuckerindustrie	4 784	7,2	.	.
Molkerei und Käserei, Herstellung von Dauermilch usw.	2 170	3,3	0,1	99,9
Ölmühlen u.Herstellung von Speiseöl, Herstellung v.Margarine u.Speisefetten, Talgschmelzen und Schmalzsiedereien	58	0,1	.	.
Schlachthäuser (ohne kommunale)	429	0,6	-	100
Fleischwarenindustrie, Fleischerei	318	0,5	0	100
Fischverarbeitung	63	0,1	-	100
Kaffee- und Teeverarbeitung, Herstellung von Kaffeemitteln	45	0,1	23,3	76,7
Brauerei, Mälzerei	2 031	3,1	0	100
Alkoholbrennerei, Spirituosenherstellung, Herstellung und Verarbeitung von Wein	141	0,2	0,2	99,8
Mineralbrunnen, Herstellung von Mineralwasser, Limonaden	95	0,1	-	100
Herstellung von Futtermitteln	60	0,1	3,8	96,2
Ernährungsgewerbe insgesamt	10 948	16,5	15,3	84,7
davon: Betrieb mit Anlagen	4 855	11,2	34,5	65,5
" ohne Anlagen	6 093	26,9	.	.

a) Auf betriebseigenen Deponien und in betriebseigenen Verbrennungsanlagen.

Quelle: Statistisches Bundesamt, Fachserie 19: Umweltschutz, Reihe 1.2: Abfallbeseitigung im Produzierenden Gewerbe und in Krankenhäusern, 1984; Berechnungen des Ifo-Instituts.

Tabelle A.III.1-1

Einfuhr nach Zweigen des Ernährungsgewerbes

Wirtschaftszweig	Mill. DM (jeweilige Preise)			Durchschnittl. jährl. Wachstumsrate in %			Struktur in %			Importquote[a)] in %		
	1977	1982	1988	1977/82	1982/88	1977/88	1977	1982	1988	1977	1982	1988
Mahl- und Schälmühlen	398	423	369	1,2	-2,3	-0,7	2,3	1,7	1,3	12,5	12,4	12,7
Herstellung von Teigwaren	73	113	246	9,1	13,8	11,7	0,4	0,5	0,9	12,9	15,5	28,4
Herstellung von Nährmitteln	276	382	418	6,7	1,5	3,8	1,6	1,6	1,5	10,3	11,4	8,9
Herstellung v. Stärke, Stärkeerzeugnissen	387	680	691	11,9	0,3	5,4	2,2	2,8	2,5	36,4	44,4	45,3
Herstellung von Kartoffelerzeugnissen	155	216	286	6,9	4,8	5,7	0,9	0,9	1,0	18,0	19,2	21,7
Herstellung von Backwaren	87	165	213	13,7	4,3	8,5	0,5	0,7	0,8	2,3	3,6	3,6
Herstellung von Dauerbackwaren	201	267	385	5,8	6,3	6,1	1,2	1,1	1,4	13,3	13,3	17,2
Zuckerindustrie	238	388	393	10,3	0,2	4,7	1,4	1,6	1,4	6,5	8,5	8,8
Obst- und Gemüseverarbeitung	2 783	3 696	4 592	5,8	3,7	4,7	16,1	15,2	16,7	46,6	46,4	46,7
Herstellung von Süßwaren	1 001	1 236	1 497	4,3	3,2	3,7	5,8	5,1	5,5	13,3	12,9	14,8
Molkerei, Käserei	1 508	2 339	2 657	9,2	2,1	5,3	8,7	9,6	9,7	10,5	12,3	13,2
Herstellung von Dauermilch	276	758	556	22,4	-5,0	6,6	1,6	3,1	2,0	7,9	15,5	19,8
Ölmühlen, Herstellung von Speiseöl	2 129	3 358	2 470	9,5	-5,0	1,4	12,3	13,8	9,0	44,1	59,7	58,2
Herstellung v. Margarine und Speisefetten	46	39	18	-3,2	-12,1	-8,2	0,3	0,2	0,1	2,5	2,1	1,3
Talgschmalzen, Schmelzsiedereien	19	29	17	8,8	-8,5	-1,0	0,1	0,1	0,1	.	.	16,3
Schlachthäuser (ohne kommunale)	3 909	5 358	5 768	6,5	1,2	3,6	22,6	22,0	21,0	50,2	55,7	53,2
Fleischwarenindustrie Fleischerei	740	820	828	2,1	0,2	1,0	4,3	3,4	3,0	6,7	6,3	6,8
Fischverarbeitung	683	800	866	3,2	1,3	2,2	3,9	3,3	3,2	37,2	32,9	33,6
Verarb. v. Kaffee, Tee, H. v. Kaffeem.	113	216	196	13,8	-1,6	5,1	0,7	0,9	0,7	1,5	3,4	3,6
Brauerei	87	167	172	13,9	0,5	6,4	0,5	0,7	0,6	0,9	1,5	1,5
Mälzerei	161	215	225	6,0	0,8	3,1	6,9	0,9	0,8	13,8	15,8	17,2
Alkoholbrennereien	36	78	74	16,7	-0,9	6,8	0,2	0,3	0,3	13,5	23,5	30,2
Herstellung von Spirituosen	389	594	725	8,8	3,4	5,8	2,2	2,4	2,6	8,2	10,3	14,2
Herstellung und Verarbeitung von Wein	278	416	654	8,4	7,8	8,1	1,6	1,7	2,4	20,6	23,7	27,2
Mineralbrunnen, H.v. Mineralw., Limonaden	130	141	241	1,6	9,3	5,8	0,8	0,6	0,9	3,2	2,7	3,9
Übriges Ernährungsgewerbe	629	748	2 143	3,5	19,2	11,8	3,6	3,1	7,9	24,1	21,8	52,4
Herstellung von Futtermitteln	571	663	747	3,0	2,0	2,5	3,3	2,7	2,7	8,2	8,3	9,3
Ernährungsgewerbe insgesamt	17 303	24 305	27 447	7,0	2,0	4,3	100	100	100	15,1	17,5	19,3

a) Einfuhr (einschließlich Bezüge aus der DDR) in % der Marktversorgung.

Quelle: Statistisches Bundesamt; Berechnungen des Ifo-Instituts für Wirtschaftsforschung.

Tabelle A.III.1-2

Ausfuhr nach Zweigen des Ernährungsgewerbes

Wirtschaftszweig	Mill. DM (jeweilige Preise)			Durchschnittl. jährl. Wachstumsrate in %			Struktur in %			Exportquote[a)] in %		
	1977	1982	1988	1977/82	1982/88	1977/88	1977	1982	1988	1977	1982	1988
Mahl- und Schälmühlen	450	548	388	4,0	-5,6	-1,2	3,9	2,8	1,6	14,0	15,5	13,2
Herstellung von Teigwaren	16	24	41	8,4	9,3	8,9	0,1	0,1	0,2	3,1	3,8	6,2
Herstellung von Nährmitteln	258	462	562	12,4	3,3	7,3	2,3	2,3	2,3	9,7	13,4	11,6
Herstellung v. Stärke, Stärkeerzeugnissen	122	188	286	9,0	7,2	8,1	1,1	1,0	1,2	15,3	18,0	25,5
Herstellung von Kartoffelerzeugnissen	20	93	170	36,0	10,6	21,5	0,2	0,5	0,7	2,7	9,3	14,1
Herstellung von Backwaren	107	227	403	16,2	10,0	12,8	0,9	1,2	1,6	2,8	4,9	6,6
Herstellung von Dauerbackwaren	97	211	528	16,8	16,5	16,7	0,8	1,1	2,2	6,9	10,8	22,2
Zuckerindustrie	654	1 060	688	10,1	-7,0	0,5	5,7	5,4	2,8	16,0	20,1	14,5
Obst- und Gemüseverarbeitung	401	767	1 179	13,8	7,4	10,3	3,5	3,9	4,8	11,2	15,2	18,4
Herstellung von Süßwaren	762	1 117	1 555	7,9	5,7	6,7	6,6	5,7	6,4	10,4	11,8	15,3
Molkerei, Käserei	1 789	2 822	2 781	9,5	-0,2	4,1	15,6	14,3	11,4	12,2	14,4	13,8
Herstellung von Dauermilch	877	1 905	3 928	16,8	12,8	14,6	7,6	9,7	16,1	21,5	31,6	63,6
Ölmühlen, Herstellung von Speiseöl	1 570	2 423	1 909	9,1	-3,9	1,8	13,7	12,3	7,8	36,8	51,7	51,8
Herstellung v. Margarine u. Speisefetten	69	94	87	6,4	-1,3	2,1	0,6	0,5	0,4	3,8	5,0	6,0
Talgschmelzen, Schmalzsiedereien	208	265	94	5,0	-15,9	-7,0	1,8	1,3	0,4	.	.	51,6
Schlachthäuser (ohne kommunale)	1 440	3 297	3 505	18,0	1,0	8,4	12,5	16,7	14,4	27,1	43,6	40,8
Fleischwarenindustrie, Fleischerei	165	265	409	9,9	7,5	8,6	1,4	1,3	1,7	1,6	2,1	3,5
Fischverarbeitung	345	240	382	-7,0	8,1	0,9	3,0	1,2	1,6	23,0	12,8	18,2
Verarb. v. Kaffee, Tee, H. v. Kaffeem.	495	734	1 214	8,2	8,7	8,5	4,3	3,7	5,0	6,4	10,7	18,9
Brauerei	390	521	813	6,0	7,7	6,9	3,4	2,6	3,3	3,8	4,5	6,7
Mälzerei	77	134	120	11,7	-1,8	4,1	0,7	0,7	0,5	7,1	10,5	10,0
Alkoholbrennereien	8	29	43	29,4	6,8	16,5	0,1	0,1	0,2	3,3	10,4	20,0
Herstellung von Spirituosen	49	73	119	8,3	8,5	8,4	0,4	0,4	0,5	1,1	1,4	2,6
Herstellung und Verarbeitung von Wein	24	79	78	26,9	-0,2	11,3	0,2	0,4	0,3	2,2	5,5	4,3
Mineralbrunnen, H.v. Mineralw., Limonaden	77	125	210	10,2	9,0	9,5	0,7	0,6	0,9	2,0	2,4	3,4
Übriges Ernährungsgewerbe	444	795	1 816	12,4	14,8	13,7	3,9	4,0	7,4	18,3	22,8	48,2
Herstellung von Futtermitteln	573	1 226	1 062	16,4	-2,4	5,8	5,0	6,2	4,3	8,3	14,3	12,8
Ernährungsgewerbe insgesamt	11 487	19 724	24 370	11,4	3,6	7,1	100	100	100	10,6	14,7	17,5

a) Ausfuhr (einschließlich Lieferungen in die DDR) in % des Umsatzes (einschließlich Kleinbetriebe).

Quelle: Statistisches Bundesamt; Berechnungen des Ifo-Instituts für Wirtschaftsforschung.

Tabelle A.III.1-3

Relative Entwicklung des Welthandelsanteils 1986 zu 1978
Index 1978 = 1,00[a)]

Wirtschaftszweig	BR Deutschl.	Frankreich	Niederlande	USA	Lateinamerika	Sonst. bedeut. Exportland/-region	
						Index	Bezeichnung
Mahl- und Schälmühlen	0,90	1,37	0,80	0,99	0,27	1,44	Italien
Herstellung von Teigwaren	0,85	0,61	0,76	1,69	0,22	1,20	Italien
Herstellung von Nährmitteln	1,41	0,99	1,07	0,72	1,56	1,03	Großbritannien
Herstellung von Stärke, Stärkeerzeugnissen	0,51	2,42	0,11	.	1,33	0,79	Spanien
Herstellung von Kartoffelerzeugnissen	1,67	1,29	2,12	0,57	0,67	3,52	Belgien/Luxemburg
Herstellung von Backwaren	1,36	1,18	0,87	0,79	0,93	1,06	Belgien/Luxemburg
Herstellung von Dauerbackwaren	.	.	.	.	.	.	
Zuckerindustrie	1,12	0,92	1,64	2,50	0,54	1,23	Afrika[b)]
Obst- und Gemüseverarbeitung	1,43	0,97	1,27	0,78	0,73	0,49	Südkorea/Singapur[c)]
Herstellung von Süßwaren	1,71	1,46	1,14	1,16	0,57	0,94	Afrika[b)]
Molkerei, Käserei	1,28	1,28	1,09	2,32	0,44	1,34	Belgien/Luxemburg
Herstellung von Dauermilch	0,92	1,29	0,94	1,94	.	1,38	Großbritannien
Ölmühlen, Herstellung von Speiseöl	1,04	0,79	1,04	0,80	0,89	0,49	Südkorea/Singapur[c)]
Herstellung von Margarine und Speisefetten	1,27	0,93	0,94	1,08	.	1,79	Belgien/Luxemburg
Talgschmelzen, Schmalzsiedereien	1,13	1,30	1,29	1,09	.	0,99	Kanada
Schlachthäuser (ohne kommunale)	1,52	1,62	1,11	1,22	0,39	0,60	Australien, Südafrika
Fleischwarenindustrie Fleischerei	1,42	1,21	1,25	0,85	0,67	0,84	Dänemark
Fischverarbeitung	0,95	1,38	0,94	0,76	0,65	0,94	Südkorea/Singapur[c)]
Verarb. v. Kaffee, Tee, H. v. Kaffeemitteln	2,14	1,43	0,42	1,01	0,67	1,04	Afrika[b)]
Brauerei	1,10	0,86	1,04	0,65	2,63	1,41	Kanada
Mälzerei	0,91	1,39	5,40	1,70	.	0,92	Belgien/Luxemburg
Alkoholbrennereien	.	.	.	.	.	.	.
Herstellung von Spirituosen	1,16	1,04	1,08	1,78	0,90	1,22	Großbritannien
Herstellung und Verarbeitung von Wein	1,03	1,38	1,62	2,03	0,67	0,78	Italien
Mineralbrunnen, H.v. Mineralw., Limonaden	1,65	1,53	1,08	0,21	1,78	3,35	Belgien/Luxemburg
Übriges Ernährungsgewerbe	.	.	.	.	.	.	.
Herstellung von Futtermitteln	1,31	1,34	1,35	0,96	0,72	1,86	Belgien/Luxemburg
Ernährungsgewerbe insgesamt	1,31	1,28	1,10	0,91	0,65	0,92	Afrika[b)]

a) Verhältnis des Lieferanteils 1986 zu 1978 im Wirtschaftszweig in Relation zur Entwicklung des entsprechenden Lieferanteils bei Industriegüterexporten insgesamt. – b) Ohne Südafrika. – c) Zuzügl. Taiwan, Philippinen, Hongkong, Malaysia.

Quelle: Statistics OECD, Paris; Berechnungen des Ifo-Instituts.

Tabelle A.III.1-4

Entwicklung des Welthandelsanteils für Zweige des Ernährungsgewerbes
Anteile in %[a)]

Wirtschaftszweig	BR Deutschl.		Frankreich		Niederlande		USA		Lateinamerika		Sonstiges bedeutendes Exportland /- region		
	1978	1986	1978	1986	1978	1986	1978	1986	1978	1986	1978	1986	Bezeichnung
Mahl- und Schälmühlen	6,4	5,5	9,8	11,5	5,0	3,7	40,6	34,6	8,1	3,3	10,9	15,6	Italien
Herstellung von Teigwaren	4,9	4,0	7,5	3,9	1,7	1,2	1,1	1,6	1,5	0,5	56,6	67,4	Italien
Herstellung von Nährmitteln	11,0	14,8	12,9	11,0	12,7	12,6	16,5	10,2	0,3	0,7	16,6	13,1	Großbritannien
Herstellung von Stärke, Stärkeerzeugnissen	12,6	6,2	5,2	10,8	13,9	1,4	0,0	.	1,5	3,0	35,6	35,9	Spanien
Herstellung von Kartoffelerzeugnissen	4,5	7,2	9,2	10,2	23,0	45,2	52,9	25,8	0,1	0,1	2,1	6,0	Belgien/Luxemburg
Herstellung von Backwaren	12,8	16,7	9,4	9,5	16,8	13,5	3,1	2,1	0,5	0,7	13,1	11,3	Belgien/Luxemburg
Herstellung von Dauerbackwaren	.	.	.	.	.	.	.	.	.	.	.	.	
Zuckerindustrie	6,5	7,0	15,9	12,5	3,5	5,3	7,2	15,5	22,4	18,3	9,4	9,7	Afrika[b)]
Obst- und Gemüseverarbeitung	3,0	4,1	4,7	3,9	6,2	7,3	7,0	4,7	22,9	25,0	11,8	9,5	Südkorea/Singapur[c)]
Herstellung von Süßwaren	6,0	9,8	3,6	4,5	14,0	14,8	1,4	1,4	10,8	9,3	30,4	24,0	Afrika[b)]
Molkerei, Käserei	17,6	21,5	16,5	18,1	19,8	20,0	0,5	1,0	0,3	0,2	7,8	8,5	Belgien/Luxemburg
Herstellung von Dauermilch	17,9	15,8	15,7	17,4	30,5	26,6	3,7	6,2	.	.	7,3	7,7	Großbritannien
Ölmühlen, Herstellung von Speiseöl	7,5	7,5	3,7	2,5	8,4	8,1	27,9	19,3	16,0	21,0	12,6	10,3	Südkorea/Singapur[c)]
Herstellung von Margarine und Speisefetten	12,9	15,7	2,5	2,0	34,0	29,6	7,6	7,1	.	0,1	14,9	21,7	Belgien/Luxemburg
Talgschmelzen, Schmalzsiedereien	8,9	9,6	3,6	4,0	5,6	6,7	59,1	55,6	0,7	0,0	6,0	6,8	Kanada
Schlachthäuser (ohne kommunale)	6,1	8,9	6,4	8,9	15,9	16,3	8,0	8,4	7,5	4,4	19,5	12,9	Australien, Südafrika
Fleischwarenindustrie Fleischerei	3,6	4,9	5,2	5,4	12,5	14,4	2,3	1,7	12,3	12,3	30,6	27,1	Dänemark
Fischverarbeitung	3,2	2,9	1,6	1,9	3,9	3,4	8,6	5,6	3,1	3,0	8,3	13,0	Südkorea/Singapur[c)]
Verarb. v. Kaffee, Tee, H. v. Kaffeemitteln	2,1	4,3	0,9	1,1	1,8	0,7	0,8	0,7	52,9	53,2	25,4	22,2	Afrika[b)]
Brauerei	18,0	18,9	4,9	3,6	30,1	28,9	5,4	2,6	1,9	7,5	5,2	8,4	Kanada
Mälzerei	9,7	8,4	30,1	36,0	1,7	8,5	1,3	1,9	.	.	22,9	17,1	Belgien/Luxemburg
Alkoholbrennereien	.	.	.	.	.	.	.	.	.	.	.	.	.
Herstellung von Spirituosen	0,9	1,0	29,4	26,3	1,6	1,6	1,5	2,3	4,0	5,4	47,9	44,9	Großbritannien
Herstellung und Verarbeitung von Wein	8,2	8,1	45,2	53,5	0,2	0,3	0,4	0,7	0,2	0,2	21,9	17,0	Italien
Mineralbrunnen, H.v. Mineralw., Limonaden	6,9	10,9	18,4	24,2	15,2	15,2	14,3	2,6	0,3	0,8	5,4	14,7	Belgien/Luxemburg
Übriges Ernährungsgewerbe	.	.	.	.	.	.	.	.	.	.	.	.	.
Herstellung von Futtermitteln	13,4	16,8	11,9	13,7	11,2	14,0	11,3	9,3	9,2	10,0	4,5	6,8	Belgien/Luxemburg
Ernährungsgewerbe insgesamt	6,7	8,4	9,1	10,0	9,7	9,9	8,8	6,9	16,4	16,1	7,8	6,0	Afrika[b)]

a) Anteil an der Summe aus Export der OECD-Länder und Import aus Nicht-OECD-Ländern. - b) Ohne Südafrika. - c) Zuzügl. Taiwan, Philippinen, Hongkong, Malaysia.

Quelle: Statistics OECD, Paris; Berechnungen des Ifo-Instituts.

Tabelle A.III.1-5

Gefährdungsgrad durch Niedriglohnkonkurrenz bzw. Humankapitalintensität des Exports und des Imports[a)]
im Jahr 1986, Meßwerte in Zehntausendstel (°/ooo)

Wirtschaftszweig	Export						Import						Bezeichnung des sonstigen bedeutenden Exportlands
	BR Deutschland	Frankreich	Niederlande	USA	Lateinamerika	Sonst.bedeut. Exportland	BR Deutschland	Frankreich	Niederlande	USA	Lateinamerika	Sonst.bedeut. Exportland	
Mahl- und Schälmühlen	467	450	289	303	2 467	188	562	399	952	977	285	1 504	Italien
H.v. Teigwaren	-	-	-	-	-	-	-	-	.	.	.	.	Italien
H.v. Nährmitteln	213	216	255	218	250	213	220	216	228	253	237	222	Großbritannien
H.v. Stärke, Stärkeerzeugnissen	.	.	.	.	.	.	.	.	.	.	.	.	Spanien
H.v. Kartoffelerzeugn.	.	.	.	.	.	.	.	.	.	.	.	.	Belgien/Luxemb.
H.v. Backwaren	158	163	181	160	185	184	173	178	151	152	182	166	Belgien/Luxemb.
H.v. Dauerbackwaren	.	.	.	.	.	.	.	.	.	.	.	.	
Zuckerindustrie	2 248	2 670	1 167	597	4 284	5 979	2 240	4 655	1 158	2 761	2 909	2 797	Afrika[b)]
Obst- und Gemüseverarbeitung	1 944	1 452	1 796	1 970	8 026	4 421	3 289	3 935	3 001	5 532	1 803	1 873	Südkorea/Sing.[c)]
H.v. Süßwaren	2 081	1 583	2 819	895	5 636	8 373	5 303	3 323	6 470	4 280	937	1 188	Afrika[b)]
Molkerei, Käserei	15	20	20	10	29	7	22	18	7	27	17	15	Belgien/Luxemb.
H.v. Dauermilch	6	9	10	12	12	5	3	5	5	9	11	7	Großbritannien
Ölmühlen, H.v.Speiseöl	2 234	1 177	3 012	3 089	4 260	8 103	4 967	3 932	4 525	5 750	1 764	2 096	Südkorea/Singapur[c)]
H.v. Margar.u.Speisef.	7	6	6	8	6	7	7	6	8	7	7	6	Belgien/Luxemb.
Talgschm.,Schmalzsied.	5	11	4	1	23	0	8	7	5	4	2	12	Kanada
Schlachthäuser (ohne kommunale)	350	519	633	927	1 312	1 010	818	570	909	1 168	556	913	Austral./Süd Afrika
Fleischwarenindustrie Fleischerei	637	1 397	1 004	1 232	2 367	1 206	1 497	852	1 285	1 977	1 090	1 395	Dänemark
Fischverarbeitung	2 160	1 682	2 026	1 716	2 418	2 250	1 952	2 102	2 339	2 163	791	2 174	Südkorea/Singapur[c)]

Verarb.v. Kaffee, Tee, H.v.Kaffeemitteln	4 433	6 561	3 077	3 225	9 071	8 891	8 965	7 812	7 842	8 865	4 211	3 789	Afrika[b)]
Brauerei	835	758	797	766	835	830	781	814	512	839	812	762	Kanada
Mälzerei	.	.	.	.	.	.	.	.	.	.	.	.	.
Alkoholbrennereien	.	.	.	.	.	.	.	.	.	.	.	.	.
H.v. Spirituosen	1 314	447	1 674	598	1 839	233	938	481	673	599	269	922	Großbritannien
H.v. Verarbeit.v. Wein	56	51	141	86	63	60	56	54	59	66	62	55	Italien
Mineralbrunnen, H.v. Mineralw., Limonaden	329	125	349	315	322	300	236	346	274	231	311	220	Belgien/Luxemb.
Übriges Ernährungsgew.	.	.	.	.	.	.	.	.	.	.	.	.	.
H.v. Futtermitteln	810	172	228	318	4 634	238	2 093	768	679	1 931	218	537	Belgien/Luxemb.
Ernährungsgew. insges.	1 087	609	1 022	1 318	7 132	8 132	3 258	2 717	2 780	4 342	623	639	Afrika[b)]

a) Anteile der Entwicklungs- und Schwellenländer am OECD-Import auf Gütergruppenebene (kleinste Erfassungseinheit der SITC), gewichtet gemäß der Export- bzw. Importstruktur der verschiedenen Länder. - b) Ohne Südafrika. - c) Zuzügl. Taiwan, Philippinen, Hongkong, Malaysia.

Quelle: Statistics OECD, Paris; Berechnungen des Ifo-Instituts.

Tabelle A.III.1-6

Relative Entwicklung des Welthandelsanteils 1986 zu 1978
Index 1978 = 1,00[a)]

Wirtschaftszweig	BR Deutschl.	Frankreich	Niederlande	USA	Lateinamerika	Sonst. bedeut. Exportland/-region	
						Wert	Bezeichnung
Mahl- und Schälmühlen	95	-51	663	674	-2 182	1 316	Italien
Herstellung von Teigwaren	.	.	.	.	.	.	Italien
Herstellung von Nährmitteln	7	0	-27	35	-13	9	Großbritannien
Herstellung von Stärke, Stärkeerzeugnissen	.	.	.	.	.	.	Spanien
Herstellung von Kartoffelerzeugnissen	.	.	.	.	.	.	Belgien/Luxemburg
Herstellung von Backwaren	15	15	-30	- 8	- 3	-18	Belgien/Luxemburg
Herstellung von Dauerbackwaren	.	.	.	.	.	.	
Zuckerindustrie	- 8	1 985	- 9	2 164	-1 375	-3 182	Afrika[b)]
Obst- und Gemüseverarbeitung	1 345	2 483	1 205	3 562	-6 223	-2 548	Südkorea/Singapur[c)]
Herstellung von Süßwaren	3 222	1 740	3 651	3 385	-4 699	-7 185	Afrika[b)]
Molkerei, Käserei	7	- 2	-13	17	-12	8	Belgien/Luxemburg
Herstellung von Dauermilch	- 3	- 4	- 5	- 3	- 1	2	Großbritannien
Ölmühlen, Herstellung von Speiseöl	2 733	2 755	1 513	2 661	-2 496	-6 007	Südkorea/Singapur[c)]
Herstellung von Margarine und Speisefetten	0	0	2	- 1	1	- 1	Belgien/Luxemburg
Talgschmelzen, Schmalzsiedereien	3	- 4	1	3	-21	12	Kanada
Schlachthäuser (ohne kommunale)	468	51	276	241	-756	-97	Australien, Südafrika
Fleischwarenindustrie Fleischerei	860	-545	281	745	-1 277	189	Dänemark
Fischverarbeitung	-208	420	313	447	-1 627	-76	Südkorea/Singapur[c)]
Verarb. v. Kaffee, Tee, H. v. Kaffeemitteln	4 532	1 251	4 765	5 610	-4 860	-5 102	Afrika[b)]
Brauerei	-54	56	-285	73	-23	-68	Kanada
Mälzerei	.	.	.	.	.	.	.
Alkoholbrennereien	.	.	.	.	.	.	.
Herstellung von Spirituosen	-376	34	-1 001	1	-1 570	689	Großbritannien
Herstellung und Verarbeitung von Wein	0	3	-82	-20	- 1	- 5	Italien
Mineralbrunnen, H.v. Mineralw., Limonaden	-93	221	-75	-84	- 9	-80	Belgien/Luxemburg
Übriges Ernährungsgewerbe	.	.	.	.	.	.	.
Herstellung von Futtermitteln	1 283	596	451	1 613	-4 416	299	Belgien/Luxemburg
Ernährungsgewerbe insgesamt	2 171	2 108	1 758	3 024	-6 509	-7 493	Afrika[b)]

a) Anteile der Entwicklungs- und Schwellenländer am OECD-Import auf Gütergruppenebene (kleinste Erfassungseinheit der SITC), gewichtet gemäß der Export- bzw. Importstruktur der verschiedenen Länder. b) Ohne Südafrika. - c) Zuzügl. Taiwan, Philippinen, Hongkong, Malaysia.

Quelle: Statistics OECD, Paris; Berechnungen des Ifo-Instituts.

Tabelle A.IV.2-1

Verbrauch an Tiefkühlkost[a)]

in t

Produktgruppe	1971	1980	1985	1986	1987
Gemüse	81 880	117 546	152 141	160 809	167 472
Teilgerichte auf Basis Gemüse	5 550	34 036	51 002	55 346	59 477
Obst, Obstsäfte	4 565	10 815	14 248	16 241	16 971
Fischprodukte, Schalen- und Krustentiere	41 810	52 386	67 283	72 606	68 864
Teilgerichte auf Basis Fisch	3 460	10 336	17 024	19 890	20 035
Kartoffelerzeugnisse	36 110	159 032	225 703	246 731	262 303
Backwaren	2 115	24 210	42 571	46 952	50 026
Fertig- und Teilgerichte[b)] einschl. Pizza	25 575	81 854	127 729	140 942	155 133
Rohfleisch, Hackfleischprodukte	5 015	13 033	60 766[c)]	63 528	68 213
Wild (portioniert)	6 920	13 168			
Sonstiges (u.a. Teige, Milcherzeugnisse)	5 947	4 734	8 635	9 955	11 235
Tiefkühlkost insgesamt	218 947	521 515	767 102	833 000	879 729

a) Ohne Geflügel. - b) Ohne Gemüse und Fisch. - c) Ab 1985 Rohfleisch, Hackfleischprodukte und Wild zusammengefaßt, sowie neue Basis seit 1983.

Quelle: Deutsches Tiefkühlinstitut.

Tabelle A.IV.2-2

Marktversorgung[a)] nach Zweigen des Ernährungsgewerbes

Wirtschaftszweig	Mill. DM (jeweilige Preise)			Durchschnittl. jährl. Wachstumsrate in %			Struktur in %		
	1977	1982	1988	1977/82	1982/88	1977/88	1977	1982	1988
Mahl- und Schälmühlen	3 173	3 413	2 915	1,5	-2,6	-0,8	2,8	2,5	2,0
Herstellung von Teigwaren	563	731	864	5,4	2,8	4,0	0,5	0,5	0,6
Herstellung von Nährmitteln	2 677	3 365	4 715	4,7	5,8	5,3	2,4	2,4	3,3
Herstellung v. Stärke, Stärkeerzeugnissen	1 062	1 534	1 525	7,6	-0,1	3,3	0,9	1,1	1,1
Herstellung von Kartoffelerzeugnissen	861	1 125	1 316	5,5	2,6	3,9	0,8	0,8	0,9
Herstellung von Backwaren	3 738	4 523	5 923	3,9	4,6	4,3	3,3	3,2	4,2
Herstellung von Dauerbackwaren	1 509	2 008	2 238	5,9	1,8	3,6	1,3	1,4	1,6
Zuckerindustrie	3 676	4 592	4 450	4,6	-0,5	1,8	3,2	3,3	3,1
Obst- und Gemüseverarbeitung	5 972	7 964	9 826	5,9	3,6	4,6	5,2	5,7	6,9
Herstellung von Süßwaren	7 537	9 543	10 096	4,8	0,9	2,7	6,6	6,9	7,1
Molkerei, Käserei	14 395	19 064	20 074	5,8	0,9	3,1	12,6	13,7	14,1
Herstellung von Dauermilch	3 476	4 882	2 802	7,0	-8,8	-1,9	3,0	3,5	2,0
Ölmühlen, Herstellung von Speiseöl	4 832	5 626	4 245	3,1	-4,6	-1,2	4,2	4,1	3,0
Herstellung von Margarine u. Speisefetten	1 808	1 834	1 381	0,3	-4,6	-2,4	1,6	1,3	1,0
Talgschmelzen, Schmalzsiedereien	7	.	105	.	.	27,9	0,0	.	0,1
Schlachthäuser (ohne kommunale)	7 781	9 621	10 845	4,3	2,0	3,1	6,8	6,9	7,6
Fleischwarenindustrie } Fleischerei }	11 116	13 039	12 200	3,2	-1,1	0,8	9,7	9,4	8,6
Fischverarbeitung	1 837	2 435	2 581	5,8	1,0	3,1	1,6	1,8	1,8

Verarb. v. Kaffee, Tee, H. v. Kaffeem.	7 310	6 348	5 402	-2,8	-2,7	-2,7	6,4	4,6	3,8
Brauerei	9 841	11 291	11 404	2,8	0,2	1,3	8,6	8,1	8,0
Mälzerei	1 167	1 359	1 305	3,1	-0,7	1,0	1,0	1,0	0,9
Alkoholbrennereien	267	333	246	4,5	-4,9	-0,7	0,2	0,3	0,2
Herstellung von Spirituosen	4 737	5 792	5 113	4,1	-2,1	0,7	4,2	4,2	3,6
Herstellung und Verarbeitung von Wein	1 353	1 757	2 406	5,4	5,4	5,4	1,2	1,3	1,7
Mineralbrunnen, H.v. Mineralw., Limonaden	4 008	5 208	6 138	5,4	2,8	4,0	3,5	3,7	4,3
Übriges Ernährungsgewerbe	2 608	3 436	4 094	5,7	3,0	4,2	2,3	2,5	0,4
Herstellung von Futtermitteln	6 934	8 030	7 987	3,0	-0,1	1,3	6,1	5,8	5,6
Ernährungsgewerbe insgesamt	114 245	138 841	142 196	2,7	0,4	2,0	100	100	100

a) Umsatz (einschließlich Kleinbetriebe) abzüglich Ausfuhr (einschließlich Lieferungen in die DDR) zuzüglich Einfuhr (einschließlich Bezüge aus der DDR).

Quelle: Statistisches Bundesamt; Berechnungen des Ifo-Instituts für Wirtschaftsforschung.

Tabelle A.IV.3-1

Beschäftigte je Unternehmen

Wirtschaftszweig, -gruppe	1977	1886
Mahl- und Schälmühlen	92	94
Herstellung von Teigwaren	211	128
Herstellung von Nährmitteln	323	363
Herstellung von Stärke, Stärkeerzeugnissen	447	496
Herstellung von Kartoffelerzeugnissen	160	261
Herstellung von Backwaren	68	78
Herstellung von Dauerbackwaren	277	241
Zuckerindustrie	318	493
Obst- und Gemüseverarbeitung	143	126
Herstellung von Süßwaren	298	302
Molkerei, Käserei	127	125
Herst. v. Dauermilch, Milchpräparaten, Schmelzkäse	306	365
Ölmühlen, Herstellung von Speiseöl	157	172
Herstellung von Margarine u.ä. Nahrungsfetten	663	636
Talgschmelzen, Schmalzsiedereien	48	56
Schlachthäuser (ohne kommunale)	107	122
Fleischwarenindustrie	144	162
Fleischerei	46	56
Fischverarbeitung	247	216
Verarb. v. Kaffee, Tee, Herst. v. Kaffeemitteln	422	282
Brauerei	129	134
Mälzerei	34	30
Alkoholbrennerei	80	82
Herstellung von Spirituosen	113	140
Herstellung und Verarbeitung von Wein	107	96
Mineralbrunnen, Herst. von Mineralw., Limonaden	99	110
Übriges Ernährungsgewerbe	112	143
Herstellung von Futtermitteln	96	96
Ernährungsgewerbe insgesamt	129	132
Verbrauchsgüter prod. Gewerbe	119	118
Verarbeitendes Gewerbe	189	207

Quelle: Statistisches Bundesamt, Fachserie 4: Produzierendes Gewerbe, Reihe 4.2.3: Konzentrationsstatistische Daten für den Bergbau und das Verarbeitende Gewerbe sowie das Baugewerbe, 1954 bis 1982, 1985 und 1986; Berechnungen des Ifo-Instituts für Wirtschaftsforschung.

Tabelle A.IV.3-2

Anteil der drei größten Anbieter am Produktionswert der Güterklassen des Ernährungsgewerbes

Güterklasse	1978	1980	1982	1984	1986
Mahl- u. Schälmühlenerzeugnisse	29,5	32,3	31,3	28,6	27,0
Nährmittel (ohne Teigwaren)	37,1	35,6	34,7	36,1	34,9
Stärke und Stärkeerzeugnisse	81,6	.	83,1	84,9	83,8
Backwaren	16,3	16,0	12,2	13,1	13,3
Zucker (Rüben- und Rohrzucker)	45,5	43,9	43,6	49,5	53,1
Verarbeitetes Obst und Gemüse (ohne Kartoffelerzeugnisse)	12,7	12,8	12,7	14,2	15,9
Süßwaren	25,1	25,3	23,8	18,5	19,2
Milch, Butter und Käse	8,0	7,3	6,8	6,5	6,9
Dauermilch und Milchpräparate, Schmelzkäse, Säure- und Labkasein	.	.	.	19,7	20,5
Erzeugnisse der Ölmühlen	58,7	59,6	62,9	61,0	55,0
Margarine, Platten- und andere Nahrungsfette (ohne Butter, Milchhalbfett, Talg und Schmalz)	79,3	78,4	77,6	74,4	78,6
Fleisch und Fleischerzeugnisse	12,0	12,4	12,8	12,3	10,8
Fisch und Fischerzeugnisse	.	34,2	35,1	34,4	37,6
Röstkaffee, bearbeiteter Tee und teeähnliche Erzeugnisse	44,5	43,9	40,8	41,8	42,7
Bier (einschl. Nebenprodukten und Bierhefen)	.	10,6	11,1	11,5	11,9
Malz (einschl. Nebenprodukten, aber ohne Malzmehl und -extrakt)	17,1	20,1	20,8	24,6	26,3
Spirituosen	29,1	30,6	30,9	32,2	30,6
Trauben- und andere Weine (einschl. Perl- und Schaumwein)	.	.	.	42,2	43,2
Tafelwässer und alkoholfreie Erfrischungsgetränke	19,1	18,4	19,1	17,7	17,8
Andere Erzeugnisse des Ernährungsgewerbes	.	35,9	37,1	36,0	35,7
Futtermittel, a.n.g.	20,1	20,9	21,8	25,1	29,8

Quelle: Monopolkommission (1988b), S. 115 ff.

Tabelle A.IV.3-3

Unternehmenskonzentration im Ernährungsgewerbe
- gemessen am Umsatz in % -

SYPRO-Nr.	Wirtschaftszweig[a)]	1977			1984		
		Die ... größten Unternehmen			Die ... größten Unternehmen		
		6	10	25	6	10	25
6854	Fleischerei	(10,0)	24,3	37,1	13,9	18,7	31,4
6831	Molkerei, Käserei	18,1	23,6	38,1	17,5	24,9	42,0
6871	Brauerei	15,5	23,7	42,4	19,3	27,3	46,6
6818	Herst. v. Backwaren	(20,0)	(22,0)	36,0	19,4	27,5	39,8
6853	Fleischwarenindustrie	19,3	26,4	43,2	20,1	28,8	46,7
6879	Mineralbrunnen, Herst. v. Mineralwasser, Limonaden	24,7	30,2	43,2	(27,0)	34,5	50,2
6825	Obst- u. Gemüseverarbeitung	41,4	49,2	64,2	32,5	44,0	65,7
6882	Übriges Ernährungsgewerbe	(31,0)	43,8	71,6	36,0	48,1	75,7
6828	Herst. v. Süßwaren	39,0	49,9	73,6	40,1	52,6	78,0
6889	Herst. v. Futtermitteln	40,0	50,9	72,6	41,8	52,1	73,4
68	Durchschnitt aller Wirtschaftszweige des Ernährungsgewerbes[b)]	42,9	50,9	68,2	42,4	53,3	71,5
6811	Mahl- u. Schälmühlen	(45,0)	56,3	78,5	46,7	59,1	83,7
6872	Mälzerei	44,9	58,8	95,3	49,0	64,9	100,0
6875	Herst. v. Spirituosen	36,1	46,4	(73,0)	50,5	62,4	87,6
6852	Schlachthäuser (ohne kommunale)	53,4	(68,0)	(85,0)	53,9	63,7	81,1
6836	Herst. v. Dauermilch	50,4	67,6	(99,0)	59,5	76,9	98,6
6877	Herst. u. Verarb. v. Wein	(70,0)	81,5	(98,0)	61,3	76,3	98,4
6813	Herst. v. Nährmitteln	(73,0)	(77,0)	(97,0)	62,2	74,1	93,3
6821	Zuckerindustrie	59,1	70,6	92,2	63,7	75,1	98,3
6856	Fischverarbeitung	63,7	71,8	88,0	(64,0)	72,8	90,2

6819	Herst. v. Dauerbackwaren	69,7	77,1	89,8	(65,0)	67,9	87,0
6860	Verarb. v. Kaffee, Tee, Herst. v. Kaffeemitteln	64,1	79,6	(97,0)	70,7	83,5	98,1
6816	Herst. v. Kartoffelerzeugnissen	82,3	(92,0)	(100,0)	73,3	89,2	(100,0)
6841	Ölmühlen, Herst. v. Speiseöl	78,9	(99,0)	(100,0)	76,9	(99,0)	(100,0)
6844	Herst. v. Margarine u. Speisefetten	(80,0)	98,2	(100,0)	(80,0)	99,3	(100,0)
6812	Herst. v. Teigwaren	73,7	89,0	(100,0)	85,0	94,2	(100,0)
6847	Talgschmelzen, Schmalzsiedereien	(86,0)	(100,0)	(100,0)	(86,0)	(100,0)	(100,0)
6873	Alkoholbrennereien	(84,0)	(99,0)	(100,0)	88,0	(99,0)	(100,0)
6814	Herst. v. Stärke u. Stärkeerzeugnissen	95,9	(99,0)	(100,0)	(95,0)	100,0	(100,0)

a) Geordnet nach der Höhe der Konzentration der sechs größten Unternehmen im Jahr 1984. Zahlen in Klammern: Schätzungen. - b) Gewichtet mit den Umsatzanteilen der jeweiligen Wirtschaftszweige.

Quelle: Statistisches Bundesamt, Fachserie 4: Produzierendes Gewerbe, Reihe 4.2.3: Konzentrationsstatistische Daten für den Bergbau und das Verarbeitende Gewerbe sowie das Baugewerbe; Berechnungen des Ifo-Instituts.

Tabelle A.IV.3-4

Kapazitätsausnutzung im Ernährungsgewerbe, im Verbrauchsgüterproduzierenden Gewerbe und im Verarbeitenden Gewerbe[a)]

Bereich	Grad der Ausnutzung in ... % der betriebsüblichen Vollausnutzung						Beurteilung der Ausnutzung bei ... % der Berichtsfirmen[b)]					
	1983	1984	1985	1986	1987	1988	1983	1984	1985	1986	1987	1988
Ernährungsgewerbe	80,6	78,8	79,8	80,3	80,0	81,6	19	28	25	19	17	12
Mahl- und Schälmühlen	84,4	84,5	85,5	84,6	85,0	88,1	35	29	25	33	32	28
Brot und Backwaren[c)]	74,1	79,5	79,1	81,8	79,8	81,0	35	14	14	6	26	11
Süßwaren[d)]	85,0	84,6	85,3	81,9	85,3	88,4	14	17	3	9	-6	-13
Obst- u. Gemüseverarbeitung	65,9	68,1	74,1	70,6	69,1	70,0	32	30	21	27	36	30
Molkerei, Milchprodukte	80,7	74,5	74,9	75,2	73,5	78,6	13	45	35	24	36	22
Schlachthäuser, Fleischverarbeitung	84,5	83,3	84,8	86,2	86,6	85,0	19	26	36	20	-4	4
Fischverarbeitung	80,0	80,9	78,3	82,2	71,9	84,4	25	12	18	0	25	2
Brauereien	83,3	78,8	80,2	81,4	81,8	79,8	13	22	22	23	15	15
Spirituosen	65,6	67,1	70,3	75,1	67,1	65,9	38	32	27	23	63	44
Erfrischungsgetränke	75,3	77,6	77,1	82,5	83,2	83,2	20	27	22	10	9	10
Verbrauchsgüter prod. Gewerbe	83,4	85,5	86,0	86,8	87,3	88,1	31	24	20	15	16	12
Verarbeitendes Gewerbe	78,6	80,3	83,7	84,1	83,7	86,1	35	23	17	15	18	10

a) Jahresdurchschnitt. - b) Saldo aus den Meldungen über eine "mehr als ausreichend" und eine "nicht ausreichend" (-) beurteilten technischen Kapazität. - c) Ohne Dauerbackwaren. - d) Einschließlich Dauerbackwaren.

Quelle: Ifo-Konjunkturtest.

Verhältniszahlen zur Kostenstruktur der Unternehmen des Ernährungsgewerbes und des Verarbeitenden Gewerbes

Bereich	1965	1970	1974	1976	1978	1980	1982	1983	1984	1985	1986
Materialaufwand[a] u. Wareneinsatz in % des Umsatzes											
Ernährungsgewerbe	.	.	.	65,3	66,7	68,4	69,4	69,0	70,7	69,7	69,0
Verarbeitendes Gewerbe	.	.	.	54,2	53,0	55,7	56,1	55,7	56,6	56,9	54,3
Personalaufwand in % des Umsatzes											
Ernährungsgewerbe	12,2	13,5	14,8	14,1	13,7	12,8	12,3	12,2	12,1	12,2	12,5
Verarbeitendes Gewerbe	22,7	24,9	26,5	25,9	26,6	25,3	24,6	24,3	23,8	23,5	24,8
Abschreibungen auf Sachanlagen in % des Umsatzes											
Ernährungsgewerbe	4,5	4,5	4,0	3,8	3,5	3,5	3,4	3,5	3,4	3,4	3,4
Verarbeitendes Gewerbe	4,5	4,5	3,9	3,6	3,6	3,6	3,6	3,7	3,7	3,7	3,8
Abschreibungen auf Sachanlagen in % des Anlagevermögens											
Ernährungsgewerbe	19,8	19,7	17,9	18,6	18,1	19,5	19,0	19,1	19,0	19,3	19,2
Verarbeitendes Gewerbe	17,6	18,0	17,9	18,0	18,9	20,3	21,2	21,9	23,3	23,8	22,9
Zinsaufwendungen in % des Umsatzes											
Ernährungsgewerbe	.	.	2,2	1,3	1,1	1,7	1,9	1,5	1,4	1,4	1,4
Verarbeitendes Gewerbe	.	.	2,3	1,5	1,4	1,8	2,1	1,5	1,4	1,3	1,3

a) Einschließlich Energieaufwendungen.

Quelle: Jahresabschlüsse der Unternehmen in der Bundesrepublik Deutschland 1965 bis 1981, Sonderdrucke der Deutschen Bundesbank Nr. 5; Monatsberichte der Deutschen Bundesbank, laufende Jahrgänge, jeweils Heft Nr. 11 (November).

Tabelle A.IV.3-6

Personalkosten in % des Bruttoproduktionswertes für ausgewählte Wirtschaftszweige und Beschäftigtengrößenklassen des Ernährungsgewerbes

Wirtschaftszweig	Unternehmen mit Beschäftigten von ...													
	20 und mehr		20 bis 49		50 bis 99		100 bis 199		200 bis 499		500 bis 999		1000 u. mehr	
	1977	1986	1977	1986	1977	1986	1977	1986	1977	1986	1977	1986	1977	1986
Herstellung von Backwaren	32,3	32,1	32,6	.	34,3	32,8	33,7	.	31,0	30,2	.	.	30,4	34,5
Obst- und Gemüseverarbeitung	17,2	12,9	15,9	14,6	12,5	11,3	13,8	12,2	17,3	.	13,8	.	24,1	13,3
Herstellung von Süßwaren	15,2	15,6	17,1	.	12,5	12,6	11,2	11,6	15,6	14,9	15,8	.	-	16,9
Molkerei, Käserei	8,0	7,1	5,6	5,5	6,2	5,8	7,1	5,7	8,2	.	9,5	.	14,3	8,6
Fleischwarenindustrie	15,0	15,7	12,2	13,5	12,6	14,4	14,5	14,9	15,0	.	17,8	.	17,3	16,3
Brauerei	24,9	24,0	27,8	28,1	27,0	27,3	24,8	25,3	24,9	23,9	22,0	.	26,0	22,4
Herstellung von Spirituosen	8,3	9,2	5,7	.	6,5	6,6	6,8	.	8,2	.	12,4	.	-	10,3
Mineralbrunnen, H.v. Mineralw., Limonaden	20,4	16,2	.	.	.	19,2	.	16,9	21,2	.	.	.	17,4	14,3
Herstellung von Futtermitteln	7,2	8,9	7,3	10,7	7,7	8,7	6,3	.	5,7	.	8,7	.	-	8,7
Ernährungsgewerbe insgesamt	13,4	13,3	12,6	13,3	12,9	12,8	12,6	.	12,3	.	13,7	12,1	15,0	16,7

Anmerkung: Ein Punkt in einem Feld bedeutet, daß der Wert für die entsprechende Größenklasse in der nächst- (oder übernächst-) höheren Größenklasse enthalten ist. Lesebeispiel: Der Wert von 12,1 für das gesamte Ernährungsgewerbe, der für 1986 unter der Spalte "500 bis 999" Beschäftigte ausgewiesen ist, gilt für die Größenklasse "100 bis 999 Beschäftigte".

Quelle: Statistisches Bundesamt, Fachserie 4; Produzierendes Gewerbe, Reihe 4.3.3: Kostenstruktur der Unternehmen im Verbrauchsgüter produzierenden Gewerbe und im Nahrungs- und Genußmittelgewerbe, laufende Jahrgänge; Berechnungen des Ifo-Instituts für Wirtschaftsforschung.

Tabelle A.IV.3-7

Kapitalkosten in % des Bruttoproduktionswertes für ausgewählte Wirtschaftszweige und Beschäftigtengrößenklassen des Ernährungsgewerbes

Wirtschaftszweig	Unternehmen mit Beschäftigten von ...													
	20 und mehr		20 bis 49		50 bis 99		100 bis 199		200 bis 499		500 bis 999		1000 u. mehr	
	1977	1986	1977	1986	1977	1986	1977	1986	1977	1986	1977	1986	1977	1986
Herstellung von Backwaren	4,7	4,5	4,9	.	5,4	5,1	4,6	.	4,4	3,9	.	.	4,4	4,4
Obst- und Gemüseverarbeitung	4,8	3,8	4,8	4,9	5,0	4,5	5,5	4,6	4,1	.	3,6	.	5,1	3,1
Herstellung von Süßwaren	3,1	3,3	4,1	.	2,4	2,7	2,8	2,8	3,9	3,1	3,9	.	2,8	3,5
Molkerei, Käserei	2,2	2,1	1,7	1,5	1,9	1,8	2,1	2,2	2,4	.	2,7	.	2,9	2,3
Fleischwarenindustrie	2,3	2,3	2,4	2,6	2,4	2,7	2,5	2,2	2,3	.	1,9	.	2,4	2,3
Brauerei	8,3	8,5	9,5	10,7	8,2	8,6	8,9	10,0	8,4	8,1	7,4	.	8,4	8,0
Herstellung von Spirituosen	1,8	1,9	1,9	.	1,1	1,4	1,9	.	1,7	.	2,1	.	.	2,1
Mineralbrunnen, H.v. Mineralw., Limonaden	5,6	5,2	.	.	.	6,2	.	5,7	6,3	.		.	3,2	4,2
Herstellung von Futtermitteln	2,2	2,4	3,5	4,6	3,1	2,6	1,8	.	1,7	.	1,7	.	.	2,0
Ernährungsgewerbe insgesamt	3,5	3,5	3,5	3,7	3,5	3,3	3,6	.	3,4	.	3,2	3,4	3,7	3,5

Anmerkung: Ein Punkt in einem Feld bedeutet, daß der Wert für die entsprechende Größenklasse in der nächst- (oder übernächst-) höheren Größenklasse enthalten ist. Lesebeispiel: Der Wert von 3,4 für das gesamte Ernährungsgewerbe, der für 1986 unter der Spalte "500 bis 999" Beschäftigte ausgewiesen ist, gilt für die Größenklasse "100 bis 999 Beschäftigte".

Quelle: Statistisches Bundesamt, Fachserie 4; Produzierendes Gewerbe, Reihe 4.3.3: Kostenstruktur der Unternehmen im Verbrauchsgüter produzierenden Gewerbe und im Nahrungs- und Genußmittelgewerbe, laufende Jahrgänge; Berechnungen des Ifo-Instituts für Wirtschaftsforschung.

Tabelle A.IV.3-8

Kostensteuern (abzügl. Subventionen) in % des Bruttoproduktionswertes für ausgewählte Wirtschaftszweige und Beschäftigtengrößenklassen des Ernährungsgewerbes

Wirtschaftszweig	Unternehmen mit Beschäftigten von ...													
	20 und mehr		20 bis 49		50 bis 99		100 bis 199		200 bis 499		500 bis 999		1000 u. mehr	
	1977	1986	1977	1986	1977	1986	1977	1986	1977	1986	1977	1986	1977	1986
Herstellung von Backwaren	1,3	0,8	2,2	.	1,3	1,0	1,0	.	1,4	0,6	.	.	0,7	0,8
Obst- und Gemüseverarbeitung	1,0	0,6	1,3	0,8	0,9	0,4	1,0	0,7	0,9	.	0,8	.	1,2	0,6
Herstellung von Süßwaren	0,6	0,6	1,1	.	1,0	0,9	-0,4	0,5	0,4	-0,5	0,6	.	0,7	0,9
Molkerei, Käserei	-1,2	-1,5	-2,0	-4,9	-1,1	-0,5	-0,8	-1,2	-1,3	.	-1,6	.	-0,5	-1,1
Fleischwarenindustrie	0,6	0,6	0,6	0,9	0,6	0,5	0,7	0,6	0,6	.	0,4	.	0,6	0,6
Brauerei	12,5	9,5	10,1	6,5	11,7	8,0	18,4	10,4	13,1	10,4	12,6	.	13,0	9,6
Herstellung von Spirituosen	20,2	20,0	20,8	.	23,5	15,5	18,9	.	12,4	.	26,5	.	-	21,8
Mineralbrunnen, H.v. Mineralw., Limonaden	1,5	1,7	.	.	.	1,6	.	1,1	1,6	.	.	.	1,0	2,2
Herstellung von Futtermitteln	-0,5	-0,4	0,7	-3,9	-5,4	0,6	0,5	.	0,2	.	0,6	.	-	-0,1
Ernährungsgewerbe insgesamt	2,6	2,2	2,7	2,2	2,4	2,7	3,0	.	1,9	.	4,2	1,9	2,0	2,6

Anmerkung: Ein Punkt in einem Feld bedeutet, daß der Wert für die entsprechende Größenklasse in der nächst- (oder übernächst-) höheren Größenklasse enthalten ist. Lesebeispiel: Der Wert von 1,9 für das gesamte Ernährungsgewerbe, der für 1986 unter der Spalte "500 bis 999" Beschäftigte ausgewiesen ist, gilt für die Größenklasse "100 bis 999 Beschäftigte".

Quelle: Statistisches Bundesamt, Fachserie 4; Produzierendes Gewerbe, Reihe 4.3.3: Kostenstruktur der Unternehmen im Verbrauchsgüter produzierenden Gewerbe und im Nahrungs- und Genußmittelgewerbe, laufende Jahrgänge; Berechnungen des Ifo-Instituts für Wirtschaftsforschung.

Tabelle A.IV.3-9

Index der Erzeugerpreise (Inlandsabsatz)
1980 = 100

Erzeugnis	1977	1980	1981	1982	1983	1984	1985	1986	1987	1988
Mahl- und Schälmühlenerzeugnisse	100,1	100	104,8	108,3	109,9	106,0	99,5	96,8	93,4	93,7
Teigwaren	91,1	100	105,0	108,9	111,1	111,7	105,1	103,4	100,4	110,1
Nährmittel	96,8	100	104,7	109,1	112,6	115,2	117,0	119,4	121,0	121,8
Stärke und Stärkeerzeugnisse	114,9	100	121,2	129,1	129,0	129,4	132,1	132,5	123,7	120,5
Brot, Klein- und Feingebäck, Dauerbackwaren	91,2	100	103,3	106,8	108,9	110,3	112,5	112,1	111,9	113,6
Zucker	91,6	100	104,9	109,6	114,7	114,5	109,3	108,8	106,6	106,4
Verarbeitetes Obst und Gemüse	96,1	100	106,8	110,2	108,0	113,9	119,8	117,2	113,7	116,2
Süßwaren	91,6	100	101,4	104,1	106,3	108,3	110,7	112,6	111,9	109,9
Erzeugnisse der Ölmühlen	111,9	100	112,4	106,4	120,1	146,3	124,5	82,7	70,5	89,2
Margarine	96,4	100	105,3	107,5	111,7	134,7	133,0	114,5	100,9	100,4
Kartoffelerzeugnisse	108,2	100	105,9	111,0	110,1	114,6	108,5	110,0	110,6	110,7
Milch, Butter und Käse	95,3	100	104,6	109,4	111,7	108,9	107,1	106,5	105,5	108,9
Dauermilch und Milchpräparte, Schmelzkäse und Kasein	93,9	100	104,7	111,3	112,5	116,7	118,6	117,7	117,1	124,9
Erzeugnisse der Talgschmelzen und Schmalzsiedereien	101,4	100	110,8	125,1	123,7	134,7	131,5	115,0	111,0	110,0
Fleisch und Fleischerzeugnisse	96,9	100	106,2	113,1	112,1	110,7	110,5	108,7	105,8	104,3
Fisch und Fischerzeugnisse	83,5	100	109,3	114,4	114,2	113,9	114,0	115,3	114,2	113,7
Röstkaffee, bearbeiteter Tee und Teeähnliche Erzeugnisse	132,9	100	96,3	102,8	102,3	111,1	118,4	128,8	106,5	105,6
Bier	92,2	100	105,3	110,3	112,8	114,8	115,1	118,7	120,8	122,3
Braumalz, hell	104,3	100	111,9	121,2	126,8	125,8	111,4	105,1	105,8	107,9
Spiritus	96,7	100	100,5	102,9	109,0	117,2	120,0	119,5	105,1	106,6
Spirituosen	98,0	100	108,8	119,7	122,4	122,1	122,4	123,2	123,1	122,4
Traubenschaumwein	95,3	100	102,3	111,1	113,7	113,7	113,2	113,7	113,0	111,6
Tafelwässer und süße alkoholfreie Erfrischungsgetränke	97,0	100	102,3	105,5	107,4	108,8	109,6	109,8	112,8	116,0
Essig, 10 3/8 Säure	96,6	100	101,2	104,1	106,4	107,9	107,0	105,0	104,8	109,8
Gewürze	115,1	100	105,8	113,8	118,4	131,1	148,1	159,7	151,3	154,6
Tiefgefrorene Fertiggerichte	97,9	100	105,0	111,5	112,1	111,1	109,9	108,5	104,4	106,0
Futtermittel	101,3	100	106,3	107,7	110,7	111,3	102,6	97,1	89,5	92,3
Erzeugnisse des Ernährungsgewerbes insgesamt	98,2	100	104,9	109,7	111,5	113,5	112,7	111,5	108,3	108,9

Quelle: Statistisches Bundesamt, Fachserie 17: Reihe 2: Preise und Preise und Preisindizes für gewerbliche Produkte (Erzeugerpreise).

Tabelle A.IV.3-10

Rendite von Unternehmen des Ernährungsgewerbes und des Verarbeitenden Gewerbes

Position bzw. Bereich	1965	1970	1974	1976	1978	1980	1982	1983	1984	1985	1986	1987
Jahresüberschuß vor Steuern in % des Umsatzes												
Ernährungsgewerbe	10,3	7,5	5,6	6,5	5,7	4,3	4,1	4,5	3,5	3,6	4,0	4,6
Verarbeitendes Gewerbe	11,4	8,4	6,2	7,3	7,2	6,5	5,6	5,8	6,1	6,4	6,6	6,6
Jahresüberschuß vor Steuern in % des Rohertrags[a)]												
Ernährungsgewerbe	27,1	20,4	15,3	18,4	16,8	13,4	13,1	14,6	11,8	12,0	12,9	13,8
Verarbeitendes Gewerbe	23,3	17,3	12,9	15,5	15,1	14,0	12,5	13,0	13,9	14,7	14,3	13,9

a) Der Rohertrag entspricht der um den Materialaufwand bzw. den Wareneinsatz gekürzten Gesamtleistung.

Quelle: Jahresabschlüsse der Unternehmen in der Bundesrepublik Deutschland 1965 bis 1981, Sonderdrucke der Deutschen Bundesbank Nr. 5; Monatsberichte der Deutschen Bundesbank, laufende Jahrgänge, jeweils Heft Nr. 11 (November).

Tabelle A.IV.3-11

Rendite von Unternehmen des Ernährungsgewerbes nach Rechtsformen und Umsatzgrößenklassen

Rechtsform bzw. Umsatzgrößenklasse	Jahresüberschuß vor Steuern in %			
	der Gesamtleistung[a)]		des Rohertrags[b)]	
	1977	1983	1977	1983
Alle Unternehmen (hochgerechnete Ergebnisse)	5,5	4,5	15,1	14,5
Nicht hochgerechnete Ergebnisse				
Alle Unternehmen				
Insgesamt	5,5	4,6	16,1	15,9
Unternehmen mit Umsätzen von ... Mio DM				
weniger als 5	)5,4	3,8	)12,8	9,5
5 bis unter 10	)	4,3	)	11,2
10 bis unter 25	5,4[c)]	4,7	15,0[c)]	13,3
25 bis unter 100	5,2[d)]	4,3	15,6[d)]	14,3
100 und mehr	5,6	4,8	17,3	17,4
Kapitalgesellschaften				
Zusammen	5,6	4,3	14,5	13,6
Unternehmen mit Umsätzen von ... Mio DM				
weniger als 5	)4,9	1,9	)10,6	4,6
5 bis unter 10	)	3,3	)	8,0
10 bis unter 25	6,1[c)]	5,4	13,7[c)]	13,4
25 bis unter 100	5,8[d)]	4,9	14,8[d)]	13,9
100 und mehr	5,5	4,2	14,7	13,9

Personengesellschaften				
Zusammen	6,7	6,6	19,2	20,5
Unternehmen mit Umsätzen von ... Mio DM				
weniger als 5	6,4	4,7	13,6	10,0
5 bis unter 10		5,8		13,6
10 bis unter 25	6,0[c)]	5,3	16,0[c)]	13,3
25 bis unter 100	6,0[d)]	5,1	17,5[d)]	15,8
100 und mehr	7,4	7,5	23,4	25,0
Einzelkaufleute				
Zusammen	4,3	3,3	15,2	13,5
Unternehmen mit Umsätzen von ... Mio DM				
weniger als 5	4,3	4,0	12,4	11,9
5 bis unter 10		3,8		12,5
10 und mehr	4,3	2,9	18,6	14,8

a) Die Gesamtleistung entspricht dem Umsatz zuzüglich der Bestandsveränderungen bei fertigen und unfertigen Erzeugnissen sowie der anderen aktivierten Eigenleistungen. Im Jahr 1977 ist der Jahresüberschuß vor Steuern auf den Umsatz bezogen.
b) Der Rohertrag entspricht der um den Materialaufwand bzw. den Wareneinsatz gekürzten Gesamtleistung. Im Jahr 1977 ist der Jahresüberschuß vor Steuern auf den erweiterten Rohertrag bezogen; dieser beinhaltet auch die sonstigen Erträge (u.a. aus Beteiligungen, Zinsen).
c) Umsatzgrößenklasse 10 bis unter 50 Mio DM.
d) Umsatzgrößenklasse 50 bis unter 100 Mio DM.

Quelle: Verhältniszahlen aus den Jahresabschlüssen der Unternehmen in der Bundesrepublik Deutschland, für 1977 und für 1983, Sonderdrucke der Deutschen Bundesbank Nr. 6, 1. Auflage, Juni 1980; 2. Auflage, September 1985.

Tabelle A.IV.3-12

Jahresüberschuß vor Steuern in % vom Bruttoproduktionswert im Verbrauchsgüter produzierenden Gewerbe nach Beschäftigtengrößenklassen

Unternehmensgröße (von ... bis ... Beschäftigte)	1977	1978	1979	1980	1981	1982	1983	1984	1985	1986	1987	Durchschn. im Zeitr. 1977-1987
20 - 49	6,8	7,3	7,4	5,9	3,3	2,8	3,8	4,9	5,5	5,0	6,3	5,4
50 - 99	4,9	5,4	5,2	4,8	3,6	4,5	4,0	3,8	3,5	3,8	5,1	4,4
100 - 199	5,8	4,2	4,7	4,3	1,1	1,0	2,8	3,6	3,7	4,1	4,8	3,7
200 - 499	4,7	3,7	3,7	2,7	2,0	1,6	3,0	3,2	3,0	3,9	3,8	3,2
500 - 999	4,3	3,9	3,1	2,1	1,0	1,0	2,8	2,9	2,7	2,9	2,9	2,7
1000 und mehr	3,2	3,2	3,2	3,3	1,6	1,2	1,5	1,7	1,0	2,1	2,4	2,2
Insgesamt	4,8	4,4	4,3	3,6	1,9	1,9	2,9	3,2	3,0	3,5	4,0	3,4

Quelle: Statistisches Bundesamt, Kostenstruktur der Unternehmen im Verbrauchsgüter produzierenden Ge werbe und im Nahrungs- und Genußmittelgewerbe; Berechnungen des Ifo-Instituts für Wirtschaftsforschung.

Tabelle A.IV.3-13

Jahresüberschuß vor Steuern in % vom Bruttoproduktionswert im Verarbeitenden Gewerbe nach Beschäftigtengrößenklassen

Unternehmensgröße (von ... bis ... Beschäftigte)	1977	1978	1979	1980	1981	1982	1983	1984	1985	1986	1987	Durchschn. im Zeitr. 1977-1987
20 - 49	6,2	5,9	6,2	5,4	3,8	3,5	4,5	4,3	4,6	4,7	4,9	4,9
50 - 99	5,1	4,8	5,2	4,3	3,2	3,3	4,2	4,2	3,9	4,1	4,4	4,3
100 - 199	4,7	4,0	4,5	3,9	2,2	1,8	2,7	3,0	3,2	4,1	4,0	3,5
200 - 499	3,8	3,4	4,0	3,2	2,1	2,1	2,8	2,9	3,1	3,7	3,7	3,2
500 - 999	3,2	3,3	3,5	2,5	0,6	1,4	2,3	2,7	2,5	2,7	2,8	2,5
1000 und mehr	1,6	2,1	3,1	1,4	0,1	0,3	1,1	1,5	2,3	1,7	1,2	1,5
Insgesamt	2,8	3,0	3,7	2,4	1,0	1,2	2,0	2,3	2,7	2,6	2,3	2,4

Quelle: Statistisches Bundesamt, Kostenstruktur der Unternehmen im Verbrauchsgüter produzierenden Gewerbe und im Nahrungs- und Genußmittelgewerbe; Berechnungen des Ifo-Instituts für Wirtschaftsforschung.

Tabelle A.IV.3-14

Jahresüberschuß vor Steuern in % des Bruttoproduktionswertes nach Wirtschaftszweigen des Ernährungsgewerbes

im Zeitraum 1977 bis 1986

Wirtschaftszweig	1977	1978	1979	1980	1981	1982	1983	1984	1985	1986	1987	Durchschn. im Zeitraum 1977 - 1987
Mahl- und Schälmühlen	-0,7	-0,6	0,4	0,0	0,2	-1,0	1,5	0,5	0,5	0,1	-1,3	-0,4
Herstellung von Teigwaren	1,0	4,3	2,5	2,6	0,4	4,6	2,7	2,5	-1,6	0,7	-1,1	1,7
Herstellung von Nährmitteln	6,7	6,3	5,2	4,4	4,2	4,4	5,2	2,0	4,2	1,9	-9,6	3,2
Herstellung von Stärke, Stärkeerzeugnissen	6,1	1,5	4,0	-1,9	-	4,6	5,2	3,6	1,5	1,7	3,9	3,0
Herstellung von Kartoffelerzeugnissen	6,5	5,8	6,8	2,3	2,6	2,3	2,5	1,5	-0,4	1,7	4,1	3,3
Herstellung von Backwaren	3,4	3,9	4,4	6,8	3,0	3,0	3,9	4,9	3,5	4,8	3,7	4,1
Herstellung von Dauerbackwaren	3,8	4,0	3,8	2,6	1,9	2,8	3,4	3,6	2,8	1,7	2,0	3,0
Zuckerindustrie	1,9	4,3	4,0	6,3	4,4	1,7	2,4	4,0	1,8	0,1	0,1	2,8
Obst- und Gemüseverarbeitung	3,3	2,9	1,9	1,8	2,4	1,5	3,6	1,8	2,5	5,1	2,7	2,7
Herstellung von Süßwaren	4,5	3,5	2,7	5,3	3,1	2,6	3,6	0,6	0,2	2,9	3,4	3,0
Molkerei, Käserei	1,5	1,7	1,4	1,1	0,4	0,5	0,9	1,1	1,3	0,7	1,1	1,1
Herstellung von Dauermilch	2,8	2,9	1,8	1,8	3,0	2,5	2,3	1,9	0,8	1,3	1,4	2,1
Ölmühlen, Herstellung von Speiseöl	-0,6	-0,9	0,5	1,8	-0,3	2,2	1,1	0,0	1,8	-0,1	3,4	0,8
Herstellung v. Margarine u. Speisefetten	0,8	2,2	1,3	5,7	0,2	1,1	3,7	0,8	.	.	2,0	1,0
Talgschmelzen, Schmalzsiedereien	.	.	3,9	3,0	.	.	.	2,8	-0,9	4,9	2,5	2,7
Schlachthäuser (ohne Kommunale)	2,8	1,8	2,1	1,6	-2,8	0,2	0,3	0,3	0,7	1,3	2,0	0,9
Fleischwarenindustrie	3,6	3,8	2,1	2,3	0,5	1,3	2,4	2,3	2,6	3,4	3,6	2,5
Fleischerei	5,6	4,3	2,9	4,4	1,5	2,5	4,1	5,8	4,0	5,5	4,6	4,1
Fischverarbeitung	2,1	2,3	-0,1	1,2	0,1	1,8	1,1	1,0	0,4	0,5	1,1	1,1
Verarb. v. Kaffee, Tee, Herst. v. Kaffeemitteln	-0,3	2,3	4,0	-0,5	-0,3	4,4	1,6	-1,3	3,4	5,0	7,7	2,4
Brauerei	5,3	4,6	4,5	3,0	2,8	2,9	3,7	1,4	2,0	3,5	2,7	3,3
Mälzerei	3,5	1,9	0,7	-1,2	1,4	4,2	3,4	0,5	2,9	3,4	0,5	1,9
Alkoholbrennerei	1,9	2,9	12,3	8,9	5,1	1,6	2,9	5,2	2,6	1,6	-0,9	4,0
Herstellung von Spirituosen	2,3	3,5	3,3	1,8	1,3	0,4	0,2	0,0	-0,2	1,3	2,4	1,5
Herstellung und Verarbeitung von Wein	3,2	4,0	3,4	1,9	2,1	2,6	2,7	0,4	1,2	1,2	2,7	2,3
Mineralbrunnen, H.v. Mineralw., Limonaden	7,9	7,8	7,3	4,9	5,9	5,1	6,1	4,9	4,6	4,9	4,5	5,8
Übriges Ernährungsgewerbe	2,8	3,1	-	3,0	4,1	3,2	3,8	3,3	4,0	4,5	8,0	4,0
Herstellung von Futtermitteln	2,4	4,0	2,4	1,9	1,5	1,3	2,6	2,1	2,7	2,3	3,0	2,4
Ernährungsgewerbe insgesamt	2,9	3,2	3,0	2,6	1,6	2,0	2,5	1,6	1,8	2,4	2,3	2,4

Quelle: Statistisches Bundesamt, Fachserie 4; Produzierendes Gewerbe, Reihe 4.3.3: Kostenstruktur der Unternehmen im Verbrauchsgüter produzierenden Gewerbe und im Nahrungs- und Genußmittelgewerbe; Berechnungen des Ifo-Instituts für Wirtschaftsforschung.

Tabelle A.IV.3-15

Jahresüberschuß vor Steuern in % des Bruttoproduktionswertes für ausgewählte Wirtschaftszweige und Beschäftigtengrößenklassen des Ernährungsgewerbes

Wirtschaftszweig	Unternehmen mit Beschäftigten von ...													
	20 und mehr		20 bis 49		50 bis 99		100 bis 199		200 bis 499		500 bis 999		1000 u. mehr	
	1977	1986	1977	1986	1977	1986	1977	1986	1977	1986	1977	1986	1977	1986
Herstellung von Backwaren	3,4	4,8	7,7	.	-0,3	8,1	0,0	.	6,9	2,8	.	.	1,6	2,2
Obst- und Gemüseverarbeitung	3,3	5,1	3,8	4,8	4,7	3,5	1,9	6,5	-0,6	.	3,2	.	4,4	4,8
Herstellung von Süßwaren	4,5	2,9	3,2	.	2,1	7,6	2,4	0,1	1,8	0,3	5,1	.	6,0	3,3
Molkerei, Käserei	1,5	0,7	1,8	2,3	1,9	1,6	1,3	0,3	1,1	.	1,0	.	2,0	0,3
Fleischwarenindustrie	3,6	3,4	5,1	6,0	3,2	3,6	4,5	2,1	4,4	.	2,6	.	1,2	3,3
Brauerei	5,3	3,5	4,1	3,1	7,4	1,3	6,3	4,6	8,5	4,9	5,3	.	1,0	3,1
Herstellung von Spirituosen	2,3	1,3	2,0	.	-0,1	2,0	2,0	.	3,3	.	2,9	.	-	1,0
Mineralbrunnen, H.v. Mineralw., Limonaden	8,0	4,9	.	.	.	4,0	.	3,3	5,2	.	.	.	18,8	6,6
Herstellung von Futtermitteln	2,4	2,3	3,6	-0,6	3,8	1,8	1,2	.	0,8	.	3,1	.	-	2,9
Ernährungsgewerbe insgesamt	2,9	2,4	4,2	3,5	3,1	2,9	2,6	.	3,1	.	3,1	2,5	2,0	1,6

Anmerkung: Ein Punkt in einem Feld bedeutet, daß der Wert für die entsprechende Größenklasse in der nächst- (oder übernächst-) höheren Größenklasse enthalten ist. Lesebeispiel: Der Wert von 2,5 für das gesamte Ernährungsgewerbe, der für 1986 unter der Spalte "500 bis 999" Beschäftigte ausgewiesen ist, gilt für die Größenklasse "100 bis 999 Beschäftigte".

Quelle: Statistisches Bundesamt, Fachserie 4; Produzierendes Gewerbe, Reihe 4.3.3: Kostenstruktur der Unternehmen im Verbrauchsgüter produzierenden Gewerbe und im Nahrungs- und Genußmittelgewerbe, laufende Jahrgänge; Berechnungen des Ifo-Instituts für Wirtschaftsforschung.

Tabelle A.IV.3-16

Verhältniszahlen zur Vermögensstruktur der Unternehmen des Ernährungsgewerbes nach Rechtsformen und Umsatzgrößenklassen

Rechtsform bzw. Umsatzgrößenklasse	Sachanlagen (wertberichtigt) in % der Bilanzsumme		Liquide Mittel[a)] in % der Bilanzsumme		Liquide Mittel[a)] in % der kurzfristigen Verbindlichkeiten	
	1977	1983	1977	1983	1977	1983
Alle Unternehmen (hochgerechnete Ergebnisse)	40,0	38,5	24,1	26,2	60,1	58,0
Nicht hochgerechnete Ergebnisse						
Alle Unternehmen						
Insgesamt	36,9	33,7	26,2	30,0	67,4	67,7
Unternehmen mit Umsätzen von ... Mio DM						
weniger als 5	45,6	44,4	20,3	22,1	47,9	46,0
5 bis unter 10		42,1		24,0		50,7
10 bis unter 25	40,1[b)]	40,7	25,2[b)]	26,2	60,3[b)]	56,3
25 bis unter 100	36,8[c)]	35,2	27,3[c)]	30,3	66,5[c)]	64,3
100 und mehr	33,9	31,0	27,7	31,3	75,6	73,6
Kapitalgesellschaften						
Zusammen	36,3	32,7	25,1	29,0	71,8	71,8
Unternehmen mit Umsätzen von ... Mio DM						
weniger als 5	38,3	31,2	27,2	27,0	60,4	47,1
5 bis unter 10		31,9		30,5		55,0
10 bis unter 25	39,9[b)]	36,4	24,8[b)]	32,8	63,7[b)]	68,8
25 bis unter 100	35,9[c)]	32,8	25,4[c)]	30,7	63,2[c)]	65,5
100 und mehr	35,5	32,4	25,0	28,1	76,6	75,3

Personengesellschaften						
Zusammen	36,8	33,5	26,9	30,3	64,8	65,5
Unternehmen mit Umsätzen von ... Mio DM						
weniger als 5	48,2	46,8	18,2	20,1	45,7	44,4
5 bis unter 10		49,4		21,5		49,2
10 bis unter 25	40,7 b)	44,9	25,3 b)	22,6	60,1 b)	47,6
25 bis unter 100	35,8 c)	38,0	29,4 c)	29,9	68,4 c)	63,6
100 und mehr	30,9	27,0	29,9	33,5	72,6	72,5
Einzelkaufleute						
Zusammen	44,0	42,4	23,8	26,0	51,9	50,9
Unternehmen mit Umsätzen von ... Mio DM						
weniger als 5	50,5	54,3	16,9	15,8	38,2	34,5
5 bis unter 10		46,2		21,5		40,0
10 und mehr	36,0	33,8	32,2	33,8	67,3	63,0

a) Die liquiden Mittel setzen sich zusammen aus den Kassenmitteln, den Wertpapierbeständen sowie den kurzfristigen Forderungen nach Abzug der Wertberichtigungen.
b) Umsatzgrößenklasse 10 bis unter 50 Mio DM.
c) Umsatzgrößenklasse 50 bis unter 100 Mio DM.

Quelle: Verhältniszahlen aus den Jahresabschlüssen der Unternehmen in der Bundesrepublik Deutschland, für 1977 und für 1983, Sonderdrucke der Deutschen Bundesbank Nr. 6, 1. Auflage, Juni 1980; 2. Auflage, September 1985.

Tabelle A.IV.3-17

Verhältniszahlen zur Kapitalstruktur der Unternehmen des Ernährungsgewerbes nach Rechtsformen und Umsatzgrößenklassen

Rechtsform bzw. Umsatzgrößenklasse	Eigenmittel (berichtigt) in % der Bilanzsumme		Langfristig zur Verfügung stehendes Kapital[a)] in % der Bilanzsumme		Langfristig zur Verfügung stehendes Kapital[a)] in % der Sachanlagen		Kurzfristige Verbindlichkeiten in % der Bilanzsumme	
	1977	1983	1977	1983	1977	1983	1977	1983
Alle Unternehmen (hochgerechnete Ergebnisse)	27,1	21,2	47,1	42,8	112,0	111,1	40,1	45,2
Nicht hochgerechnete Ergebnisse								
Alle Unternehmen								
Insgesamt	28,5	24,1	45,7	39,9	119,3	118,5	38,9	44,3
Unternehmen mit Umsätzen von ... Mio DM								
weniger als 5	24,8	17,5	49,9	46,1	101,3	103,7	42,3	47,8
5 bis unter 10		18,0		42,4		100,7		47,3
10 bis unter 25	24,9[b)]	18,1	45,8[b)]	42,0	111,5[b)]	103,1	41,7[b)]	46,4
25 bis unter 100	28,7[c)]	20,6	45,4[c)]	39,7	118,7[c)]	112,8	41,1[c)]	47,2
100 und mehr	30,6	27,0	44,7	39,1	128,3	126,4	36,6	42,5
Kapitalgesellschaften								
Zusammen	32,7	27,5	44,5	38,2	119,1	117,0	34,9	40,3
Unternehmen mit Umsätzen von ... Mio DM								
weniger als 5	28,5	9,0	44,5	34,9	105,5	111,8	45,0	57,2
5 bis unter 10		15,7		34,5		108,2		55,4
10 bis unter 25	30,2[b)]	21,8	44,2[b)]	40,4	108,7[b)]	110,7	38,9[b)]	47,7
25 bis unter 100	31,7[c)]	24,2	42,5[c)]	36,0	113,7[c)]	109,8	40,2[c)]	47,0
100 und mehr	33,6	29,3	45,0	38,8	123,2	119,7	32,5	37,4

Personengesellschaften								
Zusammen	23,7	19,4	47,7	42,7	124,1	127,4	41,6	46,4
Unternehmen mit Umsätzen von ... Mio DM								
weniger als 5	23,6	14,4	54,6	50,2	104,7	107,4	39,7	45,5
5 bis unter 10		14,9		49,5		100,2		43,7
10 bis unter 25	21,9 b)	13,4	48,4 b)	44,3	114,9 b)	98,6	42,2 b)	47,4
25 bis unter 100	23,3 c)	15,6	47,1 c)	44,0	126,0 c)	115,8	43,0 c)	46,9
100 und mehr	25,1	23,0	45,2	40,7	141,2	150,5	41,2	46,3
Einzelkaufleute								
Zusammen	26,4	19,7	49,9	43,8	106,2	103,2	45,9	51,2
Unternehmen mit Umsätzen von ... Mio DM								
weniger als 5	24,8	15,9	51,8	51,4	93,4	94,6	44,2	46,1
5 bis unter 10		15,7		41,6		90,1		53,9
10 und mehr	28,5	23,4	47,7	39,6	128,0	117,2	48,0	53,6

a) Eigenmittel und langfristige Verbindlichkeiten.
b) Umsatzgrößenklasse 10 bis unter 50 Mio DM.
c) Umsatzgrößenklasse 50 bis unter 100 Mio DM.

Quelle: Verhältniszahlen aus den Jahresabschlüssen der Unternehmen in der Bundesrepublik Deutschland, für 1977 und für 1983, Sonderdrucke der Deutschen Bundesbank Nr. 6, 1. Auflage, Juni 1980; 2. Auflage, September 1985.

Tabelle A.V.1-1

Entwicklung der Umsatztätigkeiten im Groß- und Einzelhandel sowie in der Handelsvermittlung in den Wirtschaftszweigen:

Nahrungsmittel, Getränke, Tabakwaren und Nahrungsmittel, Getränke, Tabakwaren o.a.S.[a)]

von 1978 bis 1984

Handelsbereiche bzw. -stufen	Handels- bzw. Umsatztätigkeiten aus ...											
	Großhandel		%-Veränderung	Handelsvermittlung		%-Veränderung	Einzelhandel		%-Veränderung	sonstigen Tätigkeiten		%-Veränderung
	1978	1984	1984/78	1978	1984	1984/78	1978	1984	1984/78	1978	1984	1984/78
GROSSHANDEL												
Nahrungsmittel, Getränke, Tabakwaren Umsatz in Mill. DM	137.698	166.453	+ 20,9	576	520	- 9,7	4.753	4.855	+ 2,1	1.008	1.734	+72,0
in %	95,6	96,0		0,4	0,3		3,3	2,8		0,7	1,0	
darunter: Nahrungsmittel etc. o.a.S.[a)] Umsatz in Mill. DM	39.379	52.129	+ 32,4	210	108	-48,6	2.101	1.240	-41,0	378	431	+14,0
in %	93,7	96,7		0,5	0,2		5,0	2,3		0,9	0,8	
HANDELSVERMITTLUNG UND AGENTUR-TANKSTELLEN												
Nahrungsmittel, Getränke, Tabakwaren Umsatz in Mill. DM	263	253	- 3,8	1.143	982	-14,1	19	23	+21,1	28	18	-35,7
in %	18,1	19,8		78,7	77,0		1,3	1,8		1,9	1,4	
darunter: Nahrungsmittel etc. o.a.S.[a)] Umsatz in Mill. DM	34	94	-176,5	229	281	+22,7	3	3	± 0	4	5	+25,0
in %	12,5	24,5		84,9	73,5		1,0	0,8		1,5	1,2	
EINZELHANDEL												
Nahrungsmittel, Getränke, Tabakwaren Umsatz in Mill. DM	2.522	5.027	+ 99,3	-	-		97.246	132.663	+36,4	1.110	1.955	+76,1
in %	2,5	3,6		0	0		96,4	95,0		1,1	1,4	
darunter: Nahrungsmittel etc. o.a.S.[a)] Umsatz in Mill. DM	724	2.399	+231,4	-	-		78.989	110.701	+40,1	724	1.028	+44,0
in %	0,9	2,1		0	0		98,2	96,9		0,9	0,9	
HANDEL INSGESAMT												
Nahrungsmittel, Getränke, Tabakwaren Umsatz in Mill. DM	140.483	171.733	+ 22,2	1.719	1.502	-12,6	102.018	137.541	+34,8	2.146	3.707	+72,7
darunter: Nahrungsmittel etc. o.a.S.[a)] Umsatz in Mill. DM	40.137	54.622	+ 36,1	439	389	-11,4	81.093	111.944	+38,0	1.106	1.464	+32,4

a) Ohne ausgeprägten Schwerpunkt.

Quelle: Statistisches Bundesamt: Handels- und Gaststättenzählungen 1979 und 1985 sowie Berechnungen des Ifo-Instituts für Wirtschaftsforschung.

Tabelle A.V.2-1

Entwicklung des (Großhandels-)Umsatzes und des Rohertrages in ausgewählten Wirtschaftszweigen des Großhandels mit Nahrungs- und Genußmitteln von 1979 bis 1986

Großhandel mit ...	Anteil des Großhandelsumsatzes am (Gesamt)Umsatz				darunter: Streckengeschäft in %				Rohertrag (Anteil am Gesamtumsatz			
	1979	1983	1985	1986	1979	1983	1985	1986	1979	1983	1985	1986
Nahrungsmitteln, Getränken, Tabakwaren (ohne Warenschwerpunkt)	94,0	95,8	96,1	97,6	24,3	25,0	26,7	26,1	10,0	8,9	8,3	7,7
- Kartoffeln, Obst, Gemüse	99,0	98,7	98,9	99,0	27,6	25,7	28,7	28,9	11,8	12,0	14,2	11,1
- Zucker, Süßwaren	98,6	98,7	98,6	98,5	57,3	61,7	57,2	55,3	7,8	8,4	8,4	10,6
- Milcherzeugnisse, Eier, Fettwaren	98,3	98,3	97,4	98,8	37,1	33,8	38,7	35,7	7,4	6,7	7,7	7,7
- Wild, Geflügel, Fleisch, Fleischwaren	98,2	97,8	98,0	98,7	13,1	15,5	14,7	14,6	8,9	9,7	9,8	10,1
- Kaffee, Tee, Kakao, Gewürze	98,9	99,1	99,7	99,2	37,1	42,3	53,2	19,9	8,2	9,3	7,5	8,7
- Sonstige Nahrungsmittel	97,3	97,9	98,3	94,1	28,2	35,6	39,4	25,8	13,1	12,4	11,3	16,6
- Getränke	91,6	93,1	94,0	93,8	14,5	29,7	30,2	14,6	23,6	26,0	21,1	22,2
- Tabakwaren	86,7	86,2	85,8	88,7	12,7	11,7	14,4	8,8	9,2	8,3	8,2	8,4
Nahrungsmittel, Getränke, Tabakwaren insgesamt	95,8	96,3	96,5	97,1	25,5	27,5	29,6	24,7	10,7	10,8	10,5	10,4

Quelle: Statistisches Bundesamt, Fachserie 6: Handel, Gastgewerbe, Reiseverkehr; Reihe 1.2. Beschäftigung, Umsatz, Wareneingang, Lagerbestand und Investitionen im Großhandel, lfd. Veröffentlichungen.

Tabelle A.V.2-2

Entwicklung des Rohertrages[a] und der Personalaufwendungen in ausgewählten Wirtschaftszweigen des Nahrungsmittelgroßhandels 1979, 1982, 1985 und 1986

Wirtschaftszweig	in % vom Umsatz 1979 Roh-ertrag	1979 Personalauf-wendungen	1982 Roh-ertrag	1982 Personalauf-wendungen	1985 Roh-ertrag	1985 Personalauf-wendungen	1986 Roh-ertrag	1986 Personalauf-wendungen
Großhandel mit Nahrungsmitteln, Getränken, Tabakwaren insg. darunter:	10,7	3,5	10,1	3,7	10,5	3,7	10,4	3,6
- Sortimentsgroßhandel	10,0	3,9	8,5	4,0	8,3	3,8	7,7	3,4
- Fach- bzw. Spezialgroßhandel insgesamt darunter:	13,1	4,8	12,3	4,3	11,3	4,2	16,6	7,0
Großhandel mit ...								
. Obst und Gemüse	11,6	3,8	11,3	4,7	13,9	3,5	10,5	3,8
. Süßwaren	17,8	4,8	18,1	6,0	16,4	5,4	19,0	3,8
. Milcherzeugnissen	7,2	2,4	7,5	2,5	7,7	2,8	7,7	2,6
. Spirituosen	28,2	4,3	18,5	3,6	20,3	3,1	27,5	3,6
. Bier, alkoholfreien Getränken	20,4	9,3	20,5	7,9	19,2	7,0	20,1	7,6
nachrichtlich:								
Großhandel mit Fertigwaren	16,4	5,9	16,1	6,2	16,3	5,9	16,4	5,9

a) Rohertrag = Umsatz ./. Wareneinsatz (ohne Mehrwertsteuer).

Quelle: Statistisches Bundesamt, Fachserie 6: Handel, Gastgewerbe, Reiseverkehr; Reihe 1.2: Beschäftigung, Umsatz, Wareneingang, Lagerbestand und Investitionen im Großhandel und Berechnungen des Ifo-Instituts für Wirtschaftsforschung.

Tabelle A.V.2-3

Entwicklung des Rohertrages[a)] und der Personalaufwendungen im Nahrungsmittelgroßhandel nach Umsatz- und Beschäftigtengrößenklassen 1979, 1982, 1985 und 1986

Beschäftigten- und Umsatzgrößenklassen	in % vom Umsatz							
	1979		1982		1985		1986	
	Roh-ertrag	Personalauf-wendungen	Roh-ertrag	Personalauf-wendungen	Roh-ertrag	Personalauf-wendungen	Roh-ertrag	Personalauf-wendungen
Nahrungsmittel, Getränke, Tabakwaren insgesamt	10,7	3,5	10,1	3,7	10,5	3,5	10,4	3,6
1 Mill. - 2 Mill.	17,9	6,5	18,5	5,6	.	.	20,0	6,4
2 Mill. - 5 Mill.	16,0	5,8	17,4	6,1	18,0	6,3	18,5	6,7
5 Mill. - 10 Mill.	14,9	4,8	14,9	5,3	15,8	5,5	15,5	5,4
10 Mill. und mehr	9,7	3,2	9,1	3,4	9,6	3,2	9,4	3,3
Großhandel mit Fertigwaren insgesamt	16,4	5,9	16,1	6,2	16,3	5,9	16,4	5,9
1 Mill. - 2 Mill.	24,1	8,7	24,4	10,1	25,0	10,3	26,7	7,8
2 Mill. - 5 Mill.	23,4	8,7	24,2	9,5	23,5	8,9	25,3	11,7
5 Mill. - 10 Mill.	21,9	7,8	22,0	8,8	22,0	8,3	22,3	20,9
10 Mill. und mehr	14,7	5,3	14,6	5,5	14,9	5,3	14,8	5,2
Nahrungsmittel, Getränke, Tabakwaren insgesamt	10,7	3,5	10,1	3,7	10,5	3,5	10,4	3,6
1 - 2 Beschäftigte	7,0	1,2	6,5	0,6	7,8	0,7	6,7	1,1
3 - 5 "	9,9	2,0	9,5	1,9	9,3	2,3	6,8	1,6
6 - 19 "	10,4	3,3	10,4	3,2	10,1	3,1	11,5	3,6
20 Beschäftigte u. mehr	10,9	3,8	10,1	4,1	10,9	3,9	10,6	4,0
Großhandel mit Fertigwaren insgesamt	16,4	5,9	16,1	6,2	16,3	5,9	16,4	5,9
1 - 2 Beschäftigte	10,3	1,1	10,4	0,8	9,8	0,9	9,2	1,0
3 - 5 "	13,2	2,8	13,1	2,9	13,0	3,3	13,1	3,2
6 - 19 "	16,7	5,3	15,9	5,4	16,5	5,3	17,8	6,0
20 Beschäftigte u. mehr	16,7	6,4	16,5	6,8	16,8	6,5	16,6	6,3

a) Rohertrag = Umsatz ./. Wareneinsatz (ohne Mehrwertsteuer).

Quelle: Statistisches Bundesamt, Fachserie 6: Handel, Gastgewerbe, Reiseverkehr; Reihe 1.2: Beschäftigung, Umsatz, Wareneingang, Lagerbestand und Investitionen im Großhandel und Berechnungen des Ifo-Instituts für Wirtschaftsforschung.

Tabelle A.V.3-1

Entwicklung der durchschnittlichen Umsatzgröße von Ladengeschäften im Einzelhandel mit Nahrungs- und Genußmitteln

in den Jahren 1979 und 1985

Wirtschaftszweig	Jahr	Durchschnittliche Umsatzgröße: Insgesamt in Mill. DM	%-Vdg. 84/78	weniger als 100m² in Mill. DM	%-Vdg. 84/78	100 bis unter 400 m² in Mill. DM	%-Vdg. 84/78	400 bis unter 1 000 m² in Mill. DM	%-Vdg. 84/78	1 000 bis unter 3 000 m² in Mill. DM	%-Vdg. 84/78	3 000 m² und mehr in Mill. DM	%-Vdg. 84/78
Fachhandel mit Nahrungsmitteln	1978	0,368		0,326		0,978		2,418		4,750		-	
	1984	0,482	+ 30,9	0,411	+ 26,1	1,066	+ 8,9	2,860	+ 18,3	9,625	+102,6	-	-
Sortimentshandel mit Nahrungsmitteln	1978	1,058		0,276		1,461		4,349		9,020		30,276	
	1984	1,738	+ 64,3	0,308	+ 11,5	1,796	+ 22,9	4,834	+ 11,2	10,397	+ 15,3	.	-
Einzelhandel mit Waren verschiedener Art (Hauptrichtung: Nahrungsmittel)	1978	6,179		0,330		1,244		3,680		11,926		39,674	
	1984	15,084	+144,1	0,286	- 13,3	1,013	- 18,6	4,434	+ 20,5	13,172	+ 10,4	53,279	+ 34,3
Sonstige Einzelhandelsgeschäfte	1978	0,773	+ 17,3	0,329		0,980		2,617		5,358		14,004	
	1984	0,906		0,392	+ 19,1	1,042	+ 6,3	2,794	+ 6,8	5,861	+ 9,4	17,895	+ 27,8
Einzelhandel insgesamt	1978	0,917		0,315		1,108		3,166		6,365		27,421	
	1984	1,187	+ 29,4	0,378	+ 20,0	1,228	+ 10,8	3,677	+ 16,1	7,271	+ 14,2	29,858	+ 8,9

Quelle: Statistisches Bundesamt, Fachserie 6: Handel, Gastgewerbe, Reiseverkehr; Handels- und Gaststättenzählung 1978 und 1985; Berechnungen des Ifo-Instituts für Wirtschaftsforschung.

Tabelle A.V.3-2

Umsatz- und Beschäftigtenentwicklung in ausgewählten Fachzweigen des Einzelhandels mit Nahrungs- und Genußmitteln nach Meßindizes 1983 und 1988 (1986 = 100)

Einzelhandel mit ...	Umsatz nominal 1983	Umsatz nominal 1988	Umsatz nominal Wachstumsrate 88/83[a)]	Umsatz real 1983	Umsatz real 1988	Umsatz real Wachstumsrate 88/83[a)]	Beschäftigte (insgesamt) 1983	Beschäftigte (insgesamt) 1988	Beschäftigte (insgesamt) Wachstumsrate 88/83[a)]
Nahrungsmitteln, Getränken, Tabakwaren insgesamt	94,5	106,1	+2,3	97,0	107,0	+2,0	99,4	101,8	+0,5
darunter:									
- Nahrungsmitteln versch. Art (Sortimentshandel)	93,2	105,6	+2,5	95,6	106,5	+2,2	99,0	102,3	+0,7
- Nahrungsmitteln bestimmter Art (Fachhandel)	104,9	123,1	+3,3	107,3	126,7	+3,4	99,5	102,5	+0,6
darunter:									
. Molkereiprodukten, Fettwaren, Eiern	124,5	95,3	-5,2	124,3	96,0	-5,0	110,0	100,5	-1,8
. Fleisch, Fleischwaren	107,1	99,7	-1,4	106,3	102,0	-0,8	103,2	94,6	-1,7
. Kartoffeln, Obst, Gemüse	115,6	85,4	-5,9	118,9	100,4	-3,3	102,7	100,6	-0,4
- Getränken insgesamt	98,9	104,4	+1,1	101,2	103,2	+0,4	101,6	96,8	-1,0
davon:									
. Wein, Spirituosen	114,4	101,6	-2,3	116,4	101,9	-2,6	120,2	88,9	-5,9
. Bier, alkoholfreien Getränken	93,5	105,0	+2,3	95,8	103,4	+1,5	93,3	99,5	+1,3
- Tabakwaren	100,8	99,0	-0,4	104,7	97,5	-1,4	104,5	97,6	-1,4

a) Durchschnittliche jährliche Wachstumsrate.

Quelle: Statistisches Bundesamt, Fachserie 6: Handel, Gastgewerbe, Reiseverkehr, Reihe 3.1: Beschäftigte und Umsatz im Einzelhandel (Meßzahlen) und Berechnungen des Ifo-Instituts für Wirtschaftsforschung.

Tabelle A.V.3-3

Umsätze und Marktanteile der zehn größten Unternehmen bzw. Gruppen im Nahrungs- und Genußmitteleinzelhandel in der BR Deutschland in den Jahren 1978 und 1987

1978: Unternehmen bzw. Unternehmensgruppe	1978: Umsatz in Mrd. DM (einschl. MwSt.)	1987: Unternehmen bzw. Unternehmensgruppe	1987: Umsatz in Mrd. DM (einschl. MwSt.)
Aldi-Gruppe	9,0	Aldi-Gruppe	20,5
Tengelmann-Gruppe	5,7	REWE-Leibbrand	13,6
REWE-Leibbrand	4,2	Coop-Bolle-Gruppe	13,2
Coop-AG	4,2	Tengelmann-Gruppe	11,5
Schaper-Gruppe	3,2	Asko-Schaper-Gruppe	8,8
Massa	1,8	Spar AG	4,2
Allkauf	1,7	Allkauf	4,1
Deutsche SB-Kauf	1,4	Massa	3,5
Wehrhahn-Gruppe	1,3	Lidl & Schwarz	3,2
Deutscher Supermarkt	1,2	Coop-Dortmund-Kassel	2,2
Einzelhandelsumsatz der 10 größten Unternehmen bzw. Gruppen	33,6 (=32 %)a)	Einzelhandelsumsatz der 10 größten Unternehmen bzw. Gruppen	84,8 (=52 %)a)
Umsatz des institutionellen N+G-Einzelhandels	104,8	Umsatz des institutionellen N+G-Einzelhandels	163,2
Umsatz des N+G-Handwerks	35,2	Umsatz des N+G-Handwerks	38,3
Funktionaler Umsatz mit Nahrungs- und Genußmitteln	140,0 (=24 %)b)	Funktionaler Umsatz mit Nahrungs- und Genußmitteln	201,5 (=42 %)b)

a) Marktanteil der 10 größten Unternehmen bzw. Gruppen am institutionellen N+G-Einzelhandel.
b) Marktanteil der 10 größten Unternehmen bzw. Gruppen am funktionalen N+G-Einzelhandel.

Quelle: Schätzungen und Berechnungen des Ifo-Instituts für Wirtschaftsforschung anhand von Unterlagen von Glendinning & Lehning, Lebensmittel-Zeitung, Unternehmensangaben, Geschäftsberichten etc. sowie der Daten des Statistischen Bundesamtes.

Tabelle A.V.3-4

Struktur der Warenbezüge ausgewählter Nahrungs- und Genußmitteln nach Fachzweigen des Einzelhandels (in %) 1979 und 1985

Einzelhandel mit ...	Molkereiprodukte[a)]		Süßwaren[b)]		Obst und Gemüse[c)]		Kaffee, Tee, etc.	
	1979	1985	1979	1985	1979	1985	1979	1985
Nahrungsmitteln, Getränken, Tabakwaren insgesamt	90,4	85,0	83,3	83,9	86,6	86,3	84,8	84,9
darunter:								
- Nahrungsmitteln verschiedener Art (Sortimentshandel)	78,2	82,1	73,3	76,8	73,6	75,3	77,6	78,4
- Nahrungsmitteln bestimmter Art (Fachhandel)	3,8	2,5	6,7	4,9	12,5	10,8	6,1	5,5
darunter:								
. Molkereiprodukte ect.	2,9	1,5	0,1	0,0	0,1	0,1	0,1	0,2
. Süßwaren	0,0	0,0	4,9	3,6	-	-	0,5	0,5
. Kaffee, Tee, etc.	0,0	0,0	0,8	0,9	0,0	0,0	4,1	3,8
. Kartoffeln, Obst Gemüse	0,2	0,4	0,2	0,1	12,0	10,2	0,1	0,2
- Waren verschiedene Art, Hauptrichtung								
. Nicht-Nahrungsmittel	8,1	2,5	6,1	6,2	5,3	2,6	4,0	1,8
. Nahrungsmittel	9,4	12,4	8,0	8,9	7,2	11,0	10,5	12,5
Insgesamt	100	100	100	100	100	100	100	100
in Mill. DM	(=8.662)	(=10.501)	(=4.091)	(=5.124)	(=5.546)	(=6.818)	(=3.356)	(=4.600)

a) Einschließlich Milch, Milcherzeugnisse, Joghurt, Käse und Butter (ohne tiefgefrorene und diätetische Produkte).
b) Einschließlich Dauerbackwaren, aber ohne Kakaopulver und diätetische Süßwaren.
c) Ohne tiefgefrorenes und diätetisches sowie ohne Konserven.

Quelle: Statistisches Bundesamt, Warensortiment sowie Bezugswege im Einzelhandel 1979 und 1985, Fachserie 6: Reihe 3.3 und Berechnungen des Ifo-Instituts für Wirtschaftsforschung.

Tabelle A.V.3-5

Entwicklung der Sortimentsanteile von ausgewählten Nahrungs- und Genußmitteln nach Fachzweigen des Einzelhandels (in %) 1979 und 1985

Einzelhandel mit ...	Molkereiprodukte[a)] 1979	1985	Süßwaren[b)] 1979	1985	Obst und Gemüse[c)] 1979	1985	Kaffee, Tee, etc. 1979	1985	Insgesamt (in Mill. DM) 1979	1985
Nahrungsmitteln, Getränken, Tabakwaren insgesamt	10,2	9,8	4,8	4,7	6,8	6,4	4,0	4,3	70.497 (= 100 %)	91.537 (= 100 %)
darunter:										
- Nahrungsmitteln verschiedener Art (Sortimentshandel)	11,5	11,1	5,1	5,0	7,0	6,6	4,5	4,6	58.701	77.990
- Nahrungsmitteln bestimmter Art (Fachhandel)	6,9	4,9	5,8	4,7	14,7	14,0	4,3	4,8	4.712	5.293
darunter:										
. Molkereiprodukten etc.	62,6	49,2	1,3	0,7	1,1	1,2	0,7	3,5	399	323
. Süßwaren	0,0	0,4	80,3	79,0	-	-	6,8	9,1	249	236
. Kaffee, Tee, etc.	0,2	0,0	14,2	16,7	0,0	0,2	56,9	62,3	244	277
. Kartoffeln, Obst, Gemüse	1,9	4,3	1,0	0,8	83,4	71,3	0,3	1,1	800	973
- Waren verschiedener Art, Hauptrichtung										
. Nicht-Nahrungsmittel	3,4	1,2	1,2	1,4	1,4	0,8	0,6	0,3	20.569	23.167
. Nahrungsmittel	7,3	6,4	2,9	2,2	3,5	3,6	3,2	2,8	11.232	20.496

a) Einschließlich Milch, Milcherzeugnisse, Joghurt, Käse und Butter (ohne tiefgefrorene und diätetische Produkte).
b) Einschließlich Dauerbackwaren, aber ohne Kakaopulver und diätetische Süßwaren.
c) Ohne tiefgefrorenes und diätetisches Obst und Gemüse sowie ohne Konserven.

Quelle: Statistisches Bundesamt, Warensortiment sowie Bezugswege im Einzelhandel 1979 und 1985, Fachserie 6: Reihe 3.3 und Berechnungen des Ifo-Instituts für Wirtschaftsforschung.

Tabelle A.V.3-6

Entwicklung der Sortimentsanteile von ausgewählten Nahrungs- und Genußmitteln nach Angebotstypen (in %) 1979 und 1985

Angebotstyp (bzw. Ladenerscheinungsform)	Molkereiprodukte[a)]		Süßwaren[b)]		Obst und Gemüse[c)]		Kaffee, Tee, etc.		Insgesamt (in Mill. DM)	
	1979	1985	1979	1985	1979	1985	1979	1985	1979	1985
Supermärkte (Frischmarkt von 400 bis 1.000 m^2)	11,5	11,7	4,9	4,9	7,0	7,2	4,1	4,0	22.429 (=100 %)	40.372 (=100 %)
andere SB-Lebensmittelmärkte (ohne Frischwaren über 400 m^2)	10,8	12,2	8,2	8,9	2,0	3,6	7,1	9,7	2.746	7.621
übrige Nahrungs- und Genußmittelgeschäfte (traditioneller Sortiments- und Fachhandel)	9,8	7,9	4,9	3,9	6,9	6,3	4,1	3,8	40.200	38.894
Waren- und Kaufhäuser (über 1.000 m^2)	3,6	1,6	1,0	1,1	1,5	0,8	0,5	0,03	15.178	13.748
Verbrauchermärkte (von 1.000 bis 3.000 m^2)	7,1	7,8	2,7	3,0	3,4	4,6	3,3	2,9	1.460	4.613
SB-Warenhäuser (von über 3.000 m^2)	5,9	4,8	2,4	1,2	2,4	2,6	2,7	2,4	4.883	9.623
Einzelhandel insgesamt	3,6	3,7	1,7	1,8	2,4	2,4	1,4	1,6	234.812	286.314

a) Einschließlich Milch, Milcherzeugnisse, Joghurt, Käse und Butter (ohne tiefgefrorene und diätetische Produkte).
b) Einschließlich Bauerbackwaren, aber ohne Kakaopulver und diätetische Süßwaren.
c) Ohne tiefgefrorenes und diätetisches sowie ohne Konserven.

Quelle: Statistisches Bundesamt, Warensortiment sowie Bezugswege im Einzelhandel 1979 und 1985, Fachserie 6: Reihe 3.3 und Berechnungen des Ifo-Instituts für Wirtschaftsforschung.

Tabelle A.V.3-7

Entwicklung von Leistungs- und Kostenzahlen im Lebensmitteleinzelhandel von 1977 bis 1988

Leistungs- und Kostenzahlen (in % vom Absatz)	1977	1981	1983	1985	1987	1988
Absatz in % vom Vorjahr	+ 1,2	+ 1,2	+ 1,0	- 0,1	± 0[a)]	+ 0,4
Absatz je beschäftige Personen in DM	213.400	233.200	245.700	249.900	253.400	255.900
Absatz je qm Geschäftsraum in DM	5.240	6.660	6.370	6.000	5.900	6.000
Absatz je qm Verkaufsraum in DM	8.460	9.160	8.740	8.310	7.890	8.020
Absatz je Einzelverkauf in DM	11,60	13,80	15,10	14,70	16,10	16,00
Vergütung je beschäftigte Person in DM	19.500	22.300	23.100	23.500	24.300	24.800
Lagerumschlag	14,3	14,8	13,9	13,7	13,9	14,4
Rohertrag (= Handelsspanne) in % vom Absatz	23,8	25,1	25,7	25,9	26,5	26,6
./. Mehrwertsteuer	6,7	7,8	8,2	8,4	8,5	8,5
./. Fremdpersonalkosten	6,3	7,0	7,1	7,1	7,5	8,0
./. Miete/Mietwert	1,7	1,9	2,0	2,1	2,1	2,2
./. Sachkosten für Geschäftsraum	1,1	1,3	1,4	1,5	1,5	1,4
./. Werbungskosten	0,5	0,5	0,5	0,6	0,6	0,6
./. Gewerbesteuern	0,4	0,2	0,2	0,1	0,2	0,2
./. Abschreibung	1,2	1,1	1,1	1,1	1,1	1,1
./. Sonstige Kosten	3,1	3,4	3,5	3,6	3,4	3,4
= steuerliches Betriebsergebnis	2,8	1,9	1,7	1,4	1,6	1,2
./. Unternehmerlohn	5,2	5,2	5,3	5,1	4,6	4,3
./. Eigenkapitalverzinsung	0,5	0,4	0,5	0,4	0,3	0,3
= betriebswirtschaftlicher Gewinn	- 2,9	- 3,7	- 4,1	- 4,1	- 3,3	- 3,4

a) Absatzänderungen gegenüber Vorjahr.

Quelle: Betriebsvergleichsergebnisse des Instituts für Handelsforschung an der Universität zu Köln und Berechnungen des Ifo-Instituts für Wirtschaftsforschung.

Struktur und Wachstum

Reihe Absatzwirtschaft

Herausgegeben vom Ifo-Institut für Wirtschaftsforschung, München

1 **Der Versandhandel.** Struktur und Wachstum im internationalen Vergleich. Von M. Eli und H. Laumer. 114 S. 1970. DM 34,60

2 **Aufgaben, Stellung und Entwicklungsperspektiven der Handelsvertretung in der Bundesrepublik Deutschland.** Von E. Batzer und W. Meyerhöfer. 163 S. 1970. DM 44,60

3 **Marktstrukturen und Wettbewerbsverhältnisse im Einzelhandel.** Von E. Batzer, E. Greipl, H. Laumer und W. Meyerhöfer. 339 S. 1971. DM 76,60

4 **Die Nahrungsmitteldistribution in Westeuropa.** Von E. Batzer, R. Geml, E. Greipl und H. Laumer. 2 Bände. I: Belgien, Bundesrepublik Deutschland, Frankreich, Italien, Niederlande. 131 S. 1971. DM 39,60; II: Dänemark, Großbritannien, Irland, Norwegen, Schweden. 137 S. 1971. DM 44,60

5 **Marktstrukturen und Wettbewerbsverhältnisse im Großhandel in der Bundesrepublik Deutschland.** Von E. Batzer und E. Greipl. 82 S. 1974. DM 28,60

6 **Marktstrukturen und Wettbewerbsverhältnisse im Großhandel in den Ländern der Europäischen Gemeinschaften.** Belgien/Luxemburg, Bundesrepublik Deutschland, Frankreich, Italien, Niederlande. Von E. Batzer, E. Greipl, W. Meyerhöfer und D. Würl. 276 S. 1974. DM 68,60

7 **Analyse der Strukturen und Wettbewerbsverhältnisse auf ausgewählten Märkten des Handels.** Von E. Greipl und E. Singer. 189 S. 1978. DM 66,–

8 **Die Vertriebsstrukturen auf dem Mineralölmarkt der Bundesrepublik Deutschland.** Von W. Meyerhöfer. 155 S. 1979. DM 56,–

9 **Versorgung des produzierenden Gewerbes in Bayern mit Leistungen des Produktionsverbindungshandels.** Von E. Greipl und E. Singer. 173 S. 1980. DM 66,–

10 **Kooperation im Groß- und Außenhandel.** Entwicklungsstand, Problembereiche, Perspektiven. Von W. Meyerhöfer. 227 S. 1980. DM 68,–

11 **Kooperation im Einzelhandel.** Von E. Batzer, E. Greipl und U. Ch. Täger. 243 S. 1982. DM 66,–

12 **Finanzierungsverhältnisse und -erfordernisse im Großhandel in der Bundesrepublik Deutschland.** Von J. Lachner. 102 S. 1987. DM 42,–

Duncker & Humblot · Berlin